Kreditfiktionen

Literatur und Ökonomie

Herausgegeben von

Iuditha Balint

Wissenschaftlicher Beirat

BAND 1

Philippe Roepstorff-Robiano

Kreditfiktionen

Der literarische Realismus und die Kunst, Schulden zu erzählen

BRILL | Wilhelm Fink

Gedruckt mit freundlicher Unterstützung der Geschwister Boehringer Ingelheim Stiftung für Geisteswissenschaften in Ingelheim am Rhein sowie der Axel Springer Stiftung

Umschlagabbildung: Honoré Daumier: *À la bourse* (1856)

Bibliografische Information der Deutschen Nationalbibliothek

Die Deutsche Nationalbibliothek verzeichnet diese Publikation in der Deutschen Nationalbibliografie; detaillierte bibliografische Daten sind im Internet über http://dnb.d-nb.de abrufbar.

Internet: www.fink.de

Einbandgestaltung: Evelyn Ziegler, München
Herstellung: Brill Deutschland GmbH, Paderborn

ISSN 2698-7066
ISBN 978-3-7705-6501-6 (paperback)
ISBN 978-3-8467-6501-2 (e-book)

Inhalt

EINLEITUNG

Der Dandy-Debitor

[N]otre civilisation [...] *a remplacé le principe Honneur par le principe Argent.*

Honoré de Balzac, CH, X, 347

Die Normen des homo oeconomicus sind noch nicht zu standardisierten Verhaltensweisen der Menschen geworden; die Jagd nach dem Profit ähnelt noch der Blutgier undomestizierter Jäger, das Ganze der unerbittlich blinden Verkettung von Schicksal. Adam Smith's invisible hand wird bei Balzac zur schwarzen Hand an der Kirchhofsmauer.

Theodor W. Adorno 2003 [1958], 145

The transformation implies a change in the motive of action on the part of the members of society; for the motive of subsistence that of gain must be substituted. All transactions are turned into money transactions [...].

Karl Polanyi 2001 [1944], 43f.

Ein Dandy mit lässig *à la paresseuse*[1] geknüpftem Halstuch bestellt nachmittags im aus der Zeit gefallenen Literatencafé Procope Eis, Brioches, glasierte Maroni und spült das Ganze mit Champagner hinunter. Wird er sein Festmahl bezahlen? Natürlich nicht! Er lässt es sich lieber aufschreiben. Szenenwechsel. Der Dandy liegt in seiner mit Bildern berühmter Maler dekorierten Wohnung auf einem Divan und lässt seinen Gläubiger vom Portier abwimmeln; und wenn sich ein Treffen mit ihm doch nicht vermeiden lässt, hält er ihn, rhetorisch versiert, wie er ist, hin und traktiert ihn mit Paragraphen aus dem *Code civil.* Er kennt seine Rechte und denkt nicht daran, seine Schulden zu begleichen.

So oder so ähnlich ist die Hauptfigur des 1827 anonym in Honoré de Balzacs Verlag *La Librairie Universelle* veröffentlichten Buchs *L'Art de payer ses dettes*

1 Dieser Krawattenknoten wird in *L'Art de mettre sa cravatte* beschrieben. Vgl. Saint-Hilaire 1827a, 99f.

 | DOI:10.30965/9783846765012_002

et de satisfaire ses créanciers, sans débourser un sou ; enseigné en dix leçons. Ou Manuel du Droit Commercial, à l'usage des gens ruinés, des solliciteurs, des surnuméraires, des employés réformés et de tous les consommateurs sans argent. Dieses Émile Marco de Saint-Hilaire zugeschriebene (vgl. Péraud 2012, 32) satirische Handbuch – ein Hybrid der Genres Ratgeber, Aphoristik, Erzählung, Gesetzeskommentar und Geschichtsschreibung – lehrt, wie man Schulden anhäufen kann, ohne sie zu begleichen. Das Frontispiz der Erstausgabe (vgl. Abb. 0.1) nimmt die Genrevielfalt vorweg. Der äußerst lange Titel, der an Buchtitel des 17. Jahrhunderts erinnert, ist durch die Typographie und den Zeilenbruch in verschiedene Teile und Aspekte heruntergebrochen: Über dem Ganzen thront in fetter Schrift „L'ART", wobei die Schattenschrift des „PAYER SES DETTES" den pompösen Titel konterkariert, insofern nur noch die Umrisse der Fettschrift in ihr übrig bleiben; ihr gesättigtes Schwarz scheint sich als Schatten hinter die Buchstaben geflüchtet zu haben, womit wohl angedeutet wird, dass es sich hier um eine dubiose Kunst handelt. Weiter unten kommt der disjunktive Operator „OU" ins Spiel, der einen zweiten Titel und mit ihm ein zweites Genre einführt: „Manuel du Droit Commercial"; die schwerfällige, altväterliche Frakturschrift dieses zweiten Titels setzt sich dann schon auf den ersten Blick vom Rest des Textes ab. In winzigen Großbuchstaben steht unter der hochtrabenden Frakturschrift ironisch: „[À] L'USAGE DES GENS RUINÉS, DES SOLLICITEURS, DES SURNUMÉRAIRES, DES EMPLOYÉS RÉFORMÉS ET DE TOUS LES CONSOMMATEURS SANS ARGENT". Schließlich ködert das Motto: „Plus on doit, plus on a de crédit" die Leserschaft und führt ein weiteres Genre ein, dessen sich dieser Text bedient: einen Aphorismus, der den Restbestand einer Moral des Kredits auf den Begriff bringt. Nimmt man das alles zusammen, so entsteht, noch bevor man die erste Seite aufgeschlagen hat, das Bild eines Textes, dessen Genre, Intention und Geltung unbestimmt sind: Ist er ein Ratgeber, ein Gesetzeskommentar, eine Biographie oder eine Sammlung von Aphorismen und Lebensweisheiten? An wen richtet er sich? Kann das ernst gemeint sein?

Saint-Hilaires Handbuch – eine der zahlreichen Satiren auf die sich im Frankreich der Restauration neu aufstellende Marktwirtschaft (vgl. Péraud 2012, 31f.; ders. 2011, 41f., 119f.) – gibt dem in finanzielle Schwierigkeiten geratenen Dandy Strategien an die Hand, um sich aus der Schlinge der Schulden zu befreien. Im Idealfall soll der Schuldner Gläubiger seines Gläubigers werden, indem er Letzteren finanziell abhängig macht. Der Dandy ist hier nicht nur eine kulturell subversive Figur (vgl. Schickedanz 2000, 64ff., 105ff.; ders. 1980; Stein 1985), sondern auch ein schöpferischer Schuldner, der aus gesellschaftlichen Grauzonen und rechtlichen Schlupflöchern Profit schlägt. Es ist kein Zufall, dass diese Figur, die ich im Folgenden den *Dandy-Debitor* nennen werde, in dieser Epoche auf den Plan tritt. Diese in einem hybriden Genre präsentierte

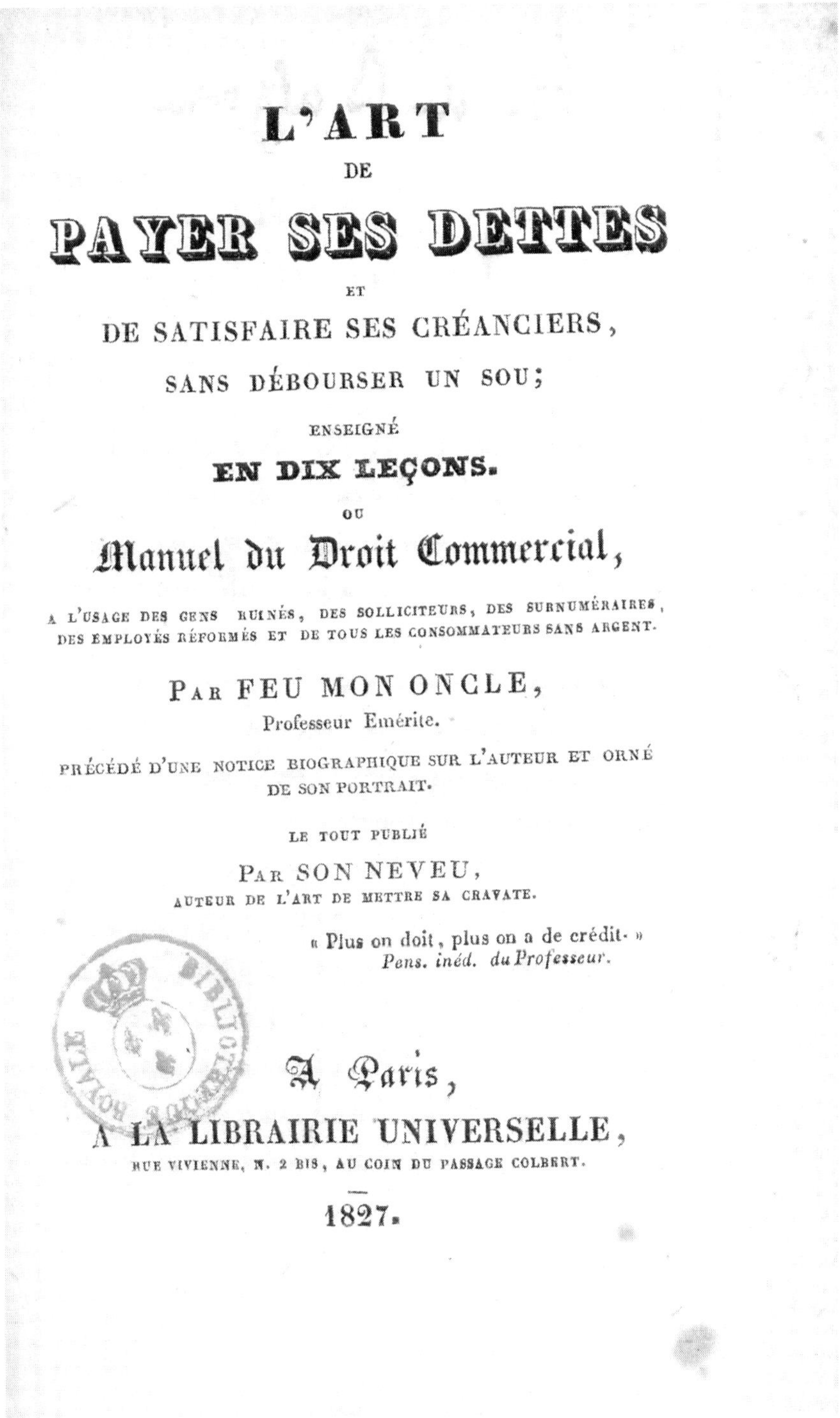

L'ART
DE
PAYER SES DETTES
ET
DE SATISFAIRE SES CRÉANCIERS,
SANS DÉBOURSER UN SOU;
ENSEIGNÉ
EN DIX LEÇONS.
OU
Manuel du Droit Commercial,
A L'USAGE DES GENS RUINÉS, DES SOLLICITEURS, DES SURNUMÉRAIRES, DES EMPLOYÉS RÉFORMÉS ET DE TOUS LES CONSOMMATEURS SANS ARGENT.

PAR FEU MON ONCLE,
Professeur Emérite.

PRÉCÉDÉ D'UNE NOTICE BIOGRAPHIQUE SUR L'AUTEUR ET ORNÉ DE SON PORTRAIT.

LE TOUT PUBLIÉ
PAR SON NEVEU,
AUTEUR DE L'ART DE METTRE SA CRAVATE.

« Plus on doit, plus on a de crédit. »
Pens. inéd. du Professeur.

A Paris,
A LA LIBRAIRIE UNIVERSELLE,
RUE VIVIENNE, N. 2 BIS, AU COIN DU PASSAGE COLBERT.
1827.

Abb. 0.1 Titelblatt von *L'Art de payer ses dettes* (Quelle: BnF)

Figur überbrückt, historisch gesehen, den Übergang zwischen der *persona* der Ständegesellschaft und dem *individuum* der Marktwirtschaft und lässt sich ausschließlich in der wirtschaftlichen Umbruchszeit der Restauration denken. Sie ist in Michel Serres' Sinne ein ‚Parasit' (vgl. Serres 1986), der sich weder in der Ständegesellschaft noch in der Utopie einer reinen Marktwirtschaft einnisten könnte. Außerdem ist der Dandy-Debitor keine reine Romanfigur und Saint-Hilaires Text keine bloße Fiktion, vielmehr bewegt er sich zwischen fiktionalen und nicht-fiktionalen ökonomischen Genres, die laut Mary Poovey vor dem 19. Jahrhundert noch eng miteinander verflochten gewesen waren und sich erst mit der Begründung des Fachbereichs Politische Ökonomie ausdifferenzierten (vgl. Poovey 2008).

Der Dandy-Debitor, der auf den ersten Blick wie eine randständige Figur wirkt, liefert die ideale Kontrastfolie, um Differenzen zwischen der älteren und der sich im 19. Jahrhundert durchsetzenden kapitalistischen Wirtschaftsweise scharfzustellen.

Welche Operation vollzieht die Übergangsfigur Dandy-Debitor? Er nutzt systematisch die Infrastruktur höfisch geprägter Kaffeehäuser und Restaurants, Schneider, Schuster und Hutmacher aus, indem er auf ihr personales Schuldennetzwerk zurückgreift, das nicht nur auf finanzielle Garantien, sondern auch auf Ehre, Prestige und Macht gegründet ist:

> Vous déjeunerez au Palais-Royal, et dînerez sur le boulevard des Italiens. Vous allez croire peut-être qu'il faut payer dans ces maisons-là ; point du tout, leur prospérité ne se fonde que sur les couverts ou plutôt sur les convives qui ne payent pas, […] parce qu'ils savent allécher ceux qui ne savent pas se commander un dîner, mais qui savent le payer, parce qu'enfin ils consomment beaucoup plus que les autres. Chez les restaurateurs à 21 ou 32 s[ous] on ne fait pas de crédit parce que tout le monde paye ; mais dans les grands établissemens dont je vous parle, on a senti tout ce qu'un consommateur qui peut ne pas payer un dîner de 20 fr[ancs] qui en rapporte trente de 10 fr. qui sont payés, vaut à son producteur (APD, 97).

Der Bonvivant lockt durch seinen Esprit, seine Eleganz und seine Stilsicherheit zahlende Kundschaft in die Lokale des ehemaligen Ancien Régime. Dabei operiert er als Multiplikator des Markts und darf als unbewegter Beweger des Geldflusses gratis mitessen. Sich derart von *free lunch* zu *free lunch* zu begeben (vgl. Friedman 1975 [*There's No Such Thing as a Free Lunch*]), setzt voraus, dass Kredit nicht von einer Institution, zum Beispiel einer Bank, sondern von einer Person, etwa vom Inhaber eines Restaurants, vergeben wird. Die Strategie wird gegen die Stagnation der aristokratischen Infrastruktur eingesetzt, sie regt eine Art von Konsum an, der nicht nur Eliten zugänglich sein soll, sondern zunehmend den (durch den Multiplikationsfaktor von Dreißig angedeuteten)

Massen von anständigen Angestellten, die sich ihre Einkäufe nicht mehr, wie vormals die Aristokratie,[2] aufschreiben lassen, sondern Rechnungen sofort begleichen, also keine Schulden machen.

Von ebensolchen ‚Spießern' setzt sich der Dandy-Debitor in Saint-Hilaires Text ab und läutet zugleich eine neue Zeit ein, die alles andere als unproduktiv und faul sein wird. Er gehört zu jenen geschichtlichen Eintagsfliegen, die zwischen zwei Epochen oder Systemen vermitteln und zur rechten Zeit am Ort des Umbruchs fulminant Profit zu schlagen wissen, um im nächsten Moment obsolet zu werden und zu verarmen.[3] Und das erklärt das Motto von Saint-Hilaires Text, das einen Aphorismus des Onkels aufgreift: *Wer mehr schuldet, hat mehr Kredit.* Symptomatischerweise lässt es sich auf zweierlei Art und Weise lesen: als Tautologie oder als Widerspruch. Denn einerseits stellen die Schulden des Schuldners den Kredit des Gläubigers dar, da sich die Begriffe ‚Kredit' und ‚Schulden' auf die beiden Seiten ein und desselben Geldgeschäfts beziehen; andererseits scheint es näherzuliegen, dass, je mehr Schulden eine Person hat, desto geringer ihre Kreditwürdigkeit ist. Für das Ancien Régime galt eben dieser Widerspruch nicht, denn dort herrschte ein personales Kreditwesen vor, das hohe Schulden in vielen Fällen als Zeichen von Macht und Prestige und nicht, wie heute, als Zeichen schlechter Haushaltung betrachtete. Der Dandy-Debitor hat die ökonomische Ethik des Feudalstaats zu seinen Gunsten zweckentfremdet. Er bewohnt eine Grauzone zwischen Kredit als reinem Finanzgeschäft und Kredit im weiteren Sinne von Ehre, Ansehen und Macht.

Die Figur des Dandy-Debitors, die 1827 im Labor von Balzacs Verlag entwickelt wurde, ist die erste Figur ihrer Art. Die Leserin oder der Leser kann sich nicht sicher sein, ob man ihr nacheifern sollte oder ob sie höchstens satirisch zu verstehen wäre. Dadurch, dass unklar bleibt, ob der Dandy-Debitor dem Reich der Fiktion oder der Wirklichkeit angehört oder angehören sollte, lässt sich ein Spiel mit dem Glauben der Leserschaft – oder mit ihrem Kredit – inszenieren, das ihr Begehren anstachelt. Eine Simulation oder ein Testlauf eines noch nicht bestehenden und noch nicht eingerichteten Kreditwesens zeichnet sich ab, woran deutlich wird, dass die Fiktion des Kredits das real existierende Kreditwesen vorwegnimmt. Die Literatur entwirft *avant la lettre* komplexe Projektionen der voll entwickelten kapitalistischen Gesellschaft.

2 Vgl. Péraud 2012, 77: „On peut […] encore lire dans *Le Censeur européen* du 4 janvier 1820 que ‚ne pas payer ses dettes était sans contredit une des plus belles prérogatives des classes privilégiées ; c'est ce qui distinguait véritablement un noble d'un roturier, un homme comme il faut, d'un homme de rien'."

3 Der Dandy-Debitor wäre ein finanziell abgesicherter Vorläufer des Bohèmien. Zur Bohème vgl. Benjamin 2013 [1974 posthum], I.2, 511ff.

Was zeichnet diesen Umbruch vom Feudalismus zum Kapitalismus aus? Welche Rolle ist für den Dandy-Debitor in ihm vorgesehen? Inwiefern impliziert Saint-Hilaires Werk nicht nur ein neues Subjekt, sondern auch eine neue Konzeption der Wirklichkeit?

Alternative Geschichte des Kredits

Indem er sich bereichert, ohne zu arbeiten, profitiert der Dandy-Debitor von Kreditbeziehungen, also von der symbolischen Oberfläche ökonomischer Vorgänge, an der sich nicht mehr ablesen lässt, dass jemand von jemand anderem Mehrwert abgeschöpft hat, der zu finanziellen Mitteln geronnen ist. „Die Oberflächlichkeit der politischen Ökonomie zeigt sich u.a. darin, daß sie die Expansion und Kontraktion des Kredits, das bloße Symptom der Wechselperioden des industriellen Zyklus, zu deren Ursache macht" (MEW, 23, 662), schreibt Karl Marx im ersten Band von *Das Kapital* (1867ff.). Den Kredit und die Konkurrenz unter Warenproduzenten bezeichnet er als „die beiden mächtigsten Hebel der Zentralisation" (655) von Kapital.

Konzentriert man sich, wie der Dandy-Debitor, ausschließlich auf Kredit- und Geldtransaktionen, so könnte der Eindruck entstehen, dass die kapitalistische Produktionsweise keine Geschichte habe: „Wie lang auch die Reihenfolge der periodischen Reproduktionen und vorhergegangenen Akkumulationen, die das heute funktionierende Kapital durchgemacht hat, es bewahrt immer seine ursprüngliche Jungfräulichkeit", schreibt Marx. Damit deutet er auf ein zentrales Dilemma in der Darstellung ökonomischer Sachverhalte, und zwar auf ihre Tendenz, sich in eine Reihe isolierter Tauschakte aufzuteilen und den geschichtlichen Prozess, der diese einzelnen Transaktionen verbindet, nicht in Erscheinung treten zu lassen. „Soll [...] die Warenproduktion [...] nach ihren eignen ökonomischen Gesetzen beurteilt werden, so müssen wir jeden Austauschakt für sich betrachten, außerhalb alles Zusammenhangs mit dem Austauschakt, der ihm vorherging, wie mit dem, der ihm nachfolgt" (613).

Seit Adam Smith wird Geld von Politökonomen in diesem ahistorischen Sinne als neutrales Medium des Austauschs gehandelt. *Pecunia non olet.* Es gilt als Maßstab, Tauschmittel und Wertspeicher. Bei Smith wird *die* bürgerliche Urszene des Geldes entworfen: In einer Gesellschaft, in der Güter direkt, das heißt ohne Vermittlung von Geld, getauscht wurden, lebten einige fleißige Handwerker, die zwar überproduzierten, aber keine Abnehmer für ihre Waren fanden. Mit dem politökonomischen Fachjargon gesprochen herrschte mangelnde Koinzidenz von Bedürfnissen vor. An diesem Gemeinplatz der Politischen Ökonomie verfehlten sich zwei *homines oeconomici*, die beide allzu gerne miteinander getauscht hätten, jedoch keinen Bedarf an dem Gegenstand hatten, der im Gegenzug feilgeboten wurde. Laut Smith kamen die klugen Handwerker auf die brillante Idee, ein handliches Gut, das stets zur Verfügung steht, als Tauschmittel einzusetzen:

> In a tribe of hunters or shepherds, a particular person makes bows and arrows, for example, with more readiness and dexterity than any other. He frequently exchanges them for cattle or for venison, with his companions; and he finds at last that he can, in this manner, get more cattle and venison, than if he himself went to the field to catch them. From a regard to his own interest, therefore, the making of bows and arrows grows to be his chief business, and he becomes a sort of armourer. [...] / [...] But when the divison of labour first began to take place, this power of exchanging must frequently have been very much clogged and embarrassed in its operations. One man, we shall suppose, has more of a certain commodity than he himself has occasion for, while another has less. [...] But if this latter should chance to have nothing that the former stands in need of, no exchange can be made between them. [...] In order to avoid the inconveniency of such situations, every prudent man in every period of society, after the first establishment of the division of labour, must naturally have endeavoured to manage his affairs in such a manner, as to have at all times by him [...] a certain quantity of some one commodity or other, such as he imagined few people would be likely to refuse in exchange for the produce of their industry (Smith 1827 [1776], 7ff.; vgl. Graeber 2011, 25f.).

Hier wird nicht um knappe Ressourcen gezankt; es gibt keine Armen und Reichen, keine Revolten oder Revolutionen und auch keine Kriege, trotz der Tatsache, dass Pfeile und Bögen hergestellt werden. Politökonomen von Montesquieu bis Adam Smith stellen sich die Genese der Wirtschaft als *doux commerce* friedfertiger Handwerker vor, in dem sogar zwei Parteien, die sich ‚nicht riechen können', qua geruchlosem Geld miteinander ins Geschäft kommen. Das Narrativ geht folgendermaßen weiter: Bald übernahmen die arbeitsamen, voraussichtigen und rational kalkulierenden *homines oeconomici* das Wirtschaftsgeschehen. Damit setzte sich laut Adam Smith die menschliche „propensity to truck, barter, and exchange one thing for another" (Smith 1827 [1776], 6) durch; wer auf der faulen Haut lag, wurde bestraft, er hatte keinen Anteil am Reichtum, der sich infolgedessen ungleich verteilte. Das Gefälle zwischen Arm und Reich liegt also in der Natur der Dinge.

In diese kleine politökonomische Idylle fügt sich der Handel mit dem Geld selbst. Kredit wird dort verliehen, wo es (noch) kein reales Gut gibt, das getauscht werden kann, sondern nur Geld selbst; für das vorgeschossene Geld fallen Kosten an, in der Regel Zinsen. Zumeist wird argumentiert, dass der Metamarkt Geldhandel ermögliche, größere industrielle Projekte zu finanzieren.[4]

Dieses individualistische und technokratische politökonomische Narrativ ist von verschiedenen Seiten angegriffen worden. Marx spricht von der „antagonistischen gesellschaftlichen Charaktermaske" (MEW, 23, 635), die dem Produktionsmittel anklebe, und meint damit die Vertreter der Arbeiterschaft, die mit jedem Verkauf ihrer Arbeitskraft die Bedingungen ihrer erneuten Ausbeutung selbst herstellen, insofern sie dem Kapitalisten die Mehrarbeit liefern, die zur Akkumulation von Kapital beitrage:

> Es ist nicht mehr der Zufall, welcher Kapitalist und Arbeiter als Käufer und Verkäufer einander auf dem Warenmarkt gegenüberstellt. Es ist die Zwickmühle des Prozesses selbst, die den einen stets als Verkäufer seiner Arbeitskraft auf den Warenmarkt zurückschleudert und sein eigenes Produkt stets in das Kaufmittel des anderen verwandelt (603).

Die Form des Kaufvertrags kaschiere seine Auswirkungen: die Akkumulation von Kapital durch unbezahlte Mehrarbeit. Indem sie diese Vorstellung kritiklos übernehme, trägt die Politische Ökonomie laut Marx zur Perpetuierung dieser Zwickmühle bei.

Folgt man der Darstellung des Wirtschaftshistorikers Karl Polanyi in seinem Buch *The Great Transformation*, so beruht die eben geschilderte Lage des arbeitenden Menschen, sich verdingen zu müssen, auf einer Fiktion der sich durchsetzenden Marktwirtschaft, und zwar auf der Fiktion, dass Arbeit, Land und Geld Waren wären. Polanyi definiert die Marktwirtschaft als „economic system controlled, regulated, and directed by market prices" (Polanyi 2001 [1944], 71), in dem vorausgesetzt werde, dass alle Handlungen der Akteure dazu dienen, Gewinn zu erzielen. In einem solchen System existieren Märkte nicht nur dazu, Waren an die Frau oder den Mann zu bringen, sondern auch dazu, den Herstellungsprozess dieser Waren insgesamt zu umfassen. Für alle Bestandteile der Industrie werden nunmehr Märkte errichtet, für Land, Arbeit und Geld. Laut Polanyi spielen ökonomische Vorgänge zwar in jeder Gesellschaft eine wichtige, jedoch nicht die zentrale Rolle: „[M]an's economy,

4 „Die Geschichte von Kreditbeziehungen wurde in der Regel als Bankengeschichte geschrieben, und dabei wurde die Geschichte eines langfristig gerichteten Wandels erzählt: Aus wenig entwickelten Anfängen mit schwachen Finanzeinrichtungen in vorindustrieller Zeit etablierten sich allmählich Handels- und Privatbankiers, die zunehmende Kapitalmengen kontrollierten. In enger Verknüpfung mit dem Industrialisierungsprozess schließlich erweiterten die Geschäfts- und Universalbanken – die ‚Dampfmaschinen des Kredits' – die ökonomischen Handlungsspielräume immens und machten Großinvestitionen möglich. Zeitgleich mit diesem Aufstieg institutioneller Kreditschöpfungsmechanismen entstanden die bürgerliche Eigentümergesellschaft und deren liberales Vertragssubjekt" (Suter 2009, 89).

as a rule, is submerged in his social relationships. He does not act so as to safeguard his individual interest in the possession of material goods; he acts so as to safeguard his social standing, his social claims, his social assets" (48). Ökonomische Vorgänge wären somit eingebettet (*embedded*) in komplexe soziale Beziehungen. Smiths *homo oeconomicus*, der es liebt zu tauschen und zu handeln, wäre demnach ein Mythos. Polanyi schreibt über vorindustrielle Gesellschaften: „[U]p to Adam Smith's time that propensity [to barter, truck, and exchange one thing for another] had hardly shown up on a considerable scale in the life of any observed community" (45).

Kredit existiert nun mindestens seit der Münzprägung. Er war aber bis weit ins 19. Jahrhundert hinein keine rein finanzielle Angelegenheit. Im deutschen Wortschatz findet sich sowohl ‚Kredit' als auch ‚Kredo'. Laut Grimms Wörterbuch kann man „credit haben, erwerben, sich verschaffen; in credit stehen, sich in credit setzen; allen credit verlieren"; und es heißt „sein credit sinkt, ist erschüttert" (Grimm/Grimm 1854, 2, Sp. 639). Hier schwingt die Doppelbedeutung des auf das italienische Wort ‚*creddito*' zurückgehenden Worts ‚Kredit' mit. Es bezeichnete lange Zeit nicht nur eine konkrete finanzielle Operation, sondern auch den diffusen Prozess, wodurch einer Person – und zwar der Person des sich ab dem 16. Jahrhundert in den italienischen Stadtstaaten etablierenden Händlers – Kompetenz, Macht oder Ehre zugeschrieben wurde. Kredo steht wiederum für das (christliche) Glaubensbekenntnis zu Gott. Eine Säkularisierungsthese scheint nahezuliegen: Das lange Zeit in den religiösen Ritus eingebundene Kredo wird im entstehenden Kapitalismus freigesetzt und kann sich auf alles und nichts kaprizieren. *Vom Kredo zum Kredit*, könnte es heißen. Der Kredit würde dann das diffuse Vertrauen einer Gemeinschaft in die Glaubwürdigkeit einer Person in Zahlen fassen. Kredit verweist heute noch auf ein Kollektiv, und diese soziologische Schicht des Begriffs deutet auf ein höchst instabiles und facettenreiches intersubjektives Geschehen, im Zuge dessen Kredit verliehen oder entzogen, auf Kredit gekauft, eine Person diskreditiert oder akkreditiert wird; also auf das Geflecht aus Glaubensbeziehungen, in das Mitglieder einer bestimmten Gruppe eingespannt sind.

Kredit ist nicht Kredit. Ökonomen (vgl. Polanyi 2001 [1944]), Sozialhistoriker (vgl. Le Goff 1986),[5] Soziologen (vgl. Bourdieu 2001, 293ff.; ders. 1983),[6] Anthropologen (vgl. Mauss 1923; Graeber 2011), Philosophen (vgl. Bataille 1970, II, 238ff.; Derrida 1991) und sogar Linguisten (vgl. Benveniste 1969, 17ff.) weisen darauf hin, dass der Begriff die oben skizzierte reiche Schicht

5 Zu Frankreich vgl. Hoffman/Postel-Vinay/Rosenthal 2001; Fontaine 2008. Zum deutschsprachigen Raum vgl. Suter 2016; ders. 2011; ders. 2009; Schlumbohm 2007; Clemens 2008.

6 Vgl. Fröhlich/Rehbein 2009, 134ff. (Eintrag zu ‚Kapital' im *Bourdieu Handbuch*).

an Konnotationen besitzt. In ihrem Buch *L'Économie morale* über den vormodernen Kredit ‚moralischer' *und* finanzieller Art zeichnet die Sozialhistorikerin Laurence Fontaine eine Inversion nach: Während heutzutage die Rede von der Diskreditierung einer Person, im Sinne des Verlusts von Ansehen, eine Übertragung aus dem finanziellen auf den moralischen Bereich darzustellen scheint, stand die finanzielle Konnotation des Worts *crédit* früher nicht an erster Stelle.[7] Laut Fontaine war Kredit als finanzielle Transaktion lange Zeit in ein gesellschaftliches System eingebunden, das darüber entschied, wem die finanziellen Mittel der Gemeinschaft zugeteilt und wem sie verwehrt wurden; anders gesagt war ‚Kredit' ein moralisch gesättigter Begriff.[8] Alexandre Péraud kommentiert: „Fontaine montre que le prêt et l'endettement avaient sous l'Ancien Régime une dimension économique en quelque sorte accessoire car ils s'inséraient dans un système complexe mêlant le religieux, le politique et le social" (Péraud 2012, 77).

Das von Fontaine rekonstruierte wirtschaftliche Narrativ des Ancien Régime lässt sich folgendermaßen erzählen: Damals genoss derjenige einen *crédit illimité*, der am Kopf der Gesellschaft tagte und Gott vertrat – die Königin oder der König. Auf alle um diese Tafel vereinigten Vasallen und Verbündeten sollte der Glanz dieses königlichen Kredits strahlen, sodass ihnen von keinem Geschäft Kredit verwehrt werden durfte. In diesem System waren Schulden ein Zeichen von Macht und ihre Rückzahlung oft ein Zeichen des Machtverlusts. Den königlichen Glanz bekamen selbst die Untertanen zu sehen, wenn sie mit in Gold oder Silber geprägten Potentatenköpfen am anderen Ende der gesellschaftlichen Skala handelten. Dem Volk wurde in kleiner Münze ausgezahlt, was die Königin oder der König als Vertreter Gottes auf Erden auf

7 Zum Beispiel im *Dictionnaire universel* (1688ff.) von Antoine Furtières: „Le premier [sens au mot Crédit] est : ‚Croyance, estime qu'on s'acquiert dans le public par sa vertu, sa probité, sa bonne foi et son mérite. […]'. Le second : ‚Crédit, se dit aussi de la puissance, de l'autorité, des richesses qu'on s'acquiert par le moyen de cette réputation qu'on a acquise. […]'. Et le troisième : ‚Crédit, se dit plus ordinairement dans le commerce de ce prêt mutuel qui se fait d'argent et de marchandises, sur la réputation de la probité et solvabilité d'un négociant […]'. […] / Ainsi, le premier sens renvoie à la réputation et à ses attributs, le second à la puissance politique et financière et le troisième à un prêt mutuel entre marchands. Les deux derniers emplois du mot crédit sont tous deux fondés sur le premier sens, c'est-à-dire sur la réputation" (Fontaine 2008, 20).

8 Fontaine führt auch Émile Benvenistes linguistische Studien zur Wortgeschichte von *don, crédit, créance, confiance, fidelité* und *dette* auf. Zum Beispiel hat das lateinische *fides* eine Konnotation, die „signifie la ‚qualité propre d'un être qui lui attire la confiance et s'exerce sous forme d'autorité protectrice sur qui se fie en lui'" (17). *Fides* leite sich von der indogermanischen Wurzel *kred* ab und bedeutet laut Benveniste, im intersubjektiven Sinne, dass „c'est l'autre qui met sa confiance en moi, et c'est moi qui en dispose" (Benveniste 1969, 117). Ähnliches gelte für *prêt/emprunt/dette*. Vgl. 181ff.

sich versammelte. In einem Alltag, der durch widrige Witterungen, schlechte Ernten und Engpässe in der Zirkulation von Münzgeld charakterisiert war, wussten sich die überwiegend armen Untertanen auf allerlei listige Weise Kredit zu verschaffen, wenn sie zahlungsunfähig waren:[9] Jeder borgte bei jedem, jeder war Teil eines umfassenden Kreditnetzes. Fontaine hat minutiös nachgewiesen, wie dieses Kreditnetz aufgebaut war. Die Individuen waren eingebettet in „cercles de créanciers" (Fontaine 2008, 51), an die sie sich wenden konnten: Im engsten Kreis der Familie wurden Kredite ohne Zinsen vergeben; für riskantere Geschäfte mit Fremden wurden zum Teil sehr hohe Zinsen verlangt (vgl. 190ff.; Le Goff 1986; Simmel 1989 [1900], 543ff.). Kredit fungierte sogar als soziales Bindemittel. Bauern waren durch Schulden an ihre Scholle und an ihren Lehnsherren gebunden, da Zinsen über Jahrzehnte und manchmal sogar über Jahrhunderte flossen. Der Kredit stellte somit einen engen Nexus zwischen den verschiedenen wirtschaftlichen Akteuren her, in dem die Rolle und Funktion des Einzelnen klar bestimmt war. Erst danach kümmerte man sich um Zahlen. Dieses Schuldenwesen schwoll Fontaine zufolge im Ancien Régime zu einem „surendettement structurel" an, insofern ab dem 15. Jahrhundert periodisch „l'ensemble des habitants est endetté bien au-dessus de la valeur de ses biens" (Fontaine 2008, 59).

Georg Simmel hält in der *Philosophie des Geldes* dafür, dass diese Form von Kredit die Freiheit jener Bauern einschränkte, die aufgrund ihres Grundstocks an Schulden selbst nach Überlieferung des Zehntkorns keine Subsistenzwirtschaft betreiben konnten.[10] Sie mussten, mit Catherine Ingressa gesprochen, dem *character of credit* (vgl. Ingressa 1998) gemäß handeln und wirtschaften. Der ‚moralische' Kredit war also nicht moralisch im positiv konnotierten Sinne. Man darf nicht denselben Fehler begehen wie Alexandre Péraud, der über den Kredit im 19. Jahrhundert schreibt: „[S]'il [le crédit] assure une forme de lien social en attachant les individus les uns aux autres par un jeu de réciprocités, il n'engendre que des formes dégradées de sociabilité, régies par l'intérêt" (Péraud 2012, 145). Eine derartige Moralisierung der Wirtschaftsgeschichte – der kalte Kredit ersetzt den moralischen Kredit – übergeht die Tatsache, dass ‚moralische' Kredite im Kontext der Leibeigenschaft vergeben wurden, also bloß unter anderen Ausbeutungsverhältnissen, die nicht minder brutal waren als kapitalistische.

9 Fontaine geht auf den *prêt à gages* ein. Vgl. Fontaine 2008, 105ff. Zu Umgehungen des Wucherverbots vgl. Hoffman/Postel-Vinay/Rosenthal 2001, 29ff.

10 Das Zehntkorn bürde dem Bauern das Beackern seines Feldes auf, während der Kredit ihm die Wahl lasse, mit welcher Erwerbstätigkeit er seine Schulden begleichen möchte. Damit wäre *sensu stricto* bereits das Ancien Régime eine Übergangszeit. Vgl. Simmel 1989 [1900], 451ff.

Ein weiterer Grund spricht gegen das wirtschaftshistorische Narrativ einer eigenwüchsigen Entwicklung des Kreditwesens aus kleinen, randständigen Anfängen fleißiger Handwerker bis hin zur Industrie und zu den Aktienmärkten. Dieses geht nur dann auf, wenn man unter Kredit ausschließlich Geldgeschäfte zwischen Unternehmern und Bankiers versteht. Aber derartige Handelskredite spielten lange Zeit eine nebensächliche Rolle und waren vor der Etablierung nationaler Märkte auf Handelsstädte begrenzt (vgl. Polanyi 2001 [1944], 45ff., 120). Das gilt wiederum nicht für die Vielzahl anderer Kredit- und Schuldenbeziehungen, die vor der industriellen/institutionellen Revolution[11] gang und gäbe waren. Mischa Suter entwirft eine informelle Geschichte außerinstitutioneller Kreditbeziehungen:

> Kreditbeziehungen erscheinen […] als fundamental soziale Beziehungen, die sich nicht auf eine isolierte wirtschaftliche Sphäre reduzieren lassen. Im Kreditverhältnis werden Aussichten und Erwartungen abgewogen, während Wahrnehmung und soziale Konvention über den Austausch von Ressourcen entscheiden. Die verpflichtende Bindung von Gabe und Schuld wird in Kreditbeziehungen wirksam gemacht. Doch zugleich öffnet Kredit als riskante Vorleistung auch Raum für Unwägbarkeiten. Jemandem „Kredit geben" umfasst fließende Übergänge zwischen Wertschätzung, Berücksichtigung und monetärem Austausch (Suter 2009, 90).

Der Soziologe Pierre Bourdieu spricht demgemäß von sozialem Kapital und meint damit Kredit im alten Wortsinn:

> Das Sozialkapital ist die Gesamtheit der aktuellen und potentiellen Ressourcen, die mit dem Besitz eines dauerhaften Netzes von mehr oder weniger institutionalisierten *Beziehungen* gegenseitigen Kennens oder Anerkennens verbunden sind; oder, anders ausgedrückt, es handelt sich dabei um Ressourcen, die auf der *Zugehörigkeit zu einenr* [sic] *Gruppe* beruhen. Das Gesamtkapital, das die einzelnen Gruppenmitglieder besitzen, dient ihnen allen gemeinsam als Sicherheit und verleiht ihnen – im weitesten Sinne des Wortes – *Kreditwürdigkeit* (Bourdieu 1983, 190f. [i. Orig. dt.]).

Der finanzielle Kredit kann als Oberflächenphänomen aufgefasst werden, das auf eine soziale Tiefendimension verweist, auf Netzwerke, die sich über kulturelles, symbolisches und finanzielles Kapital konstituieren und definieren.

---

11 Unter ‚institutioneller Revolution' versteht die Wirtschaftsgeschichte die institutionellen Veränderungen, die mit der Entstehung des Kapitalismus einhergingen; damit soll der Naturalismus ökonomischer Narrative kritisiert werden. Vgl. Wischermann/Nieberding 2004, S. 21ff.

Fontaines Inversion der Geschichte des Kredits, die darin besteht zu sagen, dass dem modernen Kredit als rein finanzieller Transaktion ein weiter gefasster moralisch gesättigter Kreditbegriff vorausgegangen sei, kann um eine weitere Inversion potenziert werden. David Graeber schreibt: „[T]here's nothing new about virtual money. Actually, this was the original form of money. Credit system, tabs, even expense accounts, all existed long before cash." Schulden seien, mit anderen Worten, älter als Geld, „credit money comes first" (Graeber 2011, 18). Nicht der Tausch sei ursprünglich, sondern die Schuld, ja „the very principle of exchange emerged largely as an effect of violence – [...] the real origins of money are to be found in crime and recompense, war and slavery, honor, debt, and redemption" (19; vgl. Nietzsche 1999 [1887], 245ff.).[12]

Umgekehrt setzt der Tausch laut Marx den Begriff des Geldes beziehungsweise denjenigen des allgemeinen Äquivalents voraus. Marx führt die Robinsonaden der Politischen Ökonomen im *Kapital ad absurdum.* Während bei ihnen ein naturwüchsiges Tauschsystem nur noch das richtige Medium suche, brauche man bereits für den einfachen Tausch zweier an sich inkommensurabler Entitäten ein Wertmaß oder *tertium comparationis*; ohne dieses Dritte ließen sich Gebrauchswerte nicht vermitteln. Ökonomen fassen den Wert als naturgegeben auf; Marx dagegen setzt ihn als „etwas rein Gesellschaftliches" (MEW, 23, 71).

Der Verfasser der *Kritik der politischen Ökonomie* schreibt dies zu einer Zeit größerer Umbrüche im Kreditwesen. Insbesondere im Frankreich der ersten Jahrhunderthälfte begann sich der freie Markt nur langsam und mit vielen widersprüchlichen Auswirkungen durchzusetzen, und der Prozess dessen, was Polanyi *disembedding* nennt – die Utopie der liberalen Marktwirtschaft, alle gesellschaftlichen Vorgänge auf finanzielle Transaktionen zu reduzieren (was Polanyi zufolge sowieso nie gelingen wird), – wurde in Gang gesetzt. Damit gingen institutionelle, kulturelle, politische und gesellschaftliche Umbrüche einher.

Im postrevolutionären Frankreich war die gesellschaftliche Kodierung des Kredits nach der privatrechtlichen Verankerung des Eigentums in Form des *Code civil* im Wandel begriffen.[13] Es fehlten große Geldinstitute, die finanzielle Infrastruktur war veraltet, und eine marktwirtschaftliche Kultur entwickelte sich nur langsam. Die Erschaffung von Aktiengesellschaften

12 Auf die teilweise äußerst blutige Geschichte der Handelskriege geht Fernand Braudel 1985 ein, beispielsweise in Bezug auf die englische Handelsmacht. Vgl. 90ff.

13 Gesamtdarstellungen finden sich in Gallais-Hamonno 2007; Hautcœur 2007; Dupont-Ferrier 1925.

(*Sociétés Anonymes*) und die Gründung einer zentralen Notenbank ließen auf sich warten; viele borgten nicht von Bankiers, sondern von Wucherern. „En France ce n'est qu'à partir de 1848 que s'organisent de grands établissements de crédit, comme le Comptoir d'Escompte de Paris qui fût suivi par la création d'importants établissements bancaires, le Crédit Industriel et Commercial en 1859, le Crédit Lyonnais en 1863, etc." (Goux 2013, 80; vgl. Caron 1981, 52ff.; Dupont-Ferrier 1925, 23ff.). Es gab ständig Liquiditätsengpässe, ja es herrschte laut René Bouvier eine „famine de l'argent": „La circulation fiduciaire est bien loin d'être suffisante pour répondre aux multiples exigences que nous venons de voir s'éveiller" (Bouvier 1930, 27).[14] Die Gesellschaft hangelte sich von Krise zu Krise,[15] Blasen platzten, Bankrotte waren an der Tagesordnung. Kreditgeschäfte beruhten in der Regel noch auf alten Finanzmechanismen wie der *lettre de change*, der *obligation*, der *rente* oder der *rente viagère* (vgl. Hoffman/Postel-Vinay/Rosenthal 2001, 29ff.).[16] Die Suche nach einem „‚ersatz'" (Bouvier 1930, 27) sowohl für die Überbrückung von Liquiditätsengpässen im kleinen Alltag als auch für die Finanzierung größerer Vorhaben mit hohem Risiko gebar eine Fülle halb-offizieller oder ganz inoffizieller Lösungen: „[E]ffets de commerce, traites et reconnaissances sous toutes leurs formes" (28) zirkulierten.[17] Der Wert dieses Ersatzgelds hing jedoch vom Namen der unterzeichnenden Person ab, und seine Zirkulation war, wie diejenige der Assignaten, die an von der Französischen Revolution konfiszierte Güter gekoppelt waren,[18] relativ beschränkt, da es von Transaktion zu Transaktion an Wert verlor, auch wenn der Unterzeichner noch so kredit- und glaubwürdig

---

14 Insgesamt verfügte die französische Wirtschaft in der ersten Jahrhunderthälfte, wie René Bouvier ausführt, über nicht genügend Papiergeld, um den stetig steigenden Bedarf an Zahlungsmitteln zu decken (1831 zirkulierten insgesamt 268 Millionen Francs, 1847 311 Millionen); dasselbe kann vom Münzgeld gesagt werden. Zudem lag der kleinste Nennwert von Geldscheinen bis 1847 bei 500 Francs. Vgl. Bouvier 1930, 27. Goux schreibt: „[O]n vit à cette époque une multiplication des billets à ordre, des lettres de change, des opérations d'escompte […]" (Goux 2013, 83).

15 1810, 1819, 1825, 1836, 1847, 1857, 1866, 1873, 1882, 1890 und 1893 erschütterten Europa Wirtschaftskrisen. Bouvier schreibt: „Vivant sans assiette ferme sur le crédit et sur le mauvais crédit, les affaires passent par des crises profondes qui cessent à peine de 1826 à 1830" (Bouvier 1930, 30).

16 Laut Péraud stellen im 19. Jahrhundert Staatsanleihen, also die *Rente* oder das *Grand Livre de la Dette Publique*, die stabilste Anlage dar, da der Staat immer zahlt. Vgl. Péraud 2012, 39ff.

17 „Pour suppléer au numéraire insuffisant, une monnaie ersatz se répand de façon impressionnante : effets de commerce, billets à ordre et lettres de change […]" (Donnard 1961, 285). Nebenbei sei angemerkt, dass Donnard Bouvier an dieser Stelle geradezu plagiiert.

18 Assignaten waren die Währung während der Französischen Revolution. Vgl. unten 27f.

war: „Chacun prend acte de la dépréciation de l'argent et finit par accepter d'utiliser des monnaies fiduciaires qui se multiplient dans la plus grande anarchie" (Péraud 2012, 38). Schließlich setzte sich nach mehreren Krisen und Blasen zunehmend ein Protektionismus durch und verhinderte, etwa in der Landwirtschaft, den Prozess der Industrialisierung (vgl. Bouvier 1930, 31.).[19] Die Umgestaltung des Kreditwesens von einem sozial-finanziellen zu einem rein finanziellen Netzwerk ist ein schmerzhafter und schmutziger Umbruch, ‚Fortschritte' und ‚Rückschritte' wechseln sich ab.

Freilich lebte die ältere ‚moralische' Wirtschaft in der neuen Finanzwirtschaft fort, wie Finanzgeschäfte auch im Ancien Régime getätigt wurden. Die *great transformation*, von der bei Karl Polanyi die Rede ist, erreichte aber in Frankreich während der ersten Hälfte des 19. Jahrhunderts einen teils widersprüchlichen Höhepunkt, im Zuge dessen ältere Institutionen, die Kredit nach grundlegend anderen Kriterien vergaben (Ehre, Ansehen, Loyalität), von neueren verdrängt wurden, denen es an erster Stelle um Bonität und Erträge aus Kapitalanlagen ging. Der Versuch, einen freien Markt zu etablieren, implizierte die Reduktion sozialer Beziehungen auf ökonomische Transaktionen. Dies war (und ist) ein Prozess, der von Polanyi als Doppelbewegung charakterisiert wird: „[T]he market expanded continuously but this movement was met by a countermovement checking the expansion in definite directions" (Polanyi 2001 [1944], 136). Während der Zeit des Umbruchs wurden Widersprüche sichtbar, die sowohl die Regeln der älteren Gesellschaftsform klar hervortreten ließen als auch diejenigen der neuen.

Laut Polanyi ist die Marktwirtschaft eine Utopie, wobei dieser Begriff bei ihm polemisch gegen die wirtschaftswissenschaftliche Naturalisierung der freien Marktwirtschaft gerichtet ist. Wendet man sich vor diesem facettenreichen Hintergrund wieder Saint-Hilaires Text zu, so fällt vor allem auf, dass der Dandy-Debitor nicht als *homo oeconomicus* auftritt, wie ihn sich etwa Daniel Defoe vorstellt, also als ein seiner Natur nach ökonomischer Mensch, sondern

19 Bouvier charakterisiert die Industrialisierung als natürlichen Prozess, dem sich staatliche Instanzen entgegenstellen. Differenzierter sieht es Jean-Joseph Goux: „On conçoit aussi en quoi cette dématérialisation monétaire des transactions de l'époque de Balzac est bien différente de la nôtre. De nos jours la dématérialisation va de pair avec la mécanisation des opérations bancaires, et surtout l'anonymat relatif des créanciers" (Goux 2013, 80). Die Entpersönlichung kulminiere „dans un phénomène comme la *titrisation* de paquets de dettes, pouvant conduire aux ‚*bad loans*', les emprunts pourris, que se passent de l'une à l'autre les banques, en oubliant pratiquement, ou laissant dans l'opacité, l'identité des multiples emprunteurs qui sont considérés dans leur réalité statistique et non plus individuelle" (81).

als jemand, der allererst erlernen muss, mit den neuen ökonomischen Umständen umzugehen.

Der Dandy-Debitor als Figur des Umbruchs

Der Dandy-Debitor steht in der Morgenröte der ‚Utopie' des freien Markts. Er lotet auf widersprüchliche Weise neue Möglichkeiten der Kreditgenerierung aus und bildet den Anfangspunkt einer Serie von ökonomischen Menschen in der Literatur des 19. Jahrhunderts, die sich dem Gebot unterwerfen, ihre Umwelt und sich selbst auf die ökonomischen Prinzipien der Kreditgenerierung und der Profitmaximierung zu reduzieren. Soll und kann dieser ökonomische Mensch überhaupt entstehen? In *L'Art* finden sich textinterne Diskrepanzen, die satirisch zu verstehen sind, beispielsweise zwischen dem Vorwort des Verlegers (Balzac) einerseits, in dem versichert wird, dass sich dieses Buch keinesfalls an Kriminelle oder Faule richte, sondern an „hommes éminemment *producteurs*, en un mot, hommes industriels" (APD, 9), und andererseits der Biographie des Onkels, die ihn als unproduktiven Faulenzer darstellt, der alles verschleißt, zerbricht oder kaputtmacht, was ihm zwischen die Finger kommt:

> Le cours d'études que mon oncle entreprit était assez agréable. Tous les matins il jouait à la paume ou au billard, allait le soir au bal, y faisait de nombreuses connaissances qu'il amenait chez sa mère boire le meilleur vin de son père, crevait des chevaux, brisait les voitures de ceux qui voulaient bien lui en prêter, et devait à tout le monde (16).

In diesem idyllischen Szenario gibt es keine Produktion, nur (auto)destruktive Konsumption. Gemacht werden nur Schulden. Dies ist wohl als satirischer Seitenhieb gegen den damals vorherrschenden Protektionismus gemeint, aufgrund dessen sich die Industrie in Frankreich nicht so rasch entwickeln konnte wie anderswo. Anhand dieser Figur lässt sich der Wandel, den das französische Kreditwesen während der ersten Hälfte des industriellen Jahrhunderts durchläuft, konkret ablesen: Physisch bewegt sie sich zwar immer noch auf dem Terrain einer untergehenden ‚moralischen' Wirtschaft, gedanklich hat sie diese aber bereits überwunden und entfaltet dadurch ihr literarisches Potenzial.

Der Dandy-Debitor ist eine Konstruktion. Seine Lebensweise kann nur anhand eines Ratgebers erlernt werden. Um längerfristig gratis mitzuessen, müsste man zuerst zu jenem eigennützigen Wesen werden, das sich kaltschnäuzig ein *free lunch* nach dem anderen erschleicht. In diesem Sinne enthält Saint-Hilaires Text sogar eine Tagesroutine, die den Dandy-Debitor unbeschadet und genüsslich von seinem Bett in sein Bett bringen soll. So wird nahegelegt, keinesfalls vor zehn Uhr morgens aufzustehen;[20] da der Schuldner seine Gläubiger bis 11 Uhr hinhält, können sie ihre anderen Schuldner nicht aufsuchen. Wenn der Dandy-Debitor seine Krawatte modisch trägt, werden andere ebenfalls Krawatten kaufen wollen, wenn er gut zu Mittag isst, zieht er andere Kundschaft an und darf daher gratis mitessen. Freilich artet jeder Abend zu einem Gelage aus. Überall, wo der Dandy-Debitor auftaucht, entsteht ein Markt.

Saint-Hilaires Buch erklärt nicht nur, wie man seinen Tagesablauf gestalten oder seine Gläubiger vermeiden und betrügen kann, sondern zählt in den *leçons* 5 und 7 auch die körperlichen und charakterlichen „Qualités nécessaires" (75) des erfolgreichen Schuldners auf. Er kommt dabei von körperlichen Eigenschaften, wie „6. Nez fin. / [...] 10. Les épaules de dix-huit pouces de diamètre. / [...] 15. Jarrets de cerf. / 16. Mollets de quatorze pouces de circonférence" (77), die man sich nicht oder nur schwer aneignen kann, auf die (un)moralischen Eigenschaften zu sprechen, die zu einer auf Wolfshunger (*faim de loup*) und größtmöglicher Unverfrorenheit (*aplomb*) basierenden „Manière de vivre" (95ff.) beitragen sollen. Insbesondere der Wolfshunger reißt moralische Grenzziehungen ein:

> 8. Enfin, une faim de loup (cette dernière qualité morale n'est réputée telle que depuis très-peu de temps ; mais enfin, les autorités qui l'ont prouvée journellement ne laissent à cet égard aucun doute, surtout depuis qu'une d'elles a démontré, clair comme le jour, que : *les grandes pensées viennent de l'estomac* (80).

Der Autor bezieht sich auf eine für den sich durchsetzenden freien Markt zentrale Hypothese und radikalisiert sie: dass der Staat den hungernden Armen, derer es im Zuge der Liberalisierung mehr und mehr gab, nicht unter die Arme greifen, sondern ihrem Hunger überlassen sollte, da dieser zu ihrer Produktivität beitrage (vgl. Polanyi 2001 [1944], 116ff.; Kap. 10, 216).

Ist es angenehm, Wolfshunger zu haben? Lässt er sich stillen? Womit? Vielleicht mit harter Arbeit, wie Politökonomen und Liberale vom Schlag eines Jeremy Bentham oder eines John Stuart Mill meinen? Oder mit der Erschleichung von Krediten, wie es der Dandy-Debitor macht? Letzterer möchte alles andere als schuften. Er möchte zur Gewinner- und nicht zur Verliererseite des freien Markts gehören, und sein Wolfshunger ernährt sich von der Haupttugend des Kapitalismus: dem Geiz oder der Habgier (*avaritia*). Vormals eine

20 „[P]ar cette heureuse indolence il diminuera l'encombrement des commis, blanchisseuses, commissionnaires, cabriolets, oisifs, etc., etc., qui obstruent chaque matin les rues les plus fréquentées [...]. Premier bien" (APD, 102).

Todsünde, wurde sie laut Albert O. Hirschmans *The Passions and the Interests* in den politphilosophischen Diskursen der Neuzeit von Montesquieu bis de Tocqueville implizit zu einer gesunden Tugend umgemünzt. In seiner Herausarbeitung der Implikationen eher marginaler Äußerungen dieser Denker über die Leidenschaften kommt Hirschman zum an Norbert Elias' Zivilisationsthese (vgl. Elias 1976 [1939], II, 312ff.) erinnernden Schluss, dass die *avaritia* als potenziell unstillbare Leidenschaft vorgestellt wurde, die andere für das Gemeinwesen gefährliche Leidenschaften in Schach halten sollte, weil Gewaltausbrüche der längerfristigen Akkumulation von Reichtum Abbruch tun könnten.[21] Die Utopie dieser Philosophen war ein auf (Eigen)interesse gegründetes Gemeinwesen, in dem Menschen auf dichtem Raum und vor einem Horizont der Plan- und Vorhersehbarkeit miteinander handeln, in dem heftige Leidenschaften durch *avaritia* gelenkt und manchmal sogar zum Einlenken gebracht werden, in dem also insgesamt heftige Leidenschaften um- und abgeleitet werden, um sich auf das kühle Medium zur genauen Kalkulation des Interesses einzulassen: das Geld.

Der Dandy-Debitor ist aber kein Geizhals. Zwar hat er einen unstillbaren Hunger, aber er hortet keine Silberstücke in seinem Speicher. Er ist eine Figur der Zirkulation, die der ständigen Spannung des Schuldenwesens ausgesetzt ist, dieser Spannung zusammengeballter Versprechungen, die auf andere Versprechen verweisen. Er ist auch kein Wucherer, denn er möchte nicht die Stellung des Gläubigers einnehmen, sondern paradoxerweise diejenige des Schuldners. Schließlich ist er kein Unternehmer, dazu müsste er irgendetwas produzieren. Der Dandy-Debitor ist ein literarisches Anderes dieser Typen.

Der Wolfshunger, mit dem sich der Dandy-Debitor ausstattet, setzt ein unendliches Begehren in Gang, das sich gegen eine im Kapitalismus halluzinierte allgegenwärtige Knappheit der Güter durchsetzt (vgl. Luhmann 1994, 177ff.). Er repräsentiert eine Ökonomie des Mangels und steht im Zeichen eines entfesselten Begehrens, das sich, mit Gilles Deleuze'/Félix Guattaris *L'Anti Œdipe* gesprochen, im „flux de la dette infinie" (Deleuze/Guattari 1972, 282) stets selbst erneuert, unabhängig vom konkreten körperlichen Befinden der Subjekte. Mauricio Lazzarato behauptet sogar, dass der verschuldete Mensch „n'en finira jamais de rembourser" (Lazzarato 2011, 61).

Seine Unverfrorenheit (*aplomb*), die zweite vom Handbuch nahegelegte (un)moralische Eigenschaft, hilft dem Dandy-Debitor, dem lebendigen Tod des ständigen Mangels ein Schnippchen zu schlagen. Er beraubt zu einem günstigen, weil wirtschaftlich chaotischen Zeitpunkt die Vermögenden,

21 Zum Komplex der Leidenschaften vgl. Tarde 1902; und zu Tarde wiederum Latour/Lépinay 2008.

er schöpft parasitär das ab, worauf er keinerlei Anspruch hat, und begreift Schulden als rein finanzielle Transaktion ohne moralische Implikationen. Alle genannten „qualités morales nécessaires" könnten auf einen Schlag durch die Unverfrorenheit ersetzt werden:

> Avec de l'aplomb seul, on peut facilement remplacer les six qualités morales indiquées. / En effet, qu'est-ce que la présence d'esprit ? de l'aplomb dans les idées. […] Qu'est-ce que le courage ? de l'aplomb pendant l'action. Qu'est-ce que la patience ? de l'aplomb dans les désirs (APD, 80).

Als Übersünde, die klassische Tugenden wie Tapferkeit, Geduld und Geistesgegenwart zu Zwecken der Lustmaximierung einsetzt, besteht *aplomb* in der Fähigkeit, sich selbst als Element eines Spiels zu verstehen, ein ‚Beobachter zweiter Ordnung' (Luhmann) seiner Selbst zu werden und damit seinen eigenen Leidenschaftshaushalt zu regulieren und die gesellschaftliche Zirkulation der Leidenschaften zu beeinflussen. *Aplomb* wirkt wie eine negativ gewendete Auffassung der Sympathie aus Adam Smiths *Theory of Moral Sentiments* (1759). Joseph Vogl schreibt in *Kalkül und Leidenschaft*, dass die Sympathie für die Vernetzung und Zirkulation der Leidenschaften steht. In sympathetischen Relationen werde bei der Beurteilung sozialer Tatsachen nicht mehr zwischen Beweggründen, Ausführung und Folgen unterschieden, vielmehr werde das System aus glücklichen und unglücklichen Umständen vom Ursprung der Gesinnungen gelöst, womit ein Feld sozialer Praxis eröffnet werde, in dem kontingente Ereignisse und affektive Urteile zur Deckung kämen. Nunmehr zähle einzig der Nutzen oder der Schaden einer Tat. Dieses Verfahren stehe zwar im Zeichen der Harmonie, es trage aber nichtsdestotrotz dazu bei, einen apathischen, unverfrorenen Zuschauer zu entwerfen, der sich nur zum eigenen Vorteil in andere hineinversetze, plane und kalkuliere. Dadurch werde die „Statik des personalen Aufbaus […] in die Dynamik pathischer und sympathetischer Bewegungen hineingezogen" (Vogl 2011, 92). Die unverfrorene Einnahme der Perspektive des Gegenübers erlaubt es einem, als Wunscherweckungsmaschine[22] des Anderen zu fungieren, während man unter der Hand Profit abschöpft.

Saint Hilaires Dandy-Debitor versetzt uns in ein recht unwirtliches Jenseits der Sympathielehren des 18. Jahrhunderts. Er ist ein anarchischer Vorläufer des Kapitalisten. Dieser Proto-Kapitalist ist nicht produktiv, sondern parasitär bis destruktiv tätig und entfaltet sein subversives Potenzial im Namen der

22 Deleuze/Guattari sprechen von der *machine désirante* und meinen damit ein maschinelles Unbewusstes von kapitalistischen Subjekten. Vgl. Deleuze/Guattari 1972, 7ff.

Akkumulation von Schulden. Er ist der Entwicklung des Kreditwesens heillos verfallen.

Rechtliche Schlupflöcher

Dieses neu kalibrierte, unendlich begehrende, überschuldete Subjekt, das als Wunschmaschine fungiert, betätigt sich nicht nur in einem neuen (a)moralischen Umfeld, sondern auch unter der Voraussetzung neuer rechtlicher Rahmenbedingungen. Um überleben zu können, muss der Dandy-Debitor seinen Gläubiger so lange hinhalten, bis von einer Rückzahlung keine Rede mehr sein kann. Dies ermöglicht ihm der rezent von Napoleon eingeführte *Code civil*. Nun verträgt sich das Privatrecht – eine juristische Revolution und die Grundlage der liberal-kapitalistischen Gesellschaftsordnung (vgl. Schubert 2005; Bürge 1995)[23] – mit der auf dem feudalistischen Souveränitätsrecht basierenden ‚moralischen' Wirtschaft nur begrenzt. In diesem Sinne ist der Gläubiger in Saint-Hilaires Text ein Wucherer, der bald obsolet wird. Hatte dieser im Ancien Régime noch einen festen Platz, wird er nun – im anbrechenden Zeitalter unpersönlicher Kreditbeziehungen – ein letztes Mal geprellt; und das ganz ohne Verletzung des Gesetzesbuchstabens. *L'Art* ist ein Guerilla-Handbuch im Brusttaschenformat, das durch den Urwald neuer gesetzlicher Regelungen des *Code* führt und bei Gefahr durch einen Gläubiger gezückt und zitiert werden kann.

Einem Anhänger des Ancien Régime muss dies wie die Horrorvision eines Gesellschafts- und Gesetzeswesens vorkommen, in dem Eigentum nur noch nach ökonomischen Kriterien verteilt wird und nicht mehr danach, wer wen wie lange schon kennt, wer wie viel Macht besitzt, wer welchen Titel trägt oder wer der Herrscherin oder dem Herrscher besonders gefällt. Anders als in der ‚moralischen' Ökonomie liegt in Saint-Hilaires Kreditwirtschaft das Primat nicht darauf, die bestehende (Stände)gesellschaft zu erhalten. Der Schuldner wird demgemäß in der ersten *leçon* darüber aufgeklärt, welche Arten von Schulden es gibt und welche rechtlichen Rahmenbedingungen jeweils gelten: „Notre jurisprudence reconnaît vingt-six natures de dettes" (APD, 41). Das Buch lehrt, zwischen einer *dette active* und einer *dette passive*, einer *dette ancienne*, einer *dette claire* und einer *dette confuse* oder einer *dette douteuse*, einer *dette légale* und einer *dette légitime* etc. zu unterscheiden, und somit weiß der Dandy-Debitor stets, ob und inwieweit man dieser oder jener Schuld

23 Michel Lichtlé hat Balzacs Jurastudium erforscht. Vgl. Lichtlé 2012, 137ff.

gerecht werden muss. Der moralische Monolith Schuld wird in zwei Dutzend Varianten aufgebrochen, jede mit eigenen Schlupflöchern.

Das *non plus ultra* dieser rechtlichen Haarspalterei ist es zu erkennen, unter welchen Umständen Schulden abgeschrieben werden können, zum Beispiel im Fall der Verjährung, die manchmal bereits nach sechs Monaten eintrete. Der Verjährungsartikel § 2271 sei sogar „la seule monnaie que vous puissiez leur offrir [aux créanciers], et dont ils sont forcés de se contenter" (55). Der ironische Schluss ist: „Ainsi, vous voulez vous loger, vous nourrir, vous instruire [...] *sans debourser un sou* ? Eh bien, ne vous en faites pas faute, le propriétaire, le restaurateur, l'instituteur, le peintre et le poëte se sont payés eux-mêmes lorsqu'ils ont attendu six mois" (55f.). Sieht man davon ab, dass diese Wiedergabe des *Code civil* unvollständig und verkürzend ist,[24] und ferner dass der Text keine Aussagen darüber trifft, wie das Gesetz (insbesondere bei Nachweis eines Betrugs) *de facto* gehandhabt wird, zeigt dies, wes Geistes Kind Saint-Hilaires Dandy-Debitor ist; jedenfalls ist er kein Schuldner mit Skrupeln.

Um die Abschreibung der Schulden zu erwirken, muss eine gewisse Zeit überbrückt werden, während derer der Dandy-Debitor seine Gläubiger, wie den sprichwörtlichen Feind, in seiner nächsten Nähe halten, ja sie weiter und weiter um Geld anpumpen soll, auf dass der Grundstock an Schulden immer mehr anschwelle. Die Gläubiger sollen um das Wohlbefinden ihres Schuldners bangen: „En principe, vous devez tâcher de vous faire, de tous vos créanciers, des amis qui vous aiment véritablement, et vous le prouvent en continuant de vous faire crédit" (50). Bei dem kleinsten Schnupfen ihres Schuldners sollen sie es mit der Angst zu tun haben. Saint-Hilaires Schuldner weiß, sich eines Kreditwesens zu bedienen, das personal aufgebaut ist; das Interesse und die Sympathie für den Anderen wird durch den Erhalt des Grundstocks an Schulden aufrechterhalten: „Si par hasard vous vous avisiez de les payer, ou seulement de leur donner un à compte en argent, vous les désintéresseriez complètement, et vous les verriez changer leur tendre sollicitude contre une profonde indifférence" (50f.). Jeder Groschen, der fließt, macht aus interessierten indifferente Wesen.

Dieser Typus flexibler Schuld verschwindet im Laufe des 19. Jahrhunderts und wird durch fest vereinbarte Zahlungsfristen ersetzt. Das Recht schafft Distanz zwischen Schuldner und Gläubiger und lockert das persönliche Verhältnis beider, indem es sich als Drittes zwischen sie schiebt. Mithilfe des *Code*

24 Die Verjährungsfrist war je nach Metier variabel; sie betrug bei Händlern und Vermietern ein Jahr und damit doppelt so viel wie sechs Monate. Vgl. Wolff 2001 [1808; Nachdruck des *Code Napoléon*], 983ff.

kann sich der Dandy-Debitor vor den Ansprüchen seiner Gläubiger schützen.[25] Dabei kommt ihm zugute, dass der rechtliche und der finanzielle Zeitzyklus nicht gut aufeinander abgestimmt waren: Der Rechtsweg dauerte länger, als viele Gläubiger imstande waren zu warten. Da Urteilssprüche in der Regel nach dem Ablaufen von Zahlungsfristen verkündet wurden, nahmen Gläubiger oft geringere Rückzahlungen in Kauf; auch sie hatten ja Fristen einzuhalten (vgl. CH, VI, 35ff. [*César Birotteau*]).

Stellte der Verbund zwischen Gläubiger und Schuldner im Ancien Régime eine Garantie für die ewige Wiederkunft des Immergleichen dar, so wird er hier vom Schuldner unilateral zu einer rein finanziellen Sache umgemünzt. Der neue amoralische rechtliche Rahmen des *Code civil* macht es möglich. Dabei untergräbt die Verjährung wohl am effektivsten die ‚moralische' Ökonomie. Oft genug wurden im Ancien Régime Schulden erst nach hundert Jahren beglichen, in der Zwischenzeit flossen Zinsen und Schweiß. Schulden wurden sogar vererbt, und somit entstand ein Generationen überdauernder Bund zwischen Schuldner und Gläubiger, der Sein und Haben so fest zusammenzurrte, dass der Schuldner in seiner Lebensweise vom Gläubiger abhing und sich vom Verhältnis nur schwer befreien konnte.[26] Die Abschreibung der Schulden kappt diese Verbindung und Verbundenheit. Indem er sich aus dem Schuldenverhältnis eigenmächtig ausklinkt, praktiziert der Dandy-Debitor eine Deterritorialisierung ohne Reterritorialisierung.

Der Dandy-Debitor deterritorialisiert das personale Kreditnetz innerhalb einer bestimmten Topographie, er nutzt seine Anonymität inmitten der unübersichtlichen Infrastruktur der Stadt aus, um seine Gläubiger in die Irre zu führen. Zu diesem Ende solle sein Wohnort möglichst weit weg vom nächsten Gläubiger liegen; er müsse auf gutem Fuß mit dem Pförtner stehen, da von

---

25 „On devient créancier en vertu d'un contrat […]. / […] Il est permis au créancier, pour se procurer son paiement, de cumuler toutes les poursuites qu'il a droit d'exercer […]. / Mais il n'est point permis au créancier de se mettre de sa propre autorité en possession des biens […] ; il faut qu'il les fasse saisir d'abord, puis vendre après, le tout *par autorité de justice*" (APD, 63f.). Saint-Hilaire erzählt von der gewaltvollen Seite des Schuldenwesens und von der Rolle der Gerichtsvollzieher (im Volksmund *pousse-culs*).

26 Vgl. Simmel 1989 [1900], 431: „Wenn […] Freiheit den Sinn hat, Sein und Haben von einander unabhängig zu machen, und wenn der Geldbesitz die Bestimmtheit des einen durch das andere am entschiedensten lockert und durchbricht – so steht dem ein anderer und positiverer Begriff der Freiheit gegenüber, der das Sein und das Haben auf einer anderen Stufe wiederum enger verbindet, darum aber nicht weniger am Geld seine energischste Verwirklichung findet." Und: „Wegen dieses Auseinandertreibens von Sache und Person sind auch Zeitalter der ausgebildetsten und ganz objektiv gewordenen Technik zugleich solche der individualisiertesten und subjektivsten Persönlichkeiten" (450).

diesem abhänge, wer zu ihm durchgelassen werde und welche Informationen über seinen Aufenthaltsort und seine Angewohnheiten nach außen dringen; die Wohnung solle zur Straße gehen und sich niemals unterhalb des vierten Stockwerks befinden, damit man den Gläubiger möglichst früh erspähen und sich auf ihn einstellen könne[27] und dieser nach dem langen Fußmarsch und dem vielen Stiegensteigen völlig erschöpft an der Wohnungstür des Schuldners klopfe. „En effet, arrivé à votre porte, épuisé, rendu, ce n'est plus de l'argent qu'il vous demande, c'est une chaise et un verre d'eau" (APD, 91). Die Begehrensökonomie des Gläubigers wird durcheinandergewirbelt: Infolge der körperlichen Anstrengung ist er plötzlich ‚Schuldner' seines Gläubigers, wenn er nicht nach dem rechtmäßigen Betrag der Schuld (dem Tauschwert), sondern nach der dieser Schuld in keiner Weise äquivalenten Gabe eines Glases Wasser (einem Gebrauchswert) verlangt, die als Überschuss oder *surplus* die Balance zwischen den Gesprächspartnern das kleine Wenig zugunsten des Schuldners verlagert. Kommt es trotzdem zum Gespräch über Schulden, legt das Buch in der fünften *leçon* eine Strategie nahe: die Verwischung. Dieser Effekt verbaler Vernebelung wird mit Rückgriff auf ein knappes, glasklares und lakonisches Repertoire an Repliken erzeugt. Man hält den Gläubiger hin, indem man ihm zwar die richtigen Worte gibt, aber kein Geld: „*Non, si ; cela est, cela n'est pas ; c'est impossible, c'est possible* ; tel est le court glossaire du langage de l'homme qui a de l'aplomb" (81).

Kreditfiktion

Der Dandy-Debitor tritt zu einer Zeit auf den Plan, da Arbeit, Land und Geld zu Waren werden, allerdings erlaubt er es, diese zentralen Fiktionen des freien Markts ironisch zu brechen. Die (fiktive) Ware Geld wird begehrt, da sie es dem fiktiven Onkel des Herausgebers von *L'Art* erlaubt, auf der faulen Haut zu liegen statt sich verdingen zu müssen und selbst eine (fiktive) Ware zu werden. Wenn es dazu kommt, diese Lehre zu verallgemeinern, artet Saint-Hilares Buch zu einem Pamphlet aus. Kurz vor seinem Tod beruft der Onkel laut der *notice biographique* seine Gläubiger zu einer Versammlung ein, im Zuge derer ein novellistischer Tausch besiegelt wird: der Tausch einer Rede für alle bestehenden Schuldverhältnisse. Am Ende dieses wie ein Theaterstück verfassten

27 „Un créancier s'est-il décidé à s'acheminer vers votre demeure, il vous apparaît d'un demi quart de lieue, comme un point sur l'horizon, déjà vous savez à qui vous avez affaire, bientôt il grossit en s'avançant, vous l'avez reconnu, vous avez encore cinq minutes pour décider de quelle manière vous devez en agir à son égard" (APD, 90).

Abschnitts trägt sich die wunderliche Begebenheit zu, dass die Gläubiger ihre Wechsel, Schuldscheine und *billets à ordre* freiwillig dem Feuer übergeben. Die Schuld knistert im Kamin.

Warum lynchen die Gläubiger den Onkel nicht, nachdem er ihnen mitteilt, sie müssen nicht darum bangen, dass er ihnen nur 10, 20 oder 40 Prozent der Schulden zurückzahlen wird, sondern nichts? „Je suis incapable d'une telle bassesse, cela serait une véritable friponnerie ; et j'aimerais mieux ne vous rien donner, aussi est-ce ce que j'ai résolu, et vous ne recevrez pas un sou.' / (*Ébahissement général suivi d'un murmure improbateur.*)" (26f.) Die in Klammern wiedergegebene Verblüffung der Gläubiger, die einer Regieanweisung ähnelt, gibt einen ersten Fingerzeig: Die Rede des Onkels spielt mit den Leidenschaften seiner Zuhörer, lässt sie in Rage geraten, um sie dann wieder zu beruhigen. Am Höhepunkt dieses emotionalen Auf und Ab, das den erratischen Bewegungen des Kreditmarkts gleicht, bietet der Onkel seinen Gläubigern folgende Einsicht an: „Je conçus donc la grande pensée du *crédit*, et j'ai découvert qu'il ne se fondait et ne s'établissait d'une manière solide que d'après la fidélité qu'on apportait à ne jamais payer ses dettes. (*Oh ! oh !*)" (27). Er hält dafür, dass sich diese Strategie für die Gläubiger mehr auszahle als das Begleichen partikularer Schulden. Mit seiner Rede macht der Onkel seine Gläubiger zu seinen Schuldnern.

Die Kunst, seine Schulden niemals zu begleichen, hält die Leserin oder der Leser in Händen. Damit erfüllt Saint-Hilaires Text wie eine *mise-en-abyme* das Versprechen des Onkels. Der Onkel ist nicht nur Gläubiger seiner Schuldner, sondern all jener, die sein Lehrbuch zurate ziehen; auch zahlende Leserinnen und Leser könnten von gestrengen Gläubigern zu freudigen Schuldnern mutieren. Saint-Hilaire praktiziert das, was Alexandre Péraud „conter à crédit" (Péraud 2012, 355) nennt und darin bestehe, dass die Leserin oder der Leser gezwungen werde, „d'assumer sa position de créancier, c'est-à-dire de participer pleinement à la co-constitution du sens" (355). Dieses Verhältnis invertiert er. Der nicht-existente Onkel gibt ein leeres Versprechen ab, er hält eine leere Rede, die eine Rückzahlung bloß in Aussicht stellt; das Buch, das zeigt, wie man seine Schulden gratis begleichen kann, erfüllt nun dieses Versprechen.

Es ist das „misérable système de finance" der Restauration, das in dieser Szene im Kamin landet, und ein neues Finanzwesen wird vom Onkel entworfen, das „immenses avantages" bringen soll, „dont le nouveau système de crédit, d'emprunt et d'amortissement que je viens de vous dévoiler, pourra vous faire joir à l'avenir" (APD, 28). Die Grundidee dieses Finanzwesens besteht darin, niemals seine Schulden zu begleichen, also das Schuldenwesen stets zu erneuern und die gesamte Wirtschaft zu einer Schuldenwirtschaft zu machen. Wenn alle Gläubiger ihre persönliche *jouissance*, bezahlt zu werden, aufschieben, lässt sich das Schuldenwesen, gleich einem *perpetuum mobile*, aufrechterhalten.[28] Dafür müssten alle Werte immer im Umlauf sein, und keine Zahlungsfrist dürfte jemals eingehalten werden. Es ist das Plädoyer einer Überschuldung, wie sie bereits im Ancien Régime existierte, aber unter anderen Vorzeichen, da im System des Onkels die Unterscheidung Gläubiger/Schuldner in sich zusammenbräche. Alle wären bei allen verschuldet, niemand wüsste mehr, wer wem wie viel seit wie langem schuldet.

Was zeichnet das Finanzwesen aus, das der Onkel kritisiert? Es weist unübersehbare Ähnlichkeiten mit dem Debakel auf, das die französische Revolutionswährung *Assignates* nach sich zog. Diese standen für konfiszierte Kirchengüter und sollten deshalb ihren Wert nie einbüßen, wie Joseph Vogl konstatiert:

> [E]inerseits werden diese Papiere als Anleihen (*assignats*) auf konfiszierte Kirchengüter ausgegeben und beanspruchen [...] den Vorzug, nicht wie bloßes Bargeld den Schwankungen von Edelmetallpreisen ausgesetzt zu sein; um ihren eigenen Handelswert erleichtert, beleben sie als zusätzliches Verkehrsmittel und als „Spielmarken" die Zirkulation.

Der Wert der Assignaten sank zwei Jahre nach ihrer Einführung im Jahr 1789 auf 0,5 Prozent ihres Nennwerts, eine Inflation, die wohl dem fehlenden Vertrauen in die Konvertierbarkeit ihrer Wertsubstanz geschuldet war: „Andererseits geraten sie dort, wo die Einlösung und die Konvertierung in Wertsubstanz in Frage gestellt oder ausgesetzt werden, zur ‚fiktiven Münze' und zu ‚fiktiven Zeichen' schlechthin" (Vogl 2011, 272). Vogl macht eine verblüffende historische Parallele auf: Die Bank of England wurde per Parlamentsbeschluss am 26. Februar 1797 „von der Verpflichtung befreit [...], Banknoten in Münzgeld einzuwechseln". Britische Pfund verloren bekanntlich nicht an Wert. Das Paradox des Kreditgelds bestünde dementsprechend darin, dass derjenige Typus Geld, der sich, wie etwa Assignaten oder Schuldscheine, auf einen konkreten Vertrag oder ein konkretes Gut bezieht und sich damit eines Wirklichkeitseffekts bedient, extrem schnell an Wert verliert, während sich *fiat* oder Kreditgeld, das sich, wie die englischen Banknoten, für nichts eintauschen lässt, als wertstabil erweist. Mit Joseph Schumpeter gesprochen kann man „etwa auf dem Anspruch auf ein Pferd nicht reiten, mit dem bloßen Anspruch auf Geld aber Zahlungen machen" (271; vgl. Schumpeter 1965, 406).[29] Anderswo argumentiert Vogl dafür, den Geldschein als Zahlung und Zahlungsversprechen

---

28 Jean-François Lyotard 1974 (*L'Économie libidinale*) spricht von der aufgeschobenen und parzellierten *jouissance*.

29 Zu den Assignaten vgl. Morini-Comby 1925; Rist 1938; zum Papiergeld in England Thornton 1802.

zugleich zu verstehen; die „Kreditzirkulation [...] erweist sich als Schauplatz effektiver Fiktionen oder ‚Dichtung‘, auf dem der Umlauf des Scheinhaften tatsächlich zur Determinante ökonomischer Relationen gerät“ (Vogl 2010, 81).[30]

Vogl verleiht einer im Poststrukturalismus verbreiteten Idee konkrete historische Konturen, und zwar der These, dass der Kapitalismus, je nach ideologischer Perspektive, entweder ein Gleiten oder ein Entleeren der Signifikanten mit sich bringe, also das Zeitalter verbürgter Semata durch ein Zeitalter arbiträrer Repräsentation ablöse. Roland Barthes verbindet in *S/Z* den Untergang des Landadels mit dem Obsoletwerden des bedeutsamen (An)zeichens:

> Autrefois [...] l'argent „trahissait“ : c'était un indice, il livrait sûrement un fait, une cause, une nature ; aujourd'hui, il „représente“ (tout) : c'est un équivalent, une monnaie, une représentation : un signe. Entre l'indice et le signe, un mode commun, celui de l'inscription. En passant de la monarchie terrienne à la monarchie industrielle, la société a changé de Livre, elle est passée de la Lettre (de noblesse) au Chiffre (de fortune), du parchemin au registre, mais elle est toujours soumise à une écriture. La différence qui oppose la société féodale à la société bourgeoise, l'indice au signe, est celle-ci : l'indice a une origine, le signe n'en a pas ; passer de l'indice au signe, c'est abolir la dernière (ou la première) limite, l'origine [...], c'est entrer dans le procès illimité des équivalences, des répresentations que rien ne vient plus arrêter, orienter, fixer, consacrer (Barthes 1993, III, 150f.).[31]

Hier wie dort herrscht ein Zeichensystem vor. Das im Ancien Régime vorherrschende ‚terrestrische‘ Alphabet verweist auf einen Ursprung und auf eine Genealogie, während der Ware (dem Referenten) im Kapitalismus jedweder numerischer Wert (jedwedes Zeichen) zugeschrieben werden kann.

---

30 Das Ersatzgeld, das in der Restauration zirkulierte, besaß diese Eigenschaft in gewissem Maße, wie Jean-Joseph Goux bemerkt: „La monnaie est donc ici dématérialisé, c'est un signe, une promesse écrite de payer, et non pas un fragment de richesse anonyme en circulation. On est dans une relation symbolique, et non dans le réel du trésor. Symbolique, au double sens où l'instrument de paiement ou d'achat devient scriptural, mais aussi symbolique au sens le plus ancien où ce signe est un engagement, une promesse, une reconnaissance à titre personnel qui peut-être [sic] négociée ultérieurment“ (Goux 2013, 79). Allerdings waren Schuldscheine noch an ihre Unterzeichner gekoppelt.

31 Deleuze/Guattari formulieren eine ähnliche These in *L'Anti-Œdipe*; sie beschreiben den Kapitalismus als schriftallergische Kultur: „L'écriture n'a jamais été la chose du capitalisme. [...] La raison en est simple : l'écriture implique un usage du langage en général d'après lequel le graphisme s'aligne sur la voix, mais aussi la surcode et induit une voix fictive des hauteurs fonctionnant comme signifiant“ (Deleuze/Guattari 1972, 285). Während Sprache und Schrift über den Signifikaten zwischen der Traum- und Wunschwelt eines einzelnen Despoten und seinen Untertanen eine, wenn auch arbiträre, Verbindung herstellen, so decodieren die monetären Ströme laut Deleuze/Guattari dieses Gefüge.

Der Tausch, im Zuge dessen der Onkel den Gläubigern *„de belles paroles pour de l'argent comptant"* (APD, 5) verkauft, findet vor dem Hintergrund dieser Metamorphose des Geld- und Kreditwesens statt. Aus einem Medium, das den Potentatenkopf und das damit zusammenhängende genealogische Machtgefüge einprägt, wird ein offenes Medium zur Verteilung knapper Güter. Trotzdem oder gerade deswegen erscheint dieser Tausch als novellistische Begebenheit. Das Unbehagen am Tausch von Worten für Geld lässt sich mit Niklas Luhmanns systemtheoretischem Vergleich zwischen sprachlicher und monetärer Kommunikation in *Die Wirtschaft der Gesellschaft* besser fassen. Für ihn steht der „Normalgebrauch von Kommunikation" (Luhmann 1994, 247) nicht im Zeichen der Übermittlung eines Inhalts, sondern im Zeichen der „Herstellung einer emergenten Einheit von Information, Mitteilung und Verstehen" (246). Was heißt das? Dass der Sender einer Botschaft nicht verliere, sondern behalte, was er mitteilt, dass also Redundanz erzeugt werde (die entweder auf Resonanz beim anderen stößt oder nicht). Diese Regel gelte für das Geld jedoch nicht: „Anders als bei Normalkommunikation muß gesichert werden, daß bei einer Zahlung dem Zahlenden das Gezahlte verlorengeht und der Empfänger es erhält" (247).

Dieser systemtheoretische Zugang zum Geld übersieht die Dimension der über die Jahrhunderte wechselnden Funktionen und Funktionsweisen des Kredits. ‚Moralischer' und finanzieller Kredit sind grundverschiedene Operationen, weshalb dem einen System Münzgeld, dem anderen Scheingeld entspricht. Das Scheingeld wiederum entwickelte sich laut Mary Poovey aus literarischen Genres selbst heraus. Sie argumentiert in *Genres of the Credit Economy* dafür, Münzgeld, Papiergeld, Literatur, Theorie unter dem Genrebegriff zu fassen:

> The changing function of imaginative writing […] can best be understood alongside two other sets of genres that also mediated value at the end of the seventeenth century. These two other sets are, on the one hand, monetary genres – gold and silver coins, paper money, and forms of credit paper – and, on the other, various types of writing about the market, credit, and price – shipping lists, prices current, economic theory, and so on. In the beginning of the period I examine here – the late seventeenth century and the first three-quarters of the eighteenth – these three genres were not consistently differentiated from each other. Not only did they perform variants of a single function, but they sometimes shared formal features as well. A shipping list was identical in format to the lists that appeared in poetic blazons or satiric catalogs (Poovey 2008, 2).

Vor dem 19. Jahrhundert wurden beispielsweise ökonomische Fragen in Romanen wie Daniel Defoes *Robinson Crusoe* (1719) verhandelt; und Papiergeld wiederum war laut Jack Cashill und Carl Wennerlind eine Erfindung der Alchemisten, die eine *quinta essentia* suchten (vgl. Wennerlind 2011; Cashill 2010). Die Scheidung der Genres in *non-fiction* und *fiction*, in Geld und Politische Ökonomie auf der einen und Literatur auf der anderen Seite ging aber nicht auf: „Left suspended by these disavowals were specific words – like *credit* and *value* – that retained a place in the lexicons of both sets of genres and that remained as switchpoints or sites of overlap between them [...]" (Poovey 2008, 7).

An genau diesem Punkt laboriert Saint-Hilaire mit Rückgriff auf eine Fülle an Stilmitteln, Materialien und – wenig überraschend – an Genres. Denn der Dandy-Debitor schöpft ja vom Kreditwesen des Ancien Régime ab und riskiert dabei seinen guten Ruf. Er ist der freudige Schuldner, der anderen sagt, sie sollten freudige Schuldner werden, die um ihren Ruf nicht bangen müssen, sofern alle Schuldner sind. Dabei wird die Grenze zwischen Fiktion und Nicht-Fiktion unterwandert. Die Leserin oder der Leser weiß zunächst nicht, ob die Lehren des Onkels ernst gemeint sein könnten. Am Ende bekommt man den Eindruck, dass sich der Herausgeber über die Leserschaft des Textes mokiert, weil er sie ins Schuldnergefängnis führt: „MALHEUREUX consommateurs, c'est en vain que mon oncle a cherché à vous le dissimuler ; mais moi je vous l'avoue, vous courez toujours le risque de finir par-là [à Sainte-Pélagie]" (APD, 129). Den Leserinnen und Lesern öffnen sich in der zweiten Person Präsens die Tore dieses Gefängnisses: „Voyez-vous ce corps-de-garde, cette guérite et ce factionnaire ? Distinguez-vous cette porte, haute de quatre pieds, avec un judas de huit pouces carrés ? Frappez deux coups, baissez la tête et courbez-vous de manière à ce que vos jambes et votre corps ne fassent qu'un angle droit..." (130).

Als wäre dies noch nicht genug, widerspricht der Herausgeber dem Onkel in der *Conclusion* des Textes, die den etwas irreführenden Untertitel *Morale* trägt. Die Lehren des Buchs, von denen so oder so, wie wir bezüglich des Rechts gesehen haben, nicht ausgemacht ist, ob sie funktionieren, werden für obsolet deklariert und in die Epoche des Onkels relegiert:

> Cependant il est une idée consolante, c'est qu'il devient chaque jour plus difficile de se faire à Paris, comme autrefois, un revenu de ses dettes ; les marchands sont moins crédules, les ouvriers moins patiens, les usuriers moins nombreux, les parens, les maîtresses, les amis, moins généreux et les tribunaux plus sévères qu'à l'époque où vivait mon original d'oncle..... à qui Dieu fasse paix et miséricorde ! (146).

Nach Lektüre dieses Schlusses bleibt einem nur noch Unschlüssigkeit. Warum sollte ein Herausgeber im Vorwort sein eigenes Buch als Lösung aller wirtschaftlichen Probleme anpreisen, wenn sich die Strategie des Onkels offensichtlich im Nachwort als nicht mehr zeitgemäß herausstellt? Warum sollte man dieses Buch überhaupt lesen? Die Moral des Herausgebers besteht darin, dem Onkel seine moralische Grundlage zu entziehen. Und auch in diesem Punkt bleibt das Buch der Leserschaft eine Erklärung schuldig. Womöglich hat die Leserin oder der Leser ihre oder seine Zeit falsch investiert und wurde vom Schuldner-Erzähler geprellt.

Saint-Hilaires Satire wirft zentrale Fragen für die ihm folgenden realistischen Texte auf. Zunächst stellt sich in *L'Art* die Frage, welche Lebensweise der neuen Wirtschaft entspricht und wie man diese subvertieren kann. Der Dandy-Debitor ist ja kein einfacher *homo oeconomicus*, kein Bankier, Händler, Angestellter, Arbeiter oder Unternehmer. Um zu einem subversiven Akteur zu mutieren, muss der Onkel seine eigene Affektstruktur ökonomisieren. Der rechtliche Rahmen dient ihm als Blaupause des ihm zur Verfügung stehenden Spielraums. Der Dandy-Debitor ist indes eine dezidiert literarische Figur, der der (satirische) Anstrich gegeben wird, wirklich existieren zu können. Damit stellt Saint-Hilaires Ratgeber die epistemologische Frage nach der Wirklichkeit, die sich aus den neuen ökonomischen Rahmenbedingungen ergibt. Diese Frage wird auch im literarischen Realismus virulent.

Realistische Kreditfiktionen

Saint-Hilaires Text ist das Versuchslabor einer realistischen Poetik, die dazu beiträgt, die utopisch-dystopische Neukonstitution der Realität gemäß den Prinzipien des Finanzmarkts auszuloten und zu reflektieren. Das ‚disembedding' (Polanyi) – der im 19. Jahrhundert einsetzende Prozess der Ökonomisierung des Sozialen – wäre ohne rechtliche Änderungen zwar undenkbar gewesen, aber bei allem Reformwillen braucht es auch denjenigen, der die Möglichkeiten wahrnimmt und ergreift, die sich unter den neuen rechtlichen Rahmenbedingungen auftun. Der Dandy-Debitor ist genau diese Figur. Sie hat einen akuten kapitalistischen Möglichkeitssinn entwickelt, erkennt also, unter welchen Bedingungen (Geld)geschäfte fortan getätigt werden, nutzt diesen Wissensvorsprung aber nicht im Sinne der Produktivitätssteigerung, sondern um auf höherem Niveau zu faulenzen. Der Dandy-Debitor ist die erste in einer Reihe literarischer Figuren, die mit der neuen ökonomischen Realität ringen und von ihr profitieren oder auch nicht; seine ist die erste von vielen Geschichten, die versuchen, den ökonomischen Paradigmenwechsel zu begreifen.

Das Geld avancierte laut Jochen Hörisch im 19. Jahrhundert zum Leitmedium, das zur Verbürgung von ‚Sinn und Sein' beitragen sollte (vgl. Hörisch 2004, 16). Dessen Selbstreferenz, durch die es die Fähigkeit besitzt, Realität entstehen und vergehen zu lassen, faszinierte die Realisten. In ihren Texten wird ein Spiel mit der symbolischen Ordnung inszeniert: Taucht die ‚effektive Fiktion' (J. Vogl) Kreditgeld in ihnen auf, so fungiert sie – ihrer Effektivität beraubt – als Fiktion in der Fiktion. Das erlaubt es fiktionalen Texten, Rechenbeispiele nicht nur im Rahmen dicker Kontokorrentbücher durchzuspielen, sondern ihnen Gestalt zu verleihen, den Zahlen Leben einzuhauchen, aus Zahlen unterschiedlichste Welten zu generieren.

Damit ist die realistische Literatur wie das Diapositiv des Negativs der klassischen politökonomischen Theorie, gemäß derer Geld und Kredit, wie gesagt, bloß technische Probleme zu lösen haben, die als gegeben und natürlich vorausgesetzt werden, etwa die mangelnde Koinzidenz von Bedürfnissen. Es gab und gibt viele Robinsonaden in der Politischen Ökonomie, beispielsweise die kontroverse Grundannahme eines innerhalb perfekt funktionierender Märkte rational agierenden *homo oeconomicus*, die allerspätestens mit der marginalistischen Revolution zum unhinterfragbaren Axiom wurde, dank dessen teilweise atemberaubende Kalkulationsmodelle erstellt werden konnten. Michel Aglietta und André Orléan schreiben in *La Violence de la monnaie*: „L'économie politique est la religion du capitalisme." Es wäre wohl treffender, von der Politischen Ökonomie als Theologie der Religion des Kapitalismus zu sprechen; wie dem auch sei, die (selbst)kritischen Wirtschaftswissenschaftler Aglietta/Orléan stellen sich diese Funktion der politischen Ökonomie als naturalisierende Verschiebung vor:

> L'économie politique est le discours générique qui accomplit ce déplacement mystificateur. On n'y entend plus le heurt des groupes sociaux, le fracas des destructions de capital. Il n'y est plus question que de choix rationnels entre différents politiques économiques, d'optimalité des décisions laissées aux mains de spécialistes compétents (Aglietta/Orléan 1982, 135).

Aglietta/Orléan halten dafür, dass der Quantifizierung eine qualitative Analyse der Funktion des Geldes vorausgehen sollte, die nicht nur die Fähigkeit des Geldes hervorhebe, heterogene Bedürfnisse aufeinander abzustimmen, sondern auch das, was sie die fraktionierende Funktion des Geldes nennen: sein Konfliktpotenzial. Diese Kritik am mythischen Kern der Politischen Ökonomie wurde rezenter von Joseph Vogl, Ben Fine oder Yanis Varoufakis geschärft. Letztere sprechen von *zombieeconomics* oder vom Globalen Minotaurus und meinen damit nicht zuletzt, dass die Ökonomik ihre im 18. Jahrhundert entwickelten epistemologischen Grundlagen nie maßgeblich verändert habe, insofern sie ‚untotes' Wissen verbreite, das die Märkte steuere (vgl. Levinovitz

2016; Fine 2017; ders. 2009; Varoufakis 2011).[32] Vogl erkennt darin (in Anlehnung an die Theodizee) eine Oikodizee, also die „Rätselfrage [...], ob und wie scheinbare Irregularitäten und Anomalien mit einer vernünftigen Einrichtung ihres Systems korrespondieren" (Vogl 2010, 28).

In diesem toten Winkel eines politökonomischen Denkens, das sich zunehmend dem Zählen der „angels on the heads of neoclassical pins" (Simon 1999, 113), sprich den Detailfragen mathematischer Modelle des freien Markts widmete, entwickelte sich die realistische Literatur als anderes Wissen über ökonomische Sachverhalte. Obzwar alle Varianten der realistischen Poetik nur vor dem Hintergrund des neuen ökonomischen Paradigmas unpersönlicher Kreditbeziehungen entstehen konnten, insofern sie die Realität problematisierten und nicht als Selbstverständlichkeit erachteten, so eignen sich dennoch nicht alle realistischen Texte, um die vorliegende Fragestellung zu behandeln. Einige realistische Texte reflektieren die Monetarisierung der Gesellschaft explizit und liefern ein dreidimensionales Bild von ihr, in dem nicht nur isolierte Akte des Austauschs geschildert werden, sondern ökonomische Operationen ins größere Ganze einer fiktiven Gesellschaft eingebettet werden.

In den Texten von Schriftstellerinnen und Schriftstellern wie Honoré de Balzac, Gustave Flaubert, Gustav Freytag, Gottfried Keller, Hermann Melville, Émile Zola und George Eliot – um nur ein paar Protagonisten der vorliegenden Studie zu nennen – fungiert Geld als Zankapfel, über den der Agon konstruiert wird. Um Geld wird gemogelt, gestritten, gemordet. Keine Harmonie stellt sich ein, kein neutraler Handel findet statt, kein Gleichgewicht wird erreicht, keine unsichtbare Hand lenkt das Geschehen (vgl. Sheehan 2015; Breyer 2016). In diesen Texten werden Prozesse beschrieben, die die Politische Ökonomie aufgrund ihrer Betriebsblindheit nicht wahrnimmt, und anhand ihrer Beschreibungen von Geldbeziehungen und Geldgeschäften lässt sich nachvollziehen, wie die neue Rolle des Geldes und des Kredits von der bürgerlichen Gesellschaft aufgefasst wurde. Indessen darf man sich nicht darüber hinwegtäuschen, dass durch die Auswahl eines solchen Textkorpus' die methodische Gefahr entsteht, ein kapitalistisches Narrativ zu (re)konstruieren, das als ‚die Realität' daherkommt. Die interpretative Zwickmühle, die sich aus der Tatsache ergibt, dass viele realistische Texte zwar das Gewaltpotenzial von Schulden hervorheben, aber damit ‚die' Wirklichkeit auf Konflikte um Kredit reduzieren, will daher stets reflektiert werden.

32 Vgl. Foucault 2004a; ders. 2004b. Er geht so weit, die Politische Ökonomie den Staatskünsten zuzurechnen.

„In behaving like money, the realistic novel is a perfect simulacrum of a social order based on nothing more substantial than public credit and ‚speculative commerce'" (Brantlinger 1996, 168), schreibt Patrick Brantlinger. Selbst wenn das etwas zu pauschal klingt, so lässt sich tatsächlich anhand realistischer Texte die Vorgeschichte dessen, was Mark Fisher ‚Capitalist Realism' nennt, rekonstruieren. Dieser Titel von Fishers Buch geht auf ein Frederic Jameson beziehungsweise Slavoj Žižek zugeschriebenes geflügeltes Wort zurück, und zwar „that it is easier to imagine the end of the world than it is to imagine the end of capitalism". Fisher führt aus: „That slogan captures precisely what I mean by „capitalist realism": the widespread sense that not only is capitalism the only viable political and economic system, but also that it is now impossible even to *imagine* a coherent alternative to it" (Fisher 2009, 2). Die im Rahmen dieser Arbeit ausgewählten realistischen Texte stellen denn mit dem Kredit das, was Karl Marx als bloßes Epiphänomen des industriellen Zyklus qualifiziert,[33] in den Mittelpunkt. Deshalb wird in vielen von ihnen die Perspektive der Bourgeoisie eingenommen und nur selten diejenige des Proletariats zur Sprache gebracht.[34] Im ‚kapitalistischen Realismus' des 19. Jahrhunderts kämpfen bürgerliche Figuren um Finanzmittel, also um die Garantien *ihrer* Welt; und umgekehrt um die Ursache des systematischen Wirklichkeitsentzugs der Unterschicht.

Läuft man aber nicht Gefahr – wie es Sozialhistorikern gerne geschieht – diese Texte für bare Münze zu nehmen, das heißt durch sie einen zeitgenössischen Blick auf die geschichtliche Entwicklung erhaschen zu wollen? Die vorliegende Studie will die ausgewählten Texte keinesfalls perspektivisch zu einem Spiegel der Wirtschafts- und Mentalitätsgeschichte des 19. Jahrhunderts verkürzen. Um das zu vermeiden, wird sie sich vornehmlich auf die Repräsentationsebene der Texte konzentrieren, nicht auf ihre Referenz. Rudolf Helmstetter schreibt, dass in realistischen Texten „die gelesene Welt […] unmittelbar kompatibel mit der gelebten" (Helmstetter 1998, 259) erscheint. Aber dieses Unsichtbarmachen der eigenen Medialität kann im Umfeld einer neuen Lebenswelt, die laut Peter Uwe Hohendahl und Ulrike Vedder stark durch Fremd- und Selbstreferenzialität geprägt ist (vgl. Hohendahl/Vedder 2018, 16), nicht aufgehen. Im Motiv des Kredits zeigt sich dies klar und deutlich. Er ist eine jener die Lebenswelt des 19. Jahrhunderts maßgeblich

---

33 Mit Marx „das bloße Symptom der Wechselperioden des industriellen Zyklus" (MEW, 23, 662). Vgl. oben, 8.

34 Der Klassenkampf ist hier auf einen Konflikt zwischen Bürgertum und Aristokratie verkürzt. Im Werk des Begründers der Klassentheorie David Ricardo stehen sich das vom Profit lebende Bürgertum und die von der Bodenrente lebende Aristokratie antagonistisch gegenüber.

prägenden Operationen, die selbstreferenziell funktionieren. Als Analysegegenstand erlaubt er es, die Kontingenz, Irrationalität, Uneinheitlichkeit und Nicht-Linearität der geschichtlichen Entwicklung gebührend in Rechnung zu stellen. Der Kredit fristete und fristet bis heute in der Wirtschaftstheorie ein Schattendasein. Über ihn – so die These dieser Studie – lässt sich eine andere Wirtschaftsgeschichte schreiben, in deren Zentrum nicht die Wunder der industriellen Produktion, sondern Kämpfe um Ressourcen und um Kapital und andere Verwerfungen kapitalistischer Unproduktivität stehen. Dies erfordert einen Begriff des Paradigmas Kredit, der über seine Funktion, Finanzmittel vorzuschießen, weit hinausgeht, weshalb die folgenden essayistischen Interpretationen von alternativen Theorien zum Kredit, an denen es ja nicht mangelt,[35] flankiert werden.

Kredit ist die zentrale ökonomische Fiktion der bürgerlichen Gesellschaft, die es ihr erlaubt, Ehre und Kapital kurzzuschließen; er ist eine Kredit*fiktion*. Diese Fiktion taucht in der bürgerlichen Erzählliteratur als Fiktion in der Fiktion oder als *Kredit*fiktion auf, über die Existenzen gegründet oder ruiniert werden. In diesem ‚Kreditrahmen' bewegen sich realistische Texte.

Für die folgenden Analysen wurden solche Romane aus der gewaltigen Fülle des deutsch-, französisch- und englischsprachigen Materials ausgewählt,[36] die sich explizit mit Kreditvorgängen auseinandersetzen und es dem Interpreten somit ermöglichen, neues Wissen über die gesellschaftlichen und ideologischen Implikationen des sich etablierenden Wirtschaftssystems zu generieren. Es ist ein wildes Wissen über die Entstehung eines Markts, der heute als hergebracht erscheint, damals aber im Modus des Als-ob, im Modus von Kreditfiktionen verhandelt wurde. Insbesondere Honoré de Balzac (1799-1850) und Gustave Flaubert (1821-1880) beschreiben auf Kredit gegründete Welten, in denen wenig produziert, dafür aber viel geträumt wird. Das ist

35 Neben den oben in der kleinen Geschichte des Kredits angeführten Ansätzen (vgl. oben, 8ff.) wären noch die mentalitätsgeschichtliche Arbeit von Hirschman, die foucaultsche Analyse des politökonomischen Dispositivs oder wildere Ansätze wie sie Deleuze/Guattari oder Lyotard verfolgen zu nennen. Seit den 1970ern erforscht die Literaturwissenschaft zudem die Beziehung zwischen Geld und Literatur. Als Ausgangspunkt dafür kann Marc Shells Studie *The Economy of Literature* gelten, wo zum Beispiel das Verhältnis von attischer Philosophie und Münzprägung oder antiker Tragödie und ökonomischer Theorie beschrieben wird. Vgl. Shell 1993; ders. 1982; Goux 2000; ders. 1973; Hörisch 1996. Von Braun 2012 synthetisiert die obigen Ansätze zu einer umfassenden Kulturtheorie des Geldes.

36 Leider kann im Rahmen dieser Arbeit auf die russischsprachige Literatur nicht eingegangen werden, obwohl das Thema des Kredits in den Werken Fjodor Dostojewskijs und Nikolaj Gogols zentral ist. Der britische Realismus spielt auch keine zentrale Rolle, zu seiner Behandlung der Ökonomie liegen sehr viele Studien vor.

nicht verwunderlich, wenn man sich die oben skizzierte Entwicklung der französischen Wirtschaft vor Augen führt, in der Kreditgeschäfte boomten, obwohl die Industrie noch in den Kinderschuhen steckte. Balzacs und Flauberts Texte reflektieren das Verhältnis von Wirklichem und Imaginärem im Zeitalter des Kredits.[37] Das heißt im Umkehrschluss nicht, dass keine anderen Stimmen zu Wort kommen werden; der Prozess der Vergesellschaftung durch das Geld ist ja ein globaler Prozess, der allerdings nicht synchron und einheitlich vonstatten ging.[38]

Die Literatur gibt in dieser Arbeit über die Entwicklung des Kapitalismus den Ton an, nicht die Politische Ökonomie. Im 19. Jahrhundert war Letztere zumeist damit beschäftigt, die Produktion zu verstehen, oft um diese effizienter, das heißt für die Oberschicht profitabler zu gestalten, während die Literatur freiere Hand hatte, andere Aspekte des Wirtschaftslebens zur Sprache zu bringen. Ein Politökonom kommt aber doch öfter zu Wort: Karl Marx. Da sich dieser mit dem Produktionsprozess als Ganzem auseinandersetzt und damit der Individualisierung und Enthistorisierung politökonomischer Zugänge entgegenwirkt, lässt sich sein Werk in einen Dialog mit der Erzählliteratur des 19. Jahrhunderts setzen. Zudem war er selbst ein kenntnisreicher Leser Balzacs, und bei der Lektüre der *Comédie humaine* kommt man nicht umhin, Parallelen zu seinem Werk zu entdecken. Ich lege allerdings hiermit keine marxistische Literaturkritik vor und ziehe Marx stets als Zeitgenossen der Schriftstellerinnen und Schriftsteller des 19. Jahrhunderts heran, dessen Werk und Person historisch sind. Man sollte sich an Jean-François Lyotards Diktum halten: „Il faut arriver à prendre Marx comme s'il était un écrivain, un auteur plein d'affects, son texte comme une folie et non comme une théorie, il faut parvenir à deconcerter son barrage théorique et lui caresser la barbe sans mépris et sans dévotion" (Lyotard 1974, 117).

Vier bereits skizzierte Aspekte literarischer Verarbeitungen der wirtschaftlichen Umbruchszeit im 19. Jahrhundert werden im Folgenden zur Entfaltung kommen: ein poetologischer, ein soziologischer, ein biopolitischer sowie ein

---

37 Über Flauberts und Balzacs Werke ließen sich zudem systematisch die Schwerpunkte der vorliegenden Studie herausarbeiten. Flaubert tritt das Erbe des Verfassers der *Études de mœurs* an, wenn er in *Madame Bovary* (1856) die *Mœurs de Province* zur Darstellung bringt; er denkt vieles zu Ende, was Balzac zu denken anfängt, ja er ‚dekonstruiert' Balzacs Poetik. In *Madame Bovary* finden sich alle Schwerpunkte der Arbeit *in nuce*.

38 Die deutschsprachige realistische Literatur beispielsweise eignet sich, wie man anhand der brillanten Dissertation von Till Breyer nachvollziehen kann, viel besser dazu, den Begriff der Produktion neu zu durchdenken (vgl. Breyer 2019), in Punkto Kredit wartet sie oft nur mit moralisierenden bis hin zu antisemitischen Darstellungen auf, am markantesten bei Gustav Freytag.

utopischer. Zunächst stellt sich die Frage, inwiefern realistische Texte den Wandel in der Realitätsauffassung, der mit der sich durchsetzenden Marktwirtschaft einhergeht, reflektieren – den ausgewählten realistischen Texten ist ein Kreditrahmen gesetzt (Abs. 1). Diesen Kreditrahmen füllen vor allem Honoré de Balzacs Texte aus. Sein Werk ist ein epistemologisches Dispositiv, das Kreditnetzwerke als subjektiven und intersubjektiven Erfahrungsraum simuliert, in dem das Individuum sich als wiedererkennbare Entität auflöst; mit dieser Auflösung stößt der literarische Realismus auf eine obere Grenze der Komplexität (Abs. 2). Die Naturalisierung von Kreditvorgängen, die in realistischen Texten als fruchtbar oder unfruchtbar dargestellt werden, ist dann die untere Komplexitätsgrenze der Darstellung des Abstraktums Kredit (Abs. 3). Und schließlich wird die Frage gestellt, ob sich utopische Gegenentwürfe zur auf Geld gegründeten Welt finden lassen, die im realistischen Beschreibungsmodus formuliert werden (Abs. 4). Die Frage der Repräsentation führt zum Repräsentierten und dann zur Dekonstruktion von Repräsentation beziehungsweise zur ‚Depräsentation'. Vom Kreditrahmen der realistischen Literatur werden wir zum Sprengen dieses Kreditrahmens gelangen. Dieser Bogen wird uns vom Kredit zu seinem Anderen führen: der Gabe. Anders als der Kredit kennt die Gabe keinerlei Maß.

* * *

Bertolt Brecht schreibt über die Darstellungsprobleme des modernen Films: „Die eigentliche Realität ist in die Funktionale gerutscht" (Brecht 1967, 161). Realistische Texte des 19. Jahrhunderts beschreiben diese für Brecht in die unmittelbar abgeschlossene Vergangenheit des Perfekts geronnene Geschichte als Prozess, als Rutschen in die Funktionale abstrakter Kreditverhältnisse. Bevor die Menschen mit Marx gesprochen zu Anhängseln von Finanztransaktionen[39] in der Wirklichkeit werden konnten, wurde im literarischen Realismus an diesem Menschen- und Weltbild gearbeitet.

Die erste Station dieser Arbeit ist nun die Werkstätte des realistischen Autors. Der sich durchsetzende freie Markt umfasst mitunter die literarische Welt, die spätestens in den 1820er-Jahren zu einem literarischen Markt mutiert.

39 Marx spricht von „Anhängsel[n] der Maschine" (MEW, 23, 674).

ERSTER ABSCHNITT

Der Kreditrahmen des Realismus

Ein armer Dichter sitzt einsam in seiner kalten Stube voller verstaubtem Mobiliar. Es klopft an der Tür, „un Spectre" tritt ein. „C'est un huissier qui vient me torturer au nom de la loi." Diese Szene beschreibt Charles Baudelaire im fünften Stück von *Le Spleen de Paris* (1869), „La chambre double". Kurz zuvor hat der Dichter noch in der Halluzination geschwelgt, er hauste in einem luxuriösen Appartement, in dem er seine Angebetete empfänge; aus diesen Träumen wird er jäh geweckt durch den „coup terrible, lourd" des Gerichtsvollziehers, einer Konkubine oder seines Verlegers – der Text lässt es offen. Wer auch immer da klopft, aus der Ewigkeit einer Schwärmerei wird der Dichter entrissen und ins kalte Regime der Zeit zurückgeworfen: „[L]e Temps a reparu ; le Temps règne en souverain maintenant" (BOC, I, 281). Vorher haben die Überzüge der Möbel noch „une langage muette" gesprochen, „comme les fleurs, comme les ciels, comme les soleils couchantes" (280); nun sind die Möbel „sots, poudreux, écornés" (281), und sie schweigen.

Baudelaires Text legt eine Lesart nahe, die Literaturwissenschaftlerinnen und Literaturwissenschaftlern gefiele: Von romantischen Dichterinnen und Dichtern unterscheiden sich realistische Schriftstellerinnen und Schriftsteller dadurch, dass sie sich nicht ausschließlich Träumereien hingeben können, sondern sich in ihren Texten der materiellen Basis dieses Überbaus widmen müssen.[40] Der Text würde als Drama der Referenz von Schriftzeichen gelesen werden. All die Illusionen romantischer Dichtungen, so stellte sich heraus, verweisen auf nichts, ihnen wird die Grundlage entzogen, beziehungsweise wird ihr Luxus schlagartig zum Zeichen von Armut. Eine Welt, die jederzeit zum Verkauf steht, taucht auf. Das ist ‚kapitalistischer Realismus' *par excellence*.

Baudelaires Prosagedicht erzählt von der Herausbildung einer literarischen Form oder Schreibweise, die auf ihre Beziehung zum Kreditwesen befragt werden kann. Zunächst lässt sich im Hinblick auf diese Frage feststellen, dass der realistische Roman nur im Kontext eines sich ausweitenden kapitalistischen (literarischen) Markts entstehen konnte. Balzac, der bereits romantische

40 Zu den Begriffen Überbau/Basis vgl. MEW, 13 (*Zur Kritik der politischen Ökonomie*), 8f., 615ff.

 | DOI:10.30965/9783846765012_003

Texte verfasst hatte, griff erneut zur Feder, um seine Schulden zu begleichen; zu dieser Zeit entwickelte er seinen Realismus, den Jean-Jospeh Goux folgendermaßen charakterisiert: „[T]oute l'épaisseur onirique ou sentimentale où se déplace [sic] avec versatilité les imaginations d'une âme libre, se trouve résorbée dans la seule considération de quelques faits facilement objectivables, le plus souvent liés à un calcul financier" (Goux 2000, 97).

Flaubert, der finanziell unabhängig war, denkt in seinem Werk zu Ende, was Balzac zu denken angefangen hat. In seiner *Éducation sentimentale* (1869) fungieren Schulden als das, was man mit Marx eine praktische Kritik am ‚kapitalistischen Realismus' bezeichnen kann (vgl. MEW 42, 68). Verschuldeten Figuren wird im Zuge von Verpfändungen und Versteigerungen ihre Realität selbst entzogen; oft eine zunächst erträumte Realität, die auf der poetologischen Ebene aus Wirklichkeitseffekten zusammengesetzt ist. Flaubert stellt die Frage, wie imaginierte Wirklichkeiten, symbolische Zeichensysteme (etwa Geld oder Sprache) und das Reale zusammenhängen. Dazu setzt er Schulden ein.

Dass dieses Realitätsprinzip der Schulden in der Literatur nicht nur zum Träumen einlädt, sondern auch gewaltsame Wirkungen zeitigt, kann man schließlich anhand von Balzacs *Le Père Goriot* (1834) sehen. Der ambitionierte ehemalige Nudelfabrikant Jean-Joachim Goriot, der während der Französischen Revolution zu erheblichem Reichtum gekommen ist, ruiniert sich in diesem Text für seine Töchter, weil diese sich ihrerseits verschuldet haben. Eine *mise en abyme* gestaffelter Schulden tut sich auf, in der alle bei allen verschuldet sind. Der Physiokrat Balzac inszeniert ein literarisches Nullsummenspiel, in dem ein Menschenleben gegen ein Kapital, das sich selbst auf dem Geldmarkt vermehrt, aufgewogen wird.

Wenn also vom ‚Kreditrahmen' des realistischen Romans die Rede ist, dann wird damit auf eine dreifach ausgeprägte Gemengelage hingewiesen: Sowohl in Bezug auf die Entstehung der realistischen Schreibweise bei Balzac kann von einem Kreditrahmen gesprochen werden als auch auf die Texte selbst, die Schulden auf der Darstellungs- und Handlungsebene einsetzen. Auf der Produktions-, Darstellungs- und Handlungsebene sowie auf der Ebene der Rezeption spielt Kredit eine große Rolle. Schulden können die Welten, die realistische Romane darstellen, jederzeit zunichte machen und damit als illusionär charakterisieren. In letzteren kristallisiert sich Geld als das, was Jochen Hörisch ein onto-semiologisches Leitmedium nennt, heraus: Es bezieht „systematisch die Logik des Seins (Ontologie) und die des Sinns bzw. der Zeichen (Semiologie) aufeinander" (Hörisch 2004, 16).

ERSTES KAPITEL

L'Art pour l'argent

> *Die Schrift, die im gedruckten Buche ein Asyl gefunden hatte, wo sie ihr autonomes Dasein führte, wird unerbittlich von Reklamen auf die Straße hinausgezerrt und den brutalen Heteronomien des wirtschaftlichen Chaos unterstellt.*
>
> Walter Benjamin 2013 [1928], IV.1, 103

Viggi Störteler ist Kaufmann und Dichter in einer Person. Genauer gesagt verkauft er seine Schriften, um aus ihnen Profit zu schlagen; mit Ideen möchte er eine Marge machen. Die Hauptfigur von Gottfried Kellers Novelle „Die missbrauchten Liebesbriefe" – eine Erzählung aus dem ab 1860 erschienenen zweiten Band des Zyklus *Die Leute von Seldwyla* (vgl. KSW, 5, 97-180; Augart 2007; Hörisch 2013, 97ff.) – macht auf ein Problem aufmerksam, das Kunstschaffende bis heute umtreibt: Wie hält man es mit dem Kunstmarkt? Und was macht der Kunstmarkt wiederum mit der Kunst? Als Störteler die Idee hat, seine Frau Gritli in sein literarisches Projekt als ‚Muse' einzuspannen, entsteht ein literarischer Markt, der sich durch jene Art listvoller Aneignung fremder Arbeit auszeichnet, die laut Karl Marx für die kapitalistische Produktionsweise charakteristisch ist. Viggi ist seines Zeichens Romantiker und kann am fließenden Band schwülstige Sätze fabrizieren; Gritli hingegen liegt es, als der pragmatische Kopf, der sie ist, fern, in diesem Stil zu denken und zu schreiben, und sie steht vor einem Problem. Deswegen verfällt sie darauf, die Briefe ihres Mannes abzuschreiben und an ihren zurückgezogenen lebenden Nachbarn zu richten, einen Lehrer, der ihr in ebenjenem musischen Ton antwortet, der den Briefen von Viggi angemessen ist. Der in Gritli verliebte Lehrer muss sich in seinen Liebesbriefen nicht verstellen, und diese authentischen Mitteilungen, die umgeleitet werden, versetzen Viggi wiederum derart in Verzückung, dass die Quelle seiner Inspiration nicht versiegt. Eine kapitalistische Produktionskette entsteht *in nuce* mitsamt ihrer Arbeitsteilung und Ausbeutung, die auf einem für die Produzenten uneinsehbaren Produktionsprozess aufruht, der von Karl Marx folgendermaßen beschrieben wird: „Die verschiedenen Proportionen, worin verschiedene Arbeitsarten auf einfache Arbeit als ihre Maßeinheit reduziert sind, werden durch einen gesellschaftlichen Prozeß hinter dem Rücken der Produzenten festgesetzt und scheinen ihnen daher durch das Herkommen gegeben" (MEW, 23, 59). Ohne es zu wissen, wird der blauäugige Nachbar ausgebeutet, aber auch Gritli, die

 | DOI:10.30965/9783846765012_004

als Einzige den gesamten Prozess zu überblicken imstande ist, muss sich der mühevollen Kopiertätigkeit hingeben, während sich Viggi als Dichter-Kapitalist aufspielt.

Es kommt literaturgeschichtlich nicht von ungefähr, dass der Realist Gottfried Keller die Produktionsbedingungen romantischer Literatur als protokapitalistische Ausbeutung authentischer Gefühle darstellt. Er macht ein Kalkül hinter dem schwülstigen Schreibstil aus und führt der Leserin oder dem Leser vor Augen, dass sie oder er Konsument einer Ware ist (der Ware Literatur). Die Romantik hat als avanciertes literarisches Programm ausgedient, der Romantiker ist nicht mehr Subjekt, sondern nur noch Objekt der Literatur, seine Literatur kann höchstens satirisch zu Papier gebracht werden. Kellers Realismus beleuchtet diese Zusammenhänge und belohnt die sich mit dem naiven Nachbarn identifizierende Leserschaft sogar damit, dass er die beiden Liebenden schließlich zusammenführt und den kaltschnäuzigen Viggi bestraft. Eigentlich gewinnt aber das Kapital.

Realistische Schreibweisen grenzen sich von der vorangegangen Epoche der Romantik ab, indem sie sich auf die Darstellung wahrscheinlicher Handlungen mitsamt ihrem schmutzigen wirtschaftlichen Fundament einlassen. Aber sie werden zum ideologischen Handlanger der Kapitalisierung, wenn ihre Darstellung auf das allgemeine Äquivalent Geld reduziert und der Triumph des Kapitals über romantische Schwelgereien billigend in Kauf genommen wird.

Der literarische Plusmacher Viggi Störteler befindet sich in bester Gesellschaft. Im Zeitalter vor den bewegten Bildern, da sich viele ihre Zeit mit Romanlektüre vertrieben, war der Schriftstellerberuf potenziell äußerst lukrativ, und die Literaturgeschichte des 19. Jahrhunderts lässt sich kaum verstehen, wenn man nicht einen Blick auf den literarischen Markt wirft, der die Produktion der Literatur bedingte. Im Folgenden werden Schreibszenen über zwei Autoren entworfen, die gegensätzliche Positionen innerhalb ein und desselben Literaturmarkts einnahmen: Auf der einen Seite Honoré de Balzac, der in Höchstgeschwindigkeit schrieb, weil er Schulden zu begleichen hatte; und der schier endlos an seinen Texten sitzende und feilende Gustave Flaubert auf der anderen, ein vom Literaturmarkt unabhängiger *rentier*, der sich dem *l'art pour l'art* verschrieben hat. Balzac und Flaubert stellen zwei Extreme im Umgang mit dem Literaturmarkt dar, das Motto dieses Kapitels könnte demgemäß lauten *l'art pour l'argent* versus *l'art pour l'art.*

Der eben umrissene Gegensatz wird unterlaufen werden. Flaubert stellt sich als ambivalenter Produzent der Ware Literatur heraus; und Balzac schafft – vielleicht unwillkürlich – literarische Welten, die keineswegs auf den Status von Waren reduziert werden sollten. Daher wird die Rede sein von einem Spannungsverhältnis zwischen der literarischen Plusmacherei mitsamt der damit verbundenen bürgerlichen Lebensform und dem *l'art pour l'art* als

Selbstsabotage- oder Immunisierungsstrategie bürgerlicher Schriftstellerinnen und Schriftsteller gegen den literarischen Markt. Wie Pierre Bourdieu in *Les règles de l'art* interessiere ich mich für die Soziologie der Literaturszene und die Auswirkungen dieser sozialen Gruppe auf die Entwicklung der realistischen *écriture*.[41]

Im Folgenden wird es nicht um die historischen Personen Balzac und Flaubert gehen, sondern darum, Schreibszenen zu entwerfen. Rüdiger Campe versteht die Entstehung eines Korpus im umfassenden Sinne als „eine Praktik, ein Repertoire von Gesten und Vorkehrungen" (Campe 1991, 759), das nicht zuletzt auf ökonomische Rahmenbedingungen des Schreibens verweist. Im Fall des Balzacs, der im Folgenden auftaucht, lässt sich buchstäblich von einem Kreditrahmen der realistischen Literatur sprechen, von einem verschuldeten Menschen, der sich hinsetzt und schriftstellerische Gesten ausführt, um sich zu entschulden.

Texte abfassen, Schulden abschreiben

> [*Balzac*] *était un très brave homme. Et qu'on l'aurait aimé. Mais quelle préoccupation de l'Argent ! et quel peu d'amour de l'Art ! Avez-vous remarqué qu'il n'en parle pas, une* fois [*dans sa correspondance*] *? Il cherchait la gloire mais non le Beau.*
>
> Gustave Flaubert, FC, V, 160

> *And I make all the money from the rhymes I invent / So it really doesn't matter – how much I spent, because, yo / I make fresh rhymes – daily / You burn me – really? / Think, just blink and I made – a million rhymes / Just imagine if you blinked – a million times / Damn I'd be paid – I got it made.*
>
> Special Ed, *I Got it Made*

Wie Viggi Störteler war Balzac Unternehmer und Schriftsteller in einer Person. Zunächst produzierte er romantische Literatur unter Pseudonym, dann realistische in seinem eigenen Namen. Er sah sich gezwungen, mit Literatur Geld zu verdienen, da seine Versuche Unternehmer zu werden allesamt

41 Rüdiger Campe entlehnt diesen Begriff, der die im Deutschen getrennten Bedeutungen von Schrift, Stil, Schreiben und Schreibweise bündelt, von Roland Barthes, der auf drei Ebenen der *écriture* eingeht: erstens auf die Praxis des Schreibens, die mit verschiedensten Gattungen und auch mit der Literaturkritik verbunden ist; zweitens auf die Spuren der Praktik des Schreibens; drittens auf die Schrift als Medium. Vgl. Campe 1991.

gescheitert waren und ihm nur dieser Weg blieb, seine Schulden zu begleichen. Auf *recto* und *verso* seiner Manuskripte führte Balzac Buch.

Wahrscheinlich geht das Bild von Balzac als Dichter des Geldes auf Charles Baudelaires Feuilletonartikel *L'Art de payer ses dettes quand on a du génie* (1845) zurück, in dem Balzac zu einem genialischen, verschuldeten Schreiberling stilisiert wird. Protagonist dieser als vertrauliche Anekdote daherkommenden Satire ist die „plus forte tête commerciale et littéraire du dix-neuvième siècle" Balzac. Dieser ist niedergeschlagen. Er ist nicht traurig, weil er von einer „ananas à quatre sous", einem „pont suspendu en fil de liane" oder einer „villa sans escalier avec des boudoirs tendus en mousseline" (BOC, II, 6) geträumt hat, also weil seine fiktionale Welt text-ökonomische Widersprüche enthält, die nicht mit der realen Ökonomie zusammenhängen.

> Non, hélas ! non ; la tristesse du grand homme était une tristesse vulgaire, terre à terre, ignoble, honteuse et ridicule ; il se trouvait dans ce cas mortifiant que nous connaissons tous, où chaque minute qui s'envole emporte sur ses ailes une chance de salut ; où, l'œil fixé sur l'horloge, le génie de l'invention sent la nécessité de doubler, tripler, décupler ses forces dans la proportion du temps qui diminue, et de la vitesse approchante de l'heure fatale. L'illustre auteur de la *Théorie de la lettre de change*[42] avait le lendemain un billet de douze cents francs à payer, et la soirée était fort avancée (7).

Balzac hat banale finanzielle Probleme. Diese Geldsorgen treiben den verzweifelten Dichter in Baudelaires Schilderung nicht etwa dazu, sein Handwerk aufzugeben und sich zu verdingen, nein, dieser literarische Geschäftsmann verzagt nicht und sucht einen reichen Verleger auf, für den er zwei Artikel verfassen soll; gegen den geringen Betrag von fünfzehnhundert Francs, versteht sich. Balzac macht sich aber nicht daran, die zwei Texte selbst abzufassen. Als literarischer Zwischenhändler, der seine Textware von Dritten herstellen lässt, sucht er zwei Dichterfreunde auf, die zwar nicht namentlich genannt werden, aber wahrscheinlich handelt es sich um den romantischen Dichter Édouard Ourliac und um einen der Hauptvertreter des *l'art pour l'art* Théophile Gautier.[43] Diesen beiden bietet der geizige Balzac nur 150 Francs pro Artikel an. Am nächsten Tag erscheint der erste Artikel, der Balzac die nötigen 1.500 Francs bringt; allerdings kurioserweise nicht unter Balzacs Namen, sondern von einem dritten *bohèmien* unterzeichnet.

---

42 Der Kommentar der Pléiade-Ausgabe weist darauf hin, dass es dieses Werk von Balzac nicht gibt. Vgl. BOC, II, 1082. Baudelaire könnte sich auf Saint-Hilaires Werk beziehen. Vgl. Einl.

43 Das legt der Kommentar nahe. Vgl. BOC, II, 1082.

Diese fiktive Anekdote unterstellt Balzac „puffisme" (1080), sprich Hochstapelei. Das ist eine Allegorie für eine Zeitenwende im Literaturmarkt. Der realistische Autor Balzac borgt oder stiehlt von den Romantikern in großem Stil. Es geht in diesem Text nur *prima facie* um Balzacs Wechselbrief; dieser Umstand wird dadurch angedeutet, dass Balzac den Artikel nicht selbst signiert, sondern einen dritten Namen ins Spiel bringt, vielleicht, wie der Kommentar der *Pléiade*-Ausgabe nahelegt, denjenigen Gerard de Nervals, und vielleicht hat er auch von diesem abkassiert.[44] Das literarische Feld erzeugt seine eigenen Formen von Schuldverhältnissen. Der von Baudelaire überspitzt gezeichnete Balzac versteht sich darin, diese Seilschaften spielen zu lassen, er macht die Texte der Romantik und des *l'art pour l'art* zu einer finanziell-literarischen Transaktion. Wie Viggi Störteler vollzieht dieser Balzac den Schritt von der literarischen Produktion um ihrer selbst willen zur literarisch-finanziellen Text-Produktion.

Balzacs Literatur ist engagiert, sie kann nicht umhin, dieses Engagement, das sich in einem Schuldverhältnis ausdrückt, mitzureflektieren. Womöglich ist deshalb aus den Romantikern ‚Lord R'Hoone' oder ‚Horace de Saint-Aubin'[45] der Dichter des Kapitalismus und seiner finanziellen Basis geworden, der unter seinem bürgerlichen Namen Honoré de Balzac firmiert.

Baudelaire entwirft einen Balzac, der ein Hybrid zwischen Unternehmer und Schriftsteller darstellt und die Grenzen zwischen Wirtschaft und Kunst verwischt:

> C'était bien lui, la plus forte tête commerciale et littéraire du dix-neuvième siècle ; lui, le cerveau poétique tapissé de chiffres comme le cabinet d'un financier ; c'était bien lui, l'homme aux faillites mythologiques, aux entreprises hyperboliques et fantasmagoriques dont il oublie toujours d'allumer la lanterne ; le grand pourchasseur de rêves, sans cesse à la *recherche de l'absolu* […] (6).

Obgleich es ironisch gemeint ist, hat sich dieses Bild von Balzac relativ gut gehalten. Immer wieder hat die Literaturwissenschaft versucht, den Schlüssel zu seinen Werken in seinen Kontobüchern zu suchen. Dieser Mythos besteht aus ein paar zentralen Elementen: Zunächst das Element des Aufstiegs der bürgerlichen Familie Balssa (vgl. Lumet 1923) in der Provinz, die sich in

44 Baudelaire bezieht sich laut Spoelberch de Lovenjoul, der die zweite Fassung von Baudelaires Anekdote entdeckt hat, an dieser Stelle auf einen tatsächlich erschienenen Artikel, der G. de N. gezeichnet ist (die Initialen des romantischen Dichters Gérard de Nerval). Vgl. 1082.

45 Pseudonyme von Balzac, als er noch romantische Literatur schrieb.

de Balzac umbenennt; zweitens der Balzac in die Wiege gelegte Drang zu reüssieren, zunächst als Unternehmer, dann als Schriftsteller; viertens die hohen Schulden des Dichters, die ihm die wenig lukrative schriftstellerische Tätigkeit aufbürdeten; fünftens ein Werk, das aus Finanznot entstand und die Welt der Ziffern deswegen so peinlich genau darstellt. Schließlich ein Dichter, der just in dem Moment stirbt, da seine Schulden beglichen sind (vgl. Bouvier/Maynial 1949, 125f.).

Balzacs mythisierter Lebensweg passt perfekt ins Bild einer Gesellschaft im Umbruch, deren bürgerliche Mitglieder mobil wurden und manchmal sogar – im Zuge einer Serie von Revolten und Revolutionen[46] – mobil machten, um im verknöcherten politischen System der Restauration, in dem die Bourbonen wieder auf dem Thron saßen, zunächst erfolglos für Teilhabe und Autonomie zu kämpfen. In *Les règles de l'art* beschreibt Pierre Bourdieu die Zeit des Second Empire – die Jahre nach der bürgerlichen Revolution von 1848 – als „règne de l'argent“ (Bourdieu 1998, 87). Bourdieu führt die Entstehung der *bohème* im zweiten Kaiserreich zurück auf einen Mangel an Arbeitsplätzen für eine gut ausgebildete Jugend, die in die Hauptstadt strömte; „nouveaux venus, nourris d'humanités et de rhétorique mais dépourvus des moyens financiers et des protections sociales“ (96). In Ermangelung von Erfolg gründeten diese jungen Menschen eine „société dans la société“ (98), in der die gesellschaftlichen Hindernisse, die sich ihnen entgegenstellten, nicht nur aus dem Weg geräumt, sondern ihre Schwächen zu Stärken umgemünzt wurden und zu ihrem Ruhm und ihrer Ehre als freie Schriftstellerinnen und Schriftsteller oder Künstlerinnen und Künstler beisteuerten. Diese Gesellschaft in der Gesellschaft spaltete sich wiederum in drei Fraktionen: regimetreue Kunst, die bürgerliche Werte hochhielt; sozialistische Kunst, die das monetäre Wertesystem anprangerte und auf die Leiden des Proletariats aufmerksam machte; schließlich *l'art pour l'art*, eine Bewegung, die sich dieser Antinomie entziehen wollte, indem sie die Kunst als autonomes Feld auffasste.

Balzac ist ein Frühankömmling in diesem Paris, das so viele Hoffnungen nährt und so viele Enttäuschungen bereithält; er bewohnt diese Stadt schon zu einer Zeit, da viele Vertreter der *bohème* noch nicht geboren sind. Seine schriftstellerische Laufbahn lässt sich als anarchische Vorgeschichte zu dieser Gründung des Kunstmarkts erzählen; eine Vorgeschichte, in der keine Rede

46 Im 19. Jahrhundert finden zwei bürgerliche Revolutionen in Frankreich statt, die Julirevolution von 1830, die in der erst ab 1830 entstehenden *Comédie humaine* zwar nicht vorkommt, der Leserschaft aber als außerhalb der Diegese angesetzter Endpunkt der darin beschriebenen Gesellschaft bekannt ist; und die Revolution von 1848, die in Frankreich die Zeit der Kapitalisierung einleitet.

sein kann von einer Trennung zwischen der Produktion von Literatur und der Produktion anderer Güter, und in der Bourdieus schematische Gegenüberstellung von Bürgertum und *bohème* nicht aufgeht. In der Zeit vor der Revolution von 1848 wurden die Weichen gestellt für die Herrschaft des Gelds.

Genauer beleuchtet wird Balzacs Laufbahn als Geschäftsmann in René Bouviers *Balzac. Homme d'affaires.* Zusammen mit Éduard Maynial durchstöbert dieser in *De quoi vivait Balzac ?* Balzacs persönliche Finanzen: Der Neuankömmling in Paris griff in den 1820ern zur Feder und verdiente mit seinen ersten romantischen Erzählungen gleich ein paar tausend Francs.[47] Auf den Vorder- und Rückseiten seiner Manuskripte (vgl. Bouvier/Maynial 1949, 129) rechnete sich Balzac aus, wie viele Kapitel er pro Tag schreiben müsste, um jährlich die stattliche Summe von 12.000 Francs einzufahren, die nötige Summe für ein elegantes Leben in Paris. Am Ende seines kometenhaften Aufstiegs hätte er genug soziales und finanzielles Kapital angesammelt, um eine politische Laufbahn anzustreben. Der literarische sollte den Weg für den politischen Erfolg bahnen; kulturelles sollte, mit Bourdieu gesprochen, in soziales oder symbolisches Kapital umgemünzt werden (vgl. Bourdieu 2001; Kap. 5).

Die erhofften Profite blieben jedoch aus. Im Kleingedruckten der Verträge, die Balzac öfters über Werke abschloss, die er noch nicht zu Papier gebracht hatte und letztlich nie bringen würde (vgl. Bouvier/Maynial 1949, 19), steckte der Teufel in Form von Bestimmungen über die Auszahlung eines Lohns, der sich an Verkaufszahlen bemaß. Balzac sattelte deshalb um, wurde selbst Verleger. Er brachte Klassiker im Verlag *La Librairie Universelle* heraus. Dieses Vorhaben finanzierte er, indem er einen Kredit aufnahm. Doch als das Projekt nur noch rote Zahlen schrieb, blieb er auf den Schulden sitzen. In der Folge versuchte er, in den Produktionsprozess des Gedruckten einzugreifen, und kaufte mit anderen eine Druckerei.[48] Seine Partner kehrten ihm wieder einmal den Rücken, und nach dem Tod seines Vaters nahm Balzac viele Kredite auf, insbesondere *billets à ordre* oder Händlerkredite, die stipulieren, dass Käufer erst bei Ablaufen einer Frist den Kredit mitsamt der Zinsen zurückzahlen müssen (vgl. Hoffmann/Postel-Vinay/Rosenthal 2001, 30). Balzacs Versuche, durch Innovationen im Produktionsprozess die Herstellung von Papier billiger zu machen, fruchteten nicht. Die Materie, auf die Ideen geschrieben werden, war zu dick.

---

47 *L'Héritière de Birague* bringt ihm 800 Francs, *La Fille retrouvée* 1.300 und *Clotilde de Lusignan* 2.000. Vgl. Bouvier/Maynial 1949, 19.

48 Balzac wollte einen neuen Rohstoff für die Papierherstellung entwickeln und entdeckte bei seinen Recherchen, dass Papier in China ursprünglich mit Bambus hergestellt worden war und nicht mit Lumpen. Vgl. CH, V, 1-732 (*Les Illusions perdues*); Müller 2012, 215ff.; Bouvier/Maynial 1949, 24; Bouvier 1930, 105ff.

Das Jahr 1828 war das Jahr der Krise. Balzac, der inzwischen die stattliche Summe von 59.600 Francs an Schulden angehäuft hatte, wurde von seinen Gläubigern verfolgt. Die Schuldenlast vermehrte sich in den folgenden Jahren nur. Im Jahr 1835 schuldete er 105.607 Francs und 1836 waren es sogar schon 158.329 (vgl. Bouvier/Maynial 1949, 62). Diese Schuldenlast ist bereits ein Geniestreich in einer Zeit, da die finanzielle Bonität einer Person daran gemessen wurde, was nach ihrem sofortigen Bankrott an passiven Werten übrigbliebe – in Balzacs Fall fast nichts.[49]

Balzac greift wieder zur Feder, beginnt fieberhaft und koffeingestärkt zu schreiben und zu veröffentlichen, dieses Mal unter seinem eigenen Namen. Etwas anderes bleibt ihm nicht übrig, als seine Schulden ‚abzuschreiben'. Das Äquivalent von einer Million Euro Schulden lässt sich nur durch ein vergleichbar immenses literarisches Gebäude abbauen. Die *Comédie humaine* nimmt die Form einer zumindest potenziell endlosen Geschichte an. Das vierte Kapitel dieser Arbeit geht näher auf die Art und Weise ein, wie diese endlose Gesichte funktioniert, weshalb an dieser Stelle der Hinweis genügen muss, dass die einzelnen Erzählungen der *Comédie* durch den fiktiven Handel mit Krediten zusammengehalten werden. Kredit ermöglicht es Balzac, von einer Erzählung zur nächsten zu kommen, wie Schulden von Person zu Person wandern können. Der von mehr als zweitausend Figuren bevölkerte Kosmos der *Coméide* erzeugt, gleich dem Geld, das Geld gebärt, eine potenziell endlos erweiterbare *écriture*, eine serielle Literatur, die am Laufband hergestellt wird. Diese Strategie im Umgang mit dem literarischen Markt wird Schule machen. Émile Zola beispielsweise schloss für *Les Rougon-Macquart* einen Vertrag mit seinem Verlag ab, der ihm unter der Bedingung ein Salär sicherte, dass er erstens regelmäßig neue Bände liefert und dass diese zweitens genug Überschüsse erwirtschaften, um das vorgeschossene Gehalt zu decken; andernfalls machte Zola Schulden (vgl. Mollier 1988, 213ff.). Seine naturalistischen Texte wurden wie Wertpapiere mit Gewinnbeteiligung gehandelt (vgl. Gomart 2004, 266ff.). Das Modell ‚Schulden abschreiben' hatte sich schon eingebürgert.

Balzac gilt in der Forschung bereits seit längerem als der Dichter des Geldes. Der verschuldete Dichter der *Comédie (in)humaine de l'argent* – um es mit dem Titel eines rezenten Sammelbands zu formulieren (vgl. Péraud 2013) – schrieb insbesondere über Schulden und Kredite. Diesen Umstand betonen fast alle Beiträger zu eben genanntem Sammelband, von Laurence Fontaine über Jean-Joseph Goux bis hin zu André Orléan. André Wurmser hält in seiner

49 Balzac investierte in seine Möbel, in Kleidung und in Kunstwerke. Vgl. Bouvier/Maynial 1949.

sehr umfangreichen Studie *La Comédie inhumaine*, auf die der Name des erwähnten Buchs zurückgeht, in recht penetranten Kapitälchen fest: „LES ROMANS DE BALZAC N'AURAIENT PAS LIEU SI LA QUESTION D'ARGENT NE SE POSAIT PAS" (Wurmser 1970, 106); ferner heißt es in Anlehnung an die Assoziation von Blut- und Geldkreislauf: „*La Comédie humaine* est un corps où, en guise de sang, circule l'argent" (102). Alexandre Péraud, der Herausgeber des oben genannten Sammelbands, hat sich in der Studie *Le Crédit dans la poétique balzacienne* Balzacs Faszination für den Kredit gewidmet und ein Buch vorgelegt, das nahezu alle Aspekte der komplexen Darstellung des Kredits in Balzacs Werk abdeckt. Pérauds Arbeit stützt sich zum Teil auf sozialhistorische Arbeiten und marxistische Zugänge zu Balzacs Werk, die ihrerseits von Karl Marx' und Georg Lukács' Balzac-Lektüren zehren (vgl. Marx/Engels 1967, 155ff.; Lukács 1952), etwa auf Jean-Hervé Donnards Buch *Balzac. Les réalités économiques et sociales dans La Comédie Humaine* aus dem Jahr 1961; zum anderen Teil hat er die vielen theoretischen Beschäftigungen mit dem Kredit und Schulden des letzten halben Jahrhunderts – von Aglietta/Orléan bis Derrida, von Deleuze bis Lazzarato, von Bataille bis Hénaff – in seine Betrachtungen eingeschlossen. Hélène Gomart wiederum führt in einer Studie, die sich den spezifischen Finanzoperationen bei Balzac widmet, den Text *L'Histoire de la grandeur et de la décadence de César Birotteau* (1837) als Modell für die Balzacsche Auffassung des Finanzwesens an.

Viele sozial- oder ökonomiehistorische Arbeiten zu Balzac behandeln letzteren Roman als *den* Text von Balzac zur Ökonomie (vgl. Gomart 2004; Wurmser 1970; Bouvier 1930), weil dort Balzacs eigene Vision der Ökonomie am deutlichsten zum Tragen komme und der Autor seinen eigenen Standpunkt in ein Lehrstück über unternehmerische Fahrlässigkeit gieße. Der Parfümier César Birotteau, dem das Wort *spéculation* nicht bekannt ist, wird dazu verleitet, in eine betrügerische Immobilienspekulation einzusteigen, bei der er, ähnlich wie Balzac, auf den Schulden sitzenbleibt, während seine Geschäftspartner sich das Kapital, das er zugeschossen hat, aneignen. Anstatt sich die sehr laxe Handhabung von Bankrotten in der Restauration zunutze zu machen, zahlt Birotteau jeden Groschen seiner Schulden zurück. Hélène Gomarts Studie vergleicht Balzacs Lehrstück schematisch mit Émile Zolas *L'Argent* (1891), wobei sie zwei Epochen und zwei Geschäftsmodelle fein säuberlich voneinander unterscheidet: eine Epoche *vor* dem frei flottierenden Börsenhandel mit Papieren, die auf keinerlei Realität verweisen, vertreten durch Birotteau; eine *danach* mit Zolas Bankier Saccard als ihrem aufgeblasenen Protagonisten. Wie wir im Laufe der vorliegenden Studie sehen werden, gibt es aber weitaus radikalere Texte von Balzac, die ein viel breiteres Spektrum an mit dem Finanzwesen zusammenhängenden Themen behandeln, weshalb Balzacs vieldiskutierter Roman in diesem Rahmen ausgeklammert wird.

Es scheint, als ließe sich dieser Fülle an Literatur über Balzac und die Finanzen nichts mehr hinzufügen. Die Balzacforschung tut sich aber nach wie vor schwer damit, den Eigenwert von Balzacs Texten klar herauszuarbeiten. Vielen Ansätzen ist gemeinsam, dass sie die Wirtschafts- und Sozialgeschichte der ersten Hälfte des 19. Jahrhunderts rekonstruieren und Balzacs Werk zurate ziehen, weil sie meinen, dass er darin seine Zeit subjektiv abbilde. Selbst Péraud, der dies in seiner Arbeit vermeiden möchte, widerfahren immer wieder Sätze, in denen das, was in Balzacs Texten geschieht, für bare Münze genommen und auf das 19. Jahrhundert projiziert wird. Gegen Ende seiner Arbeit macht er das Reale sogar zum anthropomorphen Sprachrohr: „Le récit de crédit balzacien parle autant du réel qu'il est *parlé par* le réel" (Péraud 2012, 361). Jean-Joseph Goux' Struktur-Homologie zwischen auf Geld gegründeter Welt und Kredit-Realismus ist etwas raffinierter: „Le roman devient réaliste en même temps que l'argent y occupe une place dominante" (Goux 2000, 87). Die realistische Wirklichkeit spiegelt ihre Zeit nicht wider, sondern überhöht diese und schafft eine eigene, auf Geld gegründete und vom Geld überdeterminierte Welt.[50]

Mir geht es nicht um *das* 19. Jahrhundert. Balzac schreibt nicht darüber, er schreibt über *sein* 19. Jahrhundert, das sich im Kreditpanoptikum namens *La Comédie humaine* vor einem auftut, eine Welt, die „au plan paradigmatique [...] ordonne les acteurs en fonction des rôles réciproques du débiteur et du créancier" (Péraud 2012, 194). Patrice Baubeau geht sogar so weit zu sagen, dass „Balzac écrit une économie de l'anti-valeur travail" (Baubeau 2013, 108), womit Balzac sich gegen die damals gängige Arbeitswerttheorie richten würde.[51]

Der Umstand, dass sich in seinem Werk die Not spiegelt, aus der es geboren wurde, ist nicht nur von anekdotischem, sondern auch von poetologischem Interesse. In seinen Kreditfiktionen gibt Balzac seine eigenen Schulden an die Figuren ab; diese – viele von ihnen Schuldner – haben ihre Existenz Balzacs Schulden zu verdanken, sie sublimieren und literarisieren sie. Péraud hält, wie gesagt, dafür, dass Balzacs Werk „impose au lecteur d'assumer sa position de créancier, c'est-à-dire de participer pleinement à la co-constitution du sens" (Péraud 2012, 355). Wie bei Saint-Hilaire (vgl. Einl., 26) sind die Leserinnen und Leser, die ein Werk von Balzac gekauft haben, Gläubiger des Erzählers, der ihnen eine glaubwürdige Geschichte schuldet. Bouvier/Maynial schreiben: „César avait payé les dettes d'Honoré" (Bouvier/Maynial 1949, 57). Balzacs

50 Sie ist also eher vergleichbar mit einem Symbolischen, das das Reale als durch Geld gegründet kodiert und damit überdeterminiert. Vgl. Lacan 1966, 68f., 73ff.; Kap. 5, 127ff.

51 David Ricardo und Karl Marx waren der Auffassung, dass der ökonomische Wert aus der Arbeit entspringt.

Figuren stehen aber nicht für ihn oder für konkrete Personen aus seinem Freundes- und Bekanntenkreis, auch wenn die biographistische Forschung dies so wahrhaben will, sondern für eine Konversion von Schulden in Schreiben, von Zahlen in Buchstaben. Vor dem Hintergrund dieser außerordentlichen Konversion ist es nur folgerichtig, dass die privaten Verhältnisse der Figuren ausführlich oder ‚realistisch' geschildert werden. Es geht nicht um die Abbildung der Gesellschaft, sie ist bei Balzac nur ein Effekt, der durch die Schilderung von Kreditverhältnissen erzeugt wird. Realismus bedeutet also bei Balzac nicht den egalitären Tausch von Buchstaben für Wirklichkeit, sondern das Fingieren aus der Not heraus, aus einem Defizit, aus der Schuld. Bourdieu spricht von Kunstwerken als „réalités à double face, marchandises et significations" (Bourdieu 1998, 234). Dieses doppelte Gesicht zeigt sich bei Balzac sehr deutlich, ein Umstand, der poetologische Auswirkungen zeitigt: Nichts ist realer als die Schulden, die Balzac dazu zwingen, sich der Schriftstellerei zu widmen; zugleich ist nichts irrealer als der Papierdrache Kredit.

Flaubert bildet das andere Extrem. Er wähnte sich zwar frei von der Janusköpfigkeit der Kunst als Ware und Zeichensystem, haderte aber trotzdem in seinen Werken mit dem grundsätzlichen Problem der Warenförmigkeit von Kunst.

Flauberts Schreibwerkstätte

> *Nous sommes des ouvriers de luxe ; or, personne n'est assez riche pour nous payer. Quand on veut gagner de l'argent avec sa plume, il faut faire du journalisme, du feuilleton ou du théâtre. La* Bovary *m'a rapporté...* 300 francs, *que* J'AI PAYÉS, *et je n'en toucherai jamais un centime. J'arrive actuellement à pouvoir payer mon papier, mais non les courses, les voyages et les livres que mon travail me demande ; et, au fond, je trouve cela bien* (*ou je fais semblant de le trouver bien*)*, car je ne vois pas le rapport qu'il y a entre une pièce de cinq francs et une idée.*
>
> Gustave Flaubert, FC, III, 585[52]

Am 8. November 1875 berichtet Edmond de Goncourt in seinem Tagebuch über eine merkwürdige Begegnung mit Gustave Flaubert. Dieser habe ihm mitgeteilt, er sei aufgrund eines plötzlichen Falls der Holzpreise bankrott,

52 Zur Verbindung zwischen der platonischen Idee und Münzgeld beziehungsweise Kredit vgl. Shell 1993, 11ff.

wobei unklar blieb, ob er sich darüber gräme oder freue: „‚En trois mots – c'est Flaubert qui parle –, je vais vous dire ce qu'il en est... Je suis ruiné ! [...]'/ Et Flaubert me laisse incertain si je dois le plaindre ou lui faire compliment sur cette ruine" (zit. n. FC, IV, 1026). Im vorangegangenen Sommer hat das noch anders geklungen. Zu diesem Zeitpunkt spitzt sich die finanzielle Krise zu, mit der der *rentier* Flaubert seit dem deutsch-französischen Krieg von 1870 ringt. Der strauchelnde Dichter, der das Thema des Ruins in gleich zwei seiner Romane verarbeitet hat und sich selbst stets als Denker geriert, der vom Literaturmarkt unabhängig ist, gibt sein Herzensprojekt *Bouvard et Pécuchet* auf und bringt dies in einem Brief an Edma Roger des Genettes vom 18. August 1875 in Zusammenhang mit einer versiegenden Vorstellungskraft angesichts der finanziell beschnittenen Zukunft: „Non seulement je suis inquiet de mon avenir matériel, mais ce qui est plus important, l'avenir intellectuel me semble impossible !" (946) Ein paar Wochen später nimmt Flaubert dennoch eine literarische Arbeit auf, die später zu den *Trois contes* (1877) werden soll, eine für seine Verhältnisse sehr schnelle Arbeit, über die er sich vergewissern möchte, dass er überhaupt noch schreiben kann (vgl. 970), und von der er sich erhofft, das nötige Einkommen zu generieren, um Croisset zu sanieren (vgl. Dumesnil 1952a, 577).

Auf den ersten Blick erklärt sich ein derartiges Lavieren aus den finanziellen Umständen; dieses Hin und Her ist indessen ein ideales Anfangsszenario für eine Untersuchung von Flauberts widersprüchlichen poetologischen Aussagen zum Literaturmarkt, von dem er sich einerseits distanziert, dem er sich andererseits verschreibt. Während der Zeit nach 1870 rang Flaubert immer wieder mit seinem Selbstbild als Schriftsteller; so schließt er beispielsweise in einem Brief von 1872 an Georges Sand kategorisch aus, für Geld schreiben zu können: „Pourquoi publier (par l'abominable temps qui court) ? Est-ce pour gagner de l'argent ? quelle dérision ! Comme si l'argent était la récompense du travail ! et pouvait l'être !" Einerseits habe das mit der Tatsache zu tun, dass die Arbeit, die im Text stecke, nicht mit Geld bemessen werden könne; andererseits könne die Textware nicht sofort konsumiert werden,

> [c]ar j'écris [...] non pour le lecteur d'aujourd'hui mais pour tous les lecteurs qui pourront se présenter, tant que la langue vivra. Ma marchandise ne peut donc être consommée maintenant, car elle n'est pas faite exclusivement pour mes contemporains. Mon service reste donc indéfini, et par conséquent impayable (FC, IV, 619).

Voraussetzung für diese sich dem Literaturmarkt verweigernde Haltung ist eine Obsession mit der Haltbarkeit der Textwaren, die sich durch Flauberts Werke und Briefe zieht. Wenn es stimmt, dass „[l]a littérature et la finance sont deux entreprises visant à créer de la valeur, toutes deux animées par le fantasme primordial de la création *ex nihilo*" (Péraud 2012, 366),[53] dann kann Flauberts Schreibweise auf mehreren Ebenen als Strategie im Umgang mit den ökonomischen Rahmenbedingungen des Schreibens gelten. So sorgt Ironie beispielsweise dafür, dass seine Texte nicht an Wert verlieren, da ironisierte Klischees nicht für bare Münze genommen werden können; im Zuge der Korrektur werden erste Fassungen wiederum verfeinert, wodurch dem trockenen Buchstaben ‚Mehrwert' abgetrotzt wird; schließlich spricht Flaubert in seinen Briefen davon, vollkommen überarbeitet zu sein und seinen Körper für das schriftstellerische Korpus geopfert zu haben. Flaubert begriff seine Tätigkeit als Handwerk, seine Schreibstube glich einer Werkstätte. Im Folgenden möchte ich diesen gordischen Knoten, den Flaubert uns hinterlassen hat, noch fester zurren und damit auf die Dialektik der Flaubert'schen *écriture* hinweisen, die sich zwischen Immunisierung gegen den Warenfetisch und Selbstausbeutung bewegt.

Es gibt in Flauberts Korpus eine Figur, für die sein eigenes Werk ein Gegengift wäre: Emma Bovary. Diese Texte verschlingende Leserin, die sich am Ende von *Madame Bovary* (1856) mit Arsenik das Leben nimmt und eine tintenfarbene Substanz erbricht, liest Buchseiten, als wären sie Banknoten, als müsste man ihre luxuriösen und exotischen Welten für wirkliche Wirklichkeiten eintauschen können, und dies konstituiert genau den Kategorienfehler, den Jochen Hörisch beim Geld konstatiert, und zwar Sinn für Sein zu tauschen und zu vertauschen.

Emma ist, was sie gelesen hat. So lautet der Satz, der sie einführt: „Elle avait lu [...]" (FO, I, 357). Bei der Lektüre sei ihr am wichtigsten, „qu'elle pût retirer des choses une sorte de profit personnel ; et elle rejetait comme inutile tout ce qui ne contribuait pas à la consommation immédiate de son cœur" (358). Chateaubriand beispielsweise, der im Kloster sonntags laut vorgelesen wird, langweilt sie schon bald; sie lechzt nach Exotischem und findet den Ort, sich entsprechenden Stoff sicherzustellen, und zwar die Wäscherei, der klösterliche Umschlagpunkt für verbotene Schundromane. In der Unterwäsche werden diese Bücher eingeschleust und geschmuggelt, die das Immergleiche erzählen:

53 Péraud schreibt weiter: „La littérature, même réaliste, ne redonne pas les signes du monde, elle ajoute de la signification au monde, elle crée un surplus de sens comme l'économie tente de fabriquer des valeurs nouvelles, de s'affranchir du stock naturel pour engendrer de nouvelles marchandises, au premier rang desquelles, la monnaie, marchandise suprême" (Péraud 2012, 366).

> Ce n'étaient qu'amours, amants, amantes, dames persécutées s'évanouissant dans des pavillons solitaires, postillons qu'on tue à tous les relais, chevaux qu'on crève à toutes les pages, forêts sombres, troubles du cœur, serments, sanglots, larmes et baisers, nacelles au clair de lune, rossignols dans les bosquets, *messieurs* braves comme des lions, doux comme des agneaux, vertueux comme on ne l'est pas, toujours bien mis, et qui pleurent comme des urnes. Pendant six mois, à quinze ans, Emma se graissa donc les mains à cette poussière de vieux cabinets de lecture (358f.).

Eine Literatur voller Klischees, die mit Attributen der Mehrwertökonomie versehen ist, stachelt Emmas Begehren an. Romantische Gemeinplätze verwandeln sich, wörtlich genommen, in Güter für den Herzenskonsum, die es Emma erlauben, ihren persönlichen Profit aus den Worten zu ziehen; eine andersartige Literatur wäre nutzlos (aber womöglich gesund), insbesondere der Text *Madame Bovary* selbst, in dem Enttäuschung und Verlust durchdekliniert werden.

Emma Bovarys angelesene Grillen verwirklichen sich in *Madame Bovary* zu allem Überfluss, Flauberts Roman reproduziert aber nicht bloß ihre Projektionen, sie werden im Laufe der Handlung durch den *basso continuo* der Enttäuschung untergraben und stehen am Ende ausgehöhlt und leer da. Die ironische Demontage der Figuren, das Leerlaufen von Begehren und das Enttäuschen von Lesererwartungen tragen dazu bei, Leserinnen und Leser von Emmas Schlag entweder zu konvertieren oder zu exkommunizieren. Im kühlen Ausbuchstabieren des Gemeinplatzes Ehebruch mit all seinen sich zerstäubenden prickelnden Projektionen zeigt sich die *impassibilité*, also die Gleichgültigkeit eines Erzählers, dem Jules Barbey d'Aurevilly einen chirurgischen Blick attestiert.[54] Mithilfe der Gleich-Gültigkeit eines Erzählers, der alles gewähren lässt, selbst die offensichtlichsten Klischees, und sich vor jedweder Stellungnahme hütet, lässt sich der entwertete Gemeinplatz und die zum Klischee verfestigte Überlieferung zu einer literarischen Währung ummünzen, die ihren Reiz nicht durch sich selbst entfaltet, sondern durch ihre Beziehung zur Leserschaft. Mit Martin von Koppenfels ausgedrückt, immunisiert der literarische Anatom Flaubert seine Texte gegen die Vereinnahmung durch das Wörtlichnehmen (vgl. Koppenfels 2007); was sich etwa bei den Nachahmern von Goethes Werther zeigt, die gelbe Westen zu tragen begannen und sich scharenweise umbrachten.

---

54 Als Sohn eines Chirurgen vermöge es Flaubert, Szenen so nuanciert und kühl darzustellen, „comme un chirurgien pince les veines" (D'Aurevilly 2005 [1857], 1051). Vgl. Sainte-Beuve 1927 [1857].

Dieses Verfahren der Autoimmunisierung kann unter dem Stichwort der Ironie abgehandelt werden. Über sein geplantes *Dictionnaire des idées reçues* schreibt Flaubert an seinen Jugendfreund Louis Bouilhet, dass die in diesem Scherz-Lexikon versammelten Einträge so angeordnet werden würden, „que le lecteur ne sache pas si on se fout de lui, oui ou non" (FC, I, 679). Der Effekt, Ungewissheit darüber zu erzeugen, ob das Geschilderte ernst und damit wörtlich zu nehmen wäre oder ob da jemand mit Klischees spielt und sich über eine gewisse Klischeegläubigkeit lustig macht, wird auch in Flauberts Werken eingesetzt, wo viele der Gemeinplätze aus dem *Dictionnaire*, wie René Descharmes nachgewiesen hat (vgl. Descharmes 1921, 240; FO, I, 308), eingeflossen sind. Jonathan Culler hat diese Verunsicherung in *Flaubert. The Uses of Uncertainty* einer Analyse unterzogen. Er konstatiert in Flauberts Texten eine Streuung von Ungewissheit durch die Mittel der Sabotage des Lese- und Verstehprozesses. Sinnlose, nur auf sich selbst verweisende Erzählsequenzen werden laut Culler in die Texte eingebaut, schwache und leere Figuren geschildert, gesellschaftliche Werte ironisiert und als *bêtise* entlarvt. Culler resümiert: „Discontinuity, fragmentation, awkwardness, flatness, are modes of ironic distancing which produce a space of uncertainty without filling that space with alternatives" (Culler 1974, 206).

Insbesondere der Einsatz des *effet de réel* – des Effekts, durch Auflistung unbedeutender Details die Kulisse des Geschehens realistisch auszustaffieren (vgl. Kap. 2, 69ff.), – wendet Flaubert öfters ins Ironische. Ein klassisches Beispiel dafür wäre Emma Bovarys Versuch, eine Heilige zu werden. Sie schafft sich zu diesem Zweck eine Reihe sinnloser Details oder Wirklichkeitseffekte an: Rosenkränze, Amulette, einen mit Smaragden verzierten Reliquienschrein; und dadurch wird das Genre der Hagiographie in eine groteske Konsumorgie verkehrt.

> [T]o express desire by an image of possible fulfilment is to make it vulnerable, potentially trivial. The language in which desires take form is a common currency which makes them common. When dreams are cast in forms which could be realized, they can be pricked and deflated by irony [...] (Culler 1974, 142).

Culler liefert zwar triftige Beobachtungen, reflektiert aber den (text-)ökonomischen Kontext nicht. Flaubert will seine Texte gegen Eingängigkeit immunisieren, und er tut dies im Rahmen eines potenzierten Verständnisses von Mehrwert: Die Texte sollen nicht nur so lange halten, wie Flaubert Reparaturen an seinem Haus tätigen muss, sondern so lange, wie es Leserinnen und Leser gibt; deswegen blockieren sie die Konversion von Worten in ästhetisch-semantische Werte, die in Texten ohne Ironie schnell an literarischem Wert verlieren und zu Gemeinplätzen gerinnen. Ein Text wird geschaffen, der, mit Aporien gespickt, nie verjährt oder verstaubt.

Folgt man Pierre Bourdieu, so gehorchen Flauberts Werke einer „logique de l'économie précapitaliste" (Bourdieu 1998, 247). Kein eingängiges, sondern ein sperriges Werk entsteht, das weder genossen noch konsumiert werden kann, womit das ‚Geben und Nehmen' des Literaturmarkts unterbrochen wird. Denn

> le succès immédiat a quelque chose de suspect : comme s'il réduisait l'offrande symbolique d'une œuvre sans prix au simple „donnant, donnant" d'un échange commercial. Cette vision qui fait de l'ascèse en ce monde la condition du salut dans l'au-delà trouve son principe dans la logique spécifique de l'alchimie symbolique, qui veut que les investissements ne soient payés de retour que s'ils sont (ou semblent) opérés à fonds perdus, à la façon d'un don, qui ne peut s'assurer le contre-don le plus précieux, la „reconnaissance", que s'il se vit comme sans retour ; et, comme dans le don qu'il convertit en pure générosité en occultant le contre-don à venir, c'est l'*intervalle de temps interposé* qui fait écran et qui dissimule le profit promis aux investissements les plus désintéressés (246).[55]

Flauberts Werke sind nicht alle in dieser Weise unzugänglich, und wenn sie es sind, dann hängt dies mit einem doppelbödigen Erzählraum zusammen, durch den Ironieeffekte ermöglicht werden. Dank der Ironie kann Flaubert reihenweise Klischees anzitieren, ohne sie ernsthaft zu vertreten. Flaubert ist jedoch gegen Slavoj Žižeks Kritik an der Ironie nicht immun: „[E]ven if we do not take things seriously, even if we keep an ironical distance, *we are still doing them*" (Žižek 1989, 33).

Wie der Schöpfergott im kabbalistischen *tzimtzum* verschwindet der Erzähler (und mit ihm der implizite Autor) als eigenständige Stimme im Akt der Errichtung dieses doppelbödigen Erzählraums. So gibt es zu Anfang von *Madame Bovary* noch einen Icherzähler, der zusammen mit Charles Bovary im Klassenzimmer sitzt; dieser löst sich im Laufe der ersten Sequenzen in Luft auf, und Charles Bovarys Innenperspektive wird eingenommen; und auch diese interne Fokalisierung wird wieder aufgehoben, sobald Emma auf den Plan tritt. Zudem spielt Flaubert mit dem *discours indirect libre*, also mit dem nicht explizit ausgewiesenen Einsatz der indirekten Rede. Während der Lektüre stellt sich oft die Frage, wer gerade spricht: der Erzähler oder die Figur? In der bereits zitierten Passage über Schundromane aus *Madame Bovary* ist dies besonders virulent („[c]e n'étaient qu'amours […]" [FO, I, 358]). Einerseits kann die iterative Auflistung der Romansujets als Erzählerkommentar gelesen werden, andererseits

55 Zum Komplex der Gabe vgl. Kap. 13, 269ff. Bourdieu bedient sich hier übrigens großzügig eines Gedankens von Jacques Derrida, ohne ihn auszuweisen. Vgl. Derrida 1991.

macht sich eine fast manische Emma in der Anhäufung von Gemeinplätzen hörbar, die sich offenbar an der Schundliteratur weidet, sie verschlingt, nach mehr und mehr Lesestoff verlangt. Ulrike Sprenger schreibt über den Einsatz der freien indirekten Rede, dass „im Spannungsfeld von Figurenwahrnehmung und Erzählerwissen [...] die topoi der Idylle ironisch gebrochen" (Sprenger 1997, 108) werden.[56]

Der Erzähler wird zum Proteus, der die Sprache seiner Figuren in sich aufnimmt und wiedergibt; eine körperlose, gespenstische Entität, die zwischen sich und den Figuren „schaukelt" (102).[57] Damit wird Flaubert seinem eigenen Anspruch gerecht, ein Buch über nichts zu schreiben. Zur Entstehungszeit von *Madame Bovary* schreibt er an Louise Colet: „Ce qui me semble beau, ce que je voudrais faire, c'est un livre sur rien, un livre sans attache extérieure, qui se tiendrait de lui-même par la force interne de son style, comme la terre sans être soutenue se tient en l'air" (FC, II, 31). In einem weiteren Brief an Colet vergleicht sich Flaubert mit Gott: „L'auteur, dans son œuvre, doit être comme Dieu dans l'univers, présent partout, et visible nulle part" (205). Das Freischweben der Erzählwelt geht mit einem Verbergen der Erzählerstimme einher und mit einem Kaschieren der auktorialen Arbeit, die im obigen Zitat mit der Arbeit des Schöpfers verglichen wird.[58]

Auch das Rohmaterial der Sprache selbst – ihre materielle Seite – wird kaschiert, damit ein Lesefluss zustande kommt. Besonders stört Flaubert bekanntlich, wenn der Text aufgrund rhythmischer oder lautlicher Irritationen stockt:

> Il n'y a pas de désillusion qui fasse souffrir comme une dent gâtée, ni de propos inepte qui m'agace autant qu'une porte grinçante. Et c'est pour cela que la phrase de la meilleure intention rate son effet, dès qu'il s'y trouve une assonance, ou un pli grammatical (523 [an Colet]).

Das Verschlingen von Texten wird dadurch gestört, dass sich das Werkzeug der Erzeugung von Sinn selbst – Laute und Phoneme – wie ein kariöser Zahn, der schmerzt, zwischen Sender und Empfänger schiebt und wie eine knarrende Türe auf sich selbst als Medium aufmerksam zu machen droht.

---

56 Ähnlich wie Žižek konstatiert sie: Ein „solches indirektes Zitat des Klischees läuft jedoch immer wieder Gefahr, mit dem Klischee selbst zusammenzufallen" (Sprenger 1997, 108); der Text müsse „gegen eine ständig drohende Kontamination durch das Klischeezitat anarbeiten, die es perspektivisch subtil zu ironisieren gilt" (109).

57 „Der bewährte *discours indirect libre* [...] ermöglicht ein sanftes Schaukeln zwischen den Perspektiven, ohne den diegetischen Fluß zu unterbrechen" (102).

58 Zu Flauberts ‚elusive narrator' vgl. Culler 1974, 109ff.

An der Herstellung des perfekt fließenden Worts konnte Flaubert bekanntlich jahre-, ja jahrzehntelang arbeiten. Insbesondere der Rhythmus der Satzperioden[59] – also die Frage, wie lange und kurze, vertrackte und einfache Sätze in eine les- und sprechbare Abfolge gebracht werden können, – machte Flaubert zu schaffen. Der langwierige Prozess der Korrektur kulminierte im sogenannten *gueuloir*, der Schrei-Probe. „[L]a prose [...] doit [...] pouvoir être lue tout haut. Les phrases mal écrites ne résistent pas à cette épreuve ; elles oppressent la poitrine, gênent les battements du cœur, et se trouvent ainsi en dehors des conditions de la vie" (Bouilhet 1880, 301). Albert Thibaudet hat darauf hingewiesen, dass Flaubert im Formungsprozess besonders darauf achtete, nicht allzu viele Gleichlaute oder Assonanzen vorkommen zu lassen, damit die Prosa lautlich nicht monoton wirke (vgl. Thibaudet 1935, 221ff.). Zudem funktioniere Flauberts Prosa auf der syntaktischen Ebene wie Musik, die durchsetzt sei von länger oder kürzer werdenden Satzperioden. In *L'Éducation sentimentale* (1869) beispielsweise gebe es immer wieder den Wechsel zwischen längeren Absätzen, die wiederum aus aufsteigenden oder abfallenden Perioden oder *carmen vinctum* bestehen, sprich aus einem kurzen, einem etwas längeren und einem sehr langen Satz (oder umgekehrt); interpunktiert werden diese Satzgefüge öfters auch durch grobe Schnitte, durch Absätze, die aus einem einzigen Satz bestehen, ‚coupes' wie bei La Bruyère oder Montesquieu. Damit erschaffe Flaubert klanglich und syntaktisch ein musikalisches Gebilde, das genüsslich konsumiert werden könne (vgl. 281f.).

Flauberts Arbeit am *style* drehte sich laut Thibaudet darum, lebloses Sprachmaterial derart zu bearbeiten, dass es sich in den Leseatem einfügt; dies durfte nicht auf Kosten der Übermittlung des Sinns gehen. Flaubert vermied es beispielsweise, relative Pronomina zu wiederholen, platzierte das Verb an der effektivsten Stelle im Satz und setzte die Konjunktion ‚und' nicht nur als dissoziierendes Element ein, sondern auch als „*et* de mouvement" (266; vgl. Logé 2005), das eine Art dynamischen Stillstand und Endpunkt des Satzes einleite. Flaubert wollte den perfekten Ausdruck – *le mot juste* – finden, was auch mit Ökonomie im rhetorischen Sinne – mit *brevitas* – einhergeht:

> Dans la précision des assemblages, la rareté des éléments, le poli de la surface, l'harmonie de l'ensemble, n'y a-t-il pas une Vertu intrinsèque, une espèce de force divine, quelque chose d'éternel – comme un principe ? (Je parle en platonicien.) Ainsi, pourquoi y a-t-il un rapport nécessaire entre le mot juste et le mot musical ? (FC, V, 31 [1876, an George Sand])

59 Die Satzperiode ist in der klassischen Rhetorik das Satzgefüge, das dem Gedanken angemessen ist. Aristoteles definiert die Periode in der *Rhetorik* als „eine Ausdrucksweise, die an und für sich einen Anfang und Ende und einen gut zu übersehenden Umfang hat" (Aristoteles 1980 [1515 posthum], 186, 1409^{a}f.).

Wie der Bildhauer aus seinem Steinblock meißelte Flaubert aus dem unförmigen Material der Sprache die perfekte Form; die lautlichen Redundanzen in seinen ersten Fassungen sollten verschwinden, das brachte jedoch manchmal auf der semantischen Ebene Unsinn hervor; und wieder musste umformuliert werden.[60]

Fallen Musik und Semantik zusammen, ist ein Satz entstanden, der sich am Leben erhalten kann, ein Satz, der atmet. Diese Formarbeit auf lautlicher und repräsentativer Ebene könnte als gegenläufige Tendenz zur Ironisierung aufgefasst werden. In Wirklichkeit trägt sie aber nur noch mehr zur systematischen Verunsicherung der Leserin oder des Lesers bei, die oder der sich angesichts der perfekt vernieteten und verschweißten Textwelt, die den vollkommenen Ausdruck für einen Sachverhalt gefunden hat, fragen muss, ob dies ironisch gemeint sein kann. Folgt man Jean-Pierre Richard, steht diese Formwut in Verbindung mit einer literarischen Gefräßigkeit, die bei Flaubert Rabelais'sche Ausmaße annimmt, wie beim Schwein in *La Tentation de Saint-Antoine* (1874), das im ersten Moment alles auffrisst, was es im nächsten ausspeit. Emmas Konsumwillen wird somit durch das *mot juste* ein Stückweit konterkariert, während die Ironie einen bitteren Nachgeschmack hinterlässt (vgl. Richard 1954).

Diese Spannung in seinem Werk zwischen der Vollendung des Sprachstoffs, an dem tagaus, tagein gearbeitet wird, und der Banalität des Sujets, das fast ausschließlich aus ironisch eingesetzten Gemeinplätzen besteht, bringt Flaubert auf den Begriff „bien écrire *le médiocre*" (FC, II, 429). Im Kontext der Grabenkämpfe um *l'art pour l'art* versus *l'art sociale* oder *l'art utile* entscheidet Flaubert, sich nicht zu entscheiden; er nimmt die für die bestehenden Verhältnisse stehenden althergebrachten Weisheiten (*idées reçues*) in sein Werk auf, bezieht sie aber auf unlautere, unmoralische Figuren und deren schmutzigen Alltag, und obendrein arbeitet er so lange am Klang des Satzes, bis er manchmal, wie Marcel Proust bemerkt hat, grammatikalisch inkorrekt ist (vgl. Proust 1971, 586ff.), aber immerhin gut klingt. Flaubert „revoque les limites et les incompatibilités qui fondent l'ordre perceptif et communicatif sur l'interdit du sacrilège qu'est le mélange des genres ou la confusion des ordres, la prose appliquée au poétique et surtout la poésie appliquée au prosaïque" (Bourdieu 1998, 163). Dieses Durchwürfeln von inkompatiblen Ebenen verleiht den Texten von Flaubert eine Spannung, die, wie weiter unten gezeigt wird, charakteristisch ist für das gesellschaftliche Feld, in dem er sich bewegt.

60 Der Dichter und Jugendfreund von Flaubert Louis Bouilhet hielt ihn bei der Redaktion von *Madame Bovary* immer wieder dazu an, Redundanzen zu streichen und den Text nach den Regeln der Poesie zu überarbeiten; ein wesentlicher Teil des Flaubert-Mythos. Vgl. de Biasi 2009; Genette 1966, I, 223ff.

Aus diesem Aufschrei(b)prozess würde sich nun, um das ökonomische Argument wieder aufzugreifen, die perfekte literarische Währung herauskristallisieren, die nie an Wert verlöre, weil sie keine eigenen Werte vertritt, außer den Wert der Entwertung aller Werte, der Gleich-Gültigkeit, den Wert des Geldes. Flaubert selbst vergleicht die Korrektur mit dem Wasser der Styx: „La correction [...] fait à la pensée ce que l'eau du Styx faisait au corps d'Achille. Elle la rend invulnérable et indestructible" (FC, II, 248). Der unvergängliche Text konserviert somit seinen Tauschwert.

Ein Vergleich zwischen Mehrwertgewinnung und Textarbeit hat sich seit längerem angebahnt. Flauberts Textarbeit kann mit Werner Sombart als Mehrwertgenerierung durch Verfeinerung beschrieben werden: „Verfeinerung heißt Vermehrung des Aufwandes an lebendiger Arbeit bei der Herstellung eines Sachgutes, heißt Durchdringung, Vollsaugung des Stoffes mit mehr Arbeit" (Sombart 1984 [1922], 120). Damit setzt sich Flaubert mit der romantischen ‚ökonomischen Poetik' auseinander, nach der sich laut Catherine Gallagher Dichter und Politökonomen unversöhnlich gegenüberstanden. Den politischen Ökonomen der utilitaristischen Schule zufolge war jegliche Arbeit schmerzhaft und ging mit Verzicht einher; dieser Schmerz trug zur Ansammlung von Quellen des Genusses sprich von Reichtum bei. Romantiker wie Coleridge oder Wordsworth konnten mit dieser Dichotomie nichts anfangen, da das Erzeugnis ihrer Arbeit ein an und für sich nutzloser Gegenstand sei, der „*is* the superabundance of powerful, unsubdued feeling, which might indeed be painful and yet mingled with the pleasurable effects of the medium when read or heard". Gallagher nennt dies „[t]he intermixing of pain and pleasure in both the production and the consumption of poetry", wobei dies eine Sprachphilosophie voraussetze, die die Poesie zum geeigneten Medium der direkten Kommunikation von Affekten apostrophiere, was die „absence of a resistant material medium" (Gallagher 2006, 27) bedeute.

Mit einer derartigen Auffassung konnte der Arbeiter am unförmigen und widerständigen Sprachmaterial Flaubert wenig anfangen. Er trug ja Roland Barthes gemäß zur Begründung des Mythos der Autorin oder des Autors als Handwerker bei, der in seiner Werkstätte an seiner Werkbank sitzt und, das Schreibzeug zur Hand, an Sätzen bastelt und feilt. In *Le Dégré zéro de la littérature* schreibt Barthes:

> Alors commence à s'élaborer une imagerie de l'écrivain-artisan qui s'enferme dans un lieu légendaire, comme un ouvrier en chambre et dégrossit, taille, polit et sertit sa forme, exactement comme un lapidaire dégage l'art de la matière, passent à ce travail des heures régulières de solitude et d'effort [...].

Laut Barthes muss die Literatur ab 1850 ihre Existenz ökonomisch rechtfertigen; sie könne sich nicht mehr über den Geniekult legitimieren und setze an die Stelle der „valeur-usage de l'écriture, une valeur-travail. L'écriture sera sauvée non pas en vertu de sa destination, mais grâce au travail qu'elle aura coûté" (Barthes 1993, I, 209).

Flauberts durch die Wässer der Styx gestähltes Werk hat eine Achillesferse. Der Autor, der in seinem Werk verschwunden ist, tritt spätestens im zweiten Werk, dem Briefwechsel, wieder in Erscheinung. Er gerät dort regelrecht in Rage über die langwierige Korrekturarbeit. Das Auf-Schreien aufgeschriebener Sätze im *gueuloir* verursacht etwa Schwindel: „La tête me tourne, et la gorge me brûle, d'avoir cherché, bûché, creusé, retourné, farfouillé et hurlé de cent mille façons différents, une phrase qui vient *enfin* de se finir" (FC, II, 540 [an Colet]). Und der *style* nervt schlichtweg:

> Sache donc que je suis harassé d'écrire. Le style, qui est une chose que je prends à cœur m'agite les nerfs horriblement, je me dépite, je me ronge. Il y a des jours où j'en suis malade et où la nuit j'en ai la fièvre. Plus je vais et plus je me trouve incapable de rendre *l'Idée*. – Quelle drôle de manie que celle de passer sa vie à s'user sur des mots, et à suer tout le jour pour arrondir des périodes. – Il y a des fois, il est vrai, où l'on jouit démésurement, mais par combien de découragements et d'amertumes n'achète-t-on pas ce plaisir ! Aujourd'hui, par exemple, j'ai employé 8 heures à corriger cinq pages et je trouve que j'ai bien travaillé. Juge du reste, c'est pitoyable (FC, I, 475 [an Colet]).

Zwar ist der Autor in den Werken verschwunden, aber seine Rückkehr in den Briefen geht mit Schimpfen, Raunzen, Meckern, Klagen und Tiraden über die Knochenarbeit der Korrektur einher. Sich selbst für Worte ausbeuten, das ist eine Art *usura*, ein *s'user*, das ist das Verlustgeschäft des Schreibens, ein Opfer der Lebenszeit an zukünftige Leserinnen und Leser.

Insofern ist – um Bourdieus Gedanken einer anderen (Text-)Ökonomie wieder aufzugreifen – das Kunstwerk nicht nur eine Gabe an die Leserin oder den Leser, sondern auch ein Opfer der Künstlerin oder des Künstlers. Flaubert ist sich nicht einmal gewiss, ob seine Zeitgenossen ihn verstehen, ob sein Kalkül aufgehen und er die perfekt über die Zeiten haltbare Textware hergestellt haben wird; und die niedrigen Verkaufszahlen seiner Werke deuten auf dieses schmerzhafte Opfer hin. Er kann sich nicht durch irgendwelche Klischees aus Balzacs *Traité de la vie élégante* von 1830 retten: „[L]'artiste est une exception : son oisiveté est un travail, et son travail un repos ; il est élégant et négligé tour à tour ; il revêt, à son gré, la blouse du laborieur, et décide du frac porté par l'homme à la mode ; il ne suit pas les lois. Il les impose" (Balzac 1952 [1830], 16). Flaubert gerät zwischen die Stühle; er ist kein Arbeiter, arbeitet trotzdem mehr als jede Arbeiterin oder jeder Arbeiter; er identifiziert sich nicht mit der Bourgeoisie, stellt jedoch nur Luxus, Überfluss, Wortreichtum her, Güter, die von der Oberschicht konsumiert werden. Balzac ringt unbewusst mit einer gesellschaftlichen Lage, die für Flaubert in Form einer inneren Spannung spürbar wird; dieser weiß um die Tatsache, dass er weder der Arbeiterklasse noch dem Adel noch dem Bürgertum angehört; überall eckt er an, nirgends passt er ins Bild.

> Réalité ambiguë, la bohème inspire des sentiments ambivalents, même chez ses plus farouches défenseurs. D'abord parce qu'elle défie le classement : proche du „peuple" dont elle partage souvent la misère, elle en est séparée par l'art de vivre qui la définit socialement et qui, même s'il s'oppose ostentatoirement aux conventions et aux convenances bourgeoises, la situe plus près de l'aristocratie ou de la grande bourgeoisie que de la petite bourgeoisie rangée [...] (Bourdieu 1998, 100).

Bourdieu zeigt in seiner Analyse, warum Flaubert in seinem eigenen Werk kaum Stellung bezieht: um das gesamte ihm zugängliche gesellschaftliche Spektrum im Zaudern einer Figur (der Figur Frédéric Moreaus) zwischen verschiedenen Möglichkeiten abzudecken. Eine ins Werk einverleibte Spannung, die gesellschaftliche Widersprüche dialektisch in sich aufnimmt, zeichnet sich ab.

* * *

Gleich einer Fusion von Warenhändler und Warenhersteller arbeitet und buchstabiert Flaubert peinlich genau und minutiös das Mediokre aus. Balzac hingegen schließt sein Schreibprojekt unmittelbar an den literarischen Markt an; er macht sich das Ethos von Gemeinplätzen zunutze, und sein auktorialer Erzähler unterbricht manchmal sogar die Handlung, um die Leserschaft über das ein oder andere zu belehren. In seinem Werk tritt die Dialektik zwischen Warenfetisch und Arbeitsausbeutung noch nicht hervor, obwohl er schreibt, um seine Schulden zu begleichen. Die durch das ‚bien écrire le médiocre' auf den Punkt gebrachte Spannung in Flauberts Werk lässt die von Bourdieu hervorgehobene Doppelgesichtigkeit des literarischen Werks als Ware und Zeichenträger hervortreten; eine Doppelgesichtigkeit, die wiederum gesellschaftliche Widersprüche reflektiert. Bei Karl Marx, mit dessen Begrifflichkeiten ich relativ frei umgegangen bin, wird explizit, was Flaubert und Balzac implizit verhandeln:

> Die Konsumtion der Arbeitskraft [...] vollzieht sich außerhalb des Markts oder der Zirkulationssphäre. Diese geräuschvolle, auf der Oberfläche hausende und aller Augen zugängliche Sphäre verlassen wir daher, zusammen mit dem Geldbesitzer und Arbeitskraftbesitzer, um beiden nachzufolgen in die verborgene Stätte der Produktion, an deren Schwelle zu lesen steht: No admittance except on business (MEW, 23, 189).

Am Eingang zu Flauberts Werkstätte steht auch dieses Schild. Sein Briefwechsel bietet einen Zugang zur verborgenen Stätte der Produktion. Zugespitzt formuliert, habe ich eine Flaubertlektüre vorgestellt, die so tut, als hätte Flaubert dieses Prinzip verinnerlicht, als spalte sich sein Schaffen entlang der Linie Produktions- und Konsumptionssphäre und als stilisiere sich Flaubert in seinen Briefen zu jemandem hoch, „der seine eigene Haut zu Markt getragen und nun nichts anderes zu erwarten hat als die – Gerberei" (191).

Wie schlagen sich diese ökonomischen Rahmenbedingungen des Schreibens in realistischen Texten selbst nieder? Welche Realität wird im ‚kapitalistischen Realismus' beschrieben, ersehnt, ruiniert? Und wie ist diese Realität semantisch kodiert?

ZWEITES KAPITEL

Der Bankrott des Realismus

> [R]éalisme *injure dégoûtante jetée à la face de tous les analystes, mot vague et élastique qui signifie pour le vulgaire, non pas une méthode nouvelle de création, mais une description minutieuse des accessoires* [...].
>
> Charles Baudelaire, BOC, II, 80[61]

„Ruiné, dépouillé, perdu !" (FO, II, 122). *L'Éducation sentimentale* (1869) von Gustave Flaubert hätte mit diesen Worten am Ende des ersten Teils abrupt abbrechen können. Wir haben es hier mit einer der Szenen des Ruins zu tun, die öfters in Flauberts Werk vorkommen, in der Forschung aber wenig Beachtung gefunden haben:[62] Die Mutter des zwischen Enthusiasmus und Trägheit schwankenden Protagonisten Frédéric Moreau hat sich beim Nachbarn verschuldet; der Nachbar wiederum verlangt von der Mutter, dass sie das Darlehen schleunigst zurückzahle, weil er Kredite, die er seinerseits aufgenommen hat, zurückzahlen muss. Kredit-Versprechen erzeugen einen Dominoeffekt, ein Versprechen verweist auf ein anderes, und dieses andere verweist auf ein weiteres usw. Eine *mise-en-abyme* der Kreditverhältnisse tut sich auf. Die Folge: Mutter und Sohn stehen vor dem Nichts. Und auch der Roman könnte nicht so weitergehen, wie er weitergeht, sprich mit dem Umzug Frédérics nach Paris, seiner Obsession mit der verheirateten Frau Madame Arnoux und seinem Zeugnis der Revolution von 1848. Frédéric müsste seine Träume aufgeben[63] und eine bürgerliche Stelle annehmen, er würde in Nogent-sur-Seine feststecken.

Flauberts Roman hat an dieser Stelle sowohl auf der Ebene der Handlung als auch auf der Darstellungsebene sein *limit* erreicht.

---

61 Dieser Satz steht in Baudelaires Rezension von *Madame Bovary* (1856).

62 Einzig *Madame Bovary* wurde einer ökonomischen Lektüre unterzogen. Vgl. Reynaud 1994. An *L'Éducation sentimentale* interessierte die Literaturwissenschaft bisher das Verhältnis der Hauptfigur zur verheirateten Madame Arnoux, vgl. Cogny 1981; Fritz 1980; die Darstellung historischer Ereignisse, vgl. Fröhlicher 2009; Flauberts Auseinandersetzung mit der Romantik, vgl. Nehr 2007; oder die Affektpolitik des Romans, vgl. Koppenfels 2007. Diese Titel stellen nur eine ganz kleine Auswahl der extensiven Forschung zum Roman dar, zum Überblick vgl. de Biasi 1995.

63 „Il m'a fallu abandonner bien des rêves" (FO, II, 122), sagt Frédérics Mutter ihrem Sohn.

 | DOI:10.30965/9783846765012_005

Eine einfache Frage stellt sich: Warum wirken sich die Schulden auf die beiden Ebenen der *histoire* und des *discours*[64] derartig verheerend aus? Die banale Antwort liegt nahe: Flauberts Text würde gegen die Regel romanhafter Wahrscheinlichkeit verstoßen, wenn er die Figur Frédéric, von der man weiß, dass ihr keine finanziellen Mittel mehr zur Verfügung stehen, ein Appartement in Paris anmieten ließe. Diese Frage führt bloß auf eine weitere Frage: Wieso müssen diese Regeln der Wahrscheinlichkeit überhaupt eingehalten werden? Streng genommen ist eine poetologische *contrainte* am Werk, sprich ein Zwang, den sich der Roman selbst auferlegt. Dieser Zwang ist typisch für den realistischen Roman, widmet sich dieser doch alltäglichen Details,[65] zu denen auch Finanzen gehören. Selbst der deutschsprachige ‚poetische Realismus' oder ‚Idealrealismus',[66] der Theodor Fontane gemäß die Wirklichkeit läutert und verklärt, um dem Leser ein idealisiertes Bild von ihr zu vermitteln (vgl. Fontane 1985 [1853]), legt sich diesen finanziellen Zwang selbst auf.[67]

In Adalbert Stifters *Der Nachsommer* (1857), der als Schlüsselroman des ‚poetischen Realismus' gilt, fällt beispielsweise auf, dass das Heranwachsen eines Protagonisten beschrieben wird, dem es zwar um alles andere als um Finanzen geht, dessen finanzielle Lage aber von Anfang an geklärt ist. Heinrich Drendorf, der sich zum „Wissenschafter [...] im Allgemeinen" (N, 17) berufen fühlt, erhält von seinem Vater ein monatliches Salär. Alles, was nicht im Vorhinein finanziert ist, wird vom Vater aus dem Kreis des Möglichen verbannt:

> Er [der Vater] gab mir einen Zettel, auf welchem der Kreis dessen aufgezeichnet war, was ich von nun an mit meinen monatlichen Einkünften zu bestreiten

64 *Histoire* und *discours* sind die von Gérard Genette gebrauchten Begriffe für die Handlungs- und die Darstellungsebene eines literarischen Werks.

65 Damit wäre der Detailrealismus, aber auch der Realismus als „bien écrire *le médiocre*" (FC, II, 429) gemeint. Gegen den Realismus, der sich angeblich dem Hässlichen und Mickrigen zuwendet, haben sowohl in Frankreich Vertreter des *l'art utile* polemisiert als auch in Deutschland die Vorhut realistischer Schriftstellerinnen und Schriftsteller. Zum europäischen Realismus vgl. Dethloff 2001.

66 Schlagwörter der ab den 1840er Jahren in Deutschland geführten poetologischen Debatte unter realistischen Autorinnen und Autoren, die sich vom französischsprachigen Realismus abgrenzen wollten, indem sie sich nicht den schmutzigen Details eines als vulgär aufgefassten Alltags widmeten; eine Bergung des Realismus als Schreibweise, die ihn mit Hegels (für viele seiner Zeitgenossen maßgebliche) Vorstellung des Kunstwerks als eine „Mittelposition ‚zwischen der unmittelbaren Sinnlichkeit und den ideellen Gedanken'" (zit. n. Begemann 2007, 15) vereinbar macht. Vgl. die Textsammlung Plumpe 1985; insbes. Carrière 1985 [1859]; literaturwissenschaftliche Arbeiten zum Thema in Begemann 2007; Ort 2007; McInnes 1996; Preisendanz 1977, 68-91; Eisele 1976.

67 Der Gründungstext des deutschen Realismus, Gustav Freytags *Soll und Haben* (1855), verweist in seinem Titel auf die Buchhaltung.

> hätte. Er werde mir nie mehr von seinem Gelde einen Gegenstand kaufen, der in den verzeichneten Kreis gehöre. Ich müsse pünktlich verfahren und haushälterisch sein; denn er werde mir nie und nicht einmal unter den dringendsten Bedingungen einen Vorschuß geben (25).

Das Bild des Kreises deutet auf die Funktion, die Finanzen für die realistische Prosa besitzen, und zwar fungieren sie auf der Ebene der Darstellung und des Dargestellten als Rahmen. Hier haben wir das, was ich im übertragenen Sinne den ‚Kreditrahmen' des Realismus nenne, also seinen finanziellen Spiel- und Möglichkeitsraum.

Im Unterschied zu Stifter, der ein Leben ohne Schulden predigt, wählt Flaubert in der *Éducation* das finanzielle Instrument des Kredits aus. Die Schulden von Frédérics Mutter offenbaren – so lautet meine Hypothese – die Abhängigkeit von Flauberts Romanwelt von Finanzmitteln und zeigen auf, inwiefern der realistische Roman mit Patrick Brantlinger ein „perfect simulacrum of a social order based on nothing more substantial than public credit and ‚speculative commerce'" (Brantlinger 1996, 168) wäre. Auf der Ebene der Handlung koppelt der Roman die Wünsche des (Anti)helden immer wieder an Geld. Diese Wünsche lassen sich durchaus realisieren, sofern Geldmittel vorhanden sind; die zur Realität geronnenen Wünsche verschwinden jedoch, sobald sich Figuren verschulden. Und somit fungieren Schulden und Kredit auf der Darstellungsebene als Operatoren, von denen abhängt, welche Möglichkeit Wirklichkeit und aus welcher Wirklichkeit nichts wird. Mit anderen Worten kristallisiert sich aufgrund des Schuldenmechanismus hinter den Dingen, die Flaubert in seiner Prosa zum Leben erweckt, implizit jene ökonomische Struktur heraus, die die Dinge einspannt: ihr Kreditrahmen.

Wirklichkeits- und Geldeffekte

Kommen wir zur eingangs beschriebenen Szene zurück. Nachdem er ruiniert, ausgeraubt, verloren ist, fällt der Protagonist von Flauberts Roman in ein Loch, und die Handlung dünnt aus und kommt fast zum Stillstand. Es gibt nichts mehr zu erzählen. Zwei Jahre, während derer Frédéric in Nogent feststeckt, nehmen nur drei Seiten ein. Diese Raffung deutet darauf hin, dass Flauberts Erzähler ‚bankrott' ist. Flaubert befreit unseren Helden aus diesem Dornröschenschlaf durch den erzählerischen Taschenspielertrick, ihn ein Vermögen erben zu lassen. Die Nachricht, dass er geerbt hat, erreicht Frédéric bezeichnenderweise im Bett, und sobald er sie erhält, springt er aus seiner Ruhestatt: „Il héritait ! / Comme si un incendie eût éclaté derrière le mur, il sauta hors de son lit, pieds nus, en chemise : il se passa la main sur le visage, doutant de ses yeux, croyant qu'il rêvait encore, et, pour se raffermir dans la réalité, il ouvrit la fenêtre toute grande." Diese Passage ist in zweierlei Hinsicht bemerkenswert: Die Kapitalinjektion des Erbes wird erstens mit einer zerstörerischen Feuersbrunst, die die dröge ländliche Realität pulverisiert, in Verbindung gebracht; zweitens findet die Szene an der Grenze zwischen Träumen und Wachen statt, was den Helden dazu zwingt, sich selbst, bildlich gesprochen, zu zwicken. Er versichert sich dieser Wirklichkeit, über die er anderntags noch gestolpert ist: „Il était tombé de la neige ; les toits étaient blancs ; – et même il reconnut dans la cour un baquet à lessive, qui l'avait fait trébucher la veille au soir. / Il relut la lettre trois fois de suite [...]" (FO, II, 129). Die Wirklichkeit scheint durch die Nachricht aus den Angeln gehoben zu sein, aber der *disconnect* zwischen dem sprachlichen Sinngehalt des Briefs und der Wahrnehmung lässt sich nicht aufheben.

Kaum haben wir den Schlaf verlassen, so entlässt uns der Text wieder in eine neue Traumwelt aus Gold:

> Vingt-sept mille livres de rente ! – et une joie frénétique le bouleversa, à l'idée de revoir Mme Arnoux. Avec la netteté d'une hallucination, il s'aperçut auprès d'elle, chez elle, lui apportant quelque cadeau dans du papier de soie, tandis qu'à la porte stationnerait son tilbury, non, un coupé plutôt ! un coupé noir, avec un domestique en livrée brune ; il entendait piaffer son cheval et le bruit de la gourmette se confandant avec le murmure de leurs baisers. Cela se renouvellerait tous les jours, indéfiniment (129).

Eine kleine Korrektur hat sich mit dem ‚non, un coupé plutôt' eingeschlichen, die an einen an seinem Manuskript feilenden Autor erinnert (vgl. Kap. 1, 60ff.).

Diese Korrektur betrifft ein für Flauberts ‚Realismus'[68] charakteristisches Verfahren, auf das es sich lohnt näher einzugehen: das Aufzählen von Details. Spielt es wirklich eine so große Rolle, ob Frédéric mit einem Coupé oder einem Tilbury herumkutschiert wird? Wozu dienen die überflüssigen Einzelheiten oder „détails ‚superflus'" (Barthes 1993, III, 25), von denen die *Éducation* gespickt ist? Für den strukturalistischen Roland Barthes sind diese scheinbar sinnlosen Einzelheiten problematisch, weil sie sich nicht einbeziehen lassen in den hermeneutischen Zirkel[69] des Textes, das heißt keine erkennbare Funktion besitzen für die *histoire* und mitunter nur dem *discours* zuzuschreiben sind.

---

68 An der Frage, ob Flaubert als Realist einzuschätzen wäre, scheiden sich die Geister. Er selbst schrieb über *Madame Bovary* in einem Brief an Edma Roger des Genettes: „On me croit épris du réel, tandis que je l'exècre. Car c'est en haine du réalisme que j'ai entrepris ce roman" (FC, II, 643). Trotzdem gilt *L'Éducation sentimentale* als realistisches Meisterwerk, weil historische Tatsachen und persönliches Leben miteinander verwoben werden.

69 Diese Begrifflichkeit deckt sich zwar nicht völlig mit der semiotischen Begrifflichkeit der Diachronie, trotzdem scheint sie mir an dieser Stelle passend zu sein. Vgl. Gadamer 1990, I, 270ff., 296ff.

„Nichts kann überflüssig sein" (Rancière 2010, 142 [i. Orig. dt.]), kommentiert Jacques Rancière. Das überflüssige Detail entfaltet aufgrund seiner scheinbaren Sinnlosigkeit sein semiotisch-strukturales Irritationspotenzial; laut Barthes kann man es nicht einmal für eine Katalyse halten, sprich für ein Indiz, das eine Figur, ein Milieu oder eine Atmosphäre genauer zu charakterisieren hilft, es steht nur für sich und hängt nicht zusammen mit der Gesamtstruktur des ihn umgebenden Textes. Barthes nennt es schließlich eine „notation insignifiante" (Barthes 1993, III, 26).

Mit Jean-François Lyotard erwartet Barthes von der Sprache „[c]e que les sémioticiens tiennent en hypothèse sous leur discours, [...] que la *chose* dont ils parlent peut être toujours traitée en signe" (Lyotard 1974, 57). Nach dieser Vorstellung ersetzt das Zeichen andere Zeichen, kann aber durch diese anderen Zeichen selbst ersetzt werden: „[L]a signification elle aussi n'est faite que de signes, [...] ça continue sans fin, [...] on n'a donc jamais que de renvois, [...] la signification est toujours différée, le sens jamais présent en chair et os" (57f.). Die Sprache stellt sich als Irrgarten der paraphrasierenden Verweise dar, und das Skandalon des Wirklichkeitseffekts besteht für den Saussureschen Strukturalisten darin, dass er nicht umschrieben werden kann, dass die Begriffe *tilbury* und *coupé* sich nicht auflösen in den Überbegriff ‚Fahrzeug', sondern für sich in ihrer kernigen Textur stehen, auf den Gegenstand zeigen, über die Sprache hinausweisen.

In seiner Verlegenheit, einen festen semiotischen Bezugspunkt dieser grassierenden Details zu finden, argumentiert Barthes dafür, dass die scheinbare Direktverbindung zwischen Signifikanten und Referenten schlicht und ergreifend auf die Kategorie ‚réel' verweist, dass ein linguistischer Effekt erzeugt werde, den er den *effet de réel* tauft, zu Deutsch: Wirklichkeitseffekt (vgl. Barthes 1993, III, 32).[70] Damit wäre der Strukturalismus gerettet: „Nun muss [...] der Strukturalismus als Analysemethode beweisen, dass das Überflüssige nicht überflüssig ist, dass literarische Werke, die nicht dem strukturalistischen Ökonomieprinzip folgen, dennoch Gegenstand einer strukturalen Analyse sein können" (Rancière 2010, 142 [i. Orig. dt.]).

Barthes' Sinnfindung würde jedem Realismus-Forscher gefallen. Das Reale ist das Signum der Epoche des Historismus. Realistische Romane des 19. Jahrhunderts gelten als Texte, die zwar einen hohen Wiedererkennungswert haben, aber ein Bündel an verschiedenen nicht notwendigen Merkmalen besitzen: Sie verschreiben sich einem strengen Kausalitätsmodell (vgl. Ritzer 1997, 218);

70 Barthes nennt eine zweite Funktion des nutzlosen Details: Es diene der *epideixis*, die die Virtuosität der Autorin oder des Autors durch den Gebrauch brillanter Bilder und Metaphern unter Beweis stelle. Vgl. Barthes 1993, III, 27ff.; Rancière 2010, 142f.

sie motivieren ihre Handlungen psychologisch und/oder phänomenologisch; auch rufen sie Milieus auf und werden deshalb als besonders informativ aufgefasst, was die Zeitgeschichte anbelangt; in naturalistischer Spielart verwerten sie wissenschaftliche Ergebnisse; schließlich verweisen sie schlicht auf Wirkliches, das heißt auf wahrscheinliche Vorgänge, reale Ereignisse, existierende Gegenstände und werden deshalb als realistisch bezeichnet.[71] Auf letztere Minimaldefinition des Realismus einigt man sich trotz aller Streitigkeiten schnell. Sie steht im *Reallexikon der deutschen Literaturwissenschaft*, in dem Realismus als „[ä]sthetischer Begriff, der die Kunst in Gegenstand und Gestaltungsweise der Realität verpflichtet" (217), definiert wird.

Monika Ritzer, die Autorin dieses Artikels, sieht sich gleich im ersten Absatz ihrer Explikation gezwungen, eine Relativierung einzuführen: „Das Grundproblem der Realismus-Definition liegt in der Unschärfe des Begriffs ‚Realität' (oder ‚Wirklichkeit')" (217). Auf die Variabilität der Wirklichkeitsauffassungen über die Jahrhunderte macht nicht nur Erich Auerbachs *Mimesis* aufmerksam (vgl. Auerbach 1946), sondern auch Wolfgang Preisendanz, der in einem Aufsatz das Problem mit Definitionen wie derjenigen von Ritzer im Rückgriff auf eine Definition aus dem *Oxford Dictionary* folgendermaßen auf den Punkt bringt: „Die ‚close resemblance to what is real' erweist sich als tautologische Definition des Realismus, es könnte genausogut heißen ‚to what is realistic' – nämlich im Sinn des Realismus des 19. Jahrhunderts" (Preisendanz 1977, 223).[72] Andere Literaturepochen reflektieren laut Preisendanz und

71 Vgl. Gerigk 2001, 25: „Ein literarisches Kunstwerk ist dem Realismus zuzurechnen, wenn es / (1) an keiner Stelle ein Naturgesetz verletzt [...]; / (2) durchgehend psychologisch plausibles Verhalten präsentiert; / (3) den Zufall und das Außergewöhnliche nur dem menschlichen Wirklichkeitssinn entsprechend zuläßt; / (4) eingebrachte Lebenswelten (Milieus) und Fachgebiete (Disziplinen) wissenschaftlich überprüfbar zur Darstellung bringt." Einige dieser Definitionspunkte entstammen dem Realismus; andere dem Naturalismus. So findet man im Realismus nacherzählte Milieus, dingliche Wahrnehmung sowie die Psychologisierung der Handlung; im Naturalismus ist der Einbezug von wissenschaftlichen Fachdisziplinen wie der Soziologie, der Statistik und sogar von Naturwissenschaften wie der Biologie oder dem Ingenieurswesen seit Émile Zolas *roman expérimantal* gang und gäbe. Vgl. Zola 1968 [1880]. Eine gute Infragestellung des Realismusbegriffs bietet Laemmle 1976.

72 Ritzers Definition im *Reallexikon* kann sich diesem Einwand nicht ganz entziehen, denn Ritzer konstatiert: „Unter *Realismus* versteht man in der Literaturwissenschaft die Darstellung der fiktiven Welt als ‚real', d. h. bestimmt durch die Faktizität raumzeitlicher Natur und die Intersubjektivität der Erfahrungswelt" (Ritzer 1997, 217). Ausbuchstabiert bedeute dies, dass die fiktive Welt raumzeitlich bestimmt sei, transzendente Faktoren (wie göttliche Interventionen) ausgeschlossen würden und „Motivation des äußeren wie inneren Geschehens nach Ursächlichkeit, Kontinuität und Kohärenz" (218) hergestellt werde; eine Konzeption, die dem Realismus des 19. Jahrhunderts äußerst nahekommt.

Auerbach ebenso die Wirklichkeitsauffassung ihrer Zeit. Da jeder Text zu seiner Zeit als realistisch hätte eingestuft werden können (an der Existenz der Engel bestand im Mittelalter beispielsweise kein Zweifel), schlägt Preisendanz vor, den Realismusbegriff dialektisch als Antithese zur Romantik mit ihrer dunklen Kausalität zu verstehen.

Barthes befindet sich in bester Gesellschaft, wenn er den Wirklichkeitseffekt als eines der semiotischen Markenzeichen des im Realismus verankerten Historismus entwirft. Sein eigener Text *L'Effet de réel* legt eine zweite, ökonomische Konnotation des Wirklichkeitseffekts nahe:

> Il semble pourtant que, si l'analyse se veut exhaustive [...], en cherchant à atteindre, pour leur assigner une place dans la structure, le détail absolu, l'unité insécable, la transition fugitive, elle doive fatalement rencontrer des notations qu'aucune fonction (même la plus indirecte qui soit) ne permet de justifier : ces notations sont scandaleuses (du point de vue de la structure), ou, ce qui est encore plus inquiétant, elles semblent accordées à une sorte de *luxe* de la narration, prodigue au point de dispenser des détails ‚inutiles' et d'élever ainsi par endroits le coût de l'information narrative (Barthes 1993, III, 25f.).

Der realistische Roman geht mit zu hohen Informationskosten einher, insofern die Handlungen, die er schildert, viel weniger Schriftzeichen bedürften: ein Plädoyer für rhetorische Ökonomie oder *brevitas*.[73]

Dem würde Flaubert wohl zustimmen, schreibt er doch über den Schriftstellerberuf: „Nous sommes des ouvriers de luxe" (FC, III, 585). Die Rede von einem „tilbury, non, un coupé plutôt" (FO, II, 129) stellt nun in zweierlei Hinsicht Luxus zur Schau: im klassischen Sinne des Brimboriums und im semiotischen Sinne des Überflüssigen. In obigem Fall befinden wir uns aber nicht auf der Ebene der Repräsentation einer bereits vorhandenen Realität, die bloß beschrieben werden müsste, sondern auf einer ganz anderen Ebene, und zwar auf derjenigen der Vorstellung oder Projektion eines Gegenstands. Der Wirklichkeitseffekt taucht in Form eines Versprechens auf, das von den neuen Kapitalressourcen der Hauptfigur verbürgt wird.

Wie geht Flaubert mit halluzinierten Wirklichkeitseffekten vom Typus des *coupés*, der den *tilbury* wie ein Palimpsest überdeckt, weiter um? Frédéric verlässt Nogent-sur-Seine und stellt auf dem Weg nach Paris fest, dass sich die ihn umgebende Wirklichkeit seinem Zugriff entzieht:

---

73 Zur Ökonomie als rhetorische Figur vgl. Blumenberg 1981. Paul Valéry sagt über den Erzähler der *Tentation de Saint-Antoine*, er sei „comme enivré par l'accessoire aux dépens du principale" (Valéry 1957, 618). Das dürfte auch die Versuche durch Flauberts Dichterfreunde Maxime du Camp und Louis Bouilhet erklären, *Madame Bovary* von derartigen Details, die die Handlung aufhalten, zu reinigen.

> Quand il fut à sa place, dans le coupé, au fond, et que la diligence s'ébranla, emportée par les cinq chevaux détalant à la fois, il sentit une ivresse le submerger. Comme un architecte qui fait le plan d'un palais, il arrangea, d'avance, sa vie. Il l'emplit de délicatesses et de splendeurs ; elle montait jusqu'au ciel ; une prodigalité de choses y apparaissait ; et cette contemplation était si profonde, que les objets extérieurs avaient disparus. / Au bas de la côte de Sourdun, il s'aperçut de l'endroit où l'on était. On n'avait fait que cinq kilomètres, tout au plus. Il fut indigné. Il abbatit le vasistas pour voir la route. Il demanda plusieurs fois au conducteur dans combien de temps, au juste, on arriverait. Il se calma cependant, et il restait dans son coin, les yeux ouverts.

In diesem Zitat lassen sich zweierlei Wirklichkeitseffekte unterscheiden: diejenigen, die dem Helden bei geschlossenen Augen vorschweben; und diejenigen, die sich ihm gleich Steinen in den Weg legen und für eine äußere Realität stehen. In der folgenden Passage verselbstständigt sich letztere ‚wirkliche Wirklichkeit' von der Figur; wir haben es mit einer jener Passagen zu tun, im Zuge derer sich laut Gérard Genette zwischen Figur und Erzähler eine Zwischeninstanz schiebt, um der stummen Realität einen Ausdruck zu verleihen. Sie fängt folgendermaßen an: „La lanterne, suspendue au siège du postillion, éclarait les croups des limoniers" (132) und wird die immer wieder einnickende Figur bis nach Paris begleiten.[74] Guy de Maupassant schreibt über *Madame Bovarys* völlig neuer Poetik: „[C]'était la vie elle-même apparue. On eût dit [...] que les objets [...] surgissaient devant le lecteur à mesure que les évoquait une puissance invisible, cachée on ne sait où" (de Maupassant 1938 [1884], 108).

Der Wirklichkeitseffekt als widerborstiger Widerstand, der sich an dieser Stelle gegen die Figur, gegen die Leserschaft, ja gegen die Logik eines solchen Textes selbst sträubt, – das lässt an Hans Blumenbergs Begriff von Wirklichkeit als Widerstand gegen die Grillen des Subjekts denken:

> In diesem Wirklichkeitsbegriff wird die Illusion als das Wunschkind des Subjekts vorausverstanden, das Unwirkliche als die Bedrohung und Verführung des Subjekts durch die Projektion seiner eigenen Wünsche, und demzufolge antithetisch die *Realität als das dem Subjekt nicht Gefügige*, ihm Widerstand Leistende, und dies nicht nur als Erfahrung des Berührens, der trägen Masse [...] (Blumenberg 1969, 13f.).

In diesem Modus steht der Wirklichkeitseffekt für eine vom Zugriff durch das Subjekt unabhängige Wirklichkeit; und dies beeinträchtigt auch die Lektüre,

74 Dass die Figur einschläft, deutet auf ein von den Figuren unabhängiges Sprechen der Dinge hin. Zu dieser ‚stummen' Wirklichkeit bei Flaubert vgl. Genette 1966, I, 223-43; Richard 1954.

im Zuge derer die Leserschaft sich durch eine zähflüssige Wirklichkeit durcharbeiten muss.

Das überflüssige Detail stellt sich bei Flaubert einmal im Modus des projizierten Realitätseffekts, einmal im Modus einer (von der Figur oder dem Erzähler) wahrgenommenen Wirklichkeit dar. In dieser Differenz liegen die Spannung und die Enttäuschung, die sich in Flauberts Text auf jeder Seite einstellen. Damit wird erstere erträumte Wirklichkeit zu einer, die der strukturalistischen Logik des Zeichens gehorcht oder zu gehorchen scheint: „[I]l n'y a plus que des signes" (Lyotard 1974, 59), das eine Zeichen führt zum anderen Zeichen, der eine Wirklichkeitseffekt wird von einem anderen wirklicheren Wirklichkeitseffekt blockiert, „le rapport est donc un report à l'infini" (59). Der letztere widerborstige wirkliche Wirklichkeitseffekt bleibt jedoch mit all seinem semiotischen Irritationspotenzial stehen.

Jacques Rancière gewinnt Barthes' Aufsatz einen interessanten Gedanken ab. Er geht einen Schritt weiter als dieser und liest das überflüssige Detail, im Sinne des späten Barthes, als Aushöhlung des Signifikanten und als Demokratisierung des Details. Der Status und die Funktion des Überflüssigen bei Barthes entspreche dem ‚Status des Überlebenden', das heißt:

> Wenn etwas da ist, ohne dass es für sein Dasein einen Grund gibt, bedeutet dies nichts anderes, als dass sein Hier-Sein unbedingt ist; dass etwas einfach da ist, weil es da ist. So sagt das nutzlose Detail: Ich bin das Wirkliche, das Wirkliche, welches nutzlos, bedeutungslos ist, das Wirkliche, welches seine Wirklichkeit durch das Faktum beweist, dass es nutz- und bedeutungslos ist (Rancière 2010, 142 [i. Orig. dt.]).

Flauberts Verfahren inszeniert eine Störung der Konversion von Vorstellung in Wirklichkeit; eine Störung, die das ererbte Kapital zu einem Versprechen macht, das vorerst nicht eingelöst wird.

Das Geld, das Frédéric erbt, wird diskreditiert. Dies ist nicht bloß ein Spiel mit Worten, sondern vollzieht die Bewegung der Szenen nach. Zwei Welten werden einander gegenübergestellt, die nicht miteinander kommensurabel sind: eine Welt der Vorstellung, in der Dinge präsent gemacht werden, über die Frédéric noch nicht verfügt; eine zweite Welt, die Frédéric den Widerstand gegenwärtiger Dinge vorführt, die über ihn verfügen. Der erstere Wirklichkeitseffekt ist mitunter ein ‚Geldeffekt', sprich der Ausdruck einer erträumten Wirklichkeit, die nur für viel Geld zu haben wäre.

Hierin steckt eine literaturtheoretische Pointe. Wenn derartige Geldeffekte auf eine Welt der Wünsche und umgekehrt verweisen, dann macht es, wie bei Jacques Lacans psychoanalytischem Dreieck, nur Sinn, vom ‚Realen' zu sprechen, wenn sich dieses auf das Symbolische und das Imaginäre bezieht (vgl. Lacan 1966, 68f., 73ff.; Kap. 5, 127ff.). Frédéric imaginiert ein Reales, das er über das Symbolische Geld zu erlangen trachtet; ein realeres Reales funkt dazwischen und konterkariert dieses erträumte Reale, das Luftschloss, welches auf Kapitalressourcen aufgebaut ist, die noch nicht in konkrete Transaktionen eingebettet sind. Anders ausgedrückt erweist sich das überflüssige Detail als etwas zu Eroberndes, nicht als etwas bereits durch irgendeine transzendentale Instanz Verbürgtes; es gibt einen Preis, der gezahlt werden muss, der Sinn ist wie eine Spannung, eine Intention, mit Lyotard eine Tensur/„tenseur" (Lyotard 1974, 57). Wenn das Imaginäre über ein Symbol – den Wirklichkeitseffekt – das Reale einkassieren möchte, dann entspricht dies einer eigenen Form von Begehren der Semiotischen Entmaterialisierung und Entfleischlichung.

Verpfändete Wirklichkeitseffekte

Diese Art von Entmaterialisierung und Entfleischlichung ist auch im Spiel, wenn es um Madame Arnoux geht, die verheiratete Frau, in die sich Frédéric zu Beginn der *Éducation* verliebt, die er aber nie ganz erobern wird. Die „passion de Frédéric pour Mme Arnoux" bildet laut René Dumesnils Einleitung der Pléiade-Ausgabe den „thème générateur" (Dumesnil 1952, 13) oder das Leitmotiv dessen, was er die Symphonie der *Éducation* nennt. Der Beziehung zwischen Frédéric und Madame Arnoux haftet stets etwas Konjunktivisches an, sie bleibt stets ein Versprechen, das nicht eingelöst wird.

„Ce fut comme une apparition" (FO, II, 36), lautet der vielzitierte Satz, der Madame Arnoux einführt. Diese Bezeichnung deutet darauf hin, dass sie den Status eines Zwischenwesens einnimmt, das die Grenze zwischen Traum und Realität bewohnt. Sie ist eine Erscheinung, ein Spuk, ein Gespenst, das als Projektionsfläche dient:

> Jamais il n'avait vu cette splendeur de sa peau brune, la séduction de sa taille, ni cette finesse des doigts que la lumière traversait. Il considérait son panier à ouvrage avec ébahissement, comme une chose extraordinaire. Quels était son nom, sa demeure, sa vie, son passé ? Il souhaitait connaître les meubles de sa chambre, toutes les robes qu'elle avait portées, les gens qu'elle fréquentait ; et le désir de la possession physique même disparaissait sous une envie plus profonde, dans une curiosité douloureuse qui n'avait pas de limites (37).

Die zunächst nur generischen Bezeichnungen ‚Möbel', ‚Zimmer', ‚Kleider' setzen ein *perpetuum mobile* des Sinns in Gang. In ihrem Arbeitskorb wie später in ihrer Schatulle befinden sich aus Waren zusammengesetzte mögliche Welten, die für Geld zu haben wären. Madame Arnoux ist ein Hyper-Signifikant, der andere Signifikanten generieren kann, und sie wird vom Erzähler, der immer wieder in die freie indirekte Rede wechselt, mit Gott gleichgesetzt: „Elle ressemblait aux femmes dans les livres romantiques. Il n'aurait voulu rien ajouter, rien retrancher à sa personne. L'univers venait tout à coup de s'élargir. Elle était le point lumineux où l'ensemble des choses convergeait [...]" (41).

Dieser Hypersignifikant ‚Madame Arnoux' entspricht einer strukturalen Irritation des Eigennamens, der, wie der Wirklichkeitseffekt, laut Lyotard nicht durch andere Zeichen ersetzt werden kann: „[I]l renvoie [...] à une référence singulière et ne paraît pas échangeable contre d'autres termes dans la structure logico-linguistique : pas d'équivalent intra-systémique du nom propre, il pointe vers l'extériorité comme un déictique, il n'a pas de connotation" (Lyotard 1974, 70). Damit könne er „rendre compatible une multitude de propositions incompossibles sur un même ‚sujet' de l'énoncé" (70f.). Madame Arnoux ist kein reiner Eigenname, er vermischt Eigenname und Status, er steht für eine gesellschaftliche Funktion, die sehr wohl umschrieben werden kann (Ehefrau, Dame, Erwachsene etc.), demnach stellt er ein Hybrid dar, in das sich eine ganze Welt hineinprojizieren lässt. Anders gesagt, drückt ihr Name eine Spannung zwischen (realer) Distanz und (projizierter) Nähe aus, die Frédérics Begehren anstachelt.

Desillusion folgt der Illusion auf dem Fuße. Je mehr Frédéric *Marie* Arnoux kennenlernt, desto mehr verliert sie an Faszinationskraft. Die Konkretion des Abstrakten tut dem Idol nicht gut. Madame Arnoux ist, was sie hat, und das, was sie hat, wird im Laufe der Handlung immer weniger, da ihr Mann als Unternehmer scheitert; und dann verschwindet die Erscheinung wie sie gekommen ist. Die Schulden ihres Ehemanns machen am Ende des Romans die Desillusionierung vollkommen. 12.000 Francs müssen aufgetrieben werden, ansonsten verlieren die Arnoux' alles. Frédéric hat diese Summe nicht (da er sich verspekuliert hat), und als er sie endlich doch borgen kann, ist es schon zu spät. In der folgenden Versteigerungsszene zeigt sich die negative Seite einer erträumten Welt, die Reichtum und guten Geschmack zur Schau stellt.

Die Versteigerung des gesamten Interieurs der Arnoux' bildet den Tiefpunkt in der Reihe von Enttäuschungen, die mit der Liebe zu Madame Arnoux einhergehen. Ähnlich wie in *Madame Bovary* wird der Verkauf des Besitzes der Arnoux' in einem Anschlag an der Eingangstür ihres Appartements angekündigt: „Vente d'un riche mobilier, consistant en batterie de cuisine, linge de corps et de table, chemises, dentelles, jupons, pantalons, cachemires [...]" (FO, II, 439f.). Anders als Emma Bovary, die sich das Leben nimmt, ist Frédéric selbst nicht vom Ruin betroffen, sondern wider Willen Zeuge der Versteigerung.

Die Versteigerungsszene buchstabiert den Ruin des Realismus aus. Das von Frédéric so geschätzte Interieur der Arnoux' wird in seine Bestandteile aufgelöst und steht wie das Dekor eines Theaterstücks im Gang des *Hôtel des commissaires-priseurs* herum:

> Il [Frédéric] reconnut immédiatement les deux étagères de *l'Art industriel*, sa table à ouvrage, tous ses meubles ! Entassés au fond, par rang de taille, ils formaient un large talus depuis le plancher jusqu'aux fenêtres ; et, sur les autres côtés de l'appartement, les tapis et les rideaux pendaient droit le long des murs (443).

Das Interieur bildet kein organisches Ganzes mehr, das sich nach den Proportionen eines Zimmers richtet, sondern wird nach Größe und Gewicht aufgestapelt; es ist nur noch ein Haufen käuflicher Dinge, wenn man so will, eine „ungeheure Warensammlung'" (MEW, 23, 49). Diese Einrichtungsgegenstände, die einst für den Kredit der Arnoux' im vollen Sinne des Geschmacks, des Reichtums, der Eleganz und des Erfolgs standen, stehen nun für ihre Schulden.

Im Versteigerungssaal wird dieses Bild dynamisch: „Quand Frédéric entra, les jupons, les fichus, les mouchoirs et jusqu'aux chemises étaient passés de main en main, retournés ; quelquefois, on les jetait de loin, et des blancheurs traversaient l'air tout à coup." Flauberts realistische Desillusionierung besteht an dieser Stelle darin, semantische Werte, die die Funktion von Wirklichkeitseffekten erfüllen (*jupons, fichus, mouchoirs*), in numerische Werte zu konvertieren; *blancheurs*, weiße Stellen, die durch den Raum fliegen, ersetzen Wirklichkeitseffekte. Alle diese Signifikanten werden unter den Hammer gebracht, und damit erhalten sie einen Preis:

> Me Berthelmot annonçait un prix. Le crieur, tout de suite, le répétait plus fort ; et les trois commissaires attendaient tranquillement le coup de marteau, puis emportaient l'objet dans une pièce contiguë. Ainsi disparurent, les uns après les autres, le grand tapis bleu semé des camélias que ses pieds mignons frôlaient en venant vers lui [...] (FO, II, 443).

Schließlich wird alles, woraus Madame Arnoux semantisch bestanden hat, zu Geld gemacht, mit Ausnahme ihres (verschwundenen) Leibs. Dafür steht die Schatulle, die von Madame Dambreuse gekauft wird. Sie deutet auf Madame Arnoux' leere Mitte (vgl. Haig 1984):[75] „– Neuf cents francs ! / – Neuf cents francs !

---

75 Jean-Pierre Richard liest die Szene ähnlich: „Et le coffret toujours fermé [...] figure admirablement cette part interdite, ce trésor que nul n'est jamais admis à contempler

répéta Me Berthelmot. / – Neuf cent dix... quinze... vingt... trente ! glapissait le crieur, tout en parcourant du regard l'assistance, avec des hochements de tête saccadés. [...]" (FO, II, 445).

In der französischsprachigen Literatur des 19. Jahrhunderts finden sich zahlreiche Beispiele solcher Verpfändungs- und Versteigerungsszenen. Man denke nur an Alexandre Dumas' *La dame aux Camélias*, wo der Erzähler an einer Zwangsversteigerung teilnimmt, die in den Räumlichkeiten einer jung verstorbenen stadtbekannten Prostituierten stattfindet (vgl. Kap. 8, 182ff.). Laut Alexandre Péraud grassierte der finanzielle Ruin im 19. Jahrhundert, was die zeitgenössische Besessenheit mit dem Bankrott erkläre (vgl. Péraud 2012, 29ff.). Der Wirtschaftshistoriker Jacques Richard hält für die erste Hälfte des 19. Jahrhunderts fest: „[O]n a affaire à un capitalisme effrayé par l'idée de faillite" (Richard 2010, 54). Konkurse wurden im Vergleich zu heute rechtlich sehr streng geahndet, weshalb in den Bilanzen ausschließlich die Werte, die nach einem Bankrott übrigblieben, auf der Seite des Habens verbucht wurden. Diese Lage begann sich erst im Second Émpire umzukehren; da sich diese Handhabung der Bücher auf entstehende Unternehmen, die zunächst nur rote Zahlen schrieben und sich daher nicht gut finanzieren konnten, verheerend auswirkte, wurde zunehmend gegen diese „comptabilité statique" (55) polemisiert. Zu Flauberts Zeit wurden Passiva zunehmend zu Aktiva umgedeutet, um Unternehmen Kredit zu verleihen.

Die Versteigerungsszenen in der Literatur erinnern an die Art und Weise, in der Georg Simmel Geld charakterisiert, das ja redensartlich flüssig gemacht wird: „Für den absoluten Bewegungscharakter der Welt nun gibt es sicher kein deutlicheres Symbol als das Geld. Die Bedeutung des Geldes liegt darin, daß es fortgegeben wird; sobald es ruht, ist es nicht mehr Geld seinem spezifischen Wert und Bedeutung nach" (Simmel 1989 [1900], 714). Über Möbel schreibt er:

> Das Mittelalter und noch die Renaissance hatte das, was uns jetzt „Mobilien" in engster Bedeutung sind, wenig im Gebrauch. Schränke, Kredenzen, Sitzbänke waren in die Täfelung eingebaut, Tische und Stühle so schwer, daß sie oft unbeweglich waren, die kleinen, hin und her zu schiebenden Einrichtungsgegenstände fehlten fast ganz. Seitdem sind die Möbel gleichsam mobil geworden wie das Kapital (710).

---

au grand jour. Ouvrir le coffret équivaudrait dès lors à un viol, une profanation ; et c'est bien la raison pour laquelle Madame Dambreuse veut se le procurer, la raison aussi pour laquelle Frédéric rompt avec elle. Il ne peut consentir à la destruction, même symbolique, de ce vide sur lequel sa vie tout entière est fondée" (183).

Die Dinge werden flügge, sie wechseln schneller die Hände; und auch die Hände, die an ihrer Herstellung mitwirken, sind zahlreicher geworden; so zahlreich wie die Gegenstände selbst, die leichter, handlicher, praktischer hergestellt werden, damit sie schneller weggeschafft werden können. Bewegliches Eigentum wird immer beweglicher.

Vor diesem Hintergrund ließe sich Flauberts Versteigerungsszene als melancholische Szene des Verlusts im Zeichen kapitalistischer Besitzverhältnisse lesen. Stirling Haig, einer der wenigen Kommentatoren, die auf diese Szene eingehen, schreibt: „The sale at public auction of an indebted or dead person's goods is a fairly common scene in nineteenth-century fiction. [...] It is the sequel to bankruptcy, which in turn is the ultimate bourgeois dishonor" (Haig 1984, 471). Dass die Arnoux' ihr Gesicht verlieren, ist zwar ein zentraler Aspekt ihres Ruins, aber nicht der einzige. Haigs Interpretation von Flaubert als Nostalgiker, der den Dingen nachtrauert, kann ich nicht folgen, vielmehr würde ich dafürhalten, dass Flaubert lustvoll Madame Arnoux' Welt zugrunde gehen lässt. Das Idealbild Madame Arnoux selbst ist ruiniert. Sein Ruin bringt jene Wirklichkeitseffekte unter den Hammer, aus denen sich die Angebetete zusammengesetzt hat und die mit Lacan unter dem Register eines kapitalistischen Imaginären zu verbuchen wären.

Flauberts *Éducation* handelt genauso sehr von Wünschen wie von Wirklichkeiten. Darauf weist Martin von Koppenfels hin, wenn er die Darstellung von Frédérics Triebstruktur untersucht und feststellt, dass seine Wünsche zwar in Erfüllung gehen, ihn aber im Zuge ihrer Verwirklichung enttäuschen. Von Koppenfels nennt dies die Ungleichzeitigkeit von Wunsch und Affekt und unterscheidet darin drei Phasen:

> Zunächst die Lähmung des Affekts, in dem Sinne, daß dieser zu keiner Handlung führt (*passion inactive*), sodann das Ausbleiben des erwarteten Gefühls selbst, und schließlich die Wahrnehmung der eigenen Affektivität insgesamt als Bewegung eines kontinuierlichen Verlusts. Die *Éducation* ist ein Roman, in dem alle Wünsche in Erfüllung gehen. Alle begehrten Frauen kommen irgendwann von selbst, Erbschaften werden gemacht, Söhne gezeugt, Karrierechancen tun sich auf, es gibt sogar eine Revolution: Was will man mehr? Nur leider stimmt der Zeitpunkt nie; im Moment der Erfüllung ist der Wunsch längst entwertet. Das hat weniger mit der Zeitgebundenheit von Wünschen zu tun, als mit einer Spaltung der Intentionen: Wunsch und Gefühl treten auseinander (von Koppenfels 2007, 114).

Abgesehen von ihrer bürgerlich-phallozentrischen Stoßrichtung ist diese These irreführend. In Flauberts Handlung hängt nur das Wenigste ausschließ lich von Frédéric ab. Er erhält nur *eine* Erbschaft, die er verspielt; nur *einen*

Sohn zeugt er, der als Säugling stirbt; und alle Karrierechancen, die sich ihm auftun, werden nie Wirklichkeit.

Frédéric ist ein Versager, und er scheitert. Die meisten seiner Wünsche gehen nicht in Erfüllung, allen voran die Liebe zu Madame Arnoux, die sich nie realisieren lässt. Letzteres hängt aber nicht mit seinem Versagertum zusammen, sprich damit, dass Frédéric seine Angebetete im Zuge seiner „Jagd nach Wunscherfüllung […] durch die narzißtische Suche nach dem ‚eigenen' Gefühl" (115) aus den Augen verliert. Madame Arnoux erscheint nicht zum Stelldichein, weil ihre Tochter krank ist. Der Autor greift an entscheidender Stelle in die Handlung ein. In diesem Moment, in dem Frédérics Ohnmacht deutlich wird, wechselt übrigens die Perspektive zu Madame Arnoux, ein einzigartiger Moment in der auf Frédéric zentrierten *Éducation* (vgl. FO, II, 311ff.).[76] Dies lässt sich als deutliches Signal an die Leserinnen und Leser auffassen, dass weder Frédéric noch Madame Arnoux ihr Schicksal in der eigenen Hand haben. Von Koppenfels fragt sich nicht, welche Funktion dieser Eingriff des Autors für den Roman haben könnte.

Dieses Mal trifft die Desillusionierung die Leserschaft. Als Empfänger von Flauberts Botschaft nimmt sie qua Wirklichkeitseffekten an der Konstruktion des verkappten Eigennamens Madame Arnoux teil. Die Transaktion zwischen Madame Arnoux und Frédéric kommt aber nicht zustande, und damit ist die Leserin oder der Leser, die oder der Frédérics Begehren begehrt hat, einer Spannung ausgesetzt worden, die ins Leere läuft; Madame Arnoux wird nie *Marie* Arnoux, der Eigenname lässt sich nicht erobern, er entzieht sich vielmehr, „le rapport est […] un report à l'infini" (Lyotard 1974, 59), ein Aufschieben *ad infinitum*.

Diese Begehrensstruktur ist nicht nur enttäuschend, sie ist auch fesselnd; in ihr liegt eine laut Simmel für den Kredit typische Spannung:

> Der Kredit spannt die Vorstellungsreihen noch mehr und mit einem entschiedeneren Bewußtsein ihrer unverkürzlichen Weite aus, als die Zwischeninstanz des baren Geldes es für sich tut. Der Drehpunkt des Verhältnisses zwischen Kreditgeber und Kreditnehmer ist gleichsam aus der gradlinigen Verbindung ihrer hinaus und in einer weiten Distanz von ihnen festgelegt: die Tätigkeit des Einzelnen wie der Verkehr bekommt dadurch den Charakter der Langsichtigkeit und den der gesteigerten Symbolik (Simmel 1989 [1900], 667).[77]

76 Die Passage fängt mit „Elle avait rêvé […]" (FO, II, 311ff.) an.

77 Zum Kredit als aufgeschobenen Handel vgl. Goux 2000, 100f.

Eine analoge Grundspannung durchzieht die *Éducation*: Wie im Terminhandel wird der Abschluss (im Fachjargon die Realisierung) der Transaktion immer wieder auf eine ungewisse Zukunft aufgeschoben, die Transaktion kommt aber am Ende nicht zustande, und das Ideal hat sich verschuldet und bleibt ausgehöhlt und leer zurück. In diesem Fall *ist* aufgeschoben aber aufgehoben. Wenn der Roman so etwas wie ein Versprechen formuliert, dann schafft er es, dieses Versprechen weder zu erfüllen noch zu brechen, sondern ihm die eigene Grundlage zu entziehen. Diese *Éducation* betrifft die Leserschaft, nicht die Hauptfigur.

Zu diesem Befund passt das letzte Gespräch zwischen Frédéric und Madame Arnoux, im Zuge dessen sie Jahre später gemeinsam zurückblicken auf ihre nie verwirklichte Liebe: „Elle soupira ; et, après un long silence : / – N'importe, nous nous serons bien aimés. / – Sans nous appartenir, pourtant ! / – Cela vaut peut-être mieux, reprit elle. / – Non ! non ! Quel bonheur nous aurions eu !" (FO, II, 451). Dieser von vielen Interpreten zitierte Dialog zwischen Madame Arnoux und Frédéric, den von Koppenfels auf den schönen Begriff „Störung des Endes" (von Koppenfels 2007, 167ff.) bringt, macht einen kleinen Nachtrag zu meiner These von Flauberts Dekonstruktion des ‚kapitalistischen Realismus' notwendig. Worin besteht die Funktion der Tatsache, dass sich die Liebhaber nicht besessen haben? Nur darin, dass Frédérics Traumwelt nicht zusammenbräche durch den Kontakt mit einer Wirklichkeit, die nie alle Versprechen des Traums einzuhalten imstande wäre? Und dass damit ein kapitalistisches Imaginäres in Erscheinung träte?

Ja und nein. Flauberts Roman führt vor, inwiefern sich die Wirklichkeit dem Zugriff durch den großen Gleichmacher Geld hartnäckig verwehrt. Manchmal ist sie schlicht inkommensurabel und undurchdringlich. So wird den Gegenständen, die versteigert werden, neben ihrem Tauschwert ein subjektives Wasserzeichen verliehen: „[L]e grand tapis bleu semé des camélias que ses pieds mignons frôlaient en venant vers lui" (FO, II, 443). Diese Dimension der verkauften Gegenstände entgeht ihren neuen Besitzern, sie dringen nicht vor zu deren Verschmelzung mit ihrer ehemaligen Besitzerin, nur Frédéric (und die Leserschaft) kann diese Dimension der verpfändeten Objekte wahrnehmen. Hinter den Warenfetischen, die Madame Arnoux bekleiden und umgeben, steckt ihr unerreichbarer Körper.

> On n'y voyait plus ; le temps était froid, et un lourd brouillard, estompant la façade des maisons, puait dans l'air. Frédéric le humait avec délices ; car il sentait à travers la ouate du vêtement la forme de son bras [de Mme Arnoux] ; et sa main, prise dans un gant chamois à deux boutons, sa petite main qu'il aurait voulu couvrir des baisers, s'appuyait sur sa manche. A cause du pavé glissant, ils oscillaient un peu ; il lui semblait qu'ils étaient tous les deux comme bercés par le vent, au

> milieu d'un nuage. / L'éclat des lumières, sur le boulevard, le remit dans la réalité. L'occasion était bonne, le temps pressait. Il se donna jusqu'à la rue de Richelieu pour déclarer son amour. Mais, presque aussitôt, devant un magasin de porcelaines, elle s'arrêta net, en lui disant : / – Nous y sommes, je vous remercie ! (99).

Frédérics und Madame Arnoux' Arme werden an dieser Stelle durch zwei Wirklichkeitseffekte vermittelt, die jeweils einen Warenfetisch bezeichnen: Durch das Wattefutter ihres Mantels spürt Frédéric die Form von Madame Arnoux' Arm; ihre Hand, die eingehüllt ist in Wildlederhandschuhe, ruht auf seinem Arm. *Ex negativo* tritt Madame Arnoux' Körper zum Vorschein, der bloß als Abwesendes durch die Bekleidung, Umhüllung und Ummantelung mit Wirklichkeitseffekten hindurch zu spüren ist, der Schrift jedoch unzugänglich bleibt. Jean-Pierre Richard macht auf diesen Umstand aufmerksam, wenn er über Madame Arnoux schreibt: „Personne, pas même le lecteur, ne peut directement saisir ce qui fait son essence. On l'entend bouger derrière une cloison, on regarde son profil derrière une tenture : on ne peut jamais posséder que son écho ou que son ombre" (Richard 1954, 183).

Näher werden sich Frédéric und Madame Arnoux nicht kommen. Man könnte dies, wie es die Forschung macht, unter den Stichwörtern Verlust, Versagen oder Verfehlung verbuchen. Flaubert rettet aber den Eigennamen *Marie* Arnoux vor der Vereinnahmung durch das Geld, während sich der verkappte Eigenname Madame Arnoux verschuldet. Ein Verlust von etwas, was nicht gewonnen wurde und nicht gewonnen werden kann, wird von Flaubert inszeniert.

Als Psychologe der Grenzwerttheorie (vgl. Münnich 2017) besteht Simmel auf einer Inkommensurabilität von Wirklichkeit und Geld: „Die Freiheit findet nun ihre Grenze an der Beschaffenheit des besessenen Objektes selbst [... V]on irgendeinem Punkt an gestattet seine Struktur keine weitere Nachgiebigkeit gegen die Seele; das ist der Punkt, von dem an die Dinge uns nicht mehr ‚gehören'" (Simmel 1989 [1900], 435f.). Die Vorstellung des Eigentums als freier Zugriff auf einen Gegenstand, der durch eine Geldtransaktion besiegelt und durch den Einsatz des *effet de réel* im bürgerlichen Realismus gesellschaftsfähig gemacht wird, ist in der *Éducation* nicht mehr aufrecht zu halten. Madame Arnoux ist der nicht-verfügbare Körper, der für keine Summe zu haben ist und dennoch dem Mechanismus der Verpfändung und Versteigerung unterstellt wird. Frédéric kann noch so sehr im Affekt seine Wünsche als unzulänglich verfluchen, sobald sie sich realisieren, *Marie* Arnoux ist und bleibt heilig, unberührt, unbefleckt, *not for sale.* Ihr Eigenname wird nie erreicht, sie bleibt eine schemenhafte Erscheinung.

Aura und Fetisch

Madame Arnoux ist eine widersprüchliche Figur. Einerseits stellt sie die Figuration eines Versprechens dar, das nie den Status des Konjunktivischen abstreift, sich also nie verwirklicht; sie wird nicht Fleisch, bleibt stets Erscheinung. Durch diese Unverfügbarkeit gewinnt sie andererseits die für alle Gebrauchswerte, die sich nicht unter einem Tauschwert subsumieren lassen, typische Inkommensurabilität.

Die Angebetete könnte für das stehen, was Walter Benjamin mit dem Begriff der ‚Aura' versieht. Es werden Gegenstände erträumt, die in ihrem einzigartigen Entstehen und Vergehen eine sinnliche Anziehung auf ihren Besitzer ausüben. Diese auratische Anziehung von einzelnen Gegenständen lässt sich mit Benjamins Losung als Erwiderung eines Blicks auffassen: „Dem Blick wohnt aber die Erwartung inne, von dem erwidert zu werden, dem er sich schenkt. Wo diese Erwartung erwidert wird [...], da fällt ihm die Erfahrung der Aura in ihrer Fülle zu" (Benjamin 2013 [1974 posthum], 1.2, 646). Dem entspricht, dass Madame Arnoux' Augen Frédéric immer wieder im Traum erscheinen: „Puis des grands yeux noirs [...] parurent ; et légers comme des papillons, ardents comme des torches, ils allaient, venaient, vibraient, montaient dans la corniche, descendaient jusqu'à sa bouche" (FO, II, 159). Madame Arnoux steht einerseits für ein auratisches Wesen, das nicht für ein anderes getauscht werden kann; andererseits wird diese Aura in eine ungreifbare Sphäre des Dämmerzustands gerückt. Madame Arnoux ist gleichsam die Gelenkstelle zwischen Aura und Fetisch.

Anhand von Hegels *Philosophie des Rechts* lässt sich laut Peter Sprengel der Übergang vom (auratischen) Eigentum zum (fetischisierten) Kapital als Prozess der Einbüßung der persönlichen Entfaltungssphäre beschreiben. Hegels Eigentumsbegriff stelle den Versuch dar, persönliche Freiheit und Herrschaft über das Gemeinwesen zusammenzudenken. Eigentum wäre für Hegel die Rechtsform der Freiheit. Hegel beschreibe den Siegeszug des Bürgertums als historischen Prozess, im Zuge dessen sich das Eigentum als Hort des persönlichen Willens und als Garantie der Freiheit herauskristallisiert habe. Voraussetzung dafür sei, dass Tausch zwischen Individuen ermöglicht werde. Ebendiese auratische Spielart des Eigentums werde zunehmend durch die Kapitalisierung gefährdet (vgl. Euchner 1973; Sprengel 1974; Hegel 1955 [1820]). Während Eigentum durch Sphären der auratischen Inkommensurabilität konstituiert und gesichert werde, entspreche dem Kapital der bei Karl Marx entwickelte Begriff des Warenfetischs.

Bisher wurde der Begriff des ‚Fetischcharakters der Ware' tunlichst vermieden. Es lohnt sich, darauf einzugehen, wenn man die einzigartige Beziehung zwischen Madame/Marie Arnoux und Frédéric/der Leserschaft theoretisch genauer fassen möchte, also das Verhältnis zwischen Frédéric und seinem weiblichen Fetisch, der, im Unterschied zum Warenfetisch, nicht konsumiert werden kann.

Waren lassen sich als Gegenstände oder Dienstleistungen definieren, die, unabhängig von ihrem Nutzen oder Gebrauchswert, in ihrem Tauschwert aufgehen; zudem kaschieren sie laut Marx in der Lohnform die Tatsache, dass Menschen wie Gegenstände gebraucht werden, dass ihre Arbeitszeit und -kraft vom Kapitalisten, der die Differenz zwischen Lohn und Preis als Profit einkassiert, mit Marx' Vokabular erheischt worden ist.[78]

Laut David McNally, der hier stellvertretend für die Debatte über den Marx'schen Fetisch zitiert wird,[79] betet der bürgerliche Mensch die Ware wie einen Fetisch an. Marx erlaube sich an dieser Stelle einen Scherz: Nicht der ‚Wilde' bete Fetische an, sondern der europäische Kolonialist, der nicht verstehe, wie es sein kann, dass jener ihm seine ‚Fetische' für keine Summe entäußern wolle. Der Warenfetisch, das ist die Anbetung des Tauschwerts, das ist die Anbetung des Unsinnlichen im Sinnlichen:

> [M]ore than a ‚religion of sensuous desire', a fantastic devotion to things, commodity-fetishism at its deepest level is a religion of *non-sensuous* desire. However much capitalists bow down before things, their true god is immaterial. Rather than desire things for their material properties, capitalists actually seek the invisible and immaterial property they share: value (McNally 2012, 127).

Der unsinnliche Wert, nicht der Genuss oder der Konsum, das wäre der Kern von Marx' Warenfetischismus.

Marx schlägt sich in seinem zur Hochzeit des Realismus abgefassten Hauptwerk *Das Kapital* mit ähnlichen Darstellungsproblemen herum wie Flaubert. Wert, Geld, Kredit – all diese luftigen, gespenstischen ‚Dinge' treten irgendwo in Interaktion mit festen, unverrückbaren und wirklichen Dingen; nur wo, wie und zu welchem Ende? Marx bedient sich eines relativ einfachen Tricks, den auch Flaubert, allerdings in anderer Form, einsetzt: Er lässt Wirklichkeitseffekte

---

78 Vgl. zu diesem Komplex und zu Marx' Ideologiebegriff: Mepham 1990, 194f.: „Thus the analysis of the simple reproduction of capital involves the recognition that the capitalist pays the laborer by returning to him only a portion of that which is produced by him. This is obscured by the intervention of money, which makes it seem as if the capitalist has some other source of wealth than the exploitation of unpaid labor."

79 Zum Warenfetisch bei Marx ist ungeheuer viel geschrieben worden. Zur Übersicht vgl. Jessop 1990, vii-xxi, 207-25; Geras 1990; Spyer 1995.

zur Demontage des ‚kapitalistischen Realismus' beitragen, und er führt dabei Entwirklichungs- oder Entfetischisierungseffekte ins Feld. Alles, was der Ware an Sinnlichem anhaftet – der einzigartige Arbeitsprozess, der zu ihrer Entstehung beiträgt, ihr Nutzen oder konkreter Gebrauch sowie ihre einzelne Gestalt, Oberfläche und Textur –, all das fällt als Erklärungsgrund für den Status der Ware als Tauschwert in der kapitalistischen Gesellschaft peu à peu weg. „Im graden Gegenteil zur sinnlich groben Gegenständlichkeit der Warenkörper geht kein Atom Naturstoff in ihre Wertgegenständlichkeit ein. Man mag daher die einzelne Ware drehen und wenden wie man will, sie bleibt unfaßbar als Wertding" (MEW, 23, 62), schließt Marx. *Ex negativo* haben wir den „Wert, etwas rein Gesellschaftliches" (71).

Als Beispiele greift Marx zwei konkrete Gegenstände heraus: Leinwand und Rock (vgl. Stallybrass 1995). Anhand einer auf diese zwei Waren reduzierten Transaktion zeigt er, dass der Tausch bereits hier nicht vom Nutzen oder von der Schönheit der Gegenstände abhängt, sondern ausschließlich vom mathematischen Differentialverhältnis zwischen ihnen.[80] In einem rasanten Durchdeklinieren der verschiedenen Wirkungen, die ein Wertverfall oder ein Wertgewinn von Leinwand oder Rock auf ihr Tauschverhältnis hätte, zeigt Marx, inwiefern sie im Tausch nicht für sich selbst stehen:

> Indem die relative Wertform einer Ware, z. B. der Leinwand, ihr Wertsein als etwas von ihrem Körper und seinen Eigenschaften durchaus Unterschiedenes ausdrückt, z. B. als Rockgleiches, deutet dieser Ausdruck selbst an, daß er ein gesellschaftliches Verhältnis verbirgt. Umgekehrt mit der Äquivalentform. Sie besteht ja gerade darin, daß ein Warenkörper, wie der Rock, dies Ding wie es geht und steht, Wert ausdrückt, also von Natur Wertform besitzt. Zwar gilt dies nur innerhalb des Wertverhältnisses, worin die Leinwandware auf die Rockware als Äquivalent bezogen ist. Da aber Eigenschaften eines Dings nicht aus seinem Verhältnis zu andern Dingen entspringen, sich vielmehr in solchem Verhältnis nur betätigen, scheint auch der Rock seine Äquivalentform, seine Eigenschaft unmittelbarer Austauschbarkeit, ebensosehr von Natur zu besitzen wie seine Eigenschaft schwer zu sein oder warm zu halten. Daher das Rätselhafte der Äquivalentform, das den bürgerlich rohen Blick des politischen Ökonomen erst schlägt, sobald diese Form ihm fertig gegenübertritt im Geld (MEW, 23, 71f.).

Die Grundlage des Tauschs ist eine an und für sich absurde Gleichsetzung voneinander unterschiedener Materialitäten: Rock = Leinwand. Tauschwert gibt es laut Marx nicht als isolierten intrinsischen Wert eines Gegenstands, und dementsprechend wird der reale, greifbare Gegenstand, der im Text in

---

80 Deleuze/Guattari nennen dies das *„rapport différentiel des flux"* (Deleuze/Guattari 1972, 284).

Form eines Wirklichkeitseffekts als Leinwand und Rock auftritt, im Tausch entgegenständlicht, derealisiert.[81]

Zu diesem Zweck greift Marx auf Strategien des Schauerromans zurück. Die Leinwand wird zunehmend animiert und anthropomorph. Sie beginnt, im Rock etwas zu sehen, eine Eigenschaft, die „selbst durch seine größte Fadenscheinigkeit nicht durchblickt. [...] Trotz seiner zugeknöpften Erscheinung hat die Leinwand in ihm die stammverwandte schöne Wertseele erkannt" (66). Die „ungeheure Warensammlung" (49), von der gleich zu Beginn des *Kapitals* die Rede ist, wird zu einem redseligen Ungetüm. Marx schreibt, die Nützlichkeit einer Ware schwebe nicht in der Luft, spricht vom „stofflichen Träger des – Tauschwerts" (50), erklärt den Tauschwert zu einer „‚Erscheinungsform' eines von ihm unterscheidbaren Gehalts" (51), benutzt das Bild von der Auslöschung aller sinnlicher Beschaffenheiten der Ware. Was nach dieser Analyse übrigbleibt, ist eine „gespenstische Gegenständlichkeit" (52). Dass die Ware nicht einfach ein Gegenstand ist, der sich in der Anschauung voll und ganz fassen lässt, sondern „ein vertracktes Ding [...], voll metaphysischer Spitzfindigkeit und theologischer Mucken", bringt Marx in seinem Beispiel des tanzenden Tisches zum Ausdruck:

> Die Form des Holzes z. B. wird verändert, wenn man aus ihm einen Tisch macht. Nichtsdestoweniger bleibt der Tisch Holz, ein ordinäres sinnliches Ding. Aber sobald er als Ware auftritt, verwandelt er sich in ein sinnlich übersinnliches Ding. Er steht nicht nur mit seinen Füßen auf dem Boden, sondern er stellt sich allen andren Waren gegenüber auf dem Kopf, und entwickelt aus seinem Holzkopf Grillen, viel wunderlicher, als wenn er aus freien Stücken zu tanzen begänne (85).

Nicht nur tanzende Tische gibt es, am Ende des ersten Kapitels von Marx' Hauptwerk beginnt die Ware sogar zu sprechen. Und welches Vokabular gebraucht sie wohl? Dasjenige politökonomischer ‚Holzköpfe', aus dessen Zitate sich ihre Rede zusammensetzt (vgl. 97f.). Die Politische Ökonomie, das suggeriert Marx, denkt nur aus der Perspektive der fetischisierten Ware, sie ist ihr Souffleur. Marx' *mundus inversus*, in dem Waren sprechen und Tische tanzen, entspricht, wie sich herausstellt, einer Wirklichkeit, die von Politökonomen kodiert ist. Dies bezeichnet Marx als Verrücktheit:

---

81 Man könnte auch auf die zahlreichen Konnotationen eingehen, die die Nennung dieser Gegenstände bei Leserinnen und Leser hervorrufen mag: Leinwand und Rock lassen zunächst an den emblematischen Ort der Industrialisierung schlechthin denken, die Baumwollspinnerei; zudem stellen sie getrennte und monetarisierte Arbeitsschritte in der industriellen Herstellung ein und derselben Ware dar.

> Es ist aber eben diese fertige Form – die Geldform – der Warenwelt, welche den gesellschaftlichen Charakter der Privatarbeiten und daher die gesellschaftlichen Verhältnisse der Privatarbeiter sachlich verschleiert, statt sie zu offenbaren. Wenn ich sage, Rock, Stiefel usw. beziehen sich auf Leinwand als die allgemeine Verkörperung abstrakter menschlicher Arbeit, so springt die Verrücktheit dieses Ausdrucks ins Auge. Aber wenn die Produzenten von Rock, Stiefel usw. diese Waren auf Leinwand – oder auf Gold und Silber, was nichts an der Sache ändert – als allgemeines Äquivalent beziehn, erscheint ihnen die Beziehung ihrer Privatarbeiten zu der gesellschaftlichen Gesamtarbeit genau in dieser verrückten Form (90).

Ersetzt man Gold durch Leinwand, so springt eine Verrücktheit ins Auge, die einem entgeht, weil die Gegenstände, die einen umgeben, freilich auch einen Wert haben, der sich numerisch ausdrückt.

In seiner *Kritik der Politischen Ökonomie* (1859) schreibt Marx über das utopische Projekt des sogenannten Arbeitsgeldes, durch das die frühen Sozialisten die kapitalistische Produktionsweise abzuschaffen trachteten: „Der Bankerott würde in solchem Falle […] die Rolle der praktischen Kritik übernehmen." Den „frommen Wunsch, das Geld, mit dem Geld den Tauschwert, mit dem Tauschwert die Ware und mit der Ware die bürgerliche Form der Produktion loszuwerden" (MEW, 13, 68) hegt Flaubert keineswegs; seine fetischisierte Ware Madame Arnoux wird in einen Bereich der Unverfügbarkeit gerückt, der es Frédéric verunmöglicht sie zu konsumieren. Auf der Ebene der Handlung mag dies Frustration nach sich ziehen; auf der Darstellungsebene wird diese Frustration auch von der Leserschaft empfunden, die nun als Beobachter des Beobachters Frédéric ihre eigene Triebstruktur darauf hin reflektieren kann, was ihr als real und erreichbar vorschwebt. Madame Arnoux' Bankrott vollzieht mit Marx gesprochen eine praktische Kritik am Lesevorgang, die darin besteht, die Repräsentation und die Triebstruktur des ökonomischen Werts, für welche die unerreichbare Madame Arnoux steht, offenzulegen.

* * *

Flaubert arbeitet sich in der *Éducation sentimentale* an der Verrücktheit der Ware ab. Ich habe Madame Arnoux als Figuration des Problems gelesen, die sinnlich wahrnehmbare Welt der Gegenstände mit der alphanumerischen Sprache des Geldes in Verbindung zu setzen, also als Reflexionsfigur der Konstitution eines ‚kapitalistischen Realen'. Darin besteht nach meiner Analyse die Funktion der Handlung der *Éducation*, in der die Liebe ein Versprechen ist, das nicht eingelöst wird. Für die Leserschaft, die nicht bekommt, was angekündigt wurde, mag die Lektüre den enttäuschenden Eindruck einer nichterfüllten Liebe zurücklassen, ja sie mag sich langweilen. Versteht man mit Alexandre Péraud die Leserin oder den Leser als Gläubiger des Erzählers, der um Kredit wirbt, so wird hier der Kredit, den man in die Erzählung investiert hat, nicht mit Zins und Zinseszins zurückgezahlt; vielmehr wird der Kredit-Mechanismus selbst außer Kraft gesetzt, sprich der Glaube daran, dass Frédéric und Madame Arnoux zusammenkommen werden, dass Frédérics imaginäre Wunsch-Transaktion eine reale libidinöse Transaktion nach sich ziehen wird. Die Lektüre stellt sich als Zeit-Vergeudung, nicht als Zeit-Gutmachen heraus, und der Erzähler begeht an der Leserschaft Zeit-Diebstahl (vgl. Le Goff 1986). Desillusionierung findet auf der Handlungs- und Darstellungsebene statt, und der Wunsch selbst wird entwertet, nicht nur die Fähigkeiten oder die Potenz des Romanhelden.

Mit der Figur Madame Arnoux wird ein „nihilisme sémiotique" (Lyotard 1974, 61) in Gang gesetzt. Sie erfüllt, anders gesagt, die ökonomische Grundbedingung sprachlicher Operatoren, und zwar ihre Austauschbarkeit miteinander. Zunächst lassen sich alle Signifikanten in Madame Arnoux' Korb hineinprojizieren; diese Spannung erlebt der Held als göttliche Erleuchtung. Im Laufe der Handlung birst ihr Arbeitskorb aber und wird entleert. Flaubert spannt die Figur Madame Arnoux in einen endlosen Aufschub ein, dem ein Begehren ohne Schranken entspricht, und diese Form des Begehrens, der Frédéric (und die Leserin oder der Leser) unterlegen ist, wird, wenn man so will, dekonstruiert. Flaubert setzt zu diesem Ende den Schuldenmechanismus ein. Qua Schulden wird die Spannung aufgelöst, und der Roman hat keine Richtung mehr, keinen Inhalt: „Il voyagea" (FO, II, 448).

Madame Arnoux hat keinen Vornamen, da ihr Körper dem „indécidable corps offert-refusé", von dem Lyotard über Pierre Klossowskis Figur Roberte spricht, ähnelt; ein „corps de la dissimulation", eine „assignation dissimulant le signe comme tenseur" (Lyotard 1974, 71). Man kann sie drehen und wenden, wie man will, als Wertding bleibt Madame Arnoux unfassbar; die Silhouette von *Marie* Arnoux' Körper hingegen schimmert in dieser Unfassbarkeit des Flaubert'schen Korpus *ex negativo* durch.

Wenn die Verpfändung des Interieurs bei Flaubert über die Realität des ‚kapitalistischen Realismus' oder über ihren Kreditrahmen zu denken gibt, so wiegt Balzac, wie wir nun sehen werden, Menschenleben gegen Schuldverhältnisse auf.

DRITTES KAPITEL

Tod eines Schuldners

> *Selbst das Hintertreppenhafte, über das literarischer Geschmack wie Weltkenntnis die Nase rümpfen, hat seine Wahrheit: allein am Rande entblößt sich, was in den Schächten der Gesellschaft, der Unterwelt ihrer Produktionssphäre sich zuträgt* [...]. *Balzacs Stunde war solcher exzentrischen Wahrheit günstig, eine ursprünglicher Akkumulation* [...].
>
> Theodor W. Adorno 2003 [1958], 141

Schulden bilden die gewalttätige Seite ökonomischer Relationen. Ihr Motto lautet ‚Kopf oder Zahl': Entweder zahlt man, oder man verliert den Kopf. Das verschuldete Subjekt konnte lange Zeit seines Eigentums, seiner Freiheit und sogar seines Lebens beraubt werden. Friedrich Nietzsche konzipiert die Schuld in der zweiten Abhandlung der *Genealogie der Moral* (1887) folgendermaßen:

> Das Gefühl der Schuld, der persönlichen Verpflichtung [...] hat [...] seinen Ursprung in dem ältesten und ursprünglichsten Personen-Verhältniss, das es giebt, gehabt, in dem Verhältniss zwischen Käufer und Verkäufer, Gläubiger und Schuldner: hier trat zuerst Person gegen Person, hier mass sich zuerst Person an Person (Nietzsche 1999 [1887], 305f.).

Schulden stellen für Nietzsche keine Übertragung aus dem moralischen Bereich auf den finanziellen dar, sie säkularisieren *die* religiös-moralische Schuld nicht, vielmehr verhält es sich genau umgekehrt, und die im Geld- und Kredithandel verankerte Begriffswelt ‚Schuld', ‚Gewissen', ‚Pflicht' usw. ist laut Nietzsche anfänglich „gründlich und lange mit Blut begossen worden" (300).

Auch die Idee der Äquivalenz – die Voraussetzung von Schuldverhältnissen – ist laut Nietzsche gewalttätiger Herkunft. Die „Idee einer Äquivalenz von Schaden und Schmerz" (298) habe sich im Naturzustand durchgesetzt, eine Idee, die schließlich in Fleisch übergegangen sei und sich eingeprägt habe. Das Gedächtnis ist Nietzsche zufolge ein Aufschreibsystem des Schmerzes, den ein Vertrauensbruch nach sich zog. Daraus erst resultierte das vertragliche Verhältnis zwischen Gläubiger und Schuldner. Und viel später, als der Gläubiger die absolute Macht innehatte, sei dies zur Schuld gegenüber einer göttlichen Instanz umgemünzt worden. Nietzsche spricht vom „verpfändeten Wort", durch welches „der Mensch [...] berechenbar, regelmässig, nothwendig

 DOI:10.30965/9783846765012_006

geworden sein [muss…], um endlich dergestalt, wie es ein Versprechender thut, für sich als Zukunft gut sagen zu können!" (292).[82]

Es sei dahingestellt, ob sich ausreichend historische Belege für Nietzsches These finden lassen oder ob sie nicht eher auf den Kapitalismus zutrifft, in der Erzählliteratur wird diese gewalttätige Dimension des Geldes zur Darstellung gebracht. Im frühen realistischen Roman von Honoré de Balzac *Le Père Goriot* (1834), der von der Literaturwissenschaft noch nicht intensiv auf seine finanzielle Dimension hin untersucht worden ist (vgl. Péraud 2012; Hutchins 2012; Perret 2007; Suck 1990), wird genau diese Dimension des Geldes mittels des Schuldenmechanismus auf der Handlungsebene thematisch. In diesem ersten eigens für die *Comédie humaine* geschriebenen Text (vgl. Fortassier 1976, 3) wird der qualvolle Tod eines ehemaligen Nudelfabrikanten mit einer um sich greifenden Schuldenwirtschaft in Zusammenhang gebracht. Für seine Töchter opfert sich die literarische Figur des Vater Goriot auf. Er hat ihnen große Mitgiften hinterlassen und damit ihr ökonomisches Potenzial in der für Frauen äußerst restriktiven Gesellschaftsordnung der Restauration ausgeschöpft (vgl. Kap. 8, 170ff.).[83] Dabei hat er sich ruiniert.

Diese Aufopferung lässt sich auf ihre finanziellen Rahmenbedingungen befragen: Wie werden Schulden in der Handlung eingesetzt? Wer hat sich bei wem verschuldet? Welche Wirkungen zeitigen Schulden auf der Handlungsebene und auf der Ebene der Erzähl-Ökonomie? Diese Fragen lassen sich oberflächlich leicht beantworten: Goriot ruiniert sich und stirbt für seine Töchter, ein Menschenleben wird aufgewogen gegen vererbtes Kapital. Manche Interpreten sehen in ähnlichen Vorgängen bei Balzac nichts Ungewöhnliches oder Unwahrscheinliches. Der Physiokrat Balzac inszeniere literarische Nullsummenspiele, bei denen eine Partei gewinne, was die andere verliere (vgl. Orléan 2013, 138).[84] Die Konjunktion von ökonomischem Gewinn auf der einen Seite und menschlichem Verlust auf der anderen mutet in diesem Melodram fingiert an, und Balzac bringt die unpersönliche Gewalt, die in der Ökonomie am Werk ist,

82 Mauricio Lazzarato bezeichnet die Konzeption einer durch das Versprechen im Voraus verpfändeten Zukunft als „mémoire du futur" oder, mit Nietzsche, als „mémoire tendu vers l'avenir" (Lazzarato 2011, 38), das heißt „la prétention de la finance à vouloir réduire ce qui sera à ce qui est, c'est-à-dire à réduir le futur et ses possibles aux relations de pouvoirs actuelles" (39). Aglietta/Orléan 1982 konzipieren das Geld wiederum als Einfassung des ursprünglichen Problems der Macht oder Souveränität.

83 Vgl. Baubeau 2013, 106: „S'il s'agit d'une fille, celle-ci et ses parents ne peuvent souhaiter qu'une chose : être portés dans la sphère supérieure. Cela s'effectue au prix d'une dot, c'est à dire d'un patrimoine ou d'un capital […]."

84 Die Physiokraten vertraten die Auffassung, dass aller wirtschaftlicher Reichtum auf die Natur, also auf Grund und Boden zurückzuführen sei. Das impliziert die Konzeption der Wirtschaft als Nullsummenspiel. Vgl. Foucault 2004b.

durch die Reflexionsfigur eines konstruierten Familienzwists zum Ausdruck. Goriot ist ein Symbol für einen Prozess, er stirbt an einem Antagonismus, den er verkörpert, – an der gewaltsamen Aneignung der Produktionsmittel beziehungsweise des Kapitals.

Multiple Verschuldung

Le Père Goriot setzt mit dem Gesichtsverlust von Jean-Joachim Goriot ein. Er befindet sich in einer ähnlichen Lage wie Shakespeares König Lear, der von seinen drei Töchtern verstoßen wird, weil diese sein Königreich an sich reißen wollen.[85] Als er seine Mitgift an seine beiden Töchter abgibt und es ihnen damit ermöglicht, reich einzuheiraten, verstoßen sie ihn. Er sieht sich gezwungen, in eine billige Absteige zu ziehen, in die schäbig möblierte *Maison Vauquer*, eine „*Pension bourgeoise des deux sexes et autres*" (CH, III, 51), die mit ihrem ureigenen Gestank aus „renfermé, [...] moisi, [...] rance" (53) Studenten, ehemaligen Museumsmitarbeitern, Witwen und sogar einem berühmten entflohenen Sträfling ein Dach über dem Kopf für wenig Geld und ohne Fragen bietet. Nun ist es so schlimm um Goriot bestellt, dass er selbst innerhalb dieses einmalig niedergekommenen Biotops auf dem absteigenden Ast ist. Sein Abstieg verläuft in der Pension von unten nach oben, von der *belle-étage*, wo Goriot zunächst ein schönes Zimmer bezieht, bis in ein schäbiges Zimmer im dritten Stock, in dem Goriot seinen letzten Atemzug tun wird. Die anderen Gäste machen sich über den Mann lustig, sie fassen seine Schweigsamkeit als Verblödung auf; und Goriot ist bei Madame Vauquer, der Hausherrin, in Ungnade gefallen, weil sie an sein Geld nicht herangekommen ist. Man munkelt, er habe Mätressen, für die er sein Geld ausgebe.

Aber es handelt sich nicht um seine Mätressen, sondern um seine Töchter. Warum lässt Goriot diese Schikanen über sich ergehen? Weil er – wie wir später durch Eugène de Rastignac, der sich des aufopferungsvollen Vaters annimmt, erfahren[86] – seinen Töchtern ein gutes Leben garantieren will. Goriot ist nicht der Einzige, der Mangel leidet: Obwohl sie reich eingeheiratet haben, leben seine Töchter in konstanter Geldnot. Die eine Tochter, Anastasie de Restaud, hält ihren Liebhaber, Maxime de Trailles, der beim Glücksspiel 100.000 Francs Schulden gemacht hat, davon ab, „se brûler la cervelle" (245), indem sie ihre

85 Nähere Ausführungen zu dieser und anderen Shakespeare-Parallelen im Text finden sich in Brunel 2001.

86 Über Rastignacs Verhältnis zu Goriot ist viel geschrieben worden; ich konzentriere mich hier auf Goriot, weshalb ich diese Literatur außen vor lasse. Vgl. Perret 2007.

Diamanten dem Pfandleihhändler und Wucherer Jean-Esther Gobsek überlässt. Als ihr Mann davon erfährt, dass sie seine „diamants de famille“ (246) verpfändet hat, verlangt er diese vom Wucherer zurück (vgl. Kap. 4, 108, 114f.; Kap. 8, 170).

Immer, wenn Anastasie unter Geldnot leidet, kontaktiert sie ihren Vater. Am Anfang des Romans wird dieser bei Nacht von seinem Nachbarn Rastignac durchs Schlüsselloch beobachtet. Er ist dabei, sein Tafelsilber zu Silberbarren umzubiegen:

> Le père Goriot, qui sans doute avait attaché sur la barre d'une table renversée un plat et une espèce de soupière en vermeil, tournait une espèce de câble autour de ces objets richement sculptés, en les serrant avec une si grande force qu'il les tordait vraisemblablement pour les convertir en lingots (CH, III, 78).

Am nächsten Tag bringt er die Silberbarren zu einem Pfandleihhaus, dann geht er zu Gobseck und übernimmt einen Schuldschein des Liebhabers seiner Tochter. Diese Passage ist übrigens für die Frage, was Balzacs Realismus auszeichnet, interessant, insofern ein einzigartiger und aufgeladener Wertgegenstand zu einem gleichförmigen Tauschobjekt umgebogen wird. Wie in Flauberts Versteigerungsszene (vgl. Kap. 2, 75ff.) wird ein Gebrauchswert zu einem Tauschwert. Im Unterschied zu Flaubert bringt Balazc dies als romantisch angehauchte Nacht-und-Nebel-Aktion zur Darstellung.

Peu à peu versilbert Goriot seinen gesamten Besitz. Anastasies beziehungsweise Maximes Geldnöte spitzen sich im Laufe der Handlung aber weiter zu. Nicht nur ihre Mitgift muss sie an ihren Mann abtreten, nach der Nacht-und-Nebel-Aktion bleiben immer noch 12.000 Francs offen, die Goriot nicht hat: „Je ne les ai pas, Nasie. Plus, plus rien, plus rien ! C'est la fin du monde !“ Plötzlich tritt Rastignac, der das Gespräch heimlich mitgehört hat, in Goriots Zimmer und bietet an, die 12.000 Francs mit einer *lettre de change* (einem Wechselbrief), die er Vautrin unterschrieben hat, zu stemmen. Schulden werden mit Schulden beglichen und verweisen auf mehr Schulden. Der Mensch ist ein Mangelwesen: „Je lui ai sacrifié [à de Trailles] fortune, honneur, repos, enfants“ (248), sagt Anastasie.

Goriots andere Tochter, Delphine de Nucingen, ist wiederum die Frau des Bankiers der *Comédie*, sitzt also buchstäblich an einer Quelle des Reichtums, und dennoch lebt sie im Mangel, wie sie Rastignac bereichtet:

> Vous me voyez riche, opulente, rien ne me manque ou je parais de ne manquer de rien ! Eh bien, sachez que M. de Nucingen ne me laisse pas disposer d'un sou : il paye toute la maison, mes voitures, mes loges ; il m'alloue pour ma toilette une somme insuffisante, il me réduit à une misère secrète par calcul (172).

Wie soll die Frau von Nucingen ihrer Pflicht nachkommen, ihren elsässischen Ehemann, der einen schweren Stand in der verknöcherten Pariser Gesellschaft hat, standesgemäß zu repräsentieren, wenn sie sich nicht schön einrichten, kleiden und schmücken kann? Da verschuldet sie sich lieber.

Wird ihr Ehemann gefragt, wo ihre Mitgift steckt, so gesteht dieser ein, sein Kapital stehe ihm *einstweilen* nicht zur Verfügung. In einer der zahlreichen Peripetien von Balzacs Tragikomödie, die mit ihrer Geldintrige auch an Shakespeares *The Merchant of Venice* erinnert (vgl. Brunel 2001, 54ff.), stellt sich heraus, dass Nucingen die Mitgift bereits investiert hat. Delphine möchte sich durch die Beantragung einer Güterteilung von ihren Schulden befreien und zu ihrem Kapital Zugang erhalten; da Nucingen jedoch zu genau dieser Zeit, wie in *La Maison Nucingen* (1837) beschrieben wird, einer seiner größten Finanzcoups plant, der darin besteht, seinen Bankrott zu erklären (vgl. Kap. 7, 156ff.), hat er Delphine zufolge keinen Cent zur Verfügung:

> Nucingen est venu ce matin chez moi pour me demander si je voulais sa ruine et la mienne. Je lui ai répondu que je ne me connaissais à rien de tout cela, que j'avais une fortune, que je devais être en possession de ma fortune [...]. / Eh bien [...], il m'a mise au fait de ses affaires. Il a jeté tous ses capitaux et les miens dans des entreprises à peine commencées, et pour lesquelles il a fallu mettre de grandes sommes en dehors. Si je le forçais à me représenter ma dot, il serait obligé de déposer son bilan [...] (CH, III, 240).

Im Zuge dieses dramatischen Vorgangs fleht Nucingen seine Frau regelrecht an, den Gürtel enger zu schnallen, er weint sogar, denn er selbst sei „contraint à la plus stricte mais à la plus sourde économie, afin d'atteindre au terme de ses spéculations sans altérer son crédit" (241). Auch er ist ein Sparer am eigenen Körper, ein Selbstausbeuter, ein Mangelwesen im Zeichen des Kredits.

Goriot, das Opfer

Was André Orléan für *Les Illusions perdues* (1843) als Konflikt zwischen Vater und Sohn beschreibt, im Zuge dessen „l'un doit gagner, et l'autre perd" (Orléan 2013, 138), ist in *Le Père Goriot* die Selbstaufopferung eines Vaters für seine Töchter. An dieser Stelle kommen Schulden ins Spiel, und Goriots eigener Untergang stellt die materielle Kompensation dieser Schulden dar: *Er* muss seine Ausgaben reduzieren, *sein* Körper verfällt, geistige Umnachtung fällt über *ihn*, kurz – *er* büßt für die Schulden seiner Töchter.

Das einstige Glück des zweifachen Vaters wird damit zu einem „double malheur" (CH, III, 245) und reißt ihn in den Tod. Am Ende des Romans entbrennt ein Streit, der die so oder so schon getrennt lebende Familie endgültig in Stücke zu brechen droht. Anastasie bezichtigt ihre Schwester der Erschleichung der letzten Geldmittel ihres Vaters, um Rastignac und Delphine ein Appartement einzurichten, in dem auch er leben könnte. Vor Wut geblendet sagt sie: „Adieu, je n'ai ni sœur, ni…", und Delphine nennt Anastasie daraufhin ein „monstre" (249). Goriot deklamiert: „Allons, je dois mourir, je n'ai plus qu'à mourir. Oui, je ne suis plus bon à rien, je ne suis plus père ! non. […] Crève, crève comme un chien que tu es !" (251). Diese Einschätzung wird sich als richtig herausstellen: Goriot ist den Töchtern nicht mehr nützlich, und diese sträuben sich sogar davor, ihn an seinem Sterbebett zu besuchen. Er wird schließlich vom Schlag getroffen und stirbt im Delirium. In seinen letzten Stunden verflucht er seine Töchter, die ihn verstoßen haben, als er ihnen nicht mehr nützlich gewesen ist.

Das Band einer mit Bildern des Inzests belegten väterlichen Liebe[87] wird gekappt, und die Töchter wollen nichts mehr von ihrem kranken Vater hören: „Encore mon père, s'écria-t-elle [Delphine] en l'interrompant [Rastignac]. Mais vous ne m'apprendrez pas ce que je dois à mon père. […] Pas un mot, Eugène", sagt Delphine Rastignac bei einem Ball. Anastasie trägt die verpfändeten Diamanten um ihren Hals, ihr Gesicht ist gewahrt. Dass ihr Vater zur gleichen Zeit elendig stirbt, möchten die Töchter nicht wissen. Rastignac nimmt diesen „élégant parricide" (261) hin: „Il pressentait qu'elle [Delphine] était capable de marcher sur le corps de son père pour aller au bal, et il n'avait ni la force de jouer le rôle d'un raisonneur, ni le courage de lui déplaire, ni la vertu de la quitter" (262). Er ist es, der dem Vater Goriot in seinen letzten Stunden noch Gesellschaft leistet, er bezahlt den Arzt, organisiert die Beerdigung und gibt dem Totengräber ein Trinkgeld von 20 Sous, die er von ebenjenem Arzt borgen muss. Sogar nach seinem Tod verursacht Goriot Schulden.

Le Père Goriot erzählt auf den ersten Blick von einer durch komplexe Geld- und Schuldenverhältnisse ausgelösten Zerreißprobe der Familie Goriot. Man kann dies, wie die Balzacforschung es gemacht hat, als Inszenierung von Geldverhältnissen im Zeichen der Verrohung der Gesellschaft lesen. So konstatiert André Orléan: „[L]'argent est, pour Balzac, un agent intrinsèquement pernicieux. Loin d'aider à la consolidation des liens sociaux, il les perturbe profondément" (Orléan 2013, 137). Alexandre Péraud wiederum, der *Le Père Goriot* als *„récit de crédit"* (Péraud 2012, 210) bezeichnet, in dem Schuldverhältnisse als Motor der Erzählung fungieren,[88] und darüber hinaus konstatiert, dass die Einheit

87 Am Anfang des Romans gelten die Töchter ja als Mätressen. Vgl. Baron 1985.

88 „Pour que l'action débute, pour qu'une dynamique s'installe entre les acteurs, il faut que la relation de crédit soit introduite" (Péraud 2012, 209).

Gläubiger/Schuldner die grundlegende Binäropposition in Balzacs Werk sei (vgl. 194f.), beschreibt die Handlung der *Illusions perdues* als für das Zeitalter des Geldes typisches Phänomen der Deregulierung der Moral oder Werte (vgl. 228); ein „écroulement de toute l'échelle hiérarchique des valeurs" (Goux 2000, 97) ist laut Jean-Joseph Goux gar in der *Comédie* am Werk, was zum Zynismus führe. In einer allgemeinen Passage über das 19. Jahrhundert (und über die *Comédie*) bringt Péraud obigen Argumentationstypus auf den Punkt, indem er den Kredit als Mechanismus auffasst, durch den gesellschaftliche Fliehkräfte freigesetzt werden:

> S'il [le crédit] anime le mouvement de l'argent et permet le développement de l'économie capitaliste, il génère dans le même temps des effets de captation de concentration financières préjudiciables à l'harmonie des échanges et à la croissance globale ; s'il assure une forme de lien social en attachant les individus les uns aux autres par le jeu des réciprocités, il n'engendre que des formes dégradées de sociabilité, régies par l'intérêt et sourdement mues par des craintes pré-morales [...]; s'il participe, enfin, de l'avènement d'une société libérale où l'individu est censé exercer sa souveraineté en dehors de toute sujétion, il sacrifie les anciennes solidarités et congédie la logique du don (Péraud 2012, 145).

Eines der ‚zarten Bande', die dem Geldregime zum Opfer fallen und aufgelöst werden, wäre das familiäre Band, im Fall von *Le Père Goriot* das Band zwischen einem Vater und seinen beiden Töchtern. Balzac würde mit dieser dysfunktionalen Familie den Ausverkauf der Moral im Zuge der Finanzialisierung der Gesellschaft darstellen.

Titus T. Suck gewinnt einen anderen Zugang zu *Le Père Goriot.* Mit Pierre Bourdieu beschreibt er Balzacs Roman als Geschichte einer gescheiterten oder nur zum Teil gelingenden Konversion von finanziellem in symbolisches Kapital. Goriot selbst werde geopfert, während seine Töchter sein finanzielles Kapital in Form der Mitgift in eine höhere Gesellschaftsschicht tragen und den Sprung vom Bürgertum in den (Geld)adel schaffen. Balzacs Text präsentiert ja einen frappierenden Vorgang: Goriot wird bei den Männern seiner Töchter nicht empfangen, er ist ein Ausgestoßener. Laut Suck sind Goriots Manieren zu ungehobelt, es fehle ihm zu sehr an kulturellem Kapital, um in der oberen Schicht zu reüssieren, und er werde deswegen bei seinen Töchtern nicht empfangen. Suck entfaltet eine große These über die Restauration, im Zuge derer das Ancien Régime, das auf der Grundlage der ‚feinen Unterschiede' kulturellen Kapitals Macht und Anerkennung verteilt habe, wieder an die Macht gekommen sei (vgl. Suck 1990). Abgesehen davon, dass sich die Bourbonen und ihre Entourage in der Restauration gegen die *haute banque* nicht durchsetzen konnten und ihr Regime im Zuge der Julirevolution zum Sturz gebracht wurde, gewinnt Goriot nicht etwa zum Hochadel des Faubourg Saint-Germain keinen

Zugang, sondern zu einem dem Bürgertum entstammenden Geldadel, dem es in der *Comédie* teilweise selbst unmöglich ist, den Hochadel zu frequentieren (Nucingen wird bei den Grandleius nicht empfangen). Zudem wird Goriot nicht von *der* Gesellschaft, sondern von seinen Töchtern verstoßen.

Weder die kapitalismuskritische Perspektive noch die soziologische Sicht auf die Vorgänge in *Le Père Goriot* kann ganz befriedigen. Balzac prangert zweifellos den moralischen Werteverfall an; und der der Arbeiterschaft entstammende Goriot leidet an Hybris und möchte seinen Nachkommen partout ein besseres Leben bescheren. Beide Zugänge stellen aber die Eigenständigkeit von Balzacs (Kredit)fiktion nicht gebührend in Rechnung, indem sie Balzacs Text perspektivisch zu einem Spiegel seiner Zeit verkürzen, dessen Bild nur Klischees bestätigt. Worin besteht der analytische Spieleinsatz des fiktionalen Zerwürfnisses zwischen Vater und Töchtern?

Um diesen Spieleinsatz der Fiktion zu verstehen, muss man Distanz zur Handlung gewinnen und deren Struktur zu beschreiben versuchen. Die finanzielle Struktur, die Balzacs Erzählung zugrunde liegt, lässt sich als Zirkulation von finanziellen Mitteln bezeichnen; einer borgt dem nächsten eine Summe Geld usw. Auf der intersubjektiven Ebene erzeugt dies Zerwürfnisse, Anschuldigungen und Reibungen; auf der subjektiven Ebene Mangel. Objektiv herrscht aber – Umverteilung, von unten nach oben. Versteht man die Figuren als Figurationen verschiedener unpersönlich ablaufender Mechanismen der kapitalistischen Ökonomie, so ist der der Arbeiterschicht entstammende Goriot eine Karikatur einer ihren Lebensraum aufgrund der Zirkulation des Kapitals einbüßenden Unterschicht.

Goriots „lente diminution de fortune" entspricht dieser Lesart. Sie wird ja explizit mit seiner wirtschaftlichen Lage in Verbindung gebracht: „Il eut besoin d'une si stricte économie qu'il ne fit plus de feu chez lui pendant l'hiver" (CH, III, 69). Sein fortschreitender Abstieg in Form eines Aufstiegs schreibt sich sogar in sein Gesicht ein:

> Vers la fin de la troisième année, le père Goriot réduisit encore ses dépenses, en montant au troisième étage et en se mettant à quarante-cinq francs de pension par mois. Il se passa de tabac, congédia son perruquier et ne mit plus de poudre. [...] Sa physionomie, que des chagrins secrets avaient insensiblement rendue plus triste de jour en jour, semblait la plus désolée de toutes celles qui garnissaient la table. [...] Quand son trousseau fut usé, il acheta du calicot à quatorze sous l'aune pour remplacer son beau linge. Ses diamants, sa tabatière d'or, sa chaîne, ses bijoux, disparurent un à un. Il avait quitté l'habit bleu-barbeau, tout son costume cossu, pour porter, été comme hiver, une redingote de drap marron grossier, un gilet en poil de chèvre, et un pantalon gris en cuir de laine. Il devint progressivement maigre ; ses mollets tombèrent ; sa figure, bouffie par

> le contentement d'un bonheur bourgeois, se rida démesurément ; son front se plissa, sa mâchoire se dessina. Durant la quatrième année de son établissement rue Neuve-Sainte-Geneviève, il ne se ressemblait plus. [...] Ses yeux bleus si vivaces prirent des teintes ternes et gris-de-fer, ils avaient pâli, ne larmoyaient plus, et leur bordure rouge semblait pleurer du sang. Aux uns, il faisait horreur; aux autres, il faisait pitié (71).

Goriots ökonomischer Ruin hat weitreichende Folgen: Er wird nicht nur von der Gesellschaft ausgeschlossen, obendrein verfällt sein Körper und sein Geist stumpft ab. Er verwandelt sich geradezu in eine groteske Bestie[89] und wird von seinen Mitbewohnern mit Verachtung behandelt, ja sie machen sich über ihn sogar in seiner Anwesenheit lustig: „Vous devenez si économe que vous finirez par trouvez [sic] le moyen de vous nourrir en humant l'air de la cuisine" (92). Einzig sein Geiz scheint allzu menschlich zu sein: „Hors de sa passion, vous le voyez, c'est une bête brute" (88).

Goriot ist mit seinem Verfall nicht alleine. Karl Marx hat sich mit dem auseinandergesetzt, was Elaine Scarry das *disembodyment* des Proletariats nennt. Dies nehme seinen Anfang mit der Verwehrung des Zugangs zum von ihm produzierten *self-artifice*, eine vom Subjekt hergestellte Vorrichtung, in der es sich spiegele. „[T]he creator, though exhaustingly engaged in acts of artifice, is exiled from the realm of self-artifice. Failing to accomplish any self-recreation except in its most minimal form, cellular self-renewal, the worker gradually fails to perform even that most modest act" (Scarry 1985, 268). Der frühe hegel'sche Marx habe das Eigentum als Extension des eigenen Körpers aufgefasst, in der der Geist eine materielle Form annehme, die auf den Geist zurückwirke. In der arbeitsteiligen Industriegesellschaft werde dieser Rückkoppelungseffekt gekappt und das an Vereinzelung leidende Subjekt auf sich selbst zurückgeworfen.

Der späte Marx konstatiert laut Scarry, dass sich der Zugang des Proletariats zu Lebensraum progressiv verringert und sich Vereinzelung eingebürgert habe. Insbesondere die im *Kapital* angeführten Listen und Statistiken aus den Enqueten des Britischen Unterhauses, die detaillierte Auskunft über die konkreten Lebensbedingungen der arbeitenden Klasse geben, zeichnen eine Reduktion von Lebensraum nach:

> The radius of the body at rest is a specifiable size; its multiplication by the number of persons present is a specifiable size; and the radius of the room containing those persons is a specifiable size. The radius of the resting body's requirements (or more concretely, for example, the radius of the lungs, the radius of the air required by those lungs) is a specifiable figure. [...] „Vulcan Street, No. 122, 1 room,

89 Zum grotesken Aspekt im *Père Goriot* und insgesamt in Balzacs Werk vgl. Brunel 2001.

> 16 persons" or „Bedroom: 8 ft. 5 by 5 ft. 10 by 6 ft. 3" are neutral, concrete, arithmetic acknowledgements of the body's presence; and the iteration into a list quietly asserts and re-enacts the pressure of the aknowledgement (268f.).

Marx gießt die Einschränkung des Lebensraums in die nüchterne Form von Statistiken, die in ihrer schnörkellosen Schlichtheit schockieren. Vierzig Jahre früher malt sich Balzac die ureigene Angst der bürgerlichen Gesellschaft vor dem Verlust ihres so teuren Kapitals aus: Erst büßt sie ihre Produktionsmittel ein, dann ihre Wohnräume, dann ihr Eigentum, dann ihre Nächsten, um schließlich in totaler Isolation zu verkümmern.

Goriot, der sein Tafelsilber verkauft, der von seinen Töchtern und ihren Ehemännern verbannt wird, dem immer weniger Lebensraum zur Verfügung steht, der aus Gründen, die der Motivation entbehren und konstruiert anmuten, melodramatisch stirbt, dieser Goriot erinnert an die Isolation und Einhegung der Arbeiterschaft. Trotzdem handelt es sich hier nicht um eine bloß realistische Darstellung dieser Verluste, denn Goriot haftet etwas Shakespearehaft-fingiertes an, wie eine Mischung aus *King Lear, Hamlet* und *The Merchant of Venise* (vgl. Brunel 2001).

Goriot, der Täter

In Balzacs Text es gibt einen zweiten Goriot, der nicht ganz unschuldig ist. Nur in seinem letzten Lebensabschnitt ist er zu einem Opfer des verheerenden Geldkreislaufs geworden. Er hat aber eine Vorgeschichte, die zumeist überlesen wird. Der Ursprung seines Reichtums wird auf die Aufstiegsgeschichte eines einfachen Fabrikanten zurückgeführt: Ein Mann, der zunächst Arbeiter in einer Nudelfabrik ist, sieht während der politischen Unruhen der Französischen Revolution seinen Moment gekommen, als sein Chef stirbt und er den Betrieb übernehmen kann. Diese Vorvergangenheit der Erzählgegenwart erfahren die Leserinnen und Leser nicht aus Goriots Mund, sondern als Gerücht mit einigen Varianten. Rastignac holt Erkundigungen bei verschiedenen Personen ein und destilliert daraus vom Erzähler übernommene „renseignements certains":

> Jean-Joachim Goriot était, avant la Révolution, un simple ouvrier vermicellier, habile, économe, et assez entreprenant pour avoir acheté le fonds de son maître, que le hasard rendit victime du premier soulèvement de 1789. Il s'était établi rue de la Jussienne, près de la Halle-aux-blés, et avait eu le gros bon sens d'accepter la présidence de sa section, afin de faire protéger son commerce par les personnages les plus influents de cette dangereuse époque. Cette sagesse avait été l'origine de sa fortune qui commença dans la disette, fausse ou vrai, par la

> suite de laquelle les grains acquirent un prix énorme à Paris. Le peuple se tuait à la porte des boulangers, tandis que certaines personnes allaient chercher sans émeute des pâtes d'Italie chez les épiciers. Pendant cette année, le citoyen Goriot amassa les capitaux qui plus tard lui servirent à faire son commerce avec toute la supériorité que donne une grande masse d'argent à celui qui la possède (CH, III, 123).

Goriot wird durch eine Mischung aus purem Zufall und weiser Voraussicht zum Eigentümer der Nudelfabrik. Als sich das Volk gegenseitig vor Bäckereien umbringt, verkauft er ein Produkt, dessen Preis um einiges gestiegen ist: Nudeln. Sein Reichtum setzt somit eine doppelte Gewalt voraus: die Französische Revolution und den Tod seines Chefs einerseits; und auf der anderen Seite eine Hungersnot. Die Duchesse de Langlais fasst es so zusammen: „[I]l [Goriot] a été dans le secret de la fameuse disette, et a commencé sa fortune par vendre dans ces temps-là des farines dix fois plus qu'elles ne lui coûtaient" (114). Goriot hat eine blutige Marge gemacht.

Alles das ist nur Hörensagen. Die Suggestion des Textes, dass die genaueren Umstände der Akkumulation von Goriots Reichtum aufgrund der chaotischen Zustände der Revolution nicht mehr oder nur teilweise und nur aus verschiedenen Perspektiven und nicht nur vom Erzähler rekonstruiert werden können, lässt an die bei Adam Smith und Karl Marx aufgeworfene Frage über den Ursprung der Reichtümer denken. Diese Frage, die zwar nicht im Zentrum der Politischen Ökonomie steht, bildet laut Marx an ihren Rändern eine Instanz der Selbstlegitimierung. Auf diesen Umstand macht er im berühmten Kapitel über „Die sogenannte ursprüngliche Akkumulation" aufmerksam:

> Diese ursprüngliche Akkumulation spielt in der politischen Ökonomie ungefähr dieselbe Rolle wie der Sündenfall in der Theologie. Adam biß in den Apfel und damit kam über das Menschengeschlecht die Sünde. Ihr Ursprung wird erklärt, indem er als Anekdote der Vergangenheit erzählt wird (MEW, 23, 741).

Die in Form von Hörensagen zirkulierende Erzählung über Goriots Aufstieg bietet sich zweierlei Lesarten an, die mit den Narrativen des Marxismus und des Liberalismus zusammenfallen.

Für Marx geht der Mythos der politischen Ökonomie folgendermaßen: „In einer längst verfloßnen Zeit gab es auf der einen Seite eine fleißige, intelligente und vor allem sparsame Elite und auf der anderen faulenzende, ihr alles, und mehr, verjubelnde Lumpen" (741). Auch Goriot zeichnet seine Sparsamkeit, Intelligenz und sein Fleiß aus. Zugleich macht er sich eine Notlage des Volks zunutze, was eher an Marx' eigenes Narrativ der ursprünglichen Akkumulation erinnert, das den Ursprung des Reichtums aus der massenhaften Enteignung der Landbevölkerung Englands und ihrer Konversion in „vogelfreie Proletarier"

(744), die nunmehr nur noch ihre eigene Arbeitskraft verkaufen können, ableitet. Diese „Geschichte ihrer Expropriation", schreibt Marx, „ist in die Annalen der Menschheit eingeschrieben mit Zügen von Blut und Feuer" (743).[90] Ohne die Revolution und ohne die steigenden Weizenpreise wäre Goriot niemals reich geworden; ohne (höhere) Gewalt wäre er nichts.

Man könnte Marx so lesen, dass mit dem Zerschlagen der Zünfte, der Auflösung des Feudalismus, der Einhegung und Privatisierung von Grund und Boden, der Entstehung einer mobilen Arbeiterklasse sowie der Entwicklung der industriellen Produktionsweise der Prozess der ursprünglichen Akkumulation abgeschlossen wäre, dass Marx sie also als Propädeutikum des Kapitalismus fasst, als historische Phase, die durchlaufen und überwunden wird, um zur sublimierten Form der Gewalt im fest etablierten Lohnverhältnis zu gelangen. Oder man kann, mit Rosa Luxemburg und Sylvia Federici, den Prozess der ursprünglichen Akkumulation als grundsätzlich nie abgeschlossen betrachten, als ständige Begleiterscheinung des Kapitalismus (vgl. Federici 2014, 62ff.; Luxemburg 1913).

Balzacs Text überhöht mit Goriots Tod, also mit dem tragischen Tod eines zunächst komischen Knausers[91] eine ökonomische Struktur: Die blutigen Früchte der ursprünglichen Akkumulation bilden eine (vergiftete) Mitgift, zu der Goriots Töchter keinen Zugang haben, die eingespeist wird in die Zirkulationssphäre des Kredits. Als der verbrauchte Goriot erneut auf den Plan gerufen wird, fehlen ihm die Macht und die Kraft, ein Kapital zu akkumulieren; er ist obsolet. Dies wird in ein gruseliges Bild gegossen, das Rastignac vorschwebt, der „sous les diamants des deux sœurs, le grabat sur lequel gisait le père Goriot" (CH, III, 266) sieht. Anders als in vielen englisch- oder deutschsprachigen realistischen Texten erkennt Balzacs narrative Welt Arbeit nicht als Ursprung des Reichtums an; immer spielt der Markt bereits eine Rolle. Arbeit wird indessen in die Vorgeschichte verlagert oder findet in einem ‚Off' statt, beispielsweise in fernen Ländern, die dem delirierenden Goriot vorschweben: „Oh ! je vais me remettre au commerce. J'irai à Odessa pour y acheter du grain. Les blés valent là trois fois moins que les nôtres ne coûtent" (259). Diese Worte sagt Goriot im Sterbebett; sie deuten darauf hin, dass im Kosmos der *Comédie* nicht die Arbeit zählt, sondern Preisdifferenzen, aus denen der Händler als Mittelsmann Profit schlägt. Goriot arbeitet stets hart, aber ohne „de beaux coups" (260), wie er sich ausdrückt, geht nichts.

---

90 Zur gewaltvollen Entstehung der Arbeiterklasse in England vgl. Thompson 1968.

91 Eine für Balzac typische groteske tragikomische Mischung. Vgl. Brunel 2001.

Vater Goriot ist Opfer und Täter zugleich. In seiner Figur spiegelt sich der gesellschaftliche Widerspruch oder Antagonismus, der entsteht, wenn die einen mittels Kredit- und Schuldenverhältnisse den anderen gewaltsam ihre Produktionsmittel und ihren Lebensraum entziehen. Goriot vereinigt beide Klassen in einer Figur. Er ist keine wahrscheinliche, sondern eine literarische Figur, die die gesellschaftlichen Widersprüche ihrer Zeit in ein hermeneutisches Problem gießt. Dafür spricht auch die Tatsache, dass weder sein Ausschluss aus der Gesellschaft seiner Töchter noch sein Tod vom Erzähler auf eine wahrscheinliche Art und Weise begründet wird.

„Das Kapital ist verstorbne Arbeit, die sich nur vampyrmäßig belebt durch Einsaugung lebendiger Arbeit und um so mehr lebt, je mehr sie davon einsaugt" (MEW, 23, 247), schreibt Marx.[92] An diesen Satz fühlt man sich erinnert, wenn man sich Goriots pathetische Sterbensszene vor Augen führt. Goriot stünde für tote Arbeit, die bereits zu Kapital konvertiert wurde, sein Versuch, sich wiederzubeleben, scheitert. Es mag sein, dass, wie Jean-Joseph Goux meint, eine marxistische Lesart von Balzac überflüssig ist, da Balzac Marx' Zeitgenosse war und fast dieselben Diagnosen in seinen Texten zum Ausdruck brachte (vgl. Goux 2000, 98); die Art und Weise, wie er das gemacht hat, unterscheidet sich aber grundlegend von Marx' Analysen aufgrund der narrativen Form, die ein und dieselbe Figur sowohl für lebendige als auch für tote Arbeit stehen lässt und damit Marx' Widerspruch auf die literarische Spitze treibt.

Balzacs Roman ist zudem von einer Text-Ökonomie geprägt, die zwei sich beißende Wertesysteme knirschend miteinander verzahnt: den monetären und den moralischen Wert. Goriots Tod ist tragisch, aber auch ein stückweit komisch. Der literarische Physiokrat Balzac muss Goriot entsorgen, weil es nicht sein kann, dass für eine grassierende Kreditwirtschaft kein Opfer gebracht wird, und damit kann dieser auch auf der Handlungsebene den Untergang der guten Sitten beklagen. *Discours* und *histoire* lassen sich damit zwar elegant zur Deckung bringen, die Leserin oder den Leser hinterlässt der Text aber mit einer grundlegenden Ambivalenz gegenüber der Figur Goriot. Soll man ihn nun bemitleiden und beklagen oder eher anklagen, anprangern und auslachen? Balzac präsentiert in dieser Hinsicht keine klare Dichotomie: Goriot hat sich zu einer Zeit bereichert, als andere verhungerten, und dieser gewalttätige Akt bleibt ein Schandfleck, den er nicht loswird; zugleich wird er selbst als Ausbeuter ausgebeutet und verreckt. Er ist also nicht ein „véritable bouc émissaire" (Péraud 2012, 209).

---

92 Tote Arbeit sind die Produktionsmittel; lebendige Arbeit ist die bezahlte Arbeiterschaft. Vgl. MEW, 23, 198: „Die lebendige Arbeit muß die Dinge ergreifen, sie von den Toten erwecken, sie aus nur möglichen in wirkliche und wirkende Gebrauchswerte verwandeln."

Überhaupt eine Moral Balzacs Text zu entnehmen, gerät zu einem verwirrenden Spiel mit einer Figur, die zugleich die Schuldner- und Gläubigerposition einnimmt, die die Grenzen verwischen lässt zwischen diesen „rôles réciproques du débiteur et du créancier", die gerade nicht, wie Péraud meint, Akteure in die „matrice binaire du crédit" (194) einbettet, sondern mit dem Vater Goriot einen hybriden und widersprüchlichen Akteur auf den Plan ruft, der diese Binäropposition unterläuft. Goriot haftet etwas Teuflisches an, er ist bereit, für seine ‚guten' Taten in die Hölle zu fahren: „Je puis aller en enfer, mon voisin, dit-il [Goriot], s'il vous faut ma part de paradies, je vous la donne" (CH, III, 231).

* * *

„L'argent, c'est la vie. Monnaie fait tout" (242), sagt Goriot. Wie Flauberts *Éducation sentimentale* erzählt Balzacs *Le Père Goriot* von der widersprüchlichen Genese einer auf Geld gegründeten Welt. Wenn Goriot Rastignac bittet, *„lui raconter sa fille"* (176) oder ihm zu erzählen, „si mes deux filles se sont bien amusées, comment elles seront mises, enfin tout" (147), dann leuchtet ein Begehren auf, das auch manch eine Leserin oder ein Leser realistischer Literatur hegt, sprich teilzuhaben an der Opulenz der kapitalistischen Realität, indem man sich vorstellt, wie es wäre, den eigenen Kreditrahmen und mit ihm den persönlichen Lebens- und Spielraum auszuweiten.

Drei Aspekte der Entstehung des ‚kapitalistischen Realismus' sind nun näher charakterisiert worden: Zunächst lässt sich seine Genese nicht unabhängig vom Literaturmarkt denken. Balzac schrieb, um seine Schulden abzuschreiben; Flaubert hingegen versuchte, eine literarische Form zu finden, die nie an Wert einbüßt. Diese Abhängigkeit vom Literaturmarkt färbt sich ferner auf die von realistischen Romanen beschriebene ‚Realität' ab, die den Figuren qua Schulden entzogen werden kann, wie anhand der Verpfändungs- und Versteigerungsszenen bei Flaubert gezeigt worden ist. Schließlich haben wir im letzten Kapitel gesehen, inwiefern dieser Kreditrahmen des Realismus sich bei Balzac auf der Handlungsebene spürbar macht: Was eine Figur gewinnt, verliert eine andere Figur. Auf den drei Ebenen der Textproduktion, der Darstellung sowie der Handlung zeitigt der (reale oder poetische) Kredit Wirkungen, die konstitutiv sind für die Entstehung, Poetik und Rezeption realistischer Texte.

Der in diesem Abschnitt gesteckte Kreditrahmen wird im nächsten weiter ausgefüllt. Die *Comédie humaine* ist eine durch Geld zusammengehaltene Welt, simuliert Kreditnetzwerke und stellt sich als fiktiver Irrgarten von Kreditbeziehungen dar.

ZWEITER ABSCHNITT

Kreditnetzwerke

Die Spezies des Wucherers Gobseck, bei dem sich Anastasie de Restaud in *Le Père Goriot* (1834) verschuldet, stirbt in der *Comédie humaine* aus; sie wird von einem Untoten beerbt: dem Bankier Nucingen. Die strauchelnde Aristokratie von Balzacs Romankosmos investiert zunehmend in private Finanzgeschäfte, weil diese mehr Zinsen abwerfen als die Grundrente; oft genug führen diese Finanzspekulationen in den Ruin. Der Wucherer ist nicht die richtige Person, derartige groß angelegte Coups zu verwalten, da ihm nicht genügend Finanzmittel zur Verfügung stehen. Er entpuppt sich als Geizhals, der an seinen rasch an Wert verlierenden Schuldscheinen und damit an seinen Schuldnern festhält, er hemmt die Zirkulation von Kredit eher, als sie zu fördern. Balzacs Bankier ist wiederum ein großer Schuldner, der jeden Wert sogleich in die Zirkulationssphäre des Kapitals einspeist. Er arbeitet für das Geld, das Geld für ihn. Der Bankier durchsetzt Balzacs fiktive High Society, die der Julirevolution fidel und zerstritten zusteuert,[93] mit Finanzwerten. Balzacs Werk dehnt sich zur Simulation eines weitverzweigten Kreditnetzwerks aus. Er konzipiert eine Welt, in welcher der auf Ehre, Ansehen, Macht und Verwandtschaft gegründete ‚moralische' Kredit des Adels (Land)stück für (Land)stück durch den von Hand zu Hand wandernden Finanzkredit ersetzt wird.

Vor seinem letzten Atemzug hat der Wucherer etwas mitzuteilen. Zwar kommt er im Roman *Gobseck* (1840) an sein Lebensende, er mutiert aber im Laufe des Romans zu einer Erzählstimme, die über Geld- und Schuldenverhältnisse die Intrigen verschiedener Romane verbindet. Um seinen eigenen Schuldenberg abzubauen, entwickelte Balzac in der Arbeit an der *Comédie* ein Erzählprinzip, das über die Schuldenintrigen der in seinen Romanen wiederkehrenden Figuren immer mehr Handlungen und immer mehr verkäuflichen Text zu generieren imstande ist. Auf der Darstellungsebene von Balzacs Werk lebt der Wucherer weiter.

93 Balzacs *Comédie* wurde nach 1830 konzipiert und stellt die Zeit davor dar; die große politische und wirtschaftliche Krise bildet also einen Endpunkt, der den Leserinnen und Lesern bekannt ist, den Figuren aber nicht.

 | DOI:10.30965/9783846765012_007

Balzacs *Comédie* wuchert ins Unendliche. Sie simuliert ein intersubjektives Kreditnetzwerk, in dem ein Schuldner/Gläubiger der Hauptfigur eines Romans zur Hauptfigur eines anderen Romans wird; diese neue Hauptfigur ist nun ihrerseits Gläubiger/Schuldner anderer Nebenfiguren, die zu Hauptfiguren weiterer Romane werden, usw. Die „dimension intersubjective au cœur des relations financières" (Goux 2013, 79) entfaltet sich.

Im von der ökonomisch interessierten Balzacforschung bisher wenig beachteten Werk *Splendeurs et misères des courtisanes* (1838ff.) wird wiederum ein intersubjektiver Bund geschlossen, der an Vaudeville-Stücke erinnert: Ein ruinierter Adeliger, eine Prostituierte und ein Hochstapler tun sich zu einer monströsen Vereinigung zusammen, um den Bankier Nucingen, der sich Hals über Kopf in die Prostituierte verliebt hat und für sie jeden Preis zu zahlen bereit ist, mittels Schuldscheine auszurauben. Dies ist nicht nur komisch, es bedeutet eine Analyse einerseits der Konvertierbarkeit des ‚moralischen' Kredits in finanziellen Kredit (und umgekehrt) und andererseits der intersubjektiven Begehrensstruktur von Finanzgeschäften.

Diese Typen, die dem Ancien Régime entstammen, kommen nur unter der Bedingung zusammen, dass in dem von ihnen infiltrierten Kreditnetzwerk die Subjekte zu Anhängseln von Finanzoperationen[94] mutiert sind. Starke Charaktere wie sie sind dem Untergang geweiht. Andere Romane der Zeit thematisieren auch den Verlust von Identität in Zeiten der Kapitalisierung. Figuren wie der arme Schneider in Gottfried Kellers *Kleider machen Leute* (1873ff.), Frédéric Moreau in Gustave Flauberts *L'Éducation sentimentale* (1869) oder die Hauptfigur des *Confidence-Man* (1857) bei Herman Melville besitzen keine festen Eigenschaften mehr und sind *avant la lettre* Männer ohne Eigenschaften, die nur Kredit generieren oder verspielen, Gewinn oder Verlust verbuchen, ein Geschäft eingehen oder nicht.

Balzacs frühe Börsennovelle *La Maison Nucingen* (1837) lässt Finanzoperationen schließlich zum Hauptakteur werden. In diesem Text werden Finanzgeschäfte als ein Enigma kodiert. Ab einem bestimmten Punkt agieren nicht mehr einzelne Figuren, und nur noch ein Stimmengewirr ist zu hören: die Kakophonie der Börse. In diesem späten Text von Balzac operiert die *haute banque* nur unter der Bedingung ihres periodischen Ablebens im Zuge von Finanzkrisen, aus denen sie immer, wie der Phönix aus der Asche, gestärkt hervorgeht.

94 Marx bezeichnet Arbeiterinnen und Arbeiter im *Kapital* als „Anhängsel der Maschine" (MEW, 23, 674).

Der Tod des Wucherers, der seine Schuldner beim Namen nennen kann, zeugt in der *Comédie humaine* den untoten Bankier, der seine Gläubiger nicht mehr kennt. Vom Hundertsten eines personalisierten Netzwerks von Schuldnern werden wir in diesem Abschnitt ins Tausendste eines anonymen Kreditnetzwerks schlittern.

VIERTES KAPITEL

Wucherndes Erzählen

Wucherer hätten viel zu erzählen. Sie werden, wie wir im letzten Kapitel gesehen haben, von überschuldeten Gräfinnen aufgesucht, die ihre Diamanten verpfänden; sie schreiben Wechselbriefe aus und erhalten welche; sie wissen, wer wem wie lange schon wie viel schuldet; wer gut wirtschaftet, wer zu viel ausgibt und zu wenig einnimmt; wer Versprechen hält und wer sie bricht.[95] Im 19. Jahrhundert waren die Hochzeiten des Wucherhandels bereits vorbei: Kreditgeschäfte wurden zunehmend von Banken abgewickelt, und für viele Transaktionen konnten fortan Bankscheine zum Einsatz gebracht werden; Fiatgeld – ein Kleinkredite überflüssig machendes Zahlungsmittel und Zahlungsversprechen in einem (vgl. Einl., 27f.) – legte den Wucherern das Handwerk. Dem entspricht, dass in Balzacs *Comédie humaine* Bankiers die Herrschaft über das Finanzwesen ergreifen und Wucherer das Nachsehen haben. Alexandre Péraud bezeichnet die *Comédie* als den „chant du cygne" (Péraud 2012, 81), den Schwanengesang des Wucherers.[96] Ehe der Wucherer in Balzacs Werk verschwindet, tritt er nochmals fulminant mit all seiner ambivalent konnotierten Macht auf den Plan, um im nächsten Moment, mit Karl Marx, „verkindischt" (MEW, 23, 615) abzuleben. Der Tod des Wucherers bleibt auf die Handlungsebene (*histoire*) beschränkt; auf der Ebene der Darstellung (*discours*) hinterlässt er dem Balzac'schen Erzähler eine Perspektive, die einen Blick auf die *vie privée* seiner Figuren freigibt.

In *Gobseck* (1840) gehen Erzähler und Wucherer einen Pakt ein, der sich für die gesamte *Comédie* als zentral herausstellen wird. Es handelt sich um eine jener Geschichten bei Balzac, die im Laufe einer Soiree zum Besten gegeben werden. Ihr Erzähler, der Notar Derville, lüftet gegenüber der Vicomtesse de Grandlieu und ihren Freunden das Geheimnis, dass der junge Dandy Eugène de Restaud, der um die Hand von Grandlieus Tochter wirbt und von dem es heißt, er sei von seiner Mutter enterbt worden, in Wirklichkeit reich ist.

---

95 Für die Nachwelt ist dieses arkane Wissen oft der Makulierung ihrer Kontokorrentbücher zum Opfer gefallen. Vgl. Müller 2012, 28ff. Die meisten Wucherer haben ihre Konten geheim gehalten und bald zerstört, weshalb es sehr wenige Zeugnisse über deren wirkliche Geschäftspraktiken gibt; die einzigen Kontobücher, die erhalten geblieben sind, wurden im Zuge seltener Prozesse gegen Wucherer offengelegt. Hoffman/Postel-Vinay/Rosenthal 2001 beziehen ihre Daten aus den Archiven der Notare.

96 Wucherer tauchen trotzdem nach Balzac in der Literatur auf, beispielsweise bei Gustav Freytag, Émile Zola, Joseph Roth und Ivo Andrić.

DOI:10.30965/9783846765012_008

Derville weiß dies wiederum, weil er dereinst selbst einen Wechselbrief beim Wucherer Gobseck zu sehr günstigen Konditionen unterschrieben und ihn im Gegenzug fortan bei rechtlichen Angelegenheiten beraten hat.

Der Erzähler ist nicht ausgenommen von dem Handel mit Wechseln. Er nimmt die Perspektive des Wucherers ein und kommt von Wechsel zu Wechsel, von Figur zu Figur, von Schauplatz zu Schauplatz; immer größer wird der Kreis, den die Erzählung umspannt, sie wächst von innen ins potenziell Endlose der *Comédie*. Die Textgenese von *Gobseck* deutet auf diese Multiplikation der Wechselbeziehungen durch den Kredithandel hin. Zunächst präsentierte sie eine Art kleine Physiologie des Wucherers unter dem Titel *L'Usurier* (1830). Dieses isolierte Stück wurde dann 1830 zu *Les Dangers de l'inconduite* umgetauft und von Dervilles Erzählung (vgl. Citron 1976, 945ff.; Lalande 1939) eingerahmt. In *Gobseck* (1842) schließlich kommt das Prinzip der wiederkehrenden Figuren, das Balzacs *Comédie* strukturiert und anhand von *Le Père Goriot* entwickelt wird, zur Entfaltung, denn hier taucht Goriots Tochter, eine Nebenrolle in *Le Père Goriot*, als Hauptfigur auf. Das Prinzip wiederkehrender Figuren, das Balzac von James Fenimore Cooper übernommen hat, lässt sich auch auf den Handel mit Wechseln zurückführen. Mit jedem Wechsel werden Erzählräume aufgestoßen, in denen Nebenfiguren zu Hauptfiguren werden, und es entfaltet sich das Spiegelkabinett der *Comédie*, eine potenziell endlose *mise en abyme* von Kreditverhältnissen.

Der Wucherer, ein literarisches Auslaufmodell

Beim Wucherer laufen alle Fäden der Kreditfiktion *Gobseck* zusammen, wobei Eugène de Restaud den zentralen Knotenpunkt bildet: Ihn umgeben seine Mutter Anastasie de Restaud (aus *Le Père Goriot*), von der die Vicomtesse de Grandlieu sagt, dass sie „mangerait des millions, une femme mal née, une demoiselle Goriot qui jadis a fait beaucoup parler d'elle" (CH, II, 962); sein Vater, der Comte de Restaud, ein Immobilieninvestor und eine Kapitalressource, die im Laufe der Erzählung abdankt und stirbt; schließlich der Liebhaber von Anastasie, der Comte Maxime de Trailles, „un être singulier, bon à tout et propre à rien, craint et méprisé, sachant et ignorant tout" (983) etc., ein Spieler und ein Trinker, der seine Schulden an seine Mätresse weiterreicht. All diese Figuren suchen Gobseck auf, den Nachbarn und Geschäftspartner von Derville, der wiederum nacherzählt.

Ohne den Wucherer gäbe es also nichts zu erzählen. Die Rahmenhandlung und die Binnenerzählung sind ja über einen Kredit miteinander verknüpft. Im Gegenzug für einen Kredit zu einem Zinssatz weit unter dem Wucherniveau (von 15 Prozent) stellt Derville seinem Nachbarn Gobseck auf Lebenszeit seine Dienste *pro bono* zur Verfügung. Ein weiterer Vorteil für den gewieften Notar besteht darin, dass Gobseck ihm bestimmte von den Tarifregelungen der Anwälte ausgenommene Anfragen, die im Finanzwesen öfters aufkommen, zum Beispiel „transactions, [...] attermoiements, [...] conciliations" (981), weiterleitet. Dieser rationale Teufelspakt[97] zwischen Erzähler und Wucherer gewährt dem Binnenerzähler seine Einblicke hinter die Kulissen des Pariser Lebens. Der Erzähler ist ein Teil der von ihm beschriebenen Welt, er bildet ein Glied in der Kette eines Verschuldungszusammenhangs, der alle Figuren der *Comédie* in der einen oder anderen Weise einschließt.

Derville unterschreibt bei Gobseck einen Wechselbrief. Inwiefern bietet sich gerade dieses Finanzinstrument an, um die Intrigen der *Comédie* miteinander zu verbinden? Philip T. Hoffman, Gilles Postal-Vinay und Jean-Laurent Rosenthal, die anhand der Archive des Pariser Notariats eine grundlegende Studie zum Thema vorgelegt haben, stellen fest, dass Wechselbriefe oder *lettres de change* mit dem *billet à ordre* einen der zwei Typen von Wertpapieren darstellten, die vom Mittelalter an zur Umgehung des Wucherverbots benutzt wurden (vgl. Hoffman/Postel-Vinay/Rosenthal 2001, 29ff.). Sie kaschierten laut Laurence Fontaine Zinsen dadurch, dass sie die Form eines Kaufvertrags und nicht diejenige eines Darlehens annahmen: „Les billets sont payables dans un autre lieu et dans une autre monnaie et l'intérêt est inscrit dans la lettre de change. L'échange n'est alors pas considéré comme un prêt mais comme une vente (*cambium non est mutuum*) pas plus que ne l'est l'achat de monnaies étrangères" (Fontaine 2008, 198f.). Der Wucher unterlag einem strengen Verbot, weil er den Verkauf der Zeit implizierte – der Handel mit einem Gut, das ausschließlich Gott zur Verfügung stand (vgl. Le Goff 1986, 41ff.). Was tun? Man verkaufte stattdessen, wie Alexandre Péraud formuliert, den Raum, indem man angab, eine Währung in eine andere an einem anderen Ort wechseln zu wollen: „La distance séparant les deux métropoles nécessitant, par convention, quarante-cinq jours, on dispose d'un effet de crédit à quatre-vingt-dix jours" (Péraud 2012, 20). Wechsel konnten zudem weiterverkauft werden, und eine Unterschrift genügte, um diesen Weiterverkauf von Schulden zu besiegeln.

Unschwer ist zu erraten, wieso dieses während der Restauration verbreitete Finanzinstrument Balzac – „[l]'illustre auteur de la *Théorie de la lettre de*

97 Finanzielle Teufelspakte kommen auch in Balzacs phantastischen Erzählungen vor. In *Melmoth reconcilié* (1835) beispielsweise geht der Kassierer von Nucingen Castanier einen Teufelspakt mit Melmoth über einen Wechsel ein. Castanier wird Zugang zu einer Weltschau gewährt. In *Gobseck* sind Reste dieses phantastischen Motivs zu finden, allerdings ist der Wechsel keine Metapher mehr, sondern ein Mittel, metonymisch von Erzählung zu Erzählung fortzuschreiten. Vgl. Péraud 2012, 152ff.

change" (BO, 7) – interessierte. Zwar wandert es von Person zu Person und kollektiviert damit ein Stückweit Schuldverhältnisse; trotzdem bleiben die Namen der Unterzeichner auf dem Schuldschein lesbar und mit ihnen die involvierten Personen identifizierbar und benennbar. Der Wechsel geht von Hand zu Hand, trägt die diversen Unterschriften dieser Hände und wird im Zuge dieses Weiterreichens immer schmutziger und brüchiger. Er fungiert als Medium und Schaltstelle, über den ein Schuldner mit dem nächsten und eine Intrige mit der nächsten verbunden werden können. Wechselbriefe definieren zudem Zeiträume, tackten die Zeit. Ein Wechsel ist an einem bestimmten Datum fällig, an diesem Datum spitzt sich vielleicht ein Handel/eine Handlung zu. Durch das Aufschieben von Zahlungsfristen wird Zeit geschunden; Zeit, um den Gläubiger noch ein weiteres Mal hinzuhalten; Zeit, in der erzählt, erklärt, erdichtet werden kann. Wenn aus der Perspektive des Wucherers erzählt wird, wuchert die Erzählung, bis sie Ausmaße annimmt, die man von der *Comédie* mit ihren über zweitausend Figuren kennt (vgl. Preston 1984 [1926], 3).

Es ist überdies literaturgeschichtlich kein Zufall, dass gerade ein Wucherer die pikanten Details des Haushalts der Restauds liefert. Laut Michail M. Bachtin kann sich dieser Typus wie ein Diener als gesellschaftliche dritte Partei oder als Medium durch „das heimliche Beobachten und Belauschen" (Bachtin 1989, 54) Zugang zu verschlossenen Gesellschaftsräumen verschaffen. Der Wucherer verfügte über diese Macht und wurde in der Literatur immer wieder als hässliches und unmenschliches Schreckgespenst, als blutsaugender Dämon, als Teufelchen figuriert; und darüber hinaus wurde bekanntlich das Judentum mit der Profession des Geldhandels[98] kurzgeschlossen.

Balzac schreibt den Wucherer Gobseck zwar in diese antijüdische Tradition ein, bricht aber mit ihr. So ist Gobseck im Besitz einer überdimensionierten Hakennase („Son nez pointu était si grêlé dans le bout que vous l'eussiez comparé à une vrille" [CH, II, 964]), ist unheimlich geizig, zählt ständig sein Geld und dreht jeden Heller um und um. Auch sein Name deutet auf den Wucher: ein Kompositum, das sich aus dem Französischen für ‚verschlingen' (*gober*) und ‚trocken' oder ‚ungekaut' (*sec*) zusammensetzt und seinen Träger folglich als denjenigen bezeichnet, der gierig verschlingt.[99] Gobseck wirkt in Balzacs Erzählung jedoch nicht wie eine wahrscheinliche Figur, vielmehr trägt er Attribute des Grotesken, Ausgedachten, Fingierten, Närrischen.

98 Lange Zeit eines der wenigen Gewerbe, die Juden auszuüben gestattet war.

99 Darauf weisen zahlreiche Kommentatoren hin, beispielsweise Pierre Citron in seiner Einleitung zu Balzacs Text (Citron 1976, 949). Balzac geht immerhin systematisch mit Stereotypen in der *Coméide* um. Jede Figur und jede Physiognomie verweist auf einen bestimmten Typus, einen bestimmten Schlag; die Stereotypen entsprechen zudem, bar jeder Moralisierung, Temperamenten. Vgl. Abraham 1931.

Damit gehört er zum romantisch angehauchten Figurenpersonal der *Comédie*, das sich einer ironischen Lesart anbietet. Darauf deutet nicht zuletzt die Tatsache, dass es für ihn weder in der Literatur noch in der Geschichte eine eindeutige Vorlage zu geben scheint.[100] Schließlich hat er einen Hang zum Philosophieren,[101] der ihn nicht bloß zum Objekt des Hohns herabsetzt, sondern auch zum Subjekt eines bestimmten Wissens erhebt, das die Erzählung generiert.[102]

Abb. 4.1
Gaston Bussière: *Gobseck*

Das sozialtypologische Auslaufmodell Wucherer ist keine Figur mehr, die Angst und Schrecken einjagt; er ist vielmehr eine begrenzte, tragikomische Witzfigur, die dem Tod geweiht ist. Ihr Ende, und damit das Ende des Figurentypus, ist erbärmlich. Gobseck treibt bis zu seinem letzten Atemzug verliehenes

100 Vgl. Citron 1976. Er argumentiert biographistisch, dass, da sich weder im Vaudeville-Theater noch in älteren Texten eine Vorlage für die Figur des Gobseck findet, dieser für Balzacs eigene Wucherer stünde.

101 Die Erzählung *Gobseck* sollte ursprünglich Teil der *Études Philosophiques* bilden.

102 Péraud weist darauf hin, dass Balzacs Wucherer über das Stereotyp hinausgeht. Vgl. Péraud 2012, 81ff.

Geld ein, und sei es auch in Form von Naturalien. Würde er diese Naturalien weiterverkaufen wollen, müsste er die Transportkosten selbst tragen, und seine Profitmarge würde schrumpfen. Deswegen lässt er sie lieber im Dienst einer höheren Profitmarge in seinem Nebenzimmer verschimmeln. Derville dringt nach Gobsecks Ableben in dessen Wohnräume:

> Dans la chambre voisine de celle où Gobseck était expiré, se trouvaient des pâtés pourris, une foule de comestibles de tout genre et même des coquillages, des poissons qui avaient de la barbe et dont les diverses puanteurs faillirent m'asphyxier. Partout fourmillaient des vers et des insectes (1011).

Den Grund für die in diese *nature morte* gegossene Verwüstung findet Derville im Briefverkehr Gobsecks. Jede dieser verrottenden Naturalien stellt eine Bezahlung *in natura* dar; anstatt sie, wie üblich, weiterzuverkaufen, hat sich der Wucherer um ihren Preis gestritten: „Il n'avait pas vendu les comestibles à Chevet, parce que Chevet ne voulait les reprendre qu'à trente pour cent de perte. Gobseck chicanait pour quelques francs de différence, et pendant la discussion les marchandises s'avariaient" (1012).[103]

Der Zahn der Zeit nagt an dieser Warenwelt. Balzacs Vanitasmotiv könnte als Sinnbild gelten für eine den Gebrauchswert der Dinge vernachlässigende Finanzwelt, die die Wirklichkeit im Namen von Zahlen dahinsiechen lässt. Das Zimmer wäre eine Art Zwischenreich oder Purgatorium der Dinge, die aus dem menschlichen Verkehr gezogen und an einen Nicht-Ort verbannt wären. Balzac würde die komplexen Wechselwirkungen zwischen der Wirklichkeit und dem Wuchergeschäft in ein Bild gießen. Dabei wäre insbesondere der zeitliche Aspekt wichtig: Wucherer wurden, wie gesagt, seit dem Mittelalter als Zeitdiebe verleumdet (vgl. Kap. 9, 200f.). Gobsecks Umgang mit Gütern und insbesondere mit Essenswaren deutet diesen Aspekt des Wuchers an, insofern die Verwesung ein Indiz der verflossenen Zeit darstellt.

Diese Deutung entpuppt sich bei näherem Hinsehen als Holzweg. Gobseck macht lieber überhaupt kein Geld, als Abstriche seiner Profitmarge in Kauf zu nehmen. Er ist eben kein kluger Kapitalist. „Verschluß des Geldes gegen die Zirkulation wäre grade das Gegenteil seiner Verwertung als Kapital, und Warenakkumulation im schatzbildnerischen Sinn reine Narrheit" (MEW, 23, 615) schreibt Marx in *Das Kapital*; und in der Fußnote fügt der Kenner von Balzacs Werk hinzu: „So ist bei Balzac, der alle Schattierungen des Geizes so gründlich studiert hatte, der alte Wucherer Gobseck schon verkindischt, als

---

103 Jean-Joseph Goux erkennt in dieser letzten Metamorphose des Wucherers den *prêtuer à gages*, den Pfandleihhändler, der alle Waren in Geld verwandeln könne. Vgl. Goux 2013, 99f.

er anfängt, sich einen Schatz aus angehäuften Waren zu bilden" (615). Der Wucherer stirbt in der Handlung von *Gobseck* als gesellschaftliche Kraft aus.

Das Auslaufmodell des Wucherers hat noch vor seinem Ableben etwas mitzuteilen. Insofern er alle Stränge der Erzählung zu einer kohärenten Handlung zusammenführen kann, weil er jeden Schuldner persönlich kennt, hat er eine Funktion für das Narrativ. „Ce matin [...] je n'avais que deux effets à recevoir [...]" (CH, II, 970): So fängt Gobseck seine Erzählung an; nicht mit zwei Personen, sondern mit zwei Wechseln. Aus diesen Wechseln werden Figuren. Der eine Wechsel führt direkt in die privaten Schlafgemächer der Comtesse de Restaud, und nur er verleiht die Macht, in diese innerste Sphäre der *vie privée* einer liederlichen, verschwenderischen Comtesse, die halbnackt in ihrem Bett liegt, einzudringen. Um ihr Bett liegen alle möglichen Dinge verstreut: „Des fleurs, des diamants, des gants, un bouquet, une ceinture gisaient ça et là. Je respirais une vague odeur de parfums. Tout était luxe et désordre, beauté sans harmonie" (972). Diese „image d'une vie de dissipation, de luxe et de bruit" (973) wird nun vom ominösen Schnüffler Gobseck heimgesucht, der die Zahlungsfrist im Anblick dieser Szene, die ihn in seine Jugend zurückversetzt, allzu gerne verstreichen ließe.[104] Kaltschnäuzig verkneift er sich jedoch diese Phantasie und verlangt die Rückzahlung der Schuld, droht mit einem Wechselprotest und wird schließlich mit einem Diamanten abgespeist.

Bereits diese Szene macht deutlich, was Gobseck für den impliziten Autor der *Comédie* so interessant macht: Er hat nicht nur Zugang zum privaten Leben seiner Schuldner; er ist überdies Teil des Wuchernetzwerks, eines „réseau informel qui *unit*, du point de vue fonctionnel, la myriade d'usuriers qui dominent les circuits de l'argent domestique" (Péraud 2012, 82); und alle weiteren wichtigen Handlungselemente gehen durch ihn. Die Leserinnen und Leser finden hier die Szene vor, die in *Le Père Goriot* erwähnt, aber nicht geschildert wird: Wie Maxime de Trailles Gobseck um einen Kredit bittet, wie Anastasie de Restaud ihm einige Diamanten gegen einen Rückkaufschein[105] überlassen möchte, wie der Comte de Restaud dazu stößt und die Diamanten sofort zurückkaufen möchte. Als der Wucherer es ablehnt, in Maxime de Trailles Fall Gnade vor Recht walten zu lassen, wird übrigens klar, dass er dessen für das Ancien Régime typische Kreditnetzwerk nicht anerkennt: „Ne suis je pas l'ami intime des Ronquerolles, des de Marsay, des Franchessini, des

104 „J'étais donc déjà payé ! je donnerais mille francs d'une sensation qui me ferait souvenir de ma jeunesse" (CH, II, 973), sagt sich der Wucherer.

105 Ein solcher Rückkaufschein ist eine Verpfändung auf Zeit. Nach Verstreichen der Frist muss das verpfändete Gut dem Besitzer um einen festgelegten Preis inklusive Zinsen angeboten werden.

deux Vandenesse […]", sagt Maxime, worauf Gobseck trocken mit Rückgriff auf ein ähnliches Vokabular wie in Saint-Hilaires *L'Art de payer ses dettes* (vgl. Einl., 25) antwortet: „vrai" (CH, II, 986). Es ist einfach nicht relevant, wen Maxime kennt, es kommt darauf an, Schulden fristgemäß zu begleichen.

Schließlich bekommt man die Intrigen mit, die sich um das Totenbett des Comte abspielen: Anastasie verweigert allen Außenstehenden den Zugang zum Kranken, da sie davor Angst hat, dass ihr Mann sie (und ihre Kinder) mithilfe von Gobseck und Derville enterben wird; verschiedene Parteien versuchen, Restauds Diener und sogar seinen eigenen Sohn zu korrumpieren; Anastasie sucht verzweifelt in dem Zimmer, in dem ihr verschiedener Mann liegt, nach dem Testament. All diese Dramen und Intrigen, die sich um Restauds Sohn aus erster Ehe, Eugène, und die Töchter aus zweiter Ehe mit Anastasie drehen, werden über verschiedene Kreditgeschäfte und Verträge – Wechselbriefe, Rückkaufscheine und Testamente – miteinander verwoben. Schließlich stellt sich heraus, dass der Comte Gobseck die Verantwortung über seine Ländereien gegeben hat, damit dieser sie wieder auf Vordermann bringe, um sie dann Eugène zu vermachen. Gobseck ist ein ehrenhafter Geschäftsmann.

Ein Bild sticht besonders ins Auge: Am Ende ist der tote Comte inmitten eines von der Comtesse durchwühlten Zimmers voller Papieren zu einer leeren Hülle, zu einem weiteren Stück Papier geworden: „Le cadavre du comte se trouvait dans la ruelle du lit, presque en travers […], dédaigneusement jeté comme une des enveloppes de papier qui étaient à terre ; car lui aussi n'était plus qu'une enveloppe" (1007). *Gobseck* verkettet über ein *paper trail* Schicksale diachron miteinander: Zunächst werden Wucherscheine zu Figuren, dann wird der Comte zu einem *enveloppe*, sprich zu einer Hülle oder einem Kuvert, zu Papier.

Der Wucherer als Erzählprinzip

Der Wucherer mag zwar sterben, auf der Darstellungsebene mutiert er aber zum Erzähler der *Comédie*. Warum kommt diese Rolle ausgerechnet dem aussterbenden Sozialtypus Wucherer zu? Folgt man Jean-Joseph Goux, so stellt Gobseck „un cas singulier" dar, weil er „le seul de ces financiers qui est introspectif ; le seul […] qui dit ‚je'" (Goux 2013, 89) sei. Diese Reflexivität des Wucherers unterscheidet ihn von einem Bankier wie Nucingen, der nur spärliche Selbstauskünfte in Balzacs schwer lesbarer Transkription des elsässischen Akzents liefert. Die Handlung von *Gobseck* dagegen wird immer wieder durch Selbstreflexionen des Wucherers interpunktiert, in denen sich die poetologische Funktion dieser Figur andeutet. „Croyez-vous qu'il n'y ait de poètes que ceux qui impriment des vers ?" (CH, II, 968), fragt Gobseck Derville. Worin bestünde diese Dichtung? In ihr täte sich eine Welt ohne absolute Werte auf, mit Ausnahme des Geldes, das alles Streben und Begehren der Subjekte vermittelt:

> Je vais vous faire le décompte de la vie. [...] Mes principes ont varié comme ceux des hommes, j'en ai dû changer à chaque latitude. Ce que l'Europe admire, l'Asie punit. Ce qui est un vice à Paris est une nécessité quand on a passé les Açores. Rien n'est fixe ici-bas, il n'y existe que des conventions qui se modifient suivant les climats. Pour qui s'est jeté forcément dans tous les moules sociaux, les convictions et les morales ne sont plus que des mots sans valeur. Reste en nous le seul sentiment vrai que la nature y ait mis : l'instinct de notre conservation. Dans vos sociétés européennes, cet instinct se nomme *intérêt personnel*. Si vous aviez vécu autant que moi, vous sauriez qu'il n'est qu'une seule chose matérielle dont la valeur soit assez certaine pour qu'un homme s'en occupe. Cette chose... c'est L'OR. L'or représente toutes les forces humaines (969).

Goux hält fest, dass diese Prozedur einem Geld-Realismus entspreche, der desillusioniere: „Le décompte est un terme de calcul financier, ce qui reste dû, compte tenu de ce qu'on a déjà payé ; et c'est aussi au figuré, la déception, la différence entre ce que l'on espérait imaginairement, et ce qui est advenu réellement" (Goux 2000, 89). Die Realität der realistischen Realität kann aus dieser Warte als Schuld aufgefasst werden, als das, was noch geschuldet wird. Damit wird im Umkehrschluss gesagt, dass „Gobseck définit les conditions générales d'une optique ‚réaliste' sur le monde. Cette optique n'est pas séparable d'une philosophie matérialiste" (94).

Weil er den Schlüssel zur realistischen Realität in Händen hält, hat Gobseck die Macht der göttlichen Gesamtschau inne.[106] „Eh bien [...] croyez-vous que ce ne soit rien que de pénétrer ainsi dans les plus secrets replis du cœur humain, d'épouser la vie des autres, et de la voir à nu ?", fragt Gobseck mit Rückgriff auf eine Metapher, die das menschliche Herz als aufwändig gefaltetes (Wert)papier vorstellt. Er fährt fort zu erzählen, welche „spectacles" ihm Tag für Tag unterkommen: „Hier, une tragédie : quelque bonhomme de père qui s'asphyxie parce qu'il ne peut plus nourrir ses enfants. Demain, une comédie : un jeune homme essaiera de me jouer la scène de M. Dimanche, avec les variantes de notre époque." Im Rausch der Rede vergleicht er sich selbst mit Gott: „Mon regard est comme celui de Dieu, je vois dans les cœurs. Rien ne

---

106 Diese Fähigkeit teilt Gobseck übrigens mit der bereits erwähnten (vgl. oben 110 [FN 98]) phantastischen Figur Castanier aus *Melmoth réconcilié* (1835), die durch das Geld Zugang zu einer Weltschau erhält; allerdings ist die Weltschau in *Gobseck* realistisch ‚geerdet' in der Figur eines Geldhändlers, der einfach weit gereist ist. Vgl. Péraud 2012, 159f., 182f.

m'est caché. L'on ne refuse rien à qui lie et délie les cordons du sac" (CH, II, 976). Derjenige, der die Geldsäckel auf- und zuschnürt[107] und Wechselbriefe faltet, öffnet auch die Herzen und bringt sie zur Entfaltung. Fast spinozistisch gibt Gobseck zu bedenken: „[V]ous n'arriverez jamais à séparer l'âme des sens, l'esprit de la matière. L'or est le spiritualisme de vos sociétés actuelles" (976). Er ist ein gottgleicher allwissender Erzähler.[108]

Goux weist darauf hin, dass *Gobseck* von der Literaturwissenschaft immer wieder als Keim der gesamten *Comédie* gelesen wurde: „La plupart des critiques balzaciens n'ont pas manqué de repérer dans cet écrit, le ‚concentré séminal' (Berthier) qui contient virtuellement tout ce qui fera l'originalité de la vision de Balzac" (Goux 2000, 88). Die Figur des Gobseck verhelfe Balzac zu einer „vue synoptique, panoptique" (91) auf die Welt, weil sie sich einen privilegierten Zugang zu ihrem monetären Realitätsprinzip verschaffen könne und dies reflektiere.

Worauf Goux nicht eingeht, ist die Tatsache, dass der mit dem Gold verbundene Gott in *Gobseck* abdankt. Der Blick des Wucherers wird im Laufe der Erzählung begrenzt. Ab einem gewissen Punkt wird ihm von Anastasie de Restaud der Zugang zu seinem Klienten, dem Comte de Restaud, verwehrt; und auch der Anwalt Derville kann diesen nicht mehr aufsuchen. Die einzige Instanz, die sich Zugang zu dessen Räumlichkeiten verschaffen könnte, müsste sich vom konkreten Figurenpersonal loslösen und ein Eigenleben entwickeln. Wem stehen solche Kompetenzen zur Verfügung, außer einem auktorialen Erzähler? Dieser muss sich nicht verorten, kann frei von Raum zu Raum gehen, darf seine Nase in alle Akten hineinstecken, kann sich die Geldbörse seiner Figuren schnappen und in den Kontokorrentbüchern blättern. Und genau eine solche Erzählstimme meldet sich dort zu Wort, wo sich die Gemächer der Figuren dem Wucherer versperren. „Il est clair que le romancier s'est ici substitué personellement à sa créature" (Citron 1976, 960), schreibt Pierre Citron in der Einleitung der Pléaide-Ausgabe über Szenen, die weder Derville noch Gobseck zuzuschreiben wären. Ein auktorialer Erzähler, der vom Figurenpersonal abgekoppelt ist und als deterritorialisierte Instanz den Erzählraum der *Comédie* überfliegt, ersetzt den Wucherer.

Ein Gemeinplatz der Forschung besagt, dass Balzacs *Comédie* das *règne de l'argent* minutiös rekonstruiere. Alexandre Péraud hat recht, wenn er dies als

107 Der Geldsäckel oder Fortunatussäckel ist ein bekanntes Symbol für die mit dem Kredithandel seit Aristoteles assoziierte Fruchtbarkeit. Auf den thematischen Konnex zwischen Kredit, Fruchtbarkeit und Leben geht der dritte Abschnitt dieser Arbeit ein. Vgl. Kap. 9.

108 Weshalb Maxime nicht mit dem Erzähler gleichgesetzt werden sollte, wie es Péraud macht. Vgl. Péraud 2012, 333f.

zu allgemeine Aussage kritisiert und präzisiert, dass Balzac ein *récit à/de crédit* (vgl. Péraud 2012, 317ff.) schreibe, das, am Leitfaden von Wechselbriefen, Interdependenzen, Wechselbeziehungen, komplementäre und konkurrierende Konstellationen durchspielt. Wie zentral war der Kredit im 19. Jahrhundert wirklich? Diese Frage lässt sich nicht für alle Gesellschaftsschichten gleich beantworten: Für die Armen spielten, wie Laurence Fontaine zeigt, bestimmt Pfandleihgaben eine viel größere Rolle als Wechsel (vgl. Fontaine 2008, 101ff.). In der *Comédie* ist das Finanzinstrument Wechselbrief überdeterminiert. Er erfüllt nicht bloß eine technische Rolle, sondern verbindet metonymisch die verschiedenen Erzählstränge zu einem wuchernden Ganzen. Die Kehrseite dieser Prozedur ist, dass das Erzählen in den Sog eines infiniten Regresses gerät: Endlos könnte weitererzählt werden.

Auf die notorische Unübersichtlichkeit des Chronotopos der *Comédie humaine* mit ihren über zweitausend Figuren ist jede neue Generation von Kommentatoren eingegangen. Ihre raumzeitlichen Verflechtungen stellen sich weniger als Fortsetzung (wie später bei Émile Zola) denn als raumzeitliche Architektur dar, die sich von innen dreidimensional weiter und weiter ausdehnen kann.[109] Hans Blumenberg charakterisiert dieses komplexe Gefüge als *perspektivisches Modell:*

> Der Begriff der Wirklichkeit als Kontext gibt dem Roman zunächst die Form der linearen Konsistenz in einem Raum-Zeit-System auf. Aber [...] dieser Wirklichkeitsbegriff [erfüllt sich] erst in der Einstimmigkeit der Gegebenheit untereinander verständigungsfähiger Subjekte, also in der *Intersubjektivität* und in ihren perspektivischen Möglichkeiten. Soweit ich sehen kann, hat der Roman ein *perspektivisches Modell* zum erstenmal bei Balzac angenommen, wo die Illusion der Wirklichkeit einer ganzen Menschengesellschaft strukturell durch die von Roman zu Roman des Gesamtzyklus perspektivisch jeweils verschobene Wiederkehr identischer Personen erzielt wird (Blumenberg 1969, 23).

Wie viele Kommentatoren, fasst Blumenberg diese Multiperspektivität als Wirklichkeitseffekt auf (vgl. Marceau 1977). Die „perspektivische Einstimmigkeit hat weitere Toleranzen der Transformation der Prädikate auf einen verschobenen Aspekt, und damit wird das Problem der Abstimmung der einzelnen Aspekte aufeinander und auf die Identität des in ihnen gegebenen Gegenstandes höchst komplex." Der Leser (oder die Leserin) bewege sich „um das Massiv der imaginären Wirklichkeit" (Blumenberg 1969, 23). Dieser Umstand bewirke wiederum eine Steigerung von „Stabilität, von Substantialität", da sich hier ein „gesteigerte[r] Widerstand der Bewältigung" und eine höhere

---

109 Balzac vergleicht sein Romanprojekt in einer seiner wenigen poetologischen Aussagen mit einer Kathedrale. Vgl. Balzac 1966, IV, 769 (Brief vom Januar 1845 an Zulma Carraud).

Abhängigkeit der „Wirklichkeit des Romans vom *Standpunkt* des vermittelnden Subjekts" (24) abzeichne.

Diese Wirklichkeit wird, wie gesagt, im Innersten über das papierene Geschäft von Wechseln, Pfandbriefen und Testamenten zusammengehalten. Diese erzeugen erst das Gros der erzählerischen Verflechtungen und Verzettelungen, die den Anschein eines regelrechten Wirklichkeitskonvoluts erwecken. Péraud meint, das binäre Schema das Kredits werde bei Balzac im zeitlichen Sinne zum Prinzip des Erzählens: „[L]e crédit constitue l'événement initial du programme narratif global" (Péraud 2012, 207). Theodor W. Adorno geht weiter, wenn er dafürhält, dass die *Comédie* eher mit dem System des Paranoikers zu vergleichen wäre als mit einem genauen Abbild der damaligen Verhältnisse. In diesem System fungiere der Kredit als gesellschaftliches Bindeglied, als Stein der Weisen oder *quinta essentia*:

> Das Kreditwesen kettet das Schicksal des einen an das des anderen, mögen sie es wissen oder nicht. Das Ganze bedroht die, aus denen es sich zusammensetzt, mit dem Untergang, indem es sie reproduziert, und öffnete, solange seine Oberfläche noch nicht ganz dicht gefügt ist, den Durchblick auf dessen Potenzial. An den unerwartetsten Stellen der Comédie humaine tauchen als Passanten der Stollen wohlbekannte Personen wieder auf, die Gobsecks, Rastignacs und Vautrins, in Konstellationen, die nur der Beziehungswahn erdenken, nur das Dictionnaire biographique des personnages fictifs de la Comédie humaine ordnen kann. Aber die fixen Ideen, die überall dieselben Mächte am Werk vermuten, bewirken Kurzschlüsse, in denen für einen Augenblick der Gesamtprozeß aufleuchtet. Deshalb schlägt die Entfernung des Subjekts von der Wirklichkeit durch Obsession mit ihr um in exzentrische Nähe (Adorno 2003 [1958], 144).

Dadurch, dass Kredit Zahlungen und damit Realisierungen von Kapitalien aufhebt und aufschiebt, schindet er Zeit, um zu erzählen. Als Paranoiker leidet Balzac an Fieberträumen; als Erzähler bringt er diese zu Papier und verkittet sie durch von Hand zu Hand gereichte Wechsel.[110]

* * *

Balzacs *Comédie humaine* gleicht einem Rhizom. Ihr Kreditnetzwerk kann jederzeit die naheliegensten zugunsten der fernliegensten Verbindungen kappen. Für das Rhizom gilt laut Deleuze/Guattari einerseits: „[N]'importe quel

110 Auf diese Funktion des Kredits in der Erzählung *Gobseck* geht Péraud ein: „Balzac ne devient le romancier de l'argent que parce qu'il est originairement le romancier du crédit" (Péraud 2012, 70), schreibt er über Balzacs Roman. Er hält zudem dafür, dass *Gobseck* den Übergang vom „crédit moral au crédit financier" (70) markiere. Er schließt die Handlung der *Comédie* aber mit Entwicklungen des 19. Jahrhunderts kurz: „Institution

point d'un rhizome peut être connecté avec n'importe quel autre, et doit d'être" (Deleuze/Guattari 1980, 13); andererseits: „Un rhizome peut être rompu, brisé en un endroit quelconque, il reprend suivant telle ou telle de ses lignes et suivant d'autres lignes" (16). Oberflächlich betrachtet hält sich Balzac als realistischer Autor an die Kausalität; diese Kausalität ist aber nicht jene der Schwerkraft, sondern eine papierne, die jederzeit neue Knoten im Kreditnetzwerk zu erzeugen imstande ist, neue Knollen im Rhizom sprießen lässt. Kredit entpuppt sich als ein Generationsprinzip der Fiktion, welches Ursache und Wirkung außer Kraft setzt und ein Wuchern ohne Zentrum erzeugt: die *Comédie humaine*.

fondamentale de la modernité capitaliste, le crédit régit en cette première moitié du XIXe siècle l'ensemble de la vie collective. [...] / En plaçant la matrice fiduciaire au centre des régulations humaines, *La Comédie humaine* devient la [sic] geste des bouleversements et mutations radicales de la modernité politique et économique" (189f.).

FÜNFTES KAPITEL

Das Dreigespann des Kredits

Wucherer sind nicht die einzigen Figuren, die aus dem Kosmos der *Comédie humaine* ausscheiden: Kurtisanen und Hochstapler, arme Aristokraten und gute Katholiken werden gleich mit entsorgt. Dies liegt zum Teil daran, dass sich, wie wir im letzten Kapitel gesehen haben, eine intersubjektive Erzählperspektive in der *Comédie* durchsetzt, also die „Einstimmigkeit der Gegebenheit untereinander verständigungsfähiger Subjekte" (Blumenberg 1969, 23), die in ihrem Handeln berechenbar und vorhersehbar sind (oder auch nicht). Damit geht einher, dass das Figurenpersonal sich immer mehr ähnelt, die Romane immer weniger romanhaft sind und Figuren mit allzu ausgeprägtem Charakter nicht mehr ins (Sitten)bild passen. Dieses Dilemma konstatiert Balzac im Vorwort zu seinem Roman *Splendeurs et misères des courtisanes* (1838ff.), der einen Teil seiner Sittenstudien (*Études de mœurs*) bildet:

> L'aplatissement, l'effacement de nos mœurs va croissant. Il y a dix ans, l'auteur de ce livre écrivait qu'il n'y avait plus que des nuances ; mais aujourd'hui, les nuances disparaissent. Aussi [...] n'y a-t-il plus des mœurs tranchés et de comique possible que chez les voleurs, chez les filles, et chez les forçats, il n'y a plus d'énergie que dans les êtres séparés de la société. La littérature actuelle manque de contrastes, et il n'y a pas de contrastes possibles sans distances. Les distances se suppriment de jour en jour. Aujourd'hui, la voiture tend à se mettre au-dessous du piéton, et c'est le fantassin qui bientôt éclaboussera le riche dans la petite voiture basse. L'habit noir triomphe (CH, VI, 425).

Diese rhizomatische Abschaffung der Distanz zwischen den Individuen rührt daher, dass der Balzac'sche Roman dem *paper trail* der durch Wechselbriefe erzeugten intersubjektiven Beziehungen nachgeht; er wuchert bis ins Unermessliche, schafft sich selbst aber im gleichen Atemzug ab; die Figuren sind austauschbar, Handlungen wiederholen sich.

Um dieser Wirkung entgegenzuwirken, lässt Balzac in *Splendeurs*, wie das obige Zitat andeutet, die uniformierte Gesellschaft durch ein älteres Figurenpersonal von Normabweichlern – Dieben, Dirnen, Galeerensträflingen, Homosexuellen – infiltrieren. Diese randständigen Typen fungieren als Kontrastfiguren. Indem zwei Welten aufeinanderstoßen, wird die Verflachung und Auslöschung der Sitten literarisch aufgelöst. „[L]'analyse et la critique de la société dans toutes ses parties" (427) geschieht vom Rande der Gesellschaft aus. Balzac nimmt die Perspektive derjenigen ein, die *„hors la loi"* angesiedelt

 | DOI:10.30965/9783846765012_009

sind und sich gegen die „impossibilité sociale“ (427) zur Wehr setzen, indem sie sich zum Dreigespann Hure-Aristokrat-Hochstapler zusammentun und den Bankier der *Comédie*, den Baron de Nucingen, mithilfe von gefälschten Wechselbriefen ausrauben. Die Dreiecksbeziehung hat nur eine kurze Halbwertzeit, und der monströse Verbund löst sich am Ende des Romans auf.

Diese Dreiecksbeziehung kann als eigene Form der Intersubjektivität gelesen werden, die im Zusammenschweißen starker Charaktere aus dem Ancien Régime zu einem hybriden Hyper-Subjekt besteht. Im Folgenden werde ich über die Frage der Erzählperspektive hinausgehen und mich anhand dieses wenig von der ökonomisch interessierten Balzacforschung beachteten Romans fragen, was Balzacs Hyper-Subjekt antreibt, wie es ökonomisch reüssiert und was dieser wirtschaftliche Erfolg über Balzacs Analyse ökonomischer Prozesse und über seine realistische Poetik aussagt.

Eine monströse Vereinigung

Von den ersten Seiten an ist *Splendeurs et misères des courtisanes* ein Drama der sozialen Anerkennung: Die Pariser Hautevolee versammelt sich im *Bal de l'Opéra*, um sich zu mustern. Ein junger Mann, den die Gesellschaft ruiniert und tot geglaubt hat, erscheint in eleganter Kluft mit einer maskierten Mätresse an seiner Seite. Offenbar hat er doch Geld. Das Gerücht macht die Runde. Alle reden nur noch von der gesellschaftlichen Wiederauferstehung Lucien de Rubemprés. Einige Witzbolde und Dandys, alte Weggefährten des jungen Mannes, meinen, seine Begleitung zu erkennen: La Torpille, eine ruinöse Dirne, die „a mangé deux notaires...“ Sie nennen sie „le sel chanté par Rabelais et qui, jeté sur la Matière, l'anime“; es heißt von ihr, „elle peut toujours vous avoir, vous ne l'aurez jamais“, und zweideutig, sie sei „beaucoup trop chère“ (442). Offenbar doch keine so gute Partie... Gerüchte zirkulieren, manche sagen, Lucien sei reich, andere halten daran fest, dass er ruiniert ist, aus dieser Binäropposition besteht der Agon von Blazacs Text, und fortan geht es nur noch darum, Lucien Kredit zu verschaffen.

Lucien ist in Wirklichkeit bettelarm. Die einzige Weise, wie er noch an Geld kommen kann, ist, sich mit Jacques Collin und Esther Gobseck zusammenzutun. Wer sind diese Protagonisten von Balzacs Possenstück?

L'ABÉE CARLOS HERRERA, ALIAS *TROMPE-LA-MORT*: Entflohener Galeerensträfling, Hochstapler, Verwandlungskünstler, Buchhalter der Verbrecher. Verwandelt sich in *Le Père Goriot* von Jacques Collin in Vautrin, dann in L'Abée Carlos Herrera, dann in einen Engländer, schließlich zurück in Jacques Collin, der am Ende von *Splendeurs* mit der Justiz verhandelt und eine Anstellung in der Polizei für sich herausschlägt.[111] Für seine Verwandlung in Carlos Herrera, der in Wirklichkeit tot ist, verändert er sein Gesicht, fügt sich Narben zu, wechselt das Gewand und die Sprache. Weder aus Not noch aus Schwäche ist er zum Gesetzesbrecher geworden, sondern aus Überzeugung, wie es Félicien Marceau treffend bemerkt (vgl. Marceau 1977, 283ff.).[112] Homosexuell;[113] spannt für seine Zwecke junge Männer ein, die er liebt. Wird immer wieder mit dem Teufel verglichen, trägt diabolische Züge, lässt seine Opfer Teufelspakte schließen; ein Teufel, der Mensch geworden und zur Erde zurückgekehrt ist und deshalb den Regeln irdischer Wahrscheinlichkeit nicht entgehen kann (vgl. Citron 1977a, 409f.; Milner 1963). Verwaltet die Vermögen einiger Sträflinge.

LUCIEN DE RUBEMPRÉ: Aufstrebender junger Mann aus der Provinz in Paris. Ändert seinen Namen von Chardon und nimmt den adeligen Namen seiner Mutter an. Möchte im Vorläufer von *Splendeurs, Les Illusions Perdues* (1843), Literat werden. Scheitert zunächst in einem Saint-Simonistischen Dichterkreis, dann in der von Dandys und Spielern dominierten Tagespresse. Möchte sich umbringen; Herrera rettet ihn und nimmt ihn unter seine Fittiche. Wird Collins Kurtisane.[114] Fungibel und beeinflussbar (vgl. Citron 1977a, 399), typischer Verräter.

ESTHER GOBSECK, ALIAS *LA TORPILLE*: Kurtisane. Eine der wenigen Figuren in der *Comédie*, die aus dem Volk stammen. Ruiniert reiche Männer bereits in jungen Jahren und hat daher ihren Spitznamen (‚der Zitterrochen'). Eingebunden in den „triangle traditionnel de la courtisane, de l'amant de cœur et du riche protecteur" (400), insofern sie Lucien wirklich liebt, sich aber ihr Geld von reichen Freiern verdienen muss. Tochter der Nichte des Wucherers Jean Esther Gobseck, Sarah Van Gobseck, alias *La belle Hollandaise*, ihres Zeichens auch Kurtisane.

Diese drei Figuren bilden eine „association monstrueuse" (Milner 1963, 335),[115] die den (Geld-)Baron de Nucingen ausraubt. Esther wird sein Begehren

111 André Gide hat den Schluss als unglaubwürdig kritisiert. Vgl. CH, VI, 1498 (Anm. 1).

112 Milner 1963 meint sogar, Vautrin richte sich gegen die gesamte Schöpfung.

113 Es gibt eine ausführliche Diskussion, wie Collins homoerotische Neigungen vor dem Hintergrund seines Verbrechertums zu bewerten oder einzuschätzen wären: Ist er Gesetzesübertreter, weil er homosexuell ist oder umgekehrt? Bildet sich hier eine feste assoziative Verknüpfung zwischen Homosexualität und Verbrechertum? Oder ist dies eine radikal frische und positiv konnotierte Weise, Homosexualität darzustellen? Gibt es gar Parallelen zu Balzacs Biographie? Eine spannende Frage, die ich in diesem Rahmen nicht weiterverfolgen kann. Vgl. ebd.

114 Pierre Citron weist in der Einleitung der Pléiade-Ausgabe darauf hin, dass scheinbar nur eine Kurtisane in *Glanz und Elend der Kurtisanen* vorkommt: Esther Gobseck. Warum also der Plural? Er kommt zum Schluss, dass die zweite Kurtisane Lucien de Rubempré ist. Vgl. Citron 1977a, 416.

115 Milner meint (in homophober Weise) nur die Beziehung zwischen Herrera und Lucien; ich würde den Kreis erweitern und Esther einschließen.

erwecken, Herrera dieses Begehren durch gefälschte Wechsel in Rechnung stellen und Lucien das dadurch gewonnene Kapital in soziales Kapital ummünzen, indem er Clothilde de Grandlieu mit ihren Ländereien im Wert von einer Million ködert. Der Zweckverbund, den diese drei Figuren eingehen, hat etwas Zwingendes; nähme man eine Person aus diesem Dreieck heraus, so könnte der Coup nicht gelingen.

Wie kommt diese Fusion zustande? Sowohl Lucien als auch Esther sind von Herrera abhängig, ohne ihn hätten sie ihren ersten Selbstmordversuch nicht überstanden; und ohne ihn würden sie sich am Ende nicht tatsächlich umbringen. Laut Pierre Citron ähnelt ihr Schicksal demjenigen der „héros des contes fantastiques à qui le diable a donné une chance supplémentaire de vie, et qui se retrouvent damnés à la fin". Ihre Existenz sei zwischen zwei Punkten gespannt, „d'une part une velléité ou une tentative de suicide provoquée par la révélation de leur déshonneur, et lors de laquelle ils sont sauvés par le même être démoniaque ; d'autre part un suicide réel" (CH, VI, 415). Interessant ist hier das Wort *déshonneur* oder Ehrverlust, Esther Gobseck wird ja beim Maskenball demaskiert, und dies schädigt de Rubemprés Ruf, zu dessen Wiederherstellung Herrera aus Gründen beitragen möchte, die vom Erzähler nicht klar angegeben werden.[116]

Der Liebesbund zwischen Esther und Lucien würde diesem Plan einen Strich durch die Rechnung machen. Clotilde sagt eindeutig: „Ayez une terre d'un million, et vous aurez ma main" (509). Wenn sie wüssten, dass Lucien *La Torpille* zur Mätresse hat, würden die Grandlieus das Ehegeschäft als zu riskant einstufen.

Deswegen leitet Herrera am Anfang des Romans eine Trennung des Liebespaars Esther und Lucien in die Wege. Nachdem sie beim Ball von Luciens alten Weggefährten in der Pariser Presse identifiziert wird, möchte sich die Kurtisane umbringen. Herrera ertappt sie bei diesem Selbstmordversuch. Dies bietet ihm die Gelegenheit, ihr in einem schwachen Moment ‚Abhilfe' zu leisten. Esther soll sich von Lucien trennen, ins Kloster gehen und sich dem Christentum zuwenden. Herrera redet ihr ins Gewissen: „Ecoutez, mon enfant? votre fatale réputation a plongé dans le deuil la famille de Lucien ; on craint, et avec quelque justesse, que vous ne l'entraîniez dans la dissipation, dans un monde de folies…" (457). Diese Moralpredigt reicht nicht aus, und Herrera ködert Esther damit, dass er ihr anbietet, ihre Schulden zu übernehmen: „À la vue de ce papier [la lettre d'avis], les tremblements convulsifs que cause un

116 Auf dieser Ebene des *discours* fehlt die Motivation, insofern wirkt die Handlung konstruiert. In *Le Père Goriot* träumt Vautrin noch davon, eine Plantage in Amerika zu besitzen, in *Splendeurs* ist keine Rede davon.

bonheur inespéré agitèrent si ingénument Esther, qu'elle eut sur les lèvres un sourire fixe qui ressemblait à celui des insensés" (458). Ein Begehren, sich von Schulden freizumachen, verhilft *Trompe-la-Mort* zu seinem Triumph über den Tod; fortan ist Esther Gobseck unter seiner Ägide eine lebende Tote.

Esther gibt sich unter der Bedingung der ‚Vergebung der Schulden' Gott hin. Eigentlich soll ihr nicht die Liebe für Lucien aus- und Gott eingetrieben, sondern die fleischliche Liebe für einen einzelnen, unersetzbaren Menschen, die sich nicht an Geld bemisst, durch die finanziell ertragreiche Dreiecksbeziehung ersetzt werden. Die Liebe wird ihr nur in dem Maße ausgetrieben, in dem sie sie daran hindert, Geld einzutreiben. Dabei wirkt der Schuldenmechanismus wie ein Griff, der Esther aus ihrer Liebesbeziehung aushebelt und in eine Lohnbeziehung hievt.

Dieser Ersatz von Liebe durch Geld bringt sowohl bei Esther als auch bei Lucien sämtliche Symptome des Liebesentzugs hervor, vor allem Appetitlosigkeit, Trägheit und Trauer. Es ist ein grausamer Prozess, an dessen Ende Esther und Lucien keinen eigenen Willen mehr besitzen und zu fungiblen Entitäten in den Händen ihres Meisters verkümmern. Die Trennung setzt Energien frei, und zwar das bis dato in der Partnerschaft gebundene Begehren, das nun via das Medium Herrera nicht mehr kreisläufig zwischen den Geliebten hin und her zirkuliert, sondern sich nach außen richtet und sich an andere (Kapital)kreisläufe anschließen lässt.[117]

Der Betrug eines Betrügers

Ein ‚günstiger Zufall' will es so, dass der Baron de Nucingen auf dem Heimweg von einem Abendessen am Landgut eines „banquier étranger" (wahrscheinlich James de Rothschild) Esther am Rande von Paris erspäht. Ihre Erscheinung ist geradezu märchenhaft.[118] Ab diesem Zeitpunkt weiß Herrera, was er mit der schönen Kurtisane machen wird: Geld, und zwar eine Menge.

117 Sie werden allerdings wieder zusammengeführt, da ihnen ihre Beziehung den inneren Antrieb verleiht.

118 Wie Citron nachweist, folgt Balzac „les lois du roman populaire" (419), das heißt (unter anderem): „Les coups de théâtre sont monnaie courante ; on les retrouve dans la construction générale du roman et aussi à l'intérieur des épisodes : les péripéties de la chasse à Esther [...]" (419f.). Im Roman gebe es zudem eine vereinfachte Gesellschaftsstruktur von Reichen und Armen. Und seine vaudevilleartigen Dialoge, Maskeraden, Jagden und Verwechslungen entsprächen auch populären Genres. Wenn die Zufälle des Romans konstruiert erscheinen, dann liegt dies an seiner Form.

Wie in der *Éducation sentimentale* (vgl. Kap. 2, 68f.) spielt sich diese Szene zwischen Traum und Wirklichkeit ab. Die sich inkognito in Paris aufhaltende Esther darf nur nachts in den Bois de Vincennes. Nucingens Tross nähert sich ihr schlafwandelnd. Der betrunkene Kutscher döst auf seinem Bock vor sich hin und hält die Zügel schlaff; der Diener schnarcht laut; der Baron wollte denken, ist aber dabei eingeschlafen; seine Pferde haben freies Spiel und trotten „à leur fantaisie. En esclaves intelligents, ils offrirent aux voleurs l'occasion de dévaliser l'un des plus riches capitalistes de France, le plus profondément habile de ceux qu'on a fini par nommer assez énergiquement des loups-cerviers" (CH, VI, 492). Dieser Wolf der Börse, dessen Epitheton auf diejenigen zurückgeht, die großen Armeen folgten, um die Kadaver der Gefallenen aufzulesen (vgl. 1260 [Anm. 1]), wird durch seine Pferde vom Pfad abgebracht und in der Folge ausgeraubt. Im Mondschein erscheint ihm Esther: „À la vue de cet ange, le baron de Nucingen fut comme illuminé par une lumière intérieure" (493). Die Erscheinung flieht, Nucingen rappelt seinen dösenden Kutscher auf, ihr zu folgen.

Esther hat Nucingen – diesen kaltschnäuzigen Financier mit den „yeux froids" (494), der unfähig zur wirklichen Liebe ist, –[119] entwaffnet: „[I]l [Nucingen] fut surpris par une vision céleste qui le trouva sans son arme habituelle, le calcul" (493). Nun kann man ihn erpressen und auspressen. Esther unterschreibt drei gefälschte Wechselbriefe ihres ehemaligen Liebhabers Georges d'Estourny im Wert von insgesamt 300.000 Francs; Nucingen soll diese Schulden begleichen. Der Bankier, der „bon à saigner" sei, da er „trop de billets de mille francs dans les veines..." (561) habe, zahlt und zahlt, und Herrera schwimmt im Geld. Am Anfang des zweiten Teils von *Splendeurs* mit dem bezeichnenden Titel „À combien l'amour revient aux viellards" heißt es: „Depuis huit jours, Nucingen allait marchander la livraison de celle qu'il aimait" (571). Esther gleicht einer Ware, die nicht rechtzeitig geliefert wird; ein ähnlicher Effekt wie bei der Liebe zwischen Frédéric Moreau und Madame Arnoux stellt sich ein: ein Aufschub, der allerdings in diesem Fall dem Geldmachen dient.

Man könnte diese Handlung unter dem Stichwort der komödiantischen Ausbeutung des Ausbeuters verhandeln, die auf der Inversion beruht, dass der große Bankier einer kleinen Schuldnerin auf den Leim geht. Diese Prozedur folgt ihrer eigenen ökonomischen Logik: Esther, die ruinöse und ruinierte Dirne, bringt als Inbegriff von Verschwendung, Exzess und Luxus den Schul-

---

119 „Amour naturel, amour postiche et d'amour propre, amour de bienséance et de vanité ; amour-goût, amour décent et conjugal, amour excentrique, le baron avait acheté tout, avait connu tout, excepté le véritable amour" (CH, VI, 494).

denkreislauf allererst in Bewegung, der auf der Konversion des Begehrten in Geld fußt. Zu diesem Zweck werden die Wechsel, die Herrera für Esther übernommen hat, gemäß dem Prinzip des wuchernden Erzählens einfach an Nucingen weitergegeben.

Balzacs Werk trägt die Züge einer antijüdischen, frauenfeindlichen Satire. Sieht man davon ab, so steckt in ihr ein doppeltes Wissen: Sie stellt erstens eine Begehrensökonomie dar, die durch Schulden in Gang gesetzt und über einen Aufschub aufrechterhalten wird. Dieser Aufschub betrifft das zu erlangende Reale: Esther Gobseck, für die immer mehr symbolische Mittel – in diesem Fall Geld – aufgebraucht werden. Diese andere Begehrensökonomie inszeniert zweitens eine Restitution des ‚moralischen' Kredits und damit eine fiktionale Rache am Finanzkredit. „Il [Lucien] aimait Esther, et il voulait Mlle de Grandlieu pour femme ! Étrange situation ! Il fallait vendre l'une pour avoir l'autre" (510). Diese Zwickmühle ist typisch für eine Gesellschaft im Umbruch: Lucien könnte sich als Halb-Adeliger mit der Tochter der Grandlieus durchaus vermählen, müsste aber die nötigen Finanzmittel versammeln;[120] soziales und finanzielles Kapital müssen zusammenkommen.

Dreiecksbeziehungen des Kapitals

Splendeurs et misères des courtisanes führt, mit Michel Foucault gesprochen, eine Mikrophysik der ökonomischen Macht vor. Drei Randgestalten bilden eine monströse intersubjektive Einheit, um das finanziell-soziale Kreditwesen parasitär auszurauben. Wie bei einem Lackmustest wird Letzteres damit sichtbar: Das Dreigespann des Kredits zeigt auf, welche ökonomischen (Un)möglichkeiten in der Restauration bestehen. Unmöglichkeit eines alten Figurenpersonals; Unmöglichkeit der Konversion des ‚moralischen' in finanziellen Kredit, oder mit Bourdieu des sozialen oder symbolischen in finanzielles Kapital.[121]

In diesem Kapitel war bereits einige Male die Rede von der Dreiecksbzeiehung zwischen Herrera, Esther und Lucien. Nimmt man einen Fuß dieses Dreiecks heraus, so bricht es in sich zusammen. Auch von Lacans Dreieck war in diesem und in anderen Kapiteln die Rede. Um die intersubjektive Struktur besser zu begreifen, zeichne ich diese Dreiecke nun zum Schluss auf.

120 Der Adel ist hier genauso mobil wie die anderen Klassen, und dieser Umstand widerspricht Baubeaus Schema des statischen Adels. Vgl. Baubeau 2013, 101.

121 Diese letzteren beiden Begriffe sind weitestgehend deckungsgleich. Vgl. Einl., 14f.

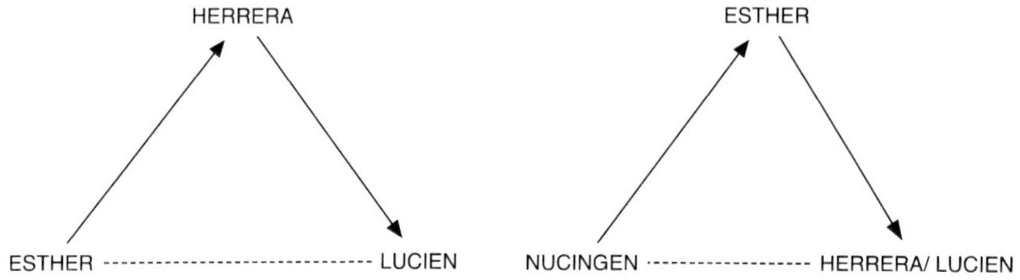

Esther erwirtschaftet für Herrera bei Nucingen Geld, das Herrera-Lucien zugute kommt (rechtes Dreieck oben). Dieses Szenario setzt das Kappen oder Suspendieren einer Liebesbeziehung zwischen Lucien und Esther voraus, das im linken Dreieck oben mit der gepunkteten Linie angedeutet wird. Im rechten Dreieck oben steht die gepunktete Linie wiederum für die wahren Empfänger von Nucingens Geld. Die Art von Intersubjektivität, die sich in diesen Dreiecken andeutet, entspricht übrigens bis zu einem gewissen Grad Gabriel Tardes Vorstellung der intersubjektiven Konstitution des Werts: „[R]ien dans l'économie n'est objectif", schreiben Bruno Latour und Vincent Lépinay darüber, „tout est subjectif ou, plutôt, intersubjectif, et *c'est justement la raison pour laquelle on peut la rendre quantifiable et scientifique...*" (Latour/Lépinay 2008, 17). Tarde meinte, der ökonomische Wert entspringe aus intersubjektiv beziehungsweise intra-psychologisch sich etablierenden Übereinstimmungen zwischen Konsumenten, dass er also vom Begehren eines Kollektivs abhängig sei (vgl. 17ff.). Im Unterschied zu Tarde haben bei Balzac nicht alle Subjekte Zugang zum gleichen Begehren: Esther Gobscek begehrt, ihre Schulden los zu werden und würde sich dafür versklaven; Nucingen wiederum begehrt, Esther zu besitzen und wendet dafür seine Kapitalressourcen auf.

Nucingen bezahlt mit Geld für eine fixe Idee, die er nicht *nicht* verwirklichen kann. Diese Begehrensökonomie entspricht, wie bereits angedeutet, Lacans Dreieck, das übrigens mit dem rechts abgebildeten Semiotischen Dreieck unten korrespondiert.[122] Sowohl in Esther Gobsecks Fall als auch bei

122 Ferdinand de Saussure vergleicht in seinem *Cours de linguistique générale* seine Auffassung der Zeichenrelation explizit mit dem Geld: „Ces deux facteurs sont nécessaires pour l'existence d'une valeur. Ainsi pour déterminer ce que vaut une pièce de cinq francs, il faut savoir : 1° qu'on peut l'échanger conter une quantité déterminée d'une chose différente, par exemple du pain ; 2° qu'on peut la comparer avec une valeur similaire du même système, par exemple une pièce d'un franc, ou avec une monnaie d'un autre système (un dollar, etc.). De même un mot peut être échangé contre quelque chose de dissemblable : une idée ; en outre, il peut être comparé avec quelque chose de même nature : un autre mot" (Saussure 1971, 160).

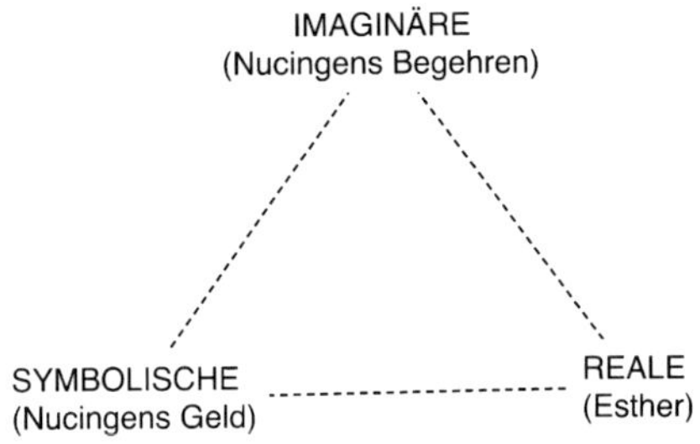

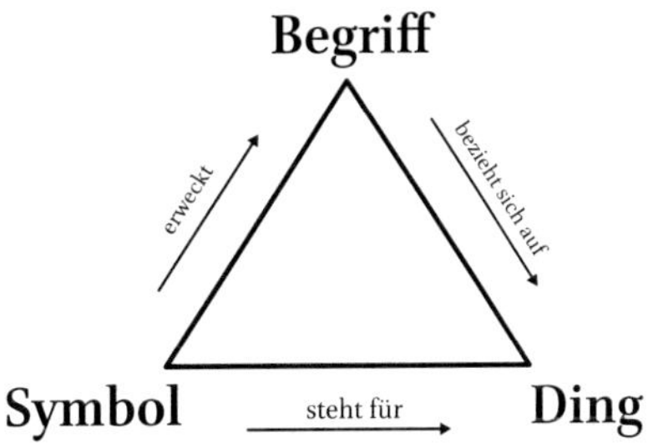

Marie Arnoux war eine ähnliche Struktur des Aufschubs des Realen im Spiel, bei Balzac allerdings einzig und alleine zum Zweck des Gelderwerbs. Selbst dieser Realismus ist nur oberflächlich betrachtet der blinde Glaube daran, dass das Zeichen und das Bezeichnete sich zu einer transparenten Einheit verschmelzen. In Balzacs und Flauberts Romanen wird ein Bezeichnetes in Szene gesetzt, das dem Romanhelden beziehungsweise den Leserinnen und Lesern zwar in Aussicht gestellt, aber nie eingeholt und erlangt wird vor seinem Entschwinden. Balzacs intersubjektives Dreigespann macht diese Struktur des Aufschubs auf ihre ökonomische Struktur beziehungsweise Semantik hin transparent. Schulden destabilisieren diese Dreiecksbeziehung, indem sie ein Ungleichgewicht einführen, das entweder mit dem Einbüßen des Realen (dem Tod Esthers) oder einem Auffahren der obigen Begehrensökonomie einhergeht.

* * *

Die *Comédie humaine* lässt sich nicht eins zu eins auf die Restauration oder die Julimonarchie beziehen, das würde das Potenzial ihrer Fiktion unterschlagen. *Splendeurs et misères des courtisanes* erweist sich innerhalb von Balzacs Kosmos als eine Utopie der Übergangszeit, in der ein krimineller Akt die radikale Verkehrung der sozialen Verhältnisse nach sich zieht. Durch diese Inversion werden die herrschenden Verhältnisse nicht etwa abgeschafft, sondern in ihrer Absurdität erst sichtbar. Die Transgression steht, wie bei einem Lackmustest, im Dienst einer Perspektivverschiebung.

Genauer besteht der narrative Spieleinsatz von Balzacs Roman darin, ein wucherndes Kreditnetzwerk zu projizieren, in welchem ein Kampf zwischen bürgerlichen (Nucingen/Herrera), aristokratischen (Lucien) und proletarischen (Esther) Kräften ausgefochten wird. Esther ist, wie gesagt, in Balzacs Werk eine der wenigen proletarischen Protagonistinnen. Der Druck, der auf ihr als verschuldetem Subjekt lastet, ist derart hoch, dass sie ihm schließlich nachgibt und sich – am Höhepunkt des Melodramas – umbringt.

Mit seiner *Comédie* gibt Balzac die subjektive und intersubjektive Seite des Kredits zu bedenken. Er simuliert ein Kreditnetzwerk, dessen einzelne Mitglieder nie den Charakter *literarischer* Figuren abstreifen: Der Wucherer, der geradezu ein arkanes Wissen vertritt, aber auch groteske Züge des Geizes aufweist; der Bankier, der sein Kalkül für einen Augenblick verliert, als er sich in die Kurtisane verliebt; der Verbrecher, der sich verwandelt – das alles sind dezidiert fiktionale Figuren, Typen. Über sie und ihre absurden Devianzen lässt sich so etwas wie ein Experiment veranstalten, das es dem Schriftsteller und der Leserschaft ermöglicht, eine leicht ver-rückte Welt zu imaginieren, in der einerseits fiktionale mit faktualen Elementen unterschiedslos vermischt werden und anderseits die Rolle des Kredits überdeterminiert ist. Balzacs Werk ist *die* Kreditfiktion.

SECHSTES KAPITEL

Masken, Doppelgänger, *Confidence Men*

„Plusieurs masques" (CH, VI, 429) bilden das Subjekt des ersten Satzes von *Splendeurs et misères des courtisanes* (1838ff.). Hinter diesen Masken verbergen sich Frauen, manche von ihnen Kurtisanen, andere Ehebrecherinnen: Das weiß jeder, der am *Bal de l'Opéra* teilnimmt. Die Frauen kommen nicht als Individuen, sondern als Gattung zur Geltung, und als Objekte monetärer oder sexueller Transaktionen sind sie dazu verdammt, gesichts- und namenlose Subjekte bar jeder Individualität zu bleiben. Insbesondere die Vertreterinnen des ‚ältesten Gewerbes' dürfen ihre Charaktermaske als freie und fungible Verkäuferinnen ihrer Reize nicht ablegen.[123] Die Männer wiederum tragen ihr Gesicht offen zur Schau. Ihnen ist es vergönnt, Individuuen zu sein.[124]

Der interne Widerspruch der *Études de mœurs* – ein Sittengemälde von zunehmend gesichts- und eigenschaftslosen *homines oeconomici*, die „berechenbar, regelmässig" (Nietzsche 1999 [1887], 292) und damit verwechselbar und austauschbar sind, – rührt daher, dass Balzac sozial mobile Subjekte zu Protagonisten seiner Romane macht, wie im letzten Kapitel gezeigt wurde. Diese Mobilität, die der Mobilmachung von Arbeitskräften in der kapitalistischen Produktionsweise entspricht, schlägt sich beispielsweise in den Namensänderungen einiger Figuren der *Comédie humaine* nieder: Aus Lucien Chardon wird *Lucien de Rubempré*; aus einem armen Jungen, der dem Ort Tillet entstammt, wird der Bankier *Ferdinand du Tillet* usw. Diese Figuren können keinen Zugang zum *inner circle* der *Comédie* gewinnen, ohne sich selbst neu zu erfinden.

Auch andere Figuren in der realistischen Romanliteratur definieren sich – manchmal sogar gegen ihren Willen – neu. Gottfried Keller entwirft die Figur eines Schneiders, der für einen reichen Mann gehalten wird und dem deswegen Kapitalien zufließen, während bei Flaubert die Figur des profitgierigen Doppelgängers im Zentrum steht. Schließlich entwirft Herman Melville eine Situation, in der im Zeichen des Kredits Eigenschaften von ihren Trägern losgelöst und autonom agieren. Global lässt sich anhand der Literatur beobachten, wie Individuen zu Anhängseln von Finanzgeschäften werden, die zunehmend darüber bestimmen, ob und inwieweit sie sich überhaupt noch

123 Zum Begriff der Charaktermaske vgl. MEW, 23, 635; Einl., 10.

124 Es sei denn, sie möchten ihren Frauen nachstellen und herausfinden, mit wem sie sie betrügen.

 | DOI:10.30965/9783846765012_010

als Subjekte konstituieren können. Subjekte ohne Eigenschaften und Eigenschaften ohne Subjekte suchen stets nach dem größtmöglichen Profit.

Kleider machen Kredit

Im zweiten Band von Gottfried Kellers *Die Leute von Seldwyla* (1853ff.) wird beschrieben, wie sich ein Schuldenwesen aufzulösen beginnt, das seit Jahrhunderten die kleine Gemeinschaft von Seldwyla zusammenschweißt. „Statt der ehemaligen dicken Brieftasche mit zerknitterten Schuldscheinen und Bagatellwechseln führen sie [die Seldwyler] nun elegante kleine Notizbücher, in welchen die Aufträge in Aktien, Obligationen, Baumwolle oder Seide kurz notiert werden“ (KSW, 5, 8f.). Vom Schuldschein, der Schuldner und Gläubiger klar aufeinander bezieht, wechseln die Seldwyler zu Aktien, einem Massenhandel mit unzähligen Gläubigern, die ihre Schuldner in der Regel nicht mehr persönlich kennen.[125] Der „treffliche Schuldenverkehr“, von dem im ersten Band der Erzählsammlung die Rede ist, bildete einst die „Grundlage der Macht, Herrlichkeit und Gemütlichkeit der Herren von Seldwyl“, da die jungen Seldwyler in ein „Paradies des Credites“ (KSW, 4, 8) eingeführt wurden, aus dem es kein Entrinnen gab. Die Überschuldung der Jugend führte dazu, dass jeder, der in Seldwyla blieb und nicht emigrierte, „jene krabbelige Arbeit von tausend kleinen Dingen, die man eigentlich nicht gelernt“, ausführte (9); die Überschuldung hat ein vogelfreies Proletariat geboren, das im zweiten Band flügge wird.

In der ersten Erzählung „Kleider machen Leute“, die von der ökonomisch interessierten Literaturwissenschaft noch nicht näher unter die Lupe genommen worden ist,[126] geht ein ruiniertes „armes Schneiderlein“ (KSW, 5, 11) namens Wenzel Strapinski auf der Suche nach Arbeit die Landstraße zwischen Seldwyla und dem nächstgelegenen Ort Goldach entlang. Im Folgenden entfaltet sich eine Farce der falschen Zuschreibung, in der nicht so sehr die einzelnen Peripetien zählen, sondern vor allem die Grundstruktur. Sie gibt Aufschluss darüber, nach welchen Kriterien in einem recht überschaubaren

125 Zur Anonymisierung im modernen Finanzwesen vgl. Goux 2013, 93: „L'emprunt est le plus souvent fait à un organisme bancaire, qui gère une masse considérable de crédits. Le rapport personnel a lieu éventuellement avec des employés de la banque, occupant des positions plus ou moins élevés dans la hiérarchie, mais nullement directement avec un individu qui prête.“

126 Leider gibt es keine Forschung zu „Kleider machen Leute“, die auf den wirtschaftlichen Aspekt der Erzählung eingeht. Zur ökonomischen Dimension von Kellers Erzählsammlung vgl. Hahn/Seja 2007.

Netzwerk Kredit an Unbekannt verliehen wird und inwiefern es dabei egal ist, ob dessen Vergabe auf wirklichen oder erdichteten Werten fußt.

Der Schneider trägt eine polnische Pelzmütze sowie einen „weiten dunkelgrauen Radmantel [...], mit schwarzem Sammet ausgeschlagen, der seinem Träger ein edles und romantisches Aussehen verlieh" (11); dieser Habitus sei ihm zum Bedürfnis geworden, lieber verhungere er, als sich von diesen Kleidungsstücken zu trennen; und deswegen hat er nur einige Schneeflocken gefrühstückt. In dieser Kluft stößt der „Märtyrer seines Mantels" auf einen Kutscher in einem „bequemen Reisewagen" (12), der ihm anbietet, ihn bei dem schlechten Wetter nach Goldach mitzunehmen. Aufgrund der Tatsache, dass der arme, aber fesch gekleidete Schneider in Goldach aus einer Equipage steigt, wird er für einen hohen Herren gehalten. Sie fahren „stattlich und donnernd durch den Thorbogen von Goldach" (12f.), alle aus dem Dorf stürzen dem Fuhrwerk hinterher, umzingeln es und geleiten den armen Schneider, der ihnen vom scherzenden Kutscher als Graf Strapinski angekündigt wird, zum Gasthaus, wo sich komische Szenen entspinnen: Der verlegene, aber hungrige Schneider in der Gaststube; der Waagwirt und seine Frau, die in der Küche Rebhuhnpastete zubereiten und den teuersten Tropfen bereitstellen, weil sie annehmen, dass der hohe Herr sofort und ausgiebig zu speisen wünsche. In diesen Szenen spalten sich Selbst- und Fremdwahrnehmung in zwei voneinander akustisch getrennte Räumlichkeiten auf, wo jede Seite sich ihrer Projektion ganz hingeben kann.

Es ist dabei egal, dass eine Seite die Wahrheit kennt, dass der Schneider also keinen Heller besitzt, sondern nur „einen Fingerhut, welchen er, in Ermangelung irgendeiner Münze, unablässig zwischen den Fingern drehte". Was der Schneider erhält – ob zu Recht oder zu Unrecht – ist Kredit. Er isst und trinkt soviel, wie die Wirtschaft hergeben kann, und stillt seinen großen Hunger, obwohl er nicht länger über jenen Arbeitslohn verfügt, der ihm „wegen des Fallimentes irgendeines Seldwyler Schneidermeisters" (11) entzogen worden ist. Die satirische Figur, die Keller ins Feld führt, sollte nicht realistisch gelesen werden (genauso wie Seldwyla als eine „ideale Stadt zu betrachten [wäre], welche nur auf den Bergnebel gemalt sei und mit ihm weiterziehe" [7]);[127] vielmehr steht sie für eine konservative Kritik an der grundlegenden Funktionsweise einer Kreditwirtschaft, die sich in diesem Fall, in dem die Leserschaft (im Unterschied zu den Figuren) klar zwischen Sein und Schein unterscheiden kann, als Lug- und Trugwirtschaft herausstellt. Im Glücksspiel, auf das die männlichen Bürger von Goldach den Schneider später einladen, entwirft

127 Zum Begriff des ‚Idealrealismus' vgl. Kap. 2, 67f.

Keller die Vision eines Kasino-Kapitalismus.[128] Mangel und Verschwendung kommen zusammen; Mangel an Lebensmitteln seitens des Schneiderleins und Verschwendung von (fremdem) Geld, das aufs Spiel gesetzt wird.

In Kellers Satire geht es indessen nicht darum, irgendeine Figur zu verteufeln. Zwar heißt es an einer Stelle, der Schneider betrete durch sein Nichthandeln von einem gewissen Punkt ab „den abschüssigen Weg des Bösen" (16); später, als der Schneider von einer Gruppe von Seldwylern enttarnt wird, heißt es vonseiten des Erzählers: „[N]un war er ein Betrüger geworden dadurch, daß die Thorheit der Welt ihn in einem unbewachten und so zu sagen wehrlosen Augenblicke überfallen und ihn zu ihrem Spielgesellen gemacht hatte" (45). Es geht hier nicht primär um die tragikomische Figur des Schneiders, sondern um den gesellschaftlich-ökonomischen Prozess, der durch sein Auftauchen in Goldach ausgelöst wird. Der Schneider entlarvt durch seine Passivität die Narrheit der Goldacher, die Anzeichen seiner Verlegenheit als Vornehmheit auslegen.

Die Dorfbewohner agieren dabei keineswegs selbstlos, sondern aus Eigeninteresse. So sagt beispielsweise der Wirt, es ginge um seine Ehre, es solle nicht heißen, dass die Wirte von Goldach wie diejenigen von Seldwyla „alles Gute selber fressen" (15). Der große Gast wird vom Wirt als Vehikel zur Mobilisierung von Kredit im Kontext eines größeren Kreditnetzwerks herrschender Eliten aufgefasst, als Generator von Einnahmen, die weit über das hinausgehen, was die dörfliche Mikroökonomie hergibt. Wie bei Balzac entsprechen alle, die den Schneider umgeben und umhegen, dem Modell des *homo oeconomicus*, der laut Fritz Breithaupt durch *self-interest* angeleitet werde und jede Handlung auf den Nenner einer Gewinn/Verlust- oder einer Soll/Haben-Bilanz bringe (vgl. Breithaupt 2003, 89ff.), wobei Keller durch die Figur des Schneiders, dessen äußere Zeichen des Reichtums nicht mit einem wirklichen Geldreichtum einhergehen, ein leeres Zentrum setzt, um das sich diese Bemühungen, Profit aus jeder Lebenslage zu schlagen, im Kreis drehen. In *Kleider machen Leute* geht dieser Prozess sogar so weit, den Schneider selbst vom Kredit zu affizieren und seine Stimmung umschlagen zu lassen von Verlegenheit in Frechheit. Mit dem zeitgenössischen psychopathologischen Vokabular heißt es, er bilde einen festen Gedanken aus; schließlich „war der Geist in ihn gefahren" (KSW, 5, 33).

---

128 Glücksspiel und Finanzwesen wurden oft miteinander assoziiert. Im Frankreich des 19. Jahrhunderts haben zahlreiche Regierungen mit mehr oder weniger Erfolg versucht, das Glücksspielverbot auch auf Finanzgeschäfte anzuwenden, insbesondere auf den sogenannten ‚Kulissenhandel', den inoffiziellen Handel mit Börsenpapieren. Vgl. Verley 2007, 30ff.; Pollin 2007, 111ff. In der Literatur (etwa bei Fjodor Dostojewskij oder George Eliot) wird Glücksspiel oft dargestellt; es würde den Rahmen dieser Arbeit sprengen, darauf einzugehen.

Dieser Geist gebiert allen voran – Waren. Strapinski werden im Wirtshaus allerlei Weine auf den Tisch gestellt, und bald sieht er „einen kleinen Wald von Gläsern vor sich, aus welchem der Champagnerkelch wie eine Pappel emporragte. Das glänzte, klingelte und duftete gar seltsam vor ihm [...]" (20). Der Konsum, der durch den Kredit erzeugt wird, bringt exponentiell Dinge hervor, und diese Multiplikation von Dingen zieht einen Multiplikationseffekt von Zeichen nach sich; das Beschreibungsmaterial ist vervielfältigt, und auf diese Weise generiert der Kredit für den Text konsumierbares Material: Listen über Listen von Dingen.[129]

Die (Text-)Wirtschaft von Goldach läuft auf Hochtouren, sobald der ruinierte Schneider, der für einen reichen Herren gehalten wird, die Szene betritt. Er kurbelt nicht nur die produktive Seite der Gesellschaft an, sondern fördert auch spekulativen Spuk in Form des Glücksspiels zutage. Freilich fliegt der Schneider schließlich auf, dies hat jedoch keine Auswirkungen auf seine weitere Karriere in Goldach. Bald ist er mit der Tochter des Amtsrats Nettchen verlobt, die sich so sehr in den Schneider verliebt hat, dass sie selbst nach seiner Enttarnung an der Hochzeit festhält. Am Ende der Geschichte ist aus dem armen Schneiderlein ein „Marchand-Tailleur und Tuchherr" geworden, von dem die Seldwyler sagen, „er presse ihnen das Blut unter den Nägeln hervor" (62). Aus einem Ausgebeuteten wird ein Ausbeuter, und Kleider machen (faulen) Kredit.

Individuum ohne Eigenschaften

Gustave Flaubert geht in *L'Éducation sentimentale* (1869) nicht von einer derartig festen Wahrheitsposition aus, wie sie Kellers Satire zugrunde liegt. Frédéric Moreau kann sich als Individuum nicht konstituieren, folglich kann er weder ‚moralischen' Kredit erhalten noch einbüßen. Er zaudert, entscheidet sich, sich nicht zu entscheiden, lebt, mit Martin von Koppenfels, im ständigen Widerspruch zwischen Wunsch und Affekt: Er begehrt Dinge, die er, sobald sie ihm in die Hände fallen, nicht mehr zu schätzen weiß (vgl. von Koppenfels 2007, 141ff.; Kap. 2, 79f.). Frédéric entscheidet sich aber doch für eines: für

129 Zum Beispiel als der Einzelhandel von Goldach dem Schneider einen Besuch abstattet, da dieser kein Gepäck mitgebracht hat: „Sodann harrten eine Anzahl Dienstboten, um Körbe und Koffer, angefüllt mit feiner Wäsche, mit Kleidern, mit Cigarren, mit Büchern, mit Stiefeln, mit Schuhen, mit Sporen, mit Reitpeitschen, mit Pelzen, mit Mützen, mit Hüten, mit Socken, mit Strümpfen, mit Pfeifen, mit Flöten und Geigen abzugeben von seiten der gestrigen Freunde, mit der angelegentlichen Bitte, sich dieser Bequemlichkeiten einstweilen bedienen zu wollen" (KSW, 5, 29).

die Liebe zu Madame Arnoux, die sich nie realisiert und zugleich nie nicht realisiert; Frédéric richtet sich in diesem Möglichkeitsraum ein.

Die Hauptfigur in Flauberts Roman ist ein Versager und Verlierer. Er kann sich als feste Identität nicht konstituieren. Horst Fritz meint, diese fehlende Identität sei typisch für Flauberts Zeit, die der Roman realistisch abbilde:

> Allen Bereichen der Realität, in der Moreau sich bewegt, fehlt die stabile Kohärenz, in der Orientierung möglich wäre. Damit mangelt es an der Prämisse aller Bildung, an der Gelegenheit, das eigene Handeln auf eine sinnvoll strukturierte Welt hin auszurichten, in der das Subjekt sich als gleichfalls sinnvolle Identität auszuformen vermöchte (Fritz 1980, 243).

Gegen Fritz' These spricht die Tatsache, dass sich Frédéric im entscheidenden dritten Kapitel des zweiten Teils der *Éducation* durchaus für eine Karriere und damit für einen Lebensinhalt beziehungsweise für eine soziale Stelle entscheiden könnte: M. Dambreuse bietet ihm eine feste Anstellung mit Salär an, also den bürgerlichen Jackpot – soziales, symbolisches und finanzielles Kapital auf einen Schlag; dafür verlangt dieser bloß den Ankauf von Aktien. Frédérics Jugendfreund Deslauriers wiederum braucht ein Startkapital für die Gründung einer Zeitschrift, die er zusammen mit Frédéric betreiben möchte (von der Frédéric allerdings nicht glaubt, dass sie rentabel sein wird). Zwei Möglichkeiten, für die eine Bezahlung anfiele.

Anstatt – wie Lucien de Rubempré in Balzacs *Les Illusions perdues* – an irgendeinem konkreten Projekt zu scheitern, investiert Frédéric sein Erbe nicht in diese Möglichkeiten, sondern in die verschuldeten Arnoux', denen er unter die Arme greift. Aufgrund finanzieller Schwierigkeiten hat Jacques Arnoux Kredite und Hypotheken auf eine Immobilie in Belleville aufgenommen, und nun wird ihm mit dem *commandement* gedroht, sprich mit der Zwangsverpfändung. Frédéric zögert zunächst, M. Arnoux' Wunsch zu erfüllen, ihm 16.000 Francs kurzfristig zu leihen, die er freilich baldigst zurückerhalten werde; als Jacques Arnoux in einem Brief andeutet, dass seine „femme se joint à moi, cher ami, dans l'espérance", überbringt Frédéric ihnen das Geld sofort. Dieses Geld wird er von Arnoux lange Zeit nicht zurückerhalten: „La semaine finie, Frédéric demanda timidement au sieur Arnoux ses quinze mille francs. / Arnoux le remit au lendemain, puis au surlendemain" (FO, II, 214) etc. Damit sind sowohl das Zeitungsprojekt als auch die Stelle beim Bankier keine Möglichkeiten mehr, denn Frédéric stehen zu diesem Zeitpunkt keine weiteren finanziellen Mittel zur Verfügung.

Pierre Bourdieu geht davon aus, dass das Kunstwerk für Flaubert eine „compossibilité de tous les possibles" (Bourdieu 1975, 69) darstelle, für die Frédéric als Figur aufgrund seiner Indifferenz gegenüber dem bürgerlichen

Betätigungsfeld stehe. Seine Entscheidung, sich nicht zu entscheiden, kann mit Bourdieu als eine Ablehnung seines Erbes gelesen werden:

> De toutes les exigences enfermées dans l'héritage, la plus absolue est que l'heritier prenne au sérieux ces exigences. Frédéric ne remplit pas les conditions : possesseur qui n'entend pas se laisser posséder par sa possession – sans pour autant y renoncer –, il refuse de s'arranger, de s'arracher à l'indetermination, de se doter de propriétés distinctives socialement reconnues en se laissant approprier par les deux propriétés qui seules, en ce temps et dans ce milieu, pourraient lui conférer les instruments et les insignes de l'existence sociale, à savoir un „état" et une épouse légitime dotée de rentes. [...] Frédéric se conduit en „héritier", qui veut hériter sans être hérité. Il lui manque ce que les bourgeois appellent le „sérieux", cette aptitude à être ce que l'on est : forme sociale du principe d'identité qui seule peut fonder une identité sociale sans équivoque (71).

Bourdieu spricht in Frédérics Fall davon, dass dieser seinen „échec en aristocratisme du renoncement élecif" (69) konvertiere, sprich in aristokratische Versagung. Wie Fritz verweist er zwar auf den ökonomischen Hintergrund dieses (Sich-)Versagens, macht ihn aber nicht zum Zentrum seines Interesses. Dazu passt seine These, Frédéric entscheide sich für die ‚reine Liebe' zu Madame Arnoux; eine Wahl für die Potenzialität und gegen die Aktualität, wie wir im zweiten Kapitel gesehen haben.

Frédéric Moreau führt ein Leben ohne Identität. Dieser Mann ohne Identität, der sich in eine weder verfügbare noch nicht-verfügbare Frau verliebt hat, zeichnet sich ferner dadurch aus, gegenüber Madame Arnoux eine eigentümliche Grauzone zwischen der Position des Gläubigers und derjenigen des Schuldners zu bewohnen. Einerseits begeht er ihr gegenüber immer wieder Fehltritte und wird daraufhin von ihr zurück- und zurechtgewiesen, ein Vorgang, der sein Selbstwertgefühl peinlich berührt und ihn des Öfteren sogar auf seine Angebetete fluchen lässt. Er inszeniert sich ihr gegenüber in diesen Momenten als Schuldner. Beispielsweise ersetzt er einen Schirm von ihr, dessen Elfenbeingriff er zerbrochen hat, mit den Worten: „Mais... c'est presque une dette!" (FO, II, 113). Zudem dient er sich dem Haushalt der Arnoux' derart an, dass es über ihn heißt: „Alors commença pour Frédéric une existence misérable. Il fut le parasite de la maison" (200).

Andererseits versucht sich Frédéric ständig durch Geldgeschenke bei Madame Arnoux begehrt zu machen:

> Ses beaux yeux noirs, dont la sclérotique brillait, se mouvaient doucement sous leurs paupières un peu lourdes, et il y avait dans la profondeur de ses prunelles une bonté infinie. [...] Comment se faire valoir ? par quels moyens ? Et, ayant bien cherché, Frédéric ne trouva rien de mieux que l'argent (165).

Dies ist, wie wir gesehen haben, keine leere Rhetorik. Nach der Pleite gibt sich Madame Arnoux auf dem Land harter Handarbeit hin, um die Schulden ihres ständig kranken Mannes abzubezahlen. Jahre später sucht sie einen ihrer ehemaligen Gläubiger auf und stellt „un petit portefeuille de velours grenat" auf dem Kaminsims ab: „Je l'ai brodé à votre intention, tout exprès. Il contient cette somme, dont les terrains de Belleville devaient répondre" (449). Der Gläubiger ist freilich Frédéric Moreau. Endlich wird das Darlehen zurückgezahlt, und die Arnoux' schulden ihrem Gläubiger-Schuldner nichts mehr.[130]

Flaubert stellt *avant la lettre* Jürgen Habermas' Frage: „Können komplexe Gesellschaften eine vernünftige Identität ausbilden?" (vgl. Habermas 1976, 92ff.). Frédéric Moreau umgeht das von Habermas in seinem Aufsatz behandelte Problem der Individuation, das besagt, als Person sei das Ich allen anderen Personen gleich, als Individuum jedoch von allen anderen unterschieden. Er lebt in einem Limbus der Individuation, genauso wie er gleichzeitig die Position des Schuldners und des Gläubigers einnehmen möchte. Dirk Baecker deutet an, dass darin ein utopisches Potenzial liege:

> Dem Kapitalisten (und der kapitalistischen Gesellschaft) ist es gelungen, sich an die Stelle des fiktiven Spielers zu setzen, der gewinnt, was alle anderen verlieren. Dem Ökologen muß es gelingen, die Natur aus der Rolle des fiktiven Spielers zu befreien, der verliert, was alle anderen gewinnen. Kann er sich dabei den Beobachter zum Vorbild nehmen, der sich zum Schuldner *und* Gläubiger seiner selbst einsetzte? (Baecker 1991, 183f.).

Frédéric möchte freilich kein *loser* sein. Er manövriert sich trotzdem in eine bizarre Position hinein, in der er weder Gewinner noch Verlierer ist, sondern ein Versagender.

Frédérics Indifferenz, sein Zaudern, sein Versagen und seine fehlende Identität machen ihn ersetzbar. Die *Éducation* wimmelt nur so von Doppelgängern. Sie stellt eine Gesellschaft dar, in welcher der schwarze Rock des Bürgers, von dem im Vorwort zu *Splendeurs et misères* die Rede ist, schon längst die Trottoirs verstopft. Im Roman ist die Hauptfigur von Doppelgängern flankiert, ja sie steht in einer Reihe austauschbarer Figuren: So ist Frédéric Jacques Arnoux' und Deslauriers wiederum Frédérics Doppelgänger. Als Frédéric aufgrund eines finanziellen Engpasses in seinen Heimatort zurückkehren muss (vgl. Kap. 2, 66), schlüpft Deslauriers in dessen Kleidung und sucht Madame Arnoux auf: „[I]l [Deslauriers] vernit lui-même ses bottes, acheta des gants blancs, et se mit en route, se substituant à Frédéric et s'imaginant presque être lui, par une

130 Frédéric behandelt die verheiratete Frau durch diese Geldgaben wie eine Prostituierte. Vgl. Kap. 9.

singulière évolution intellectuelle où il y avait à la fois de la vengeance et de la sympathie, de l'imitation et de l'audace" (FO, II, 276). Frédéric und sein Freund sind so austauschbar, dass sie in der ersten Fassung der *Éducation* umgekehrte Rollen einnehmen. Frédéric versucht seinerseits Jacques Arnoux von seinem Platz zu verdrängen. Nicht nur umwirbt er dessen Frau, er liiert sich auch mit seiner Mätresse, der Kurtisane Rosanette. Und die Kurtisane und die Ehefrau sind ihrerseits austauschbar: Arnoux leitet Geschenke an Rosanette weiter, die er einst seiner Frau geschenkt hat, und Rosanettes Interieur gleicht deswegen in manchen Hinsichten demjenigen der Arnoux'; darüber bricht sogar ein ernsthafter Streit zwischen den beiden Eheleuten aus. Frédéric begehrt nicht nur Madame Arnoux, sondern auch die gesellschaftliche Systemstelle ihres Mannes: „Tout lui appartenait donc, à celui-là" (216).

Damit begehrt er die Systemstelle eines Schwindlers. Jacques Arnoux' Karriere bringt ihn vom Handel mit Kunst über die Porzellanherstellung bis hin zum Devotionalienkrämertum, und mit jedem dieser Schritte kommt er seinem Ruin näher. Frédéric investiert in ein multipel ruinöses Geschäft. Der Name von Arnoux' erstem Unternehmen *L'Art industriel* deutet bereits an, dass dieser sein Geld mit der Reproduktion von Kunst verdient. Er verkauft mittelmäßige Kunst zu Wucherpreisen,[131] zahlt den Künstlern wenig und streicht große Margen ein, indem er sie etwa dazu auffordert, kleine Kopien ihrer Originale herzustellen, um Kupferstiche anzufertigen, und diese dann verkauft, ohne die Stiche in Auftrag zu geben; wer sich beklagt, ausgebeutet zu werden, bekommt vom gut genährten Leiter der Kunstindustrie „une tape sur le ventre"; wo er kann, prellt Arnoux seine Künstler. Er handelt mit Klischees und verkauft „le sublime à bon marché" an Rezipienten wie Emma Bovary (vgl. Kap. 1, 55f.). Er übt damit eine verheerende Wirkung auf junge Künstlerinnen und Künstler aus: „[I]l détourna de leur voie les artistes habiles, corrompit les forts, épuisa les faibles, et illustra les médiocres" (FO, II, 71). Sein Geschäft läuft nicht gut, und nach der ersten Fast-Pleite, bei der ihm Frédéric hilft, etabliert er sich vor seinem endgültigen Absturz als Porzellanhersteller.

Jeder lässt sich in der Welt der *Éducation sentimentale* jederzeit mit jedem austauschen, niemand ist unersetzbar, einzigartig. Für den Realismus ist diese Austauschbarkeit charakteristisch. Der Grund dafür ist, dass Frédéric nach der einzigartigen Individualität sucht, die laut Fritz Breithaupt typisch für das romantische Ich ist; Arnoux wiederum sucht das Selbst des *self-interest*, das laut Breithaupt eine subalterne Position gegenüber Währungen einnimmt; es

131 „Il recevait du fond de l'Allemagne ou de l'Italie une toile achetée à Paris quinze cents francs, et, exhibant une facture qui la portait à quatre mille, la revendait trois mille cinq cents [...]" (FO, II, 71).

wird, gleich dem Subjekt im Satz, zu ihrem formaler Träger degradiert (vgl. Breithaupt 2003, 86.).

Eigenschaften ohne Individuum

Während es bei Flaubert noch eine Figur mit einem Vor- und Zunamen, einer Biographie, einer Genealogie, Wünschen und Enttäuschungen, einem relativ fixen sozialen Umfeld gibt, kann man für die Hauptfigur in Herman Melvilles notorisch dunklem Werk *The Confidence-Man: His Masquerade* (1857) nicht einmal sagen, ob es sie gibt. In seinem Roman denkt Melville den für den Kapitalismus typischen Zerfall der Identität, der sich bei Balzac, Keller und Flaubert andeutet, zu Ende. Melville bevölkert sein Narrenschiff Fidèle mit Fremden, die dicht an dicht misstrauisch um das Vertrauen von noch Fremderen[132] buhlen und dieses Vertrauen sogleich bar ausgezahlt haben wollen. Es ist dabei nicht ausgemacht, wer die im Titel angegebene Hauptfigur sein könnte und ob sie eine sich stets verwandelnde und verkleidende Figur darstellt oder mehrere Figuren. Der Prozess der Individuation einer literarischen Figur gerät ins Stocken, und dies verunklart von Anfang an den Vertrag zwischen dem Autor und seiner Leserschaft. Eigenschaften ohne Individuum geistern auf dem Narrenschiff herum.

Ich möchte Melvilles Text als Simulation eines Kreditnetzwerks lesen, die die Leserinnen und Leser in ihren Bann zieht und sie derselben extremen Verunsicherung aussetzt, die die Passagiere an Bord der Fidèle durchleben; jeder Vertrauensakt stellt ein *leap of faith* dar, auch der Kredit, den man als Leserin oder Leser einzelnen Figuren verleiht oder verwehrt.

Die Handlungsstruktur des Romans lässt sich relativ einfach zusammenfassen: Auf dem Dampfschiff Fidèle, das an einem 1. April (*April Fool's Day*) bei Tagesanbruch den Hafen von St. Louis in Richtung New Orleans verlässt, finden eine Reihe von Begegnungen zwischen den Passagieren statt, in denen laut Peggy Kamuf

> one character, always a man, seeks to gain the confidence of his interlocutor and to receive a token of this confidence, usually some money. These money tokens take several forms: coins begged from a passerby, a loan or a gift to a friend in need, a donation to charity, a purchase of stocks, a purchase of herbal medicines, a down payment for a promised service, an investment in some speculative venture, and so forth" (Kamuf 1997, 170).

132 „[T]hough always full of strangers, she [the *Fidèle*] continually, in some degree, adds to, or replaces them with strangers still more strange" (CM, 7).

Anders ausgedrückt bringt Person x jemanden dazu, ihr zu vertrauen, und konvertiert dieses Vertrauen in ein Zeichen des Vertrauens, sei dieses monetär oder verbal; dieses Schema wiederholt sich einige Male bis Person x plötzlich verschwindet und nicht mehr erwähnt wird; das Ganze geht mit einer nächsten Person – je nach Lesart, x_1 oder y [133] – von vorne los. Zwischen den Sequenzen, Leerstellen. „[T]here are only blanks articulating the elements of the supposed series, blanks through which one must draw a continuous line in order to make the dispersed elements the outline of the same face behind a series of masks" (207). Sogar der Possessivartikel im Untertitel *His Masquerade* könnte Teil des Betrugs darstellen.

Wie die Reise der Fidèle „extends from apple to orange, from clime to clime" (CM, 7), so werden im Text wiederholt Äpfel mit Birnen vertauscht.[134] Vielleicht ist der Confidence-Man ein sich maskierender Betrüger (ein *con-man*), vielleicht nicht. Alle Zeichen bieten sich einer radikal kontingenten Lesart an. Melvilles Text ist doppelbödig, ohne dass klar wäre, ob überhaupt ein doppelter Boden vorhanden ist.

Diese unzuverlässige Doppelbödigkeit wird narrativ geschickt gezimmert. Das zeigt sich bereits in der Anfangsszene. In ihr kommen ein Plakat, eine Schiefertafel und ein Schild vor, die widersprüchliche Wirkungen entfalten. Das erste, was die Aufmerksamkeit der an Bord gehenden Passagiere einfängt, ist ein Fahndungsplakat, das vor einem Betrüger warnt und ein Kopfgeld auf ihn ausschreibt: „[Q]uite an original genius in his vocation, as would appear, though wherein his originality consisted was not clearly given". Misstrauen macht sich breit. Während die Passagiere diese vage Beschreibung zur Kenntnis nehmen, werden sie hinterrücks ausgeraubt von Taschendieben, „certain chevaliers, whose eyes, it was plain, were on the capitals, or, at least, earnestly seeking a sight of them from behind intervening coats; but as for their fingers, they were enveloped in some myth" (1). Die Augen auf die *capitals* (Großbuchstaben) geheftet, tauchen die Finger in die Taschen der Herumstehenden und fischen *capitals* (Geld) heraus. Ist das Plakat gar ein Ablenkungsmanöver, das die Taschendiebe hingestellt haben? Ein Bettler, der sich als taubstumm herausstellt, hält sogleich eine Schiefertafel hoch, auf der er Verse aus dem Brief an die Korinther aufschreibt, die alle zum Vertrauen in das Gegenüber aufrufen (etwa mit dem Spruch: „Charity believeth all things" [3]). Er wird beschimpft, mit Hohn überhäuft, getreten.[135] Schließlich bringt der Barbier der

133 Y steht für eine neue Figur, x_1 wiederum für dieselbe Figur in einer anderen Verkleidung.

134 Im Englischen vergleicht man sprichwörtlich Äpfel und Orangen.

135 Auf die Tatsache, dass zu dieser Zeit in den Vereinigten Staaten die verschiedenen christlichen Konfessionen die Frage nach der Gültigkeit und Authentizität der apokryphen Bibeltexte heiß diskutierten, macht Imbert 1992 aufmerksam.

Fidèle ein Schild an, das auf allgemeine Anerkennung stößt. Auf ihm steht schwarz auf weiß: „NO TRUST" (4).

Schwarz auf weiß, weiß auf schwarz, schwarz auf weiß: Drei Schriftbilder, die jeweils drei widersprüchlichen Sprechakten unterstellt sind, führen die Leserschaft an Bord der *Fidèle*. Nichts ist sicher. Melville „presents something for the reader to hold onto and then snatches it away by presenting the contrary" (Cawelti 1957, 281). Die Leerstellen zwischen den Zeilen wiederum machen eine Entscheidung abhängig von Vorannahmen der Leserin oder des Lesers; man muss sich seinen eigenen Reim auf das Ganze machen.[136] Auf diese Konstellation, in der Zeichen lose auf andere Zeichen verweisen, ohne dass eine letztgültige oder ‚emittierende' Instanz (wie eine emittierende Bank) ausfindig gemacht werden könne, weist Michel Imbert hin.[137]

Im nächsten Kapitel werden Urteile der Passagiere über den Bettler mit der Schiefertafel ungefiltert wiedergegeben: „‚Odd fish!' / ‚Poor fellow!' / ‚Who can he be?' / ‚Casper Hauser.' / ‚Bless my soul!' / ‚Uncommon countenance.' / ‚Green prophet from Utah.' / ‚Humbug!' / ‚Singular innocence.' / ‚Means something.' / ‚Spirit-rapper.' / ‚Moon-calf.' / ‚Piteous.' / ‚Trying to enlist interest.' / ‚Beware of him.'" (CM, 6). Kurz davor ist er an Bord gegangen, hat sich auf eine Bank gesetzt und ist eingeschlafen „as some sugar snow in March, which, softly stealing down over night, with its white placidity startles the brown farmer peering out from his threshold at daybreak" (5). Und genauso schnell verschwindet dieser weiße Bettler, der die Gemüter erhitzt, und wird, in einer Inversion des obigen verschneiten Bildes, ersetzt durch einen schwarzen Bettler, der von einem Bettler mit Holzbein des Betrugs bezichtigt wird. Der schwarze Bettler Black Guinea, der verkrüppelt über den Boden robbt, verweist in Ermangelung eines Ausweises („waloable papers" [13]) auf Zeugen, um sich zu verteidigen; diese Zeugen, die momentan nicht aufzufinden sind, tauchen in der Folge alle auf und werden von den Leserinnen und Lesern als Inkarnationen des Confidence-Man gelesen, beispielsweise der „werry nice, good ge'mman wid a weed" (14). Weitere hermeneutische Mutmaßungen sind gefragt.

---

136 Vgl. Kamuf 1997, 205: „The relation between the two written surfaces is put in place in such a way as to leave a blank or an interval between the signs, between all the posters, placards, notices, announcements, and cards scattered throughout the text. Between these two figures of the written object, the writing at the same time poses and suspends any possible relation of meaning connecting one to the other [...]"

137 Vgl. Imbert 1992, 81: „As a matter of fact, no official document can be an unquestionable proof in itself. There is no such thing as a transparent text (a ‚plain paper'). What is deemed self-evident and trustworthy may prove murky (‚walloable [sic] papers' ; a coined word which conflates *valuable* and *wallow*)."

Nun kommen einige Transaktionen zustande. Ein *Country merchant* gibt Black Guinea trotz der Zweifel an seiner Aufrichtigkeit einen halben Dollar. Erste Transaktion. Seine Visitenkarte fällt ihm ‚zufällig' aus der Tasche, und der *Man with the weed*, den Black Guinea am Ende des Kapitels heraufbeschwört, spricht den *Country merchant* im nächsten Kapitel mit seinem Namen Mr. Roberts an. Die zweite Transaktion nimmt einen recht sonderbaren Verlauf. Der *Man with the weed* überzeugt Mr. Roberts, dass dieser eine Gedächtnislücke habe und sich deshalb nicht an ein Treffen mit ihm vor einiger Zeit erinnern könne. Nun bittet ihn der *Man with the weed* um ein Almosen. Eine pathetische Geschichte wird erzählt, die Mr. Roberts zunächst einen, schließlich einen größeren Geldschein entlockt. Damit kommt auch diese zweite Transaktion zum Abschluss. Der *Man with the weed* sagt nun, er habe den Vertreter der Black Rapids Coal Company an Bord erspäht, dessen Aktien ja zurzeit recht günstig seien aufgrund eines Gerichtsverfahrens, das Black Rapids im Laufe sei, für sich zu entscheiden, was dazu führen werde, dass „confidence will be more than restored" (25). Ein paar Kapitel später stößt Mr. Roberts auf ebenjenen Vertreter der Black Rapids, der von Ersterem regelrecht dazu überzeugt werden muss, ihm Aktien zu verkaufen. Dritte Transaktion.[138]

Ein *perpetuum mobile* der *bona fide*, des Vertrauens und des Kredits wird in Gang gesetzt; und die Leserin oder der Leser blickt misstrauisch auf diesen Vorgang. Die Zuschreibung der Identität des Confidence-Man funktioniert metonymisch: Figuren, die in verschiedenen Kapiteln auftauchen, werden durch Beweisfetzen, wie die Visitenkarte, miteinander verbunden, und anhand der Familienähnlichkeit der Versuche, Vertrauen herzustellen, lässt sich mutmaßen, dass es sich um den Protagonisten/die Protagonisten handelt.

Was verrät diese Erzählökonomie über die ökonomische Funktion des Vertrauens? Auf dem Dampfer gibt es nicht ausreichend Zeit, ein Netzwerk aufzubauen, das jenseits von monetären Transaktionen Bestand hätte, also wird Geld als allgemeines Äquivalent eingesetzt, um kontingent zusammengewürfelte Individuen verschiedenster Klassen, Berufe und Konfessionen „helter-skelter" (9) miteinander vertraut zu machen und Kredit herzustellen. Die Leserinnen und Leser werden auf Schritt und Tritt verunsichert, selbst durch den Erzähler, der sich mehrmals auf widersprüchliche Art und Weise an sie wendet (vgl. Deleuze 1993, 104ff.).[139] Dies entspricht Niklas Luhmanns

---

138 Nach dieser Transaktion stellt sich heraus, dass der Vertreter von Black Rapids Black Guinea, der ihn als Zeugen genannt hat, doch nicht kennt; ein verwirrendes Signal, denn es läge ja im Interesse eines hinter den Figuren agierenden identischen *con-man*, das Vertrauen in die Aussagen seiner verschiedenen Avatare zu steigern.

139 Im 14. Kapitel schreibt Melville die Identitätsbrüche eines Avatars des Confidence-Man der Tatsache zu, dass sich Personen im echten Leben äußerst selten über die Zeit

Definition des Vertrauens als riskanter Vorleistung, bei der jemand, der Vertrauen spendet, im Nachhinein mehr verlieren könnte als er erhalten hat (vgl. Luhmann 1968, 27ff.).

Es lässt sich ferner sagen, dass der Vertrauenstypus, der im Medium Geld besiegelt wird, völlig Unbekannte oder Fremde miteinander für einige Augenblicke in eine intensive Beziehung setzt, die entweder zum Abschluss einer monetären Transaktion führt oder einen Bruch markiert. Laut Luhmann trägt Geld in einer komplexen Gesellschaft dazu bei, „die Verschiedenheit des Verschiedenen" (Luhmann 1994, 233) und die Differenz von Ego und Alter zu überbrücken. Voraussetzung dafür sei die doppelte Kontingenz, also die Tatsache, dass beide Teilnehmer an einer potenziellen Geldtransaktion so oder auch anders handeln könnten. Manchmal kommen Transaktionen zustande, dann vereinige Geld als *sýmbolon* das Verstreute; kommt eine Transaktion aus irgendeinem Grund nicht zustande, werde die Verschiedenheit des Verschiedenen betont, dann stehe Geld als *diábolon* für Differenz (vgl. 257ff.).[140] Die Inkarnationen des Confidence-Man wurden dementsprechend immer wieder als Verkörperung des Teufels (vgl. Miller 1959) oder des Messias gelesen (vgl. West/Burnett 2007; Deleuze 1993, 111ff.).

Melvilles narrative Welt entstand laut Michel Imbert im Kontext einer Währungskrise in Amerika. 1836 wurde ein Veto gegen die *Second National Bank of the United States* erlassen, und seitdem kursierten derart viele Währungen, dass man sich vor Falschgeld in Acht nehmen musste (vgl. Imbert 1992, 77f.).[141] Auch in Melvilles Roman kursieren zahlreiche Erzähl-Währungen, für die der Erzähler nicht bürgen kann. Am Ende des Romans wird ein

---

konsistent verhalten. „Who did ever dress or act like your cosmopolitain?", wendet eine vorgestellte Leserin oder ein vorgestellter Leser im 33. Kapitel ein, worauf der Erzähler antwortet: „Strange, that in a work of amusement, this severe fidelity to real life should be exacted by any one, who, by taking up such a work, sufficiently shows that he is not unwilling to drop real life, and turn, for a time, to something different" (CM, 218). Hier wird die im 14. Kapitel behauptete Wahrscheinlichkeit wieder infrage gestellt. Ausgehend vom erzählerischen Ausruf, der *cosmopolitain* sei „Quite an original", wird schließlich im 44. Kapitel eine Theorie des Originals entworfen, die besagt, dass die literarische Figur als Original „is like a revolving Drummond light, raying away from itself all round it – everything is lit by it, everything starts up to it" (284); er versetzt also durch seinen Auftritt alle anderen Figuren, die zumeist „merely singular" (283) seien, in Bewegung und klärt dadurch über ihre Lebensweise auf.

140 Luhmann entlehnt diese Begriffe dem Griechischen. Das *sýmbolon* war ein Erkennungszeichen, das, wie die ersten *stocks* (Aktien in Form von Stöcken), in Stücke aufgebrochen wurde und durch Vereinigung der Stücke funktionierte.

141 Im Erscheinungsjahr des Romans brach die erste Weltwirtschaftskrise aus.

Counterfeit Detector vom Confidence-Man verkauft. Er gibt dem Empfänger von Geld einige Tipps und Tricks zur Überprüfung der Echtheit eines Geldscheins an die Hand, etwa im Hinblick auf Farbe, Textur oder auf das Wasserzeichen. Der Detektor funktioniert selbst nicht einwandfrei: Der Geldschein, der unter die Lupe genommen wird, hat sein Wasserzeichen verloren, zudem ist es im Unterdeck einfach zu dunkel; eine Gans sollte in einer Ecke des Geldscheins zu finden sein; sie ist nirgends zu sehen. Liest man den Begriff *Counterfeit Detector* als *genitivus obiectivus,* so wäre der Detektor selbst gefälscht. Vielleicht handelt es sich um eine „Wild-goose-chase!" (CM, 14), die Suche nach der Goldenen Gans.

An der Frage der Identität des Confidence-Man hängt ein ökonomisches Weltbild. Handelt es sich, wie der Untertitel suggeriert, um *eine* Person, dann gehen alle Einnahmen an diese eine Stelle, dann profitiert ein *Con-Man,* während alle anderen verlieren; wenn es sich um unterschiedliche Figuren handelt, dann stellt das Buch Umverteilung der Ressourcen an Bord von Punkten des Überflusses zu Punkten des Mangels dar. Eine kapitalismuskritische Lesart kann konterkariert werden mit einer Lesart, die die selbstheilenden Kräfte des Markts und seine optimale Güterverteilung anpriese. Rachel Cole meint, Melvilles Text adressiere die Arbeiterschaft, die unter der Tatsache leide, Mittel zum bürgerlichen Zweck zu sein, und daher ihre Identität aufgestempelt und aufoktroyiert bekomme; als maskierter Harlekin biete die Figur des Confidence-Man dieser Leserschicht die Möglichkeit, sich in eine Freiheit hineinzuprojizieren, die sie nicht genießt; der subversive Charakter der Figur löse soziale Bindungen auf: eine Rachephantasie (vgl. Cole 2006).[142]

Dem Prozess der Proletarisierung, den Karl Marx im *Kapital* analysiert, liegt übrigens eine analoge Dynamik wie im *Confidence-Man* zugrunde. Für Marx geht dieser Prozess mit der Abschaffung des Habitus einher. Arbeiterinnen und Arbeiter sollen ja ihre Arbeitskraft verkaufen, sonst nichts. Je austauschbarer sie sind, desto geringer kann man sie schätzen, desto niedriger ihr Arbeitslohn. Marx beschreibt die Industrialisierung aus der verkürzten Perspektive der Hände, die sie aufbauen. Im Unterschied zur Manufaktur benötige Industrie keine in dieser oder jener Kunst ausgebildeten Hände, sondern bloß einen zur Arbeit tauglichen Körper, der nunmehr mechanisch eine einzige Handlung, die schnell gelernt ist, auszuführen habe; ein Prozess, den Marx mit seinem

142 In ihrem berühmten Aufsatz über die *Kulturindustrie* kritisieren Theodor W. Adorno und Max Horkheimer derartige ästhetische Kompensationen für das reale Leiden des vom Kapital in Beschlag genommenen geschädigten Lebens. Vgl. Adorno/Horkheimer 1988 [1944], 128-76.

sezierenden Duktus zu der „produktive[n] Verausgabung von menschlichem Hirn, Muskel, Nerv, Hand usw." (MEW, 23, 58) reduziert. Das „Anhängsel der Maschine" (674) müsse sich dem Wechsel der Arbeit nun wie einem überwältigenden Naturgesetz unterwerfen und daher möglichst große Vielseitigkeit und Belastbarkeit entwickeln:

> Sie [die große Industrie] macht es zu einer Frage von Leben und Tod, die Ungeheuerlichkeit einer elenden, für das wechselnde Exploitationsbedürfnis des Kapitals in Reserve gehaltenen, disponiblen Arbeiterbevölkerung zu ersetzen durch die absolute Disponibilität des Menschen für wechselnde Arbeitserfordernisse; das Teilindividuum, den bloßen Träger einer gesellschaftlichen Detailfunktion, durch das total entwickelte Individuum, für welches verschiedene gesellschaftliche Funktionen einander ablösende Betätigungsweisen sind (512).

In diesem Zitat schwingt immer noch die Entfremdungsthese des früheren Marx mit und die Hoffnung auf einen dereinst vereinheitlichten ganzen Menschen, der nicht mehr Anhängsel der Maschine wäre. Eine Hoffnung, die für Jean-François Lyotard im Übrigen der „[f]antaisie d'une région non aliénée" (Lyotard 1974, 131) entspricht. Letzererer geht so weit zu sagen, dass „aucune métamorphose ‚productive' ou ‚artiste' ou ‚poétique' n'a jamais été accomplie et ne le sera par un corps organique unitaire et totalisé" (137) und dass die Zersplitterung des Körpers in verschiedene Regionen der Intensität und des Begehrens so alt sei wie die Kultur selbst, die darin eine „jouissance [...] *insupportable*" (138) finde.

* * *

Hans Robert Jauß zeichnet nach, wie die *impassibilité* bei Flaubert von seinen Kritikern „der Maschine zugeordnet [wird], die die bislang noch manuelle Arbeit überflüssig machte" (Jauß 1958, 97). Auch Melvilles Erzähler verabsäumt es, die von ihm geschilderten Vorgänge zu autorisieren.

In diesem Kapitel wurde der Zerfall des Individuums in Romanen von Keller, Flaubert und Melville in das Zeichen zunehmender Kapitalisierung gestellt. Bei Keller werden Eigenschaften falsch zugeschrieben, die bei Flaubert dem Individuum überhaupt nicht mehr zugeschrieben werden können; und bei Melville schließlich gibt es nur noch frei flottierende Eigenschaften ohne Individuum. Mit Marx gesprochen bleiben in Melvilles *Masquerade* nur noch Charaktermasken übrig, die sich bei jeder neuen Transaktion gegenüberstehen und misstrauisch mustern. Dazu passt, dass alle Avatare des Confidence-Man zwei Dinge nicht ausstehen können: Einsamkeit und fehlendes Vertrauen. Kommt die Transaktion nicht zustande, so führt der Austausch von Münzen nicht zur Herstellung von Gemeinschaft, so dienen *munis* nicht mehr zur Konstitution der *communitas*.

Diese Abstraktionsbewegung kann um ein weiteres Abstraktionsniveau potenziert werden: In einer Novelle von Balzac sind nicht mehr die Figuren die Akteure, sondern die abstrakten Finanzoperationen. Sie entwickeln ein gespenstisches Eigenleben.

SIEBTES KAPITEL

Börsenkrach

Quand Nucingen lâche son or [...], croyez qu'il saisit des diamants !

CH, VI, 338

In Balzacs Börsennovelle *La Maison Nucingen* (1837) stechen finanzielle Sicherheiten in See, während aus einem Börsenkrach Kapital geschlagen wird. Der Bankier der *Comédie humaine* Nucingen erzeugt mithilfe einer *fausse faillite*, eines falschen Bankrotts, enorme Gewinne an der Börse. Um diese unerhörte Begebenheit zu inszenieren, konvertiert er seine eigenen Finanzmittel in Gold, das er verschiffen lässt.[143] Bei Einlaufen des Schiffs in den Hafen schreien die Investoren, die zwischenzeitlich ihre Nucingen-Aktien unter Wert verkauft haben, wieder nach dem Papier des illustren Barons mit dem gebrochenen Französisch. Und schon ist die Marge gemacht! Die Deckung von Wertpapieren wird buchstäblich in die sieben Meere entlassen, und diese Entfesselung der Signifikaten von ihren Signifikanten zieht einen Börsenkrach nach sich, ein Hin und Her der Gerüchte, des unbedeutend-bedeutenden Geredes; an genau dieser (Bruch)stelle des Finanzwesens regnet es Kredit.

Wir befinden uns, ähnlich wie in Melvilles Text, auf der hohen See der Signifikanten. In diesem abschließenden Kapitel möchte ich auf den anfangs heraufbeschworenen untoten Bankier zu sprechen kommen und mich fragen, welche Erzählform und -ökonomie die Schilderung seiner anonymisierten Massentransaktionen annimmt. In Balzacs Text generieren von ihren Referenten abgekoppelte Zeichen Profit. Die Frage, die Balzac in ein „énigme" (369) gießt, lautet: Wie kann aus der Kakophonie, dem Hörensagen und dem leeren Gerede eines Börsenkrachs Profit gemacht werden? Wie entsteht (numerischer) Sinn aus dem (semantischen) Unsinn selbstbezüglicher Finanztransaktionen?[144] Und ferner fragt er, wie sich Kapital in der Krise (des Sinns) konzentriert und zentralisiert. Marx spricht ja im *Kapital* von der Funktion des Kredits, Kapital zu zentralisieren: „Im Maß wie die kapitalistische Produktion und Akkumulation, im selben Maß entwickeln sich Konkurrenz und Kredit, die beiden mächtigsten Hebel der Zentralisation" (MEW, 23, 655).

143 Damit greift Balzac ein Motiv von Shakespeares *The Merchant of Venice* auf.
144 Eine Analyse der Autopoiesis des Geldes findet sich in Luhmann 1994, 43-90.

 | DOI:10.30965/9783846765012_011

Balzacs Text kann diese Fragen nicht beantworten, sondern nur die Dosis an prosaischer Irritation erzeugen, die die geschilderten Börsenvorgänge zu denk- und fragwürdigen Begebenheiten macht. Die Pariser Börse des 19. Jahrhunderts ist ein literarischer Schauplatz, an dem eine relativ kleine Anzahl an Aktionären eine geringe Menge an Transaktionen im Vergleich zum heutigen Börsengeschehen tätigt. Balzac verschaltet die Mikroebene des Markts mit seiner Makroebene und bezieht einzelne Transaktionen und die sie umgebenden Wolken von Überlegungen, Diskussionen und Motivationen auf das Kreditwesen als Ganzes.[145] Er stößt dabei auf eine Grenze realistischer Darstellbarkeit: Selbst dieser überschaubare Börsenhandel lässt sich nicht in seine simultan stattfindenden unzähligen Tausch-Akte aufteilen. Vom Börsengeschehen lässt sich kein Modell entwerfen, das der Kausalität entspricht; einem derart ausgedehnten Kreditwesen kann man höchstens mit stochastischen Kalkulationsmodellen beikommen.

Börsenkakophonie

Balzac gießt die obigen Fragen in eine narrative Form, die dem Geschehen an der Börse gerecht wird. In einem Pariser Cabaret wird durch eine hauchdünne Trennwand ein Gespräch über Gott und die Welt aufgeschnappt, eine Tratschrunde unter den vier jungen Dandys, Journalisten und Spekulanten Andoche Finot, Émile Blondet, Couture und Jean-Jacques Bixiou (übrigens die ehemaligen Weggefährten Lucien de Rubemprés), die sich um den Aufstieg und den Fall bestimmter Figuren der *Comédie* dreht. Warum das alles erzählt wird, ist in sich ein Rätsel. Der Erzähler gibt dem Kellner nach dem Dessert ein Zeichen, um zu signalisieren, dass er gerne noch im Abteil verweilen würde: „Un signe suffit pour expliquer le désir que j'avais de rester et d'écouter" (CH, VI, 331). Dieser Satz bietet sich einer andren Lesart an, da das Wort ‚*signe*' jede Art von Zeichen bedeuten kann, also auch das Sprach-Material der Erzählung. Welches der tausenden von Zeichen, aus denen das Gespräch besteht, seine Aufmerksamkeit und sein Interesse geweckt hat, erfahren wir nicht. Die Lektüre wird zur Spekulation.

Der Erzähler entwickelt ein *désir* weiter zuzuhören. „A l'origine du Récit, le désir. Pour produire du récit, le désir doit cependant *varier*, entrer dans un système d'équivalences et de métonymies ; ou encore : pour se produire,

145 Auch große ökonomische Fragen werden aufgeworfen, beispielsweise die Frage, ob es einen Unterschied zwischen dem Handel mit Gütern und dem Geldhandel gebe oder ob das Kreditwesen dem Handel zu- oder abträglich sei.

le récit doit pouvoir s'échanger, s'assujettir à une économie" (Barthes 1993, III, 95), schreibt Roland Barthes über Balzacs Text *Sarrasine* (1830). Wohingegen in *Sarrasine* klar ist, worauf sich das Begehren des Erzählers richtet, nämlich auf eine Frau, die er mit seiner Erzählung verführen möchte, besteht in *La Maison Nucingen* fundamentale Unklarheit darüber, wie Zeichen und Begehren miteinander verkoppelt sind.[146]

Im Text werden mehrere Fährten gelegt: Interessiert sich der Erzähler etwa für die Gerüchteküche von Paris? Immerhin unterhalten sich die vier dreisten Kormorane[147] über den Ruin der mit Nucingen eng befreundeten Familie d'Aldrigger, die im Zuge von Nucingens Börsenkrach ihre Kapitalanlagen einbüßt. Oder möchte der Erzähler etwas über das Schicksal des in Vergessenheit geratenen Dandys Godefroid de Beaudenord, den Nucingens dritter Krach ohne einen Heller zurückgelassen hat, erfahren? Den Erzähler könnten außerdem die Börsengeschäfte des Bankhauses Nucingen faszinieren, die von den Spaßvögeln hinter der Trennwand erläutert werden. Auch hier wüsste man nicht zu sagen, was genau das Begehren des Erzählers weckt: Möchte er das arkane Börsenwissen selbst anwenden, um Geld zu machen? Oder fasziniert ihn die Börse an und für sich? Jede dieser Fährten führt auf „l'omnipotence, l'omniscience, l'omniconvenance de l'argent" (CH, VI 331).

Diese für die diesige Informationslage der Börse symptomatische narrative Gemengelage wird sogleich durch die Verschachtelung des Erzählens noch einmal potenziert. Der Rahmenerzähler zieht sich sogar ganz zurück und überlässt dem Binnenerzähler die volle Verantwortung für das Erzählte, das sich außerhalb des Literarischen bewege:

> Nous entendîmes alors une de ces terribles improvisations qui valent à cet artiste sa réputation auprès de quelques esprits blasés ; et quoique souvent interrompue, prise et reprise, elle fut stenographiée par ma mémoire. Opinions et forme, tout y est en dehors des conditions littéraires. Mais c'est que cela fut : un pot-pourri de choses sinistres qui peint notre temps, auquel l'on ne devrait

---

146 Barthes unterbewertet in seiner tendenziell ahistorischen Herangehensweise die enge Verbindung der Erzählökonomie bei Balzac mit dem entstehenden Markt, insbesondere mit dem Kredit- und Anleihegeschäft und mit der sich zu einem zentralen Schauplatz des Finanzgeschehens entwickelnden Börse. Er thematisiert zwar Balzacs Epoche, aber nur peripher, da es ihm ja eher darum geht zu zeigen, inwiefern sich Leserinnen und Leser mittels der Polyvalenz von klassischen Texten, die *prima facie* nur Inhalte vermitteln, unabhängig machen können. Eine Kritik der subversiven Tragweite der Polyvalenz findet sich in Lyotard 1974, 64: „Oh la polysémie exquise, petit déchirement des bien pensants, petit désordre frondeur, déconstruction sucrée. N'espérez pas ramasser le libidinal dans ces filets-là."

147 Der Icherzähler sagt über sie: „C'était quatre des plus hardis cormorans éclos dans l'écume qui couronne les flots incessamment renouvelés de la génération présente" (CH, VI, 330).

> raconter que de semblables histoires, et j'en laisse d'ailleurs la responsabilité au narrateur principal (331f.).

Dieses Potpourri, von dem man nicht weiß, ob es sich um Literatur handelt oder um etwas anderes, und worin dieses Andere der Literatur bestünde,[148] wird zwar vom *narrateur principale* Bixiou wiedergegeben; was er wiedergibt, stellt sich jedoch bald als das Aufschnappen von Aufgeschnapptem heraus.

Bereits der Auftakt des mitgehörten Gesprächs stellt die Wiedergabe eines Gesprächs dar, dessen Sujet im Dunkeln bleibt: „Et Rastignac t'a refusé ? dit Blondet à Finot. / – Net" (332). Man erfährt nirgends, was Rastignac abgelehnt hat. Und auch die Gesprächssituation sorgt für Verwirrung: Der Rahmenerzähler meint zwar, dass sich seine vier Nachbarn im Kabarett alleine wähnen; und doch endet die Erzählung mit dem Austausch: „– Tiens, il y avait du monde à côté, dit Finot en nous entendant sortir. / – Il y a toujours du monde à côté, répondit Bixiou qui devait être aviné" (392). Wenn dem so ist, wie geheim ist das von Bixiou gelüftete Geheimnis? Will Bixiou bei seinen Freunden angeben oder seine Mitstreiter und etwaige andere Zuhörer manipulieren? Führt die Erzählung eine Erklärung oder eine Manipulation des Markts vor? Und was qualifiziert Bixiou überhaupt dazu, diese Börsengeschichte zu erzählen, woher bezieht er seine Einsichten?

Balzacs Text inszeniert eine *mise en abyme* des Hörensagens. Bixious Erzählung beinhaltet Wort für Wort wiedergegebene direkte Reden, in denen die persönlichen Finanzen der Pariser Hautevolee detailliert geschildert werden. Wie bei einem wirklichen Gespräch kommen die vier Spaßvögel vom Hundertstens ins Tausendste, und die Kommunikationskanäle vervielfältigen sich, wenn eine Rede ein Gespräch wiedergibt, in dem ein Dialog zitiert wird. Einen *narrateur principale* überhaupt auszumachen in diesem Stimmengewirr, das ist eine sehr schwierige Aufgabe.

Viele essenzielle Informationen zur Einschätzung der Gesprächslage fehlen somit. Dazu passt motivisch, dass ein medial bedingter Informationsverlust mit der Wiedergabe des Gesprächs einhergeht. Der Erzähler, dessen Sicht durch die Trennwand zwischen den Separees versperrt ist, mutmaßt, dass Bixiou geradezu in die Rolle derer schlüpft, die er zitiert:[149] „La pantomime, les gestes, en rapport avec fréquents changements de voix par lesquels Bixiou peignait

---

148 In Flauberts *Bouvard et Pécuchet* heißt es über Balzacs Texte, dass sie den durch die Wissenschaften irrenden Protagonisten „de la statistique ou de l'ethnographie" (FO, II, 829) zu sein scheinen.

149 Die Schauspielerei Bixious lässt an Karikaturen und *Vaudeville*-Theaterstücke, in denen die Börse aufs Korn genommen wurde, denken. Vgl. Reffait 2009, XIVff.; Mitterand 1967, 1242f.

les interlocuteurs mis en scène, devaient être parfaits, car ses trois auditeurs laissaient échapper des exclamations approbatives et des interjections de contentement" (332). Das Medium der Stenographie ersetzt die Malerei; mit anderen Worten wird die weitschweifige Mimesis von einer Technik der Zeitgewinnung im Angesicht eines Informationsschwalls verdrängt.

In *La Maison Nucingen* ist die Kommunikation auf mehreren Ebenen der Erzählökonomie von Störungen durchsetzt: Erstens bezüglich des Vertrags zwischen Leserin oder Leser und Erzähler; zweitens im Hinblick auf die Motivation des Erzählens und Zuhörens; drittens in Bezug auf das Geflecht an Kommunikationskanälen, das einem Dickicht gleicht, in dem rhizomatisch alle Kommunikationszweige mit allen anderen Zweigen verbunden werden können; viertens mit Blick auf mediale Informationsverluste. Keine idyllische Kommunikation ohne Störung findet statt. Als Kakographie gleicht Balzacs Erzählung Barthes' deutlicher Kakofonie:

> On pourrait appeler *idyllique* la communication qui mettrait en contact deux partenaires abrités de tout „bruit" (au sens cybernétique du terme), liés entre eux par une destination simple comme un seul fil. La communication narrative, elle, n'est pas idyllique; les lignes de destination y sont multiples, de telle sorte que tout message ne peut y être suffisamment défini que si l'on précise d'où il part et où il va. [...] Ainsi, comme dans un réseau téléphonique dérangé, les fils sont [...] distordus [...] Ainsi, s'opposant à la communication idyllique [...], l'écriture lisible met en scène un certain „bruit", elle est écriture du bruit, de la communication impure ; mais ce bruit n'est pas confus, massif, innommable ; c'est un bruit clair, constitué par des raccords, non par des superpositions : il s'agit d'une „cacographie" distincte (Barthes 1993, III, 228f.).

Auch auf der Handlungsebene von Balzacs Börsennovelle stellt sich der Krach als Verwicklung zweier Systeme miteinander dar: dem Liebes- und Heiratsmarkt auf der einen Seite und dem Finanzmarkt auf der anderen. Zwischen dem, was Pierre Citron in der Einleitung der Pléiade-Ausgabe die „deux pôles" der Novelle nennt, und zwar „la banque et l'amour" (Citron 1977, 316), findet ein *disconnect* statt, den sich der Bankier Nucingen zunutze macht. Der Pariser Adel verliert buchstäblich immer mehr an Boden: Die Grundrente bringt nicht mehr so viel ein, wie früher; die Preise sind indessen gestiegen; ein elegantes Leben lässt sich nur über riskantere Anlagen finanzieren, zum Beispiel bei Nucingen, der mit hohen Zinsen lockt und bei dem deswegen alle ihr Geld anlegen. Balzac erzählt die Geschichte von einer Infiltrierung des Herzes symbolischen Kapitals (des *Faubourg Saint-Germain*) durch ökonomisches Kapital (die *haute banque*) und von der damit verbundenen Ausweitung ökonomischer Macht.

Der Bankier der *Comédie humaine*

Zunächst lohnt es sich, auf Nucingens Aufstieg einzugehen, der einiges über seinen Status als Figur in der *Comédie* und über die inneren Gesetzte von Balzacs Kredit-Poetik verrät. In einem zweiten Schritt widmen wir uns dem falschen Bankrott, um den es in Balzacs Text hauptsächlich geht.

Nucingen befindet sich am Kopf dessen, was Jean-Joseph Goux das „système étagé" (Goux 2013, 85) der Finanzwelt der *Comédie* nennt, zu dem die Bankiers, die großen und die etwas kleineren Wucherer sowie die Pfandleihhändler gehören;[150] dieser Kopf befreit sich im Laufe der *Comédie* von seinem Rumpf, der, wie der Wucherer Gobseck, abstirbt. Die eben skizzierte Hierarchie ist in der *Comédie* nicht statisch, sie ist vielmehr verzeitlicht. Aufgrund seiner führenden Rolle in der Welt der Finanzen avanciert Nucingen zu einem der zentralen Knotenpunkte von Balzacs Epos: Bei ihm haben viele Figuren ihr Geld, und er ist eine der Figuren, die am häufigsten wiederkehren (vgl. Lotte 1961, 274). Zudem lebt Nucingen von dem, was Jean-Joseph Goux in Anlehnung an Derridas *différé structurel* das „différé conjoncturel" (Goux 2000, 101) nennt, insofern er seine Werte nie wirklich einkassiert, also nie zu dem, was im Finanzwesen Realisierung genannt wird, gelangt, sondern seine Investitionen stets gemäß den Konjunkturzyklen klug platziert, womit er sogar Konjunkturen auslöst.

„*Che ne sais bas au chiste* […] *mais il a keke chose*" (CH, VI, 359), sagt der Baron in gebrochenem Französisch. Trotz all seines Reichtums ist er ein Außenseiter, den man kaum versteht. Sein transkribierter elsässischer Akzent trägt zur Unlesbarkeit des Textes bei und „tient à distance l'interlocuteur et le lecteur en les obligeant à traduire ses propos" (Péraud 2012, 79). Im Unterschied zum Wucherer Gobseck wird er damit zum Bewohner einer vom Alltag abgehobenen fremden Welt stilisiert. Darauf weist Éric Bordas hin, aus dessen Doktorarbeit Péraud zitiert: „Balzac a voulu faire percevoir l'altérité du personnage [Nucingen], son étrangeté à tous les niveaux" (zit. n. 80). Dies hat weniger damit zu tun, dass Balzac den Akzent des Bankiers realistisch wiedergeben wollte, als mit seiner exzentrischen Position.

Nucingens Anfänge sind bescheiden. Zunächst ist er ein einfacher Bankier im Elsass, der 1804 auf die brillante Idee kommt so zu tun, als sei er bankrott.

---

150 Vgl. CH, X, 120: „*En haut* la maison Nucingen, les Keller, les du Tillet, les Mongenod ; *un peu plus bas,* les Palma, les Gigonnet, les Gobseck ; *encore plus bas,* les Samanon, les Chaboisseau, les Barbet ; puis, enfin, après le Mont-de-piété, cette ruine de l'usure, qui tend ses lacets au coin des rues pour étrangler toutes les misères, pour n'en pas manquer une, un Cerizet."

Das weckt freilich die Aufmerksamkeit seiner Gläubiger. Und über diese Manipulation der Kommunikationskanäle verbreitet sich die Kunde über ihn. Er stellt seinen Zahlungsverkehr bald wieder her, und diejenigen, die die Papiere seiner Bank nicht verkauft haben, macht er reich.

Nucingen versteht es, sich anzuschließen an das Kreditnetzwerk und über diese Kontaktstelle schmerzhafte Signale zu versenden, die sich immer weiter verstärken und intensivieren; das Bangen seiner Anleger um ihre Anlagen ist seine Währung. Zudem spielt er auf der zeitlichen Achse mit Informationsvorsprüngen und -defiziten seiner Kunden. Nucingen ist ein gewiefter Kybernetiker.

Nach seiner ersten Aktion ist er für seinen Geschmack bei weitem noch nicht bekannt und reich genug. 1815, im Jahr der Schlacht von Waterloo, inszeniert er seinen zweiten Bankrott. Ausgerechnet zu dieser Krisenzeit stellt er, der mittlerweile nach Paris umgezogen ist, erneut seinen Zahlungsverkehr ein. Er speist seine Gläubiger mit Papieren der Wortschin-Minen ab, die er sich im Vorfeld um 80 Prozent des Verkaufspreises gesichert hat. Erste Marge. Dann kauft er hundertfünfzig Flaschen Champagnerwein von Grandet;[151] irgendwann muss ja klar sein, wer den Krieg gewinnt, und dann wird gefeiert. Nach Napoleons Niederlage verlangt Nucingen schließlich pro Flasche im Wert von 30 Sous 6 Francs.[152] Zweite Marge. Insgesamt streicht er ca. 1,7 Millionen Francs ein.

Nucingens zweite falsche Pleite besteht aus zwei Komponenten, die auch in seinem dritten Coup eine Rolle spielen werden: Erstens gibt er seinen Gläubigern andere Papiere und kein Bargeld; zweitens investiert er ihr Geld hinterrücks in einen Rohstoff, den er zum genau richtigen Zeitpunkt sehr profitabel verkauft. Wie bei vielen Bankiers des frühen 19. Jahrhunderts betrifft Nucingens Geschäft nicht nur im engeren Sinne finanzielle Dienstleistungen, sondern auch den Handel mit allerlei physischen Gütern: „Chez lui [Nucingen], la banque est un très petit département : il y a les fournitures du gouvernement, les vins, les laines, les indigos, enfin tout ce qui donne matière à un gain quelconque" (CH, VI, 339). Damit weist Nucingens Geschäftsmodell deutliche Parallelen zu demjenigen des Bankiers Gabriel-Julien Ouvrand (dessen Memoiren Balzac nachweislich besaß) auf, wie Jean-Hervé Donnard zeigt (vgl. Donnard 1961, 309). Donnard gibt zu bedenken, dass Nucingen im Unterschied zu Ouvrand nicht ins Gefängnis wandert: „Plus habile, il [Nucingen] a su rester en deçà des limites indécises de la légalité. Sa technique paraît plus subtile, plus perfide, mieux au point ; en est-il l'inventeur ?" (310).

151 Eine Figur der *Comédie*, deren Namen ein unreines Anagramm von *argent*, Geld ist.

152 Er kauft den Wein also für 90.000 Francs und verkauft ihn für 1.800.000 Francs.

Die enge Verstrickung von Finanz und Gewerbe macht nur eine Komponente der facettenreichen Figur Nucingen aus; und dafür müssen weitere historische Figuren herangezogen werden, etwa die Rothschilds, die, wie Nucingen, zur Zeit von Waterloo große Profite machen; oder Beer Léon Fould, der aus seinen beiden Liquidationen 1804 und 1810 einen Profit geschlagen zu haben scheint.[153] Balzac betont indessen die Fiktionalität seiner Figur, wenn er Nucingen mit den Rothschilds vergleicht.[154]

Fazit: Nucingen kann nur, mit den Worten von Pierre Citron, als „figure composite" begriffen werden, oder als Symbol der Finanzmacht: „Devant une telle foule d'inspirations possibles, on sent bien que Nucingen n'a pas de vrai modèle, mais seulement des traits réels issus de mille sources et qui sont venus se regrouper autour d'un symbole" (Citron 1977, 323). Der ‚Realismus' der Figur Nucingen liegt nicht darin, dass sie eindeutig auf das Handeln eines bestimmten historischen Akteurs verweist, sondern dass sie als Knotenpunkt für ein diskursives Verfahren fungiert, das Wissen über verschiedenste Finanzoperationen erstens sammelt und zweitens dynamisch in Szene setzt.[155] Balzacs Realismus besteht im Erschaffen von Figuren, die durch ihre verschiedene Realitätsfragmente vereinende Hybridität Funktionen und Funktionsweisen unpersönlicher Gesellschaftsmechanismen zur Darstellung bringen; in diesem Fall die Funktionen und Funktionsweisen des Kredits. Der Baron de Nucingen ist mit anderen Worten eine Allegorie des Markts mitsamt all seinen legalen, halb-legalen, völlig illegalen und sich jenseits von legal und illegal bewegenden Operationen. Nucingen ist nur der ‚Aufhänger' für den eigentlichen Protagonisten von Balzacs Text: den Kreditmarkt.

Nucingens *puff*

Nucingens *puff* – sein dritter Coup, um den sich die zweite Hälfte von Bixious Erzählung dreht, – wird diese Operationen um einige neue ergänzen, die ihrerseits auf historische Vorbilder zurückgehen. Beispielsweise findet er seine Gläubiger mit Papieren eines Strohmanns ab, der ‚Maison Claperon'. Außerdem wendet er ein Schneeballsystem (oder „l'idée pyramidale et victorieuse" [CH, VI, 371]) an, durch das eine fiktive Dividende ausbezahlt wird, die aus

153 Donnard ist sich nicht sicher. Vgl. Donnard 1961, 310.

154 Balzac hätte seine Figuren nach historischen Personen benennen können; stattdessen tauchen diese höchstens am Rande als Referenzen auf, nicht als in die Handlung integrierte Figuren. Vgl. zu diesem Vorgehen Lukács 1955, 80ff.

155 Womit Balzacs Verfahren als Vorläufer von Zolas *roman expérimental* gelten kann. Vgl. Zola 1968 [1880].

dem Grundstock des Kapitals und nicht aus Profiten stammt – Kapitalismus als kannibalische Selbstzerfleischung.[156] Wieder stellt er den Zahlungsverkehr ein, alle laufen zum Strohmann Claperon, und sobald sein mit Gold beladenes Schiff in den Hafen von Bordeaux einläuft, stellt sich heraus, dass Nucingen geblufft hat. Alle wollen nun wieder das Nucingen-Papier, und denjenigen, die Claperon-Papiere haben, kommt dies teuer zu stehen.

Nucingen, das ist der untote Bankier, der seinen eigenen Ruin immer wieder inszeniert, um Kapitalbewegungen zu erzeugen, die ihn wundersam wiederbeleben.

Die Wirtschaftswissenschaft sähe ihre Aufgabe an dieser Stelle als erledigt an: Die Finanzoperationen sind ausfindig gemacht und kategorisiert, ihre zahlenmäßige Wirkung kalkuliert. Nicht so die Literatur, deren Problemstellung erst an dieser Stelle greift. *La Maison Nucingen* entlässt, wie gesagt, die Deckung von Nucingens Wertpapieren in die sieben Meere, während aus dem angstgespeisten Gerede der Gläubiger eine Marge gemacht wird. Diese Finanzoperation entbehrt nicht des Risikos; sie könnte fehlschlagen und tut es fast. Nucingen ist kein allmächtiger Akteur auf dem Börsenparkett, ja er trägt zum Ruin der eng mit ihm befreundeten Familie d'Aldrigger bei, die er davor hat bewahren wollen.

Selbst einer der Erzähler verliert den Überblick: „[Q]uand un écheveau a tant des fils, il s'y fait des nœuds" (381), sagt Bixiou. Für ihn wird es eine Herausforderung sein, allen Handlungssträngen zu folgen und sie miteinander zu verweben: zunehmend verlieren die Leserinnen und Leser den Überblick; das dargestellte Kreditwesen stellt sich als kommunikatives Wirrwarr dar, das sich widerspricht und dermaßen verheddert, dass seine Wirkungen im Einzelnen nicht mehr nachvollziehbar sind; Knoten entstehen. Zudem operiert die Erzählung mit Lücken, Ellipsen und Informationsbruchstücken; Ursachen und Wirkungen können nicht mehr klar zugeordnet werden. Der Text ist porös, löchrig. Eine Grenze der Darstellbarkeit ist erreicht.

Der Krach, der in *La Maison Nucingen* aus einer Reihe von Verknotungen besteht, kann in verschiedene Stränge auseinanderdividiert werden. Zunächst fallen da die zahlreichen Signalstörungen auf. Nucingen muss sich einen geeigneten Kanal aussuchen, um das Signal seines ‚Bankrotts' authentisch zu vermitteln. Die Wahl fällt auf Rastignac. Nun weiht Nucingen ihn nicht in seine wirklichen Pläne ein, denn er soll als authentischer Zeuge seiner ‚Notlage' auf den Plan treten; als reines Medium also, das ein unzweifelhaft eindeutiges

156 Dafür gibt es auch Vorbilder. Vgl. Donnnard 1961, 310.

Signal sendet.[157] Bereits hier entsteht der erste kommunikative Knoten, denn Rastignac bangt so sehr um Delphine de Nucingens Vermögen, von dem er als ihr Liebhaber abhängig ist, dass er ihr rät, die Güterteilung gerichtlich einzufordern, und dies würde Nucingen, der nicht liquide ist, tatsächlich ruinieren. Nucingen speist seine Frau schließlich mit Aktien ab. Diese Güterteilung, die bereits in *Le Père Goriot* beschrieben wird (vgl. Kap. 3, 93), trägt wiederum zur Glaubwürdigkeit von Nucingens ‚Bankrott' bei.

Nun trägt Rastignac seine Botschaft fort ins Kreditnetzwerk der *Comédie* und informiert zunächst den Dandy Godefroid de Beaudenord. Dieser hat sein gesamtes Kapital bei Nucingen und wird von Rastignac dazu gedrängt, seine Nucingen-Aktien gegen (wertlose) Claperon-Papiere einzutauschen. Folgender Satz gibt zu denken: „‚Mon pauvre cousin ! s'écria t'il. – Chacun pour soi', dit Rastignac. ‚Et d'un de chambré !' ajouta-t-il en quittant Geodefroid." Wer wird auf den Arm genommen? Weiß Rastignac etwa doch über Nucingens Bluff Bescheid? Warum rät er Delphine dann zur Güterteilung?

Diese Strategie der Verwirrung verschärft sich im Zuge eines Schauplatzwechsels, mit dem auch die Größenordnung des Erzählten wechselt: „Pendant que Rastignac manœuvrait dans Paris, voilà quel aspect présentait la Bourse" (CH, VI, 384). Ab da spielt der Rastignac-Strang einstweilen keine Rolle mehr, und dieser wird ersetzt durch ein Stimmengewirr verschiedener Akteure am Börsenparkett. Der Text rutscht vom Hundertsten ins Tausendste; und der Sprung von der Mikroebene einzelner Transaktionen und ihrer komplexen Motivationslage zur Makroebene des Markts als Feld der vielfältigen Verflechtung einzelner Transaktionen ist geschafft.

Sobald Nucingens „obus [...] éclata sur les quatre heures" macht das Gerücht seines Ruins die Runde. Du Tillet und Werbrust, zwei gewiefte Akteure auf dem Börsenparkett, nutzen die Gunst der Stunde, um ihr Risiko möglichst breit zu streuen. Sie tun sich zusammen, wetten sowohl auf als auch gegen Nucingen: „[N]ous serons créanciers et débiteurs, la confusion s'opérera !" (385).[158] Während eines weiteren Gesprächs plaudert Nucingens Vertrauter

157 Péraud erkennt auch diese Doppelfunktion von Rastignac, der einerseits Nucingens leicht manipulierbares Sprachrohr sei, andererseits „la source d'information la plus fiable, la plus crédible" (Péraud 2012, 279); Péraud analysiert den Text allerdings nicht detailliert genug. Vgl. 277ff.

158 Der ambige Zusatz wird nachgeschoben: „Werbrust comprit alors le tour à faire et serra la main de du Tillet en lui jetant le regard d'une femme qui fait une niche à sa voisine" (CH, VI, 385f.) Der Deal endet mit der verwirrenden Körpersprache des Blicks einer ehebrecherischen Frau. Will Werbrust du Tillet etwa betrügen? Oder versteht du Tillet die Geste? Es bleibt offen, welche „tour à faire" Werbrust im Sinn hat. Zum literarischen Topos der ‚Verweiblichung' an und in der Börse vgl. Kap. 9, 191f.

du Tillet das aus, was keiner an der Börse, wissen soll, dass Nucingen nämlich sein Geld in goldene Kanonen investiert hat:

> „Hé bien, vous savez la nouvelle, leur dit Martin Falleix, la maison Nucingen suspend ? – Bah ! répondit Werbrust, n'ébrutiez donc pas cela, laissez les gens qui ont de son papier faire leurs affaires. – Savez-vous la cause du désastre ?... dit Claperon en intervenant. – Toi, tu ne sais rien, lui dit du Tillet, il n'y aura pas le moindre désastre, il y aura un paiement intégral. Nucingen recommencera les affaires et trouvera des fonds tant qu'il en voudra chez moi. Je sais la cause de la suspension : il a disposé de tous ses capitaux en faveur du Mexique qui lui retourne des métaux, des canons espagnols si sottement fondus qu'il s'y trouve de l'or, des cloches, des argenteries d'église, toutes les démolitions de la monarchie espagnole dans les Indes. Le retour de ces valeurs tarde. Le cher baron est gêné, voilà tout. – C'est vrai, dit Werbrust, je prends son papier à vingt pour cent d'escompte." La nouvelle circula dès lors avec la rapidité du feu sur une meule de paille.

Was auf der Ebene der *histoire* geschildert wird – die Unsicherheit über den Wahrheitswert der Nachricht von Nucingen Pleite – wird auf der Ebene des *discours* nochmals verschärft, und zwar insofern der Bezug von ‚*la nouvelle*' unklar ist. Bezieht sich das auf Nucingens Bankrott, auf die Güterteilung oder auf Nucingens eigentlichen Plan? Der definite Artikel hätte genauso gut durch einen indefiniten ersetzt werden können; es kursiert nicht *die* Neuigkeit, sondern *eine* Neuigkeit, oder vielmehr kursieren, wie bei einer stillen Post, eine Reihe leicht modifizierter Neuigkeiten; der definite Artikel macht die Verwirrung bei der Leserschaft nur noch größer und die Suche nach einer klaren Denotation noch verzweifelter. Außerdem wissen wir nicht, an wen sich du Tillet richtet, nur an Claperon, oder hören andere mit? Und woher bezieht du Tillet diese Information, die *geheimste* Information überhaupt?

„Les choses les plus contradictoires se disaient" (386). Es herrscht ein lustiges *anything-goes*, und weil sich das Gerücht von Nucingens Bankrott weder verifizieren noch falsifizieren lässt, wird es rege verbreitet.[159] Das, was Péraud für die Art und Weise, wie Gerüchte in *Les Illusions perdues* (1843) verbreitet werden, sagt, gilt auch hier: „Sans être forcément fausse monnaie, la rumeur est un objet dont la valeur est purement arbitraire, sans rapport nécessaire avec la réalité du sujet dont elle est le prédicat. En matière de réputation aussi, la valeur d'échange supplante la valeur d'usage" (Péraud 2012, 274; vgl. Merton

159 Womit es eines der Kriterien für die Zirkulation von Gerüchten erfüllt. Vgl. Rosnow/Fine 1976. Nucingen selbst ist nicht in der Börse, er befindet sich in Brüssel; aus Geschäftskorrespondenzen geht hervor, dass Nucingen-Papiere in Genf, Basel, Milan, Neapel, Marseille und London nur zu einem Prozent angeboten werden. Vgl. CH, VI, 388.

1948, 194ff.; Rosnow/Fine 1976, 77ff.). In *La Maison Nucingen* hat die Leserin oder der Leser keinen privilegierten Zugang zur stillen Post, man erhält nur Informationsfetzen, auf die man sich seinen eigenen Reim machen muss.[160]

Nucingens Plan geht nicht auf. Keiner verkauft, da alle glauben, er bluffe. „‚Il faut que Palma nous donne un coup de main', dit Werbrust. Palma était l'oracle des Keller, gorgés de valeurs Nucingen. Un mot d'alarme dit par lui suffisait" (CH, VI, 386). Das kommunikative Chaos hätte sich endlos fortschreiben können, aber durch das, was man den ‚Keller-Effekt' nennen kann, wird Nucingens Bankrott-Botschaft verstärkt und zu einem Sprechakt; denn sobald die Keller-Brüder den Markt mit ihren Nucingen-Papieren überschwemmen, verkaufen alle ihre Papiere.

Krach, Rauschen, Chaos

Der Begriff *stock market crash* verweist bekanntlich auf den Absturz des Aktienmarkts; man hat die gezackte Linie, den Herzschlag der Börse, vor Augen. Seit dem frühen 19. Jahrhundert war er im Englischen verwendet worden, als er jedoch während des Wiener und Berliner Börsenkrachs von 1873 ins Deutsche importiert wurde, verwies der Begriff primär auf den Krach, der am Börsenparkett während einer Finanzkrise entsteht, und noch Max Weber spricht vom „geradezu betäubenden donnerartigen Lärm" des Parketthandels, der sich dem Betrachter als „Anblick zahlreicher Knäuels sich drängender, brüllender und gestikulierende[r] Menschen" (Weber 1894, 51) anbiete. In Émile Zolas *L'Argent* (1891) heißt es, dass die Börsenmakler oder *Agents de Change* nur zwei Eigenschaften brauchten: Sie mussten schnell laufen können, um Bestellungen in ihren Büros abzugeben; und sie mussten so schreien können, dass man sic wiedererkennen konnte (vgl. RM, V, 86). Ihr elliptischer Kampfruf war *j'ai, j'ai, j'ai* (ich habe…), und sie stießen diesen aus in Erwartung eines *je prends* (ich nehme…). Wo *je prends* nicht erwidert wird, bleibt nur das japsende *j'ai, j'ai, j'ai* übrig, dessen Objekt fehlt. In diesem Sinne verweist ‚Krach' schlicht und ergreifend auf die Tatsache, dass ein Satz ohne Objekt keinen Widerhall findet und endgültig der gelockerten sinnlosen Verbindung von Zeichen und Referenten verfällt; und auch das Wertpapier kann, im freien Fall der Zahlen begriffen, buchstäblich verfallen und entwerten.

160 Darauf weist Péraud hin (wieder ohne auf die Details einzugehen): „Dans *La Maison Nucingen,* l'enonciation vit effectivement à crédit puisque la dette scelle le pacte narratif entre les co-énonciateurs et fonde la dynamique de l'acte de raconter" (Péraud 2012, 326).

Abb. 7.1 Honoré Daumier: *À la Bourse* (1856) (Bildunterschrift: „Ce qu'on appelle une corbeille – Pas de fleurs en tout cas.")

Verschiedenste wissenschaftliche Disziplinen haben sich den Finanzmärkten als „Verzweiflungsgebiet ökonomischer Theorie" (Vogl 2010, 141) gewidmet: die Ökonomie, die Kybernetik, die Chaostheorie, die Soziologie, die Philosophie. Einige dieser Disziplinen konzentrieren sich auf das Wirrwarr und auf die erratische Natur des Markts und erheben damit die sich in *La Maison Nucingen* andeutende Grenze der Darstellbarkeit zu einem Gegenstand der Forschung. Es scheint mir in diesem letzten Teil fruchtbar, auf derartige Versuche einzugehen, um zu zeigen, inwiefern die Probleme, die sich dem Dichter vor mehr als hundertfünfzig Jahren gestellt haben, hundert Jahre später in einem ganz anderen Wissenskontext auftauchen.

Vor allem die sogenannte Chaostheorie[161] hat sich mit dem Phänomenbereich des Rauschens, des *noise*, der Irregularität, der Nicht-Linearität und Nicht-Kausalität, der Fraktale und der Diskontinuität beschäftigt. ‚Chaos', das

161 Zumeist weisen die Vertreter der ‚Chaostheorie' den Begriff des ‚Chaos' als irreführend zurück; sie hantieren mit einem Bouquet anderer Begriffe. Vgl. Smith 1998. Es gibt übrigens auch eine literaturwissenschaftliche Chaostheorie, die versucht, chaostheoretische

heißt nicht das totale Fehlen von Ordnung, sondern die *„sensitive dependance on initial conditions*" (Smith 1998, 1). Wie beim berühmten Schmetterlingseffekt heißt dies, dass minimale Veränderungen in den Anfangsbedingungen chaotischer Systeme maximale Unterschiede in deren Endzuständen erzeugen. Chaostheoretiker des zwanzigsten Jahrhunderts wie Benoît Mandelbrot haben versucht, mathematische Modelle zu erstellen, die auf infinitesimale Veränderungen von Anfangszuständen sensibel reagieren (vgl. Mandelbrot 1997).[162] Laut Joseph Vogl hat die chaostheoretische Art und Weise, den Börsen-Krach zu erforschen, einige interessante Konsequenzen: Erstens werde dadurch „Rauschen und Trendverstärkungen" eine Schlüsselrolle zum Verständnis des Marktgeschehens verliehen;[163] zweitens werde die mikroskopische Ordnung des genauen Ablaufs von An- und Verkäufen in ein „makroskopische[s] Chaos" überführt; schließlich gelange man rasch an die „Grenze der Berechenbarkeit" (Vogl 2010, 147): Es gebe zu viele Parameter, die sich über den kürzesten Zeitraum zu schnell bewegen und im Einzelnen viel zu viele Wirkungen entfalten, als dass man ihnen mathematisch beikommen könne (vgl. LiPuma 2004). Schließlich werde das Marktgeschehen von diskontinuierlichen, schwer vorhersagbaren Sprüngen durchsetzt, im Zuge derer der normale Verlauf von kleinen Preisänderungen, die kleine Preisänderungen zur Folge haben, Zusammenballungen größerer Preisänderungen weichen.[164]

Bei Balzac finden wir eine analoge Problemstellung vor, der freilich mit dem gänzlich anderen Mittel der Literatur beigekommen wird: Die langatmigen Ausführungen zu den finanziellen Lagen einzelner Aktionäre des Bankhauses Nucingen muten wie ein Torso der Definition eines ganz bestimmten Anfangszustands an; Balzacs Versuch, dem Prinzip der Kausalität gerecht zu werden,

---

Modelle auf den Lese- und Verstehvorgang von Literatur zu übertragen. Vgl. den Sammelband von Mikuláš 2009.

162 Er entwirft Modelle zur Simulierung erratischer Preisverläufe und kritisiert die Tendenz in der Ökonomie, raue Strukturen in Kurven auszuglätten, also vom Rauschen zu befreien, um längerfristige Trends durch die Festlegung auf Mittelwerte vorherzusagen.

163 „Diese Charakteristik von Marktereignissen musste zwangsläufig provozierend erscheinen. Denn nach Mandelbrot gehören nun Rauschen und Trendverstärkungen nicht zu den akzidenziellen Merkmalen, sondern zur ‚tieferen' Wahrheit von Preisbewegungen, die zwar beschreibbar, aber nicht durchgängig erklärbar sind. Während in normalen oder Gauß-Verteilungen große und außerordentliche Abweichungen externen Gründen und Kausalitäten zugeschrieben werden können, werden in den von Mandelbrot analysierten Verteilungsmustern die Unterscheidungen zwischen kausal und zufällig unscharf" (Vogl 2010, 144f.).

164 „Bestimmte Abfolgen und Schwankungen eines ‚Joseph-Effekts' – sieben fette und sieben magere Jahre usw. – erscheinen mit ‚Noah-Effekten', d. h. gleichsam sintflutartigen, sprunghaften Um- und Einbrüchen kombiniert" (144).

also alle Wirkungen des Börsenkrachs auf ihre vielfältigen Ursachen zurückzuführen, führt vom Hundertsten ins Tausendste und wird deswegen an einer bestimmten Stelle aufgegeben; schließlich führt Balzac den Krach als diskontinuierlichen Sprung vor, im Zuge dessen bereits akkumuliertes Kapital auf einen Schlag zentralisiert wird.

Anders gesagt tendieren Finanzoperationen bereits bei Balzac und nicht erst bei Zola (wie Hélène Gomart meint)[165] zur selbstbezüglichen Schließung gegen ein Außen oder zur Abkoppelung vom Referenten. Balzac schildert die Börse geradezu als autopoietisches System, das sich unter bestimmten Umständen von seiner Umwelt abkoppeln kann (vgl. Luhmann 1994, 43ff.). André Orléan geht darauf ein:

> On découvre avec Balzac l'existence d'une économie pré-bancaire et pré-industrielle, fondée sur la circulation généralisée des reconnaissances de dettes, une économie où les gens se payent avec des effets fiduciaires. Cette économie énigmatique a pour fondement l'évaluation des signatures privées, évaluation soumise au jeu des opinions autoréférentielles à la manière des titres financiers d'aujourd'hui (Orléan 2013, 141).

Orléan übersieht, dass Balzac das Banken- und Börsengeschäft in *La Maison Nucingen* beschreibt; aber dem Befund, dass hier ein vorindustrielles Kreditwesen geschildert wird, das bereits erratisch verläuft, kann man nur zustimmen. In Balzacs Text stehen sich Bürgertum und Adel als Klassenfeinde gegenüber, die nach dem Profit einer auf der Zirkulation von Geldmitteln fußenden Wirtschaftsform heischen (vgl. 141f.).

Freilich geht Balzac (genauso wie Zola) nicht so weit wie die Chaostheorie. Er will seiner Geschichte einen definitiven Abschluss geben und bedient sich des ‚Keller-Effekts', der darin besteht, einen eindeutigen Signifikanten in die Erzählung einzuspeisen, der Nucingens Plan aufgehen lässt; zudem trifft das

165 Zolas *L'Argent* liegt laut Gomart eine tautologische Achse zugrunde: „Aspect extrême de la répétition, la tautologie se présente finalement comme l'unique mode de pensée de l'univers boursier, qui revient toujours à la logique du Même" (Gomart 2004, 155). Anders als Gomart, die zwischen Balzac und Zola einen epistemischen Bruch markiert, kann ich keinen fundamentalen Unterschied zwischen beiden Autoren feststellen; zumindest nicht in Bezug auf die Finanzoperationen selbst, den Gegenstand von Gomarts Arbeit. Gomart vergleicht Balzacs *César Birotteau* mit Émile Zolas *L'Argent*, weil dieser Text für Balzacs Vision der Ökonomie und für seine Epoche typisch gewesen sei. Hätte sie *La Maison Nucingen* herangezogen, so hätte sie die These des starken Bruchs zwischen beiden Autoren wohl kaum aufrechterhalten können: Zwar stimmt es, dass es in Balzacs Epoche noch keinen offiziellen Terminhandel gab, aber die Finanzoperationen verlaufen in Balzacs Text genauso erratisch.

Gold aus den Kolonien ein und stellt so etwas wie Nucingens wahren Wert wieder her. Balzac kennt die wirkliche Wirklichkeit, sie zeigt sich daran, dass im Nullsummenspiel seiner Texte, wie wir im dritten Kapitel dieser Arbeit gesehen haben, der eine verliert, was der andere gewinnt und kein Überschuss an Wirklichkeit erzeugt wird (vgl. Goux 2013; Péraud 2012, 75f.). Zwischenzeitlich hat man es jedoch mit einem autopoetischen oder selbstbezüglichen Rauschen zu tun, das jedwede Hoffnung von Steuerung zunichte macht, aber paradoxerweise von manchen Akteuren an der Börse (wie Nucingen) ausgenutzt wird, um Reichtum zu generieren. Der literarische Physiokrat Balzac kann nicht umhin, dies als Betrugsschema darzustellen, bei dem die Realität manipuliert wurde. Der natürliche Preis[166] von Nucingens Aktie setzt sich durch.

Balzacs Novelle erinnert an Norbert Wieners Polemik gegen die Spieltheorie und ihre Annahme perfekter Kommunikation ohne Rauschen:

> The market is a game [...]. It is thus strictly subject to the general theory of games, developed by von Neumann and Morgenstern. This theory is based on the assumption that each player, at every stage, in view of the information then available to him, plays in accordance with a completely intelligent policy, which will in the end assure him of the greatest possible expectation of reward. Even in the case of two players, the theory is complicated [...]. In many cases, however, where there are three players, and in the overwhelming majority of cases, where the number of players is large, the result is one of extreme indeterminacy. The individual players are compelled by their own cupidity to form coalitions; but these coalitions do not generally establish themselves in any single, determinate way, and usually terminate in a welter of betrayal, turncoatism, and deception [...]. There is no homeostasis whatsoever (Wiener 1948, 185f.).

* * *

Von Gobsecks stickiger Kammer zu Nucingens goldenem Palast ist es ein weiter Weg. Der Typus des Wucherers, der einen Überblick über seine Geschäfte behält, wird durch die Funktion des Bankiers verdrängt. Nucingen ist keine einheitliche Figur, der eindeutige Eigenschaften zukommen, er ist vielmehr ein Knotenpunkt von Funktionen. Er kennt seine Gläubiger nicht alle persönlich,

166 Der Begriff des natürlichen Preises oder Werts geht auf die Scholastik zurück und wurde in der klassischen Politischen Ökonomie verwendet. Er taucht bei Autoren wie William Petty, Richard Cantillon, Anne Turgot und Adam Smith auf und bezieht sich auf die Idee, dass der Preis sich durch Aufwendung der Produktion bestimme. David Ricardo und Karl Marx vertraten dagegen die Arbeitswerttheorie, die den Preis auf die Arbeit zurückführte. Seit der marginalistischen Revolution gilt diese Theorie als überholt, nur noch der Marktpreis zählt. Vgl. Smith 1827 [1776], 23ff.; MEW, 23, 557ff.

und diese erhalten nicht direkt Zugang zu ihm, sondern nur gefiltert durch das irrational-rationale Rauschen am Börsenparkett. Auch der Zuhörer der Erzählung ist ein ungläubiger Gläubiger Nucingens, den ein Begehren antreibt, dessen Bezugspunkt die Leserin oder der Leser für sich entdecken muss. Dieses Rätselraten auf allen Ebenen macht Balzacs Novelle zu einem Enigma, das die Leserinnen und Leser/Gläubiger überfordert und über jeden Zweifel beweist: „Le débiteur est plus fort que le créancier" (CH, VI, 391).[167]

Eine mit der Entmaterialisierung der Kreditbeziehungen einhergehende Entsubjektivierung hat sich in diesem Abschnitt abgezeichnet, die sich im Kontext des intersubjektiven Kreditnetzwerks der *Comédie humaine*, aber auch in anderen Texten beobachten lässt. Das Geld ist im Kontext von Kreditverflechtungen mit Goux „dématérialisée, c'est un signe, une promesse écrite de payer, et non pas un fragment de richesse" (Goux 2013, 79). Kredit wird nach unpersönlichen Kriterien vergeben, nicht mehr gemäß dem Stand einer Person. Er ballt sich an der Börse und wird zu einem eigenen Hyper-Subjekt, welches alle Marktteilnehmer umspannt und ein chaotisches Eigenleben entwickelt. Nicht einmal Nucingen weiß genau, wie sein risikoreicher Poker mit dem eigenen Papier ausgehen wird. Die *Comédie humaine* selbst ist dieses erhabene, monströse, chaotische Hyper-Subjekt, die Menschheit als Kreditnetzwerk. Dass ein Rest von Realität in Form von Gold Nucingens Schicksal entscheidet, deutet auf einen literarischen Goldstandard hin, der sich bald auch in der Weltwirtschaft durchsetzen wird.[168]

Die Börse ist zu komplex, um realistisch in ihre einzelnen Transaktionen aufgeteilt zu werden; deshalb schildern viele realistische Romane den numinosen und erhabenen Kreditmarkt mit Rückgriff auf absolute Metaphern, wie wir nun sehen werden.

167 Der in der Einleitung beschriebene Dandy-Debitor gibt ähnliche Aphorismen von sich.

168 Zur Wirtschaftsgeschichte des Goldstandards vgl. Polanyi 2001 [1944], 3ff.; Block 2001, xxx.

DRITTER ABSCHNITT

Naturalisierungen des Kredits

Im Börsenkrach, den Balzacs *La Maison Nucingen* (1837) beschreibt, ist die Verwirrung groß. Das Chaos an der Börse lässt sich nicht mehr in seine einzelnen Kausalketten auflösen, eine Grenze der realistischen Darstellung ist erreicht worden. Sie stellt die obere Komplexitätsgrenze realistischer Beschreibungen des Kreditwesens dar. Es gibt auch eine untere Grenze der Komplexität: die Naturalisierung von Geldgeschäften. Mit Roland Barthes findet in diesem Vorgang eine Transformation der „histoire en nature" (Barthes 1993, I, 842) statt. Die Geschichte wird um ihre Kontingenzen bereinigt und erscheint als natürliches, das heißt notwendiges Geschehen, Kontingenz wird in Providenz oder Gesetzmäßigkeit überführt.

Der Kredit ist für dieses Verfahren der Naturalisierung anfällig, stellt er doch einen jener diffusen Begriffe zwischen Glauben, Ehre, Macht und Finanztransaktion dar, aus dem das ökonomische Vokabular besteht. So ist der Siegeszug des Finanzwesens im 19. Jahrhundert zwar verbunden mit historischen Kontingenzen – mit Revolutionen, einem Tauziehen zwischen den Klassen, der Neuordnung des politischen Establishments sowie mit Neuerungen im Recht etc. –, aber viele realistische Romane ‚reinigen' ihn von seiner historischen Einbettung und lassen ihn zu einem magischen, seltsam zeitlosen Signifikanten verkümmern, dem das Gepräge eines Naturereignisses verliehen wird; wobei realistische Texte in unterschiedlichen Graden ein Bewusstsein für diesen symptomatischen Umstand entwickeln und bei der Leserschaft wecken.

Drei Arten der Naturalisierung lassen sich ausmachen, die im Folgenden eine Rolle spielen werden: Schulden werden erstens durch Frauenfiguren personifiziert, etwa wenn sich bürgerliche Männer verschulden, weil sie Prostituierte aufsuchen. Dies erinnert an Daniel Defoes Personifikation des Kredits *Lady Credit*, die zum Prinzip der Verschuldung mutiert, zur *Lady Debit*. Zweitens wird das Kreditwesen in einen motivischen Zusammenhang mit Fruchtbarkeit oder Sterilität gebracht, den es seit Aristoteles gibt. Realistische Texte suggerieren dabei, oftmals mit Rückgriff auf ein regelrechtes Arsenal an Bildern, dass Kreditgeschäfte sich auf die Reproduktion der Natur, der Familie oder des Volks entweder günstig oder verheerend auswirken können, dass

 | DOI:10.30965/9783846765012_012

Geld mal fruchtbar gemacht wird, mal steril bleibt. Das Kreditwesen gilt als entscheidender Faktor in der Frage, ob sich eine Familie (und ein Volk) reproduzieren kann oder ob diese Gesellschaft erlischt. Damit hängt, drittens, zusammen, dass Kredit in den Texten immer wieder mit dem Tod oder dem Leben assoziiert wird und die Leserin oder der Leser die Effekte einer leidenschaftlichen Suche nach Finanzmitteln nachvollzieht. Die alte Assoziation des Kreislaufs von Blut und Geld wird hier reaktiviert; im Unterschied zu älteren Figurationen dieser Assoziation wird dabei auch den Exzessen, Entfesselungen und Verwerfungen der Wirtschaft eine ökonomische Funktion zugesprochen: der Akkumulation von Kapital. Bei Balzac stehen Frauenfiguren, die für die ‚leidenschaftlichen Interessen' (Gabriel Tarde) ökonomischer Vorgänge – für ihre libidinöse Rationalität – einstehen, ökonomischen Männern gegenüber.

Diese drei Formen der Naturalisierung des Kredits in realistischen Texten möchte ich nun in ebenjenes komplexe Verhältnis zur Geschichte setzen, das bei Barthes anklingt. Prozesse der Naturalisierung oder Mythisierung löschen letzterem zufolge das Reale, auf dem sie beruhen, mitnichten aus: „Ce que le monde fournit au mythe c'est un réel historique [...]; et ce que le mythe restitue, c'est une image *naturelle* de ce réel" (854). Ein von der Mythe gekaperter Signifikant werde zwar mythisch aufgeladen und damit entleert, deformiert und entpolitisiert, aber er sei immer noch auf sein Signifikat hin lesbar. Die Mythe gründe „une intention historique en nature, une contingence en éternité" (853). Die genannten Naturalisierungen des Kredits werden im Folgenden deswegen als Symptome behandelt, die auf ihre realen geschichtlichen Umstände transparent zu machen sind. Manche der überwiegend von bürgerlichen, männlichen Schriftstellern geschriebenen Texte reflektieren dabei ihr eigenes Symptom, während andere es bloß zur Schau stellen, beispielsweise wenn sie widersprüchliche Frauenbilder implizieren, die einerseits von (Ehe)frauen verlangen, keusch, sparsam, bescheiden und liebend zu sein, andererseits die weibliche Liebe als exzessiv, ausgabefreudig und ruinös schildern.

Insgesamt werfen realistische Texte mit ihren Naturalisierungen des Kredits die Frage auf, wie sich das, was Karl Ponanyi das *disembedding* der Ökonomie aus ihrer Einbettung in soziale und politische Beziehungen nennt, wie sich also der Versuch, Subjekte in Anhängsel von Finanztransaktionen zu verwandeln, auf die menschliche Natur auswirkt beziehungsweise welcher Mensch dadurch hervorgebracht wird. Die realistische Literatur beschreibt die Kalibrierung und Erzeugung des *homo oeconomicus* als verwirrenden, schmerzhaften und widersprüchlichen Prozess, der nicht unpassioniert abläuft, sondern heftige Leidenschaften auf den Plan ruft. Nicht der *homo oeconomicus,* sondern die ökonomische Frau treibt dabei die Zirkulation des Kapitals in den Texten an, insbesondere die verführerische *Lady Debit.*

ACHTES KAPITEL

Lady Debit

> *Die Prostitution [ist] nur ein* besondrer *Ausdruck der* allgemeinen *Prostitution des* Arbeiters, *und da die Prostitution ein Verhältnis ist, worin nicht nur der Prostituierte, sondern auch der Prostituierende fällt – dessen Niedertracht noch größer ist –, so fällt auch der Kapitalist etc. in diese Kategorie.*
>
> Karl Marx, MEW, Ergänzungsband, 1, 538

Das Chaos, das Balzacs Börse erfasst, grenzt an Hysterie (vgl. Kap. 7, 159ff.). Eine motivische Verbindung liegt nahe, die in diesem Kapitel explizit gemacht und erörtert werden soll, diejenige zwischen Weiblichkeit und Kredit. Balzacs Darstellung der Börsenkommunikation unterscheidet sich vom weiblich konnotierten Tratsch und Klatsch nicht ihrer Form, sondern höchstens ihrer Funktion nach, insofern diese Art von Gerüchten Sprechakte sind, durch die der Kredit einer Person oder eines Unternehmens sich – nicht immer aufgrund einer realen Begebenheit – schlagartig verändert.

Urs Stäheli weist darauf hin, dass der Kredit spätestens seit Daniel Defoe durch die *Lady Credit* personifiziert wurde. Damit wird die These verbunden, dass das fehlende Vokabular zur Beschreibung der Unvorhersehbarkeit, Wechselhaftigkeit, Kontingenz und Sprunghaftigkeit von Finanzmärkten durch „alternative Kontingenzvokabulare" ersetzt wurde, beispielsweise dasjenige der Weiblichkeit, das die Abstraktheit des Markts kompensiere: „Mit dieser Semantik werden die frühen Finanzmärkte nicht als Orte rationaler Gesetze und autonomer Akteure beschrieben, sondern als Orte wilden Begehrens und unvorhersehbarer Kontingenz" (Stäheli 2007, 272).

Zu diesem Befund passt, dass das vom Kreditmarkt entfachte Begehren bei Balzac und Flaubert in der Weiblichkeit einen fiktionalen *terminus ad quem* hat. Nucingen wird sein Kapital von der Kurtisane Esther Gobseck abgelistet, während Frédéric Moreau Madame Arnoux mit Geld beschenkt, um sie zu verführen. Hintergrund dieser durchaus ambivalenten Darstellung ist die zwiespältige Vorstellung von Frauen als Huren im Markt oder als Heilige im Haushalt. Kurtisanen können ihre Freier ausbeuten; Ehefrauen, die das Vermögen ihrer Männer verwalten und repräsentieren, können diese ruinieren. Daran lässt sich ablesen, dass, mit Christina von Braun gesprochen, Frauen kein Geld haben dürfen, sondern Geld sind, und dass sie, sobald ihnen Geld zufällt, die männliche Ordnung gefährden (vgl. von Braun 2012, 386).

 | DOI:10.30965/9783846765012_013

Die Frage nach dem Ursprung dieser Konstellation führt auf ihre Zuspitzung in der Epoche des Realismus. Die widersprüchlichen Anforderungen, denen weibliche Figuren in der realistischen Literatur ausgesetzt sind, entsprechen einem kapitalistischen Dispositiv, das die Reproduktionsarbeit zur unökonomischen und daher unentgeltlich zu leistenden Tätigkeit erklärt (vgl. Federici 2014, 61ff.; dies. 2012). Wenn männliche Autoren die Furcht bebildern, von Frauen ausgenommen zu werden, so stellt dies eine symptomatische Inversion der herrschenden Machtverhältnisse dar, die auf die systematische Ausbeutung von Frauen, Kindern und Proletariern ausgerichtet sind. Wenn Frauen es wagen, aus dem einzigen ihnen bleibenden Kapital – ihrem Körper – Profit zu schlagen, dann schreit dieses ‚unsittliche Verhalten' im einen Fall nach männlicher Empörung; oder es fasziniert Schriftstellerinnen und Schriftsteller, die auf die Auflösung der bürgerlichen Ordnung setzen.[169]

Frau sein, Kredit sein

In vielen realistischen Romanen stellen Ehefrauen und der sie umgebende häusliche Bereich finanziellen Kredit zur Schau, zum Beispiel in Form von Schmuck. Wir haben bereits gesehen, wie der Comte de Restaud die Familiendiamanten seiner Frau vom Wucherer Gobseck zurückverlangt (vgl. Kap. 3, 91f., Kap. 4, 108). Der um seinen Ruf besorgte Restaud klagt: „Monsieur, vous venez d'acheter à vil prix des diamants de famille qui n'appartenaient pas à ma femme." Er bringt vor, dass seine Frau „en puissance de mari" (CH, II, 992) sei, und droht mit einem Gerichtsverfahren.

Eigentlich dürfte Anastasie überhaupt keine Geschäfte machen, insbesondere nicht Finanzgeschäfte.[170] Sie soll Diamanten tragen, darf sie aber nicht verpfänden. Dieser Ausschluss aus der Wirtschaft hat eine lange Vorgeschichte. Laut Sylvia Federici wurden Frauen in der Neuzeit peu à peu aus den Handwerksbetrieben in den häuslichen Bereich zurückgedrängt (vgl. Federici 2014, 61ff.). Diese Entwicklung hänge mit einer Machstrategie der herrschenden Klassen zusammen, die auf der einen Seite den Zugang der Bauernschaft zu Land vor allem durch seine Privatisierung und Einhegung immer mehr einschränkten (vgl. Thompson 1968, 233ff.), auf der anderen

169 Es gibt neben von Braun bereits mehrere Arbeiten dazu. Vgl. Schößler 2009; Weigel 1990, 118-49; Mey 1987; dies. 1985; Annecke 1985; Grubitzsch 1985; Schultz 1985.

170 Stäheli macht darauf aufmerksam, dass Frauen in der Vorstellung des 19. Jahrhunderts aufgrund ihrer vermeintlichen Leidenschaftlichkeit nicht spekulieren durften. Vgl. Stäheli 2007, 274ff.

Propaganda einsetzten, um Ehemänner gegen ihre mutmaßlich zu freien und zu wilden Ehefrauen aufzubringen, beispielsweise im ‚Kampf um die Hosen' (vgl. Federici 2014, 96). Reproduktionsarbeit und die damit einhergehenden häuslichen Tätigkeiten seien nunmehr zu Naturprozessen abgestempelt worden, die unentgeltlich abgeschöpft werden dürfen. Was den Männern also mit der einen Hand weggenommen worden sei, sei ihnen mit der anderen wiedergegeben worden. Sie mussten sich nur ihrer Ehefrauen bemächtigen, den ‚Wilden Europas' (vgl. Weigel 1990, 118ff.). Dieser gewalttätige Prozess habe in letzter Konsequenz dazu geführt, dass man die Eigentumsrechte der Frauen beschnitt und sie aus vielen Berufen verbannte, beziehungsweise ihnen nur erlaubte, in der Ökonomie ein Schattendasein zu fristen, beispielsweise in Form der Hausarbeit.[171] In Frankreich durften sie nicht mehr als *femmes soles* einer wirtschaftlichen Tätigkeit nachgehen, und „they lost the right to make contracts or to represent themselves in court, being declared legal ‚imbeciles'" (Federici 2014, 100).

Dieser Prozess der Erosion und Einschränkung von Frauenrechten fand laut Dorothea Mey im *Code civil* seinen krönenden Abschluss. Frauen entbehrten nunmehr des Rechts auf Selbstbestimmung, sie standen unter der rechtlichen Obhut ihrer Ehemänner, die sie körperlich züchtigen und bei nachweisbarem Ehebruch fast straffrei umbringen durften. Und da zwischen 1816 und 1884 die Scheidung illegal war, gab es meistens kein Entrinnen. Vor allem in Bezug auf das geteilte Eigentum, das in den Paragraphen 1387ff. geregelt wurde, waren die Rechte der Frauen erheblich eingeschränkt:

> Außerordentlich kompliziert und für die Mehrzahl der Betroffenen undurchschaubar waren die Gesetze zu den „régimes matrimoniaux", die den materiellen Bereich der Ehe, die Administration des Besitzes und den Nießbrauch der gemeinsamen Güter regelten [...]. Im Prinzip war der Mann alleiniger Verwalter der von der Frau eingebrachten Güter [...] (Mey 1987, 104).

Dies war sogar der Fall nach der de facto äußerst schwierig durchzusetzenden Gütertrennung, die nur bewilligt wurde, sofern ein handfester Nachweis vorlag, dass der Ehemann grob fahrlässig haushielt; selbst in diesem Fall gab es kein Entkommen vor der männlichen Macht, da die Frauen unter männliche Vormundschaft gestellt wurden. Die Frauenrechtlerin Jenny d'Héricourt ging so weit zu mutmaßen, dass dies nicht rechtens sei, da „kein Vertrag über Personen

171 Zur Frage der Hausarbeit vgl. MEW, 23, 331ff.

abgeschlossen werden darf" (105). In jedem Fall war damit die Unmündigkeit der Frauen gesetzlich verankert.[172]

Der Ausschluss der Frauen vom Kredithandel, der sich im 19. Jahrhundert darin zeigt, dass Frauen der Zutritt zur Börse verweigert wurde, ist laut Christina von Braun älteren Ursprungs als diese Geschichte ihrer Einhegung und Entmündigung. In ihren Arbeiten über das Geld führt sie eine Reihe (manchmal etwas willkürlich zusammengefügter) anthropologischer, althistorischer und philologischer Belege an,[173] um die These zu untermauern, dass der Domestizierung von Frauen im *oikos* die ökonomische Domestizierung der Männer folgte. Der nur von Männern geführte Pflug habe Frauen von der Landarbeit in den häuslichen Bereich zurückgedrängt und auf die Hausarbeit beschränkt. Mit der Erfindung der Münzprägung sei ein ‚Preis des Geldes' von den Männern abverlangt worden, und zwar Triebverzicht. Menschenopfer wurden zu Tieropfern und Tieropfer wurden zu Symbolen von Tieropfern, etwa dem *obolós*, dem Bratenspieß: „Die Opferhandlung verschwand, aber das Symbol blieb übrig: Es substituierte das eigentliche Opfer" (von Braun 2014, 119). Das Symbol, das den Frauentausch ersetze, lasse sich immer noch für Menschenleben eintauschen, was sich in einer Geschlechterordnung widerspiegele, in der der „weibliche Körper [...] eine Inkarnation des Geldes" darstelle. Seit der Einführung des Münzgeldes gelte, dass „der männliche Körper das Geld *hat*, während der weibliche Körper das Geld *ist*" (von Braun 2012, 386).

In realistischen Texten verkörpern Frauen Geld. Eines der groteskesten Beispiele hierfür liefert die zweite Frau des Bankiers Aristide Saccard Renée in Émile Zolas *La Curée* (1871). Der erste Teil von *L'Argent* (1890) erzählt die Geschichte des schwierigen Aufstiegs von Aristide Rougon, der sich in Saccard umbenennt. Der ambitionierte Mann aus der Provinz kommt in Paris mit dem Zug an und „éprouva l'âpre besoin de courir Paris, de battre de ses gros souliers de provincial ce pavé brûlant d'où il comptait faire jaillir les millions" (RM, I, 359). Der ersehnte Reichtum kommt nur dadurch zustande, dass er die schwangere Renée Béraud du Châtel heiratet und sie und ihre Familie damit

172 Das sind nur einige Punkte der äußerst frauenfeindlichen Rechtslage. Allerdings muss präzisiert werden, dass der Code Napoléon, aus dem der *Code Civil* wurde, auf bereits existierenden Rechtspraktiken basierte und diese vereinheitlichte. Es war also um Frauenrechte *vor* der Einführung des bürgerlichen Rechts nicht unbedingt besser bestellt, sondern von Region zu Region bestanden andere Regelungen. Vgl. Dölemeyer 2001.

173 Das Hauptproblem der Vorgehensweise von Brauns ist meiner Meinung nach die grundlegende Verschiedenheit der Methodik, Fragestellungen und Geltungsbereiche der Disziplinen, auf die sie sich beruft. Sie füllt beispielsweise Lücken in der Alten Geschichte mit anthropologischen Befunden über außereuropäische Völker.

vor der Schande rettet; im Gegenzug erhält er die Summe von 200.000 Francs sowie Immobilien im Wert von ca. 500.000 Francs. Die ‚ursprüngliche Akkumulation' von Renées Kapitalressourcen zum Preis ihrer Schande geht Saccards Immobilien- und Aktienspekulation voraus.

Renée ist eine Inkarnation des Geldes. Sie bringt Saccard ein Startkapital ein; und als dieses Früchte hervorbringt, verkörpert sie diesen *surplus*. Sie trägt den Reichtum am eigenen Leib: Eine *aigrette*, ein Diadem mit Reiherfedern und Perlen ziert ihren Kopf; eine *rivière*, ein Diamantenkollier trägt sie um den Hals. *Aigrette* bedeutet auch Silberreiher, die konnotative Ebene dieser Schmuckstücke ergibt das Naturbild eines Reihers an einem Fluss. Wie bei Delphine de Restaud, entsteht anhand dieser Zeichen des Reichtums ein Drama: Als Aristide eine sich auf 136.000 Francs belaufende Rechnung seiner Frau nicht imstande ist zu bezahlen (ihre Mitgift existiert längst nur noch als „valeur fictive" [462]), schlägt Renée kurzerhand vor, den Schmuck zu verkaufen. Ihr Mann verfällt fast in Panik: „Gardez-vous-en bien ! s'écria t-il avec inquiétude. Si l'on ne vous voyait pas ces bijoux demain au bal du ministère, on ferait des cancans sur ma situation..." (465).

Zolas Roman inszeniert Frauen buchstäblich als Verkörperungen von Geld. Im vorletzten Kapitel werden im Rahmen eines Maskenballs drei *tableaux vivants* des Narzissmythos aufgestellt. Venus, Cupido und die drei Grazien versuchen inmitten einer mythischen Landschaft vergeblich, Narziss zu verführen, der in sich selbst verliebt ist, genauso wie die Welt der Finanzen sich um ihre selbstbezügliche eigene Achse dreht. Die einzige Nymphe, die den von Aristides Sohn aus erster Ehe dargestellten Narziss verführen kann, ist freilich Echo, die von (der mit dem Sohn ständig flirtenden) Renée verkörpert wird: „[E]lle tenait des grands arbres et des grands monts, des lieux retentissants où les voix de la Terre et de l'Air se répondent ; elle était rocher par le satin blanc de la jupe, taillis par les feuillages de la ceinture, ciel pur par la nuée de gaze bleue du corsage" (545). Wie das weiblich figurierte Geld bildet Echo ein Scharnier zwischen der Natur und dem Markt, sie verkörpert die Erde, den Himmel und das Wachstum der Bäume. Und sie ist das Geld, das Narziss haben will. In der nächsten Szene bricht das goldene Zeitalter an. Die Grotte hat sich in die Höhle von Pluto – dem Gott unterirdischen Reichtums – verwandelt, und die Frauen sind nun zu Silber und Gold mutiert inmitten eines reichhaltigen Dekors aus Perlen, Juwelen sowie eines „écroulement de pièces de vingt francs": „Mme Haffner en Or, avec une jupe roide et resplendissante d'évêque ; Mme d'Espanet en Argent, luisante comme un clair de lune" (548) usw. Die Frauen tragen „des colliers, des bracelets, des parures complètes, faites chacune de la pierre précieuse que le personnage représentait" (548f.). Der Regisseur, M. Hupel de la Noue, kommentiert die Szene folgendermaßen:

„Après la tentation de la chair, la tentation de l'or" (548). Dass sich im dritten lebenden Bild der Reichtum als steinerne Wüstenei herausstellt und sich die Natur Narziss wieder einverleibt, der sich in eine Blume verwandelt hat, enttäuscht die Gäste. Offenbar glauben sie nur an die Inkarnation des Geldes, nicht an die Möglichkeit eines damit verbundenen Sterbensprozesses. Während der gesamten Aufführung unterhalten sie sich bezeichnenderweise über ihre Geschäfte.

Frau sein, Schuld haben

In der realistischen Literatur sind Frauen nicht nur Geld, sie stehen auch für Schulden. Renée Saccard und viele andere weibliche Figuren geben zu viel Geld aus für den ihnen auferlegten Geltungskonsum. Eines Tages wird Renée von ihrem zahlungsunfähigen Ehemann aufgesucht, der ihr mitteilt, dass er ihre Rechnung für ein Kleid nicht begleichen kann (er spricht nur mit ihr, wenn es um Geld geht):

> Vous savez, ma chère amie, que je n'ai pas l'habitude d'éplucher vos dépenses. Je ne dis pas que certains détails de ce mémoire ne m'aient point un peu surpris. Ainsi, par exemple, je vois ici, à la seconde page: „Robe de bal : étoffe, 70 fr. ; façon, 600 fr. ; argent prêté, 5000 fr. ; eau du docteur Pierre, 6 fr.". Voilà une robe de soixante-dix francs qui monte bien haut… (461).

Unter Konsumgütern ist ein Darlehen versteckt, das das Gros des geforderten Betrags ausmacht. Wahrscheinlich handelt es sich um ein *billet à ordre*, ein Kredittyp, die seit der Frühen Neuzeit unter Händlern gebräuchlich war. Dieser Kredit ist – im Unterschied zur *lettre de change*, die sich auf ein reines Geldgeschäft bezieht, – an den Konsummarkt gekoppelt. Genau diese Form des Konsum-Kredits nehmen viele ausgabefreudige Frauen in realistischen Texten auf. Nach ihrem Tod hinterlässt Renée ebenjene Schneiderrechnung, die mittlerweile mit Zins und Zinseszins auf sage und schreibe 257.000 Francs angewachsen ist. Der Roman endet so: „L'hiver suivant, lorsque Renée mourut d'une méningite aiguë, ce fut son père qui paya ses dettes. La note de Worms se montait à deux cent cinquante-sept mille francs" (599).

Renée Saccard ist das naturalisierte Konsummonster, das bei Balzac nicht für sich selbst konsumiert, sondern im Sinne der Dynamik der Akkumulation von mehr Kapital. *Melmoth réconcilié* (1835) bietet ein gutes Beispiel für diese Dynamik. Dort verschuldet sich ausgerechnet Nucingens geiziger Kassierer

Castanier wegen Madame de La Garde, einer Frau, die in sein Leben getreten ist. Castanier möchte diese Kurtisane, die auf den „nom de guerre" (CH, X, 355) Aquilina hört, nicht mehr mit den anderen Freiern teilen. Er überzeugt sie, bei ihm einzuziehen, muss aber feststellen, dass sie nicht zu seinem schäbigen Mobiliar passt: „La mise d'Aquilina contrasta si comiquement avec la misère de son logis que, pour tous deux, il fallut en changer. Ce changement emporta presque toutes les économies de Castanier, qui meubla son appartement semi-conjugal avec le luxe spécial de la fille entretenue" (358f.). Durch das Hinzufügen der Frau zum Mobiliar wird im Folgenden – ähnlich wie beim neuen Schlafrock in Diderots *Le Neveu Rameau* (1805 posthum erschienen) – eine regelrechte Flut von Ausgaben in Gang gesetzt: „[T]out ce que les marchands avaient de plus coquet, des étoffes tendues, de la soie, des bijoux, des meubles légers et fragiles, de belles porcelaines" (359). Dabei verlangt die interesselos liebende Aquilina, deren Pseudonym an das flüssige Geld denken lässt, nichts, außer zu lieben und geliebt zu werden:

> Comme beaucoup de femmes auxquelles la nature semble avoir donné pour destinée de creuser l'amour jusque dans ses dernières profondeurs, Mme de La Garde était désintéressée. Elle ne demandait ni or, ni bijoux, ne pensait jamais à l'avenir, vivait dans le présent, et surtout dans le plaisir (358).

Der brave Kassierer, der fälschlich meint, Aquilina nicht genug anbieten zu können, verschuldet sich und bestiehlt sogar seinen Chef Nucingen. „Quoique Castanier voulût [...] faire les choses simplement, il s'endetta progressivement. Une chose en nécessitait une autre. Une pendule voulut deux candélabres. La cheminée ornée demanda son foyer" (359). Unwillentlich wird Aquilina zum Ursprung dieser sich verselbständigenden Verschuldung.

Auch wenn sie gute Absichten hegt, ist Aquilina das Prinzip der Verschuldung. Im Unterschied zu Renée Saccard ist es Castanier, der auf eine ertragreiche Hinhaltetaktik der Händler hereinfällt. Dem vom „paroxisme du désir" aufgefressenen Konsumenten, der „ne s'accommode jamais d'un retard" (359), geben diese sofort seine Ware, verheimlichen ihm jedoch so lange wie möglich deren Preis; im Nachhinein suchen sie ihn „métamorphosés en totaux d'une horrible exigence" (359f.) auf und verlangen die sofortige Bezahlung der Güter: „L'abîme s'entrouvre alors en vomissant une colonne de chiffres qui marchent quatre par quatre, quand ils devaient aller innocemment trois par trois" (360). Die Kreditwirtschaft, die sich zwischen den Akt des Aufschreibens und den Akt der Bezahlung schiebt, wird bei Balzac in Gang gesetzt, weil ein Mann Bedürfnisse auf eine Frau projiziert, die Letztere nicht hat, dann aber entwickelt.

Dieses Motiv findet sich nicht nur in der französischsprachigen Literatur. Auch im deutschsprachigen Realismus, der sich Polonius' Diktum *never a borrower be* verschrieben hat, findet sich eine ähnliche, allerdings stark vereinfachte Konstellation. In Gustav Freytags *Soll und Haben* (1855) lässt sich der beflissene Buchhalter Anton Wohlfahrt im Unterschied zu seinem Gegenspieler Veitel Itzig, einem antijüdisch gezeichneten Wucherer, auf keinerlei Kreditgeschäfte ein. Ja laut Anna Helm wäre „the whole concept of credit [...] ‚discredited' in the bourgeois economy", die Freytags Realismus ausmacht, da „credit creates money beyond the current money supply availible for use in the economy. This in turn puts an inflationary pressure on the economy" (Helm 2009, 69) – und, so lässt sich hinzufügen, zugleich auf die Text-Ökonomie eines Realismus, der über Soll und Haben präzise Buch führt. Im Unterschied zur französischsprachigen realistischen Literatur sperrt sich Freytags für den deutschsprachigen Raum zentraler Roman gegen die Inflation der Signifikanten.

An einer Stelle im Roman droht die selbstlose Figur Anton Wohlfahrt aber, von ihrem geraden Pfad abzuschweifen. Laut Helm steht in Freytags schematischem Roman der Adel, der sich bei jüdischen Wucherern verschuldet, für eine inflationäre Tendenz der Schuldenwirtschaft, insofern in ihr mehr ausgegeben wird als die Wirklichkeit hergibt (vgl. 68f.). Anton verschuldet sich, weil er sich in die adelige Lenore von Rothsattel verliebt. Seine Ausgaben steigen, während seine Aufmerksamkeit und Genauigkeit im Führen der Bücher und insgesamt seine Produktivität abnehmen, da ihm seine Arbeit keine Freude mehr bereitet.[174] Obendrein gerät seine private Buchhaltung in Unordnung, da er es unterlässt, seine Ausgaben zu verzeichnen. Schließlich erfährt sein Prinzipal Herr Schröter von seinem Lebenswandel und stellt ihn zur Rede:

> „Ja", sagte er [Anton] endlich verzweifelnd, „Sie haben recht, ich habe sehr unrecht getan, über meine Verhältnisse hinauszugehen, ich habe das während der ganzen Zeit empfunden; seit einigen Tagen, wo ich Kasse gemacht habe und gesehen, daß ich in Schulden gekommen bin" – hier lächelte der Kaufmann fast unmerklich –, „ist's mir klargeworden, daß ich auf unrechtem Wege bin [...]" (SH, 195).

Es ist geradezu eine Beichte, und Schröters Lächeln deutet an, dass Schulden sich als ein probates Druckmittel gegen den kleinen Kontoristen erweisen.

174 „Er selbst war nicht zufrieden mit sich und suchte selbstquälerisch Anklagen gegen sich zu sammeln. Er war ein anderer geworden. Er war nicht gerade nachlässig in den Arbeitsstunden, aber seine Tätigkeit machte ihm wenig Freude, sie war ihm oft eine Last. Es war ihm begegnet, daß er in seinen Briefen Wichtiges vergessen hatte, ja er hatte sich ein paar Mal sogar in den Preisen verschrieben [...]" (SH, 192).

Leonore bringt laut Mark Grunert den Bürger in Versuchung. Sie stehe für die von ihm verdrängten Größen der Freiheit und der Natur, die als romantische Phantasmen von Freytags realistischer Poetik des Platzes verwiesen werden (vgl. Grunert 1993).

Mit genau dieser Mischung aus Angst und Faszination, die im Angesicht des schuldhaften Anderen der Ökonomie aufkommt, spielt Flauberts *Madame Bovary* (1856). Die berühmteste Schuldnerin des Realismus entwickelt, wie wir im ersten Kapitel gesehen haben, im Laufe des Romans ein überbordendes Begehren, das vom Händler von Yonville Lheureux (dem Glücklichen) angestachelt und ausgebeutet wird. Wie Renée Saccard unterschreibt sie eine Reihe von *billets à ordre*, deren Zinssätze dadurch potenziert werden, dass sie an einen Bankier in Rouen weitergegeben und in den Zirkulationskreislauf von Schulden eingespeist werden. Laut Patricia Reynaud liegt Flauberts Roman eine inflationäre Tendenz zugrunde, die ihn vom ‚Goldstandard' der realistischen Schreibweise abzulösen droht: dem Referenten. Während die *billets* zunächst einfache Bezahlungen darstellen, also mit Marx in eine Logik des Ware-Geld-Ware (W-G-W) eingebunden blieben, begleichen Charles' Zahlungen zunehmend nur die verflossene Zeit, mit anderen Worten das für den Profit stehende G' in der von Waren bereinigten Kredit-Relation G-G' (vgl. Reynaud 1994, 73f.; Ahearn 1984; Kap. 9, 199ff.). Der Mechanismus des *billet à ordre* dramatisiert den Übergang von einer auf realen Gütern basierenden Wirtschaft zu einer reinen Finanzwirtschaft und inszeniert den Verschleiß der repräsentativen Aussagekraft sprachlicher Zeichen.

Reynaud hält dafür, dass Flaubert durch die in einer Vorstufe des Romans noch angeführte „merveilleuse disposition à gâcher l'argent" (zit. n. Reynaud 1994, 127) von Emma die Idee des bürgerlichen Utilitarismus *ad absurdum* führt, also die Idee eines Maßes oder einer Messbarkeit persönlichen Genusses, einer prinzipiellen Konvertibilität des Lebens in Zahlen (vgl. 127f.; Picard 1973). Dass Flaubert Emma Bovary zugleich als Naturwesen darstellt, das nicht im Zaum (der Zeichen) gehalten werden kann, und dieses Andere der Ökonomie als destruktiv-exzessive Alternative zum Spießbürgertum in Szene setzt, entspricht seiner Poetik des Exzesses. Emma steht für reine Verausgabung (von Energie, Dingen, Zeit, Sprache). Demgemäß hält Jean-Pierre Richard dafür, dass die Rede von Emmas Herzenskonsum (vgl. Kap. 1, 55f.)[175] von einer „voracité flaubertienne" (Richard 1954, 124) zeuge, die in der Liebe als gegenseitige

175 „Il fallait qu'elle pût retirer des choses une sorte de profit personnel; et elle rejetait comme inutile tout ce qui ne contribuait pas à la consommation immédiate de son cœur […]" (FO, I, 358).

Durchdringung und Entgrenzung ihren Höhepunkt finde: „L'amour est une interpénétration charnelle où des individus cessent d'exister comme tels" (131). Richard konstatiert in seiner psychoanalytischen Flaubertlektüre, dass nicht etwa die kalte Mechanik des Geldes Emma dahinrafft, sondern dass sie sich im amorphen *trop-plein* verliert. Ihre Schulden seien bloß das äußere Anzeichen eines Konsumexzesses, der sich über kurz oder lang in Trägheit und Trauer verwandle.

Emma ist aber nicht bloß das Andere der Ökonomie, mit dem diese nicht zurande kommt, wie ließen sich ihre Exzesse ansonsten auf Francs und Centimes berechnen? Reynaud macht eine Dialektik zwischen Schuldnerin und Gläubiger aus, die auf einer kaschierten „inversion du rapport de forces entre les parties" (Reynaud 1994, 119) beruhe. Lheureux, der zunächst Emma als sozial Höhergestellte stets zu Diensten ist, treibe Emma unmerklich in die Verschuldung; etwas, was dieser übrigens mit vielen im Dorf bereits gemacht hat. Anstatt die Bezahlung des *billets* zu fordern, lässt er Emma immer neue *billets* unterschreiben. Er will überhaupt nicht, dass sie ihre Waren sofort bezahlt, sondern dass sie sich ihm voll und ganz hingibt. Damit kommt der exzessiven Konsumentin eine zentrale Rolle in dieser Wirtschaftsform zu, und zwar diejenige, eine Schuldenwirtschaft, deren Tendenz es ist, Kapital zu zentralisieren, durch exzessives Begehren in Gang zu halten.

Die exzessive Schuldnerin und der genaue Gläubiger stellen bei Flaubert zwei Seiten ein und derselben Münze dar; sie bilden zusammen ein einheitliches Finanz-Dispositiv, das einerseits auf dem Mangel der Subjekte und andererseits auf dem Überfluss an Waren beruht und in der Kombination die numerische Differenz ruinöser Schulden erzeugt. Das Resultat dieser Bewegung, also die Konzentration des Kapitals, nennt Marx Pauperisierung. Emma vergiftet sich und löscht ihr Umfeld aus; ihre Schulden sind so hoch, dass ihr Mann alles verliert und stirbt; der Tochter Berthe bleibt nur noch die Summe für eine Reise zu ihrer Tante: „Elle [la tante] est pauvre et l'envoie [mademoiselle Bovary], pour gagner sa vie, dans une filature de coton" (FO, I, 645). Die ins Proletariat abgerutschte Tochter der Schuldnerin büßt in der Spinnerei; und diese Passage ist in einer Art ewigen Präsens der Verdammnis gehalten. Hier wie bei Balzac greift der ‚Goldstandard' der Referenz am Ende, eine endlose Verschuldung hält Flauberts (Text-)Ökonomie nicht aus, und jemand muss bezahlen, sei es mit Geld, sei es mit dem Leben. Das düstere Bild des Erlöschens einer verschuldeten nächsten Generation leuchtet auf.[176]

176 Zur Pauperisierung durch Schulden vgl. Federici 2014, 49f.; Fontaine 2008, 31ff.

Hausfrauen, Huren, Ehebrecherinnen

Kurz vor ihrem Selbstmord soll Emma Bovary das Einzige verkaufen, was ihr noch bleibt: ihren eigenen Körper. Zunächst versucht die verzweifelte Schuldnerin, ihren skrupellosen Gläubiger Lheureux zu verführen: „Elle [Emma] fut lâche, elle le [Lheureux] supplia ; et même elle appuya sa jolie main blanche et longue sur les genoux du marchand. / – Laissez-moi, donc ! On dirait que vous voulez me séduire !" (593). Der Geldhändler bleibt asexuell. Nun beginnt eine Irrfahrt der versuchten Prostitution. Von Léon, ihrem Liebhaber, für den sie viel Geld ausgegeben hat, verlangt sie, dass er das Geld von seinem Chef stehle (und sie damit entschädige). Dann sucht sie den Notar von Yonville auf; als dieser sie aber bei ihrer Hüfte packt, ruft sie aus: „Vous profitez impudemment de ma détresse, monsieur ! Je suis à plaindre, mais pas à vendre !" (602). Léon kommt ihr nicht zur Hilfe, und daraufhin sucht sie ihren ehemaligen Liebhaber auf, „sans [...] se douter le moins du monde de cette prostitution" (607); auch Rodolphe hat kein Geld für sie.

Der Skandal, zu dem Flauberts Roman Anlass gegeben hat, rührt auch daher, dass Emma Bovary eine ambivalente Position zwischen der Hausfrau und der Hure einnimmt. Dorothea Mey weist nach, inwiefern die Phantasmen der Weiblichkeit von männlichen Autoren wie Auguste Comte, Jules Michelet und Joseph Prudhon zwischen Hure und Hausfrau oder *Ménagère ou Courtisane* säuberlich unterschieden. Die Hausfrau sei sparsam (oder *austère* wie Madame Arnoux; vgl. FO, II, 230, 276) und arbeite gratis, da sie die ihrer Natur entsprechende Hausarbeit verrichte und von ebenjener großzügigen Natur (zumeist mit Müdigkeit, Depressionen, Neurosen, Hysterie etc.; vgl. Mey 1987, 88ff.) entgolten werde. Die reine Liebe von Hausfrauen und Müttern werde zugleich als Schwäche und als Stärke gedeutet: Zwar seien sie zu schwach, ökonomisch zu handeln, weshalb ihre Produkte weniger wert seien; aber sie arbeiteten aus reiner Liebe und würden von ihren strapazierten Männern, die Zuflucht von der Konkurrenz suchen, an ihrem heimischen *utopos* jenseits der als unnatürlich kodierten kapitalistischen Produktionssphäre aufgesucht.

Dieser häusliche Bereich berge allerdings, da er ein Stück geretteter roher Natur darstelle, einige Gefahren. Insbesondere vor dem weiblichen Sexualtrieb, der den Mann in eine Logik des Exzesses hineinzuziehen drohe, wird gewarnt: „Die Angst vor der sexuellen Potenz der Frau ist, so scheint mir, in erster Linie die Angst, die gesellschaftliche Ökonomie zu gefährden, d. h. die Männer außerstande zu setzen, sich als Personifikationen ökonomischer Kategorien zu verhalten" (36). An dieser Stelle wird die Funktion der Hure deutlich. Sie wird beispielsweise vom Arzt und Hygieniker Alexandre Parent-Duchâtelet, dem Autor eines zeitgenössischen Standardwerks über die Prostitution, als notwendiges Übel, durch das Männer den Entzug sexueller Exzesse im Haushalt kompensieren, aufgefasst (vgl. Parent-Duchâtelet 1836; Dottin-Orsini 2015; Houbre 2015). Die Hure steht laut Mey für die entfesselte weibliche Sexualität, die nur dadurch eingedämmt werden kann, dass sie unter ein strenges Lohnverhältnis gehalten wird. Die exzessive ‚Natur' der Frauen gilt es innerhalb des Haushalts auf der einen Seite in Zaum zu halten; und auf der anderen möchte der Ehemann, der einer derartigen Sparsamkeit ausgesetzt ist, doch nicht auf seine Exzesse verzichten. Huren kanalisierten die Frustrationen von Ehemännern und wurden deshalb von den ersten Hygienikern als notwendiges Übel definiert.

Es gibt eine soziale Komponente dieses Problems: Während die Prostitution für mittellose Frauen bittere Notwendigkeit war, stellte sie laut Mey für betuchte Frauen eine Verlockung dar. Für bürgerliche Frauen war mit der Prostitution die Vorstellung der Freiheit vom ehelichen Joch verbunden,[177] während Proletarierinnen, die auf Mehrarbeit neben ihren häuslichen Tätigkeiten angewiesen waren, sich zu den Jahreszeiten, da sie keine Arbeit fanden, prostituierten; viele taten es auch, um den unmenschlichen Arbeitsbedingungen der Industrie zu entkommen.[178] Marx schreibt ausführlich über die schlimmen Bedingungen der Frauen- und Kinderarbeit, übersieht aber laut Federici die doppelte Ausbeutung der Frauen im Haushalt und in der Industrie. Die Prostitution hat sich schlagartig ausgebreitet, sobald die gesellschaftlichen Verhältnisse über Geld geregelt wurden. Dies hängt vielleicht mit dem Umstand zusammen, dass das ‚älteste Gewerbe' zusammen mit der Erfindung der Münzprägung entstand.[179] Von Braun argumentiert, dass diese historische Verbindung bei jeder Ausweitung kapitalistischer Gesellschaftsverhältnisse

177 „Die ‚andere' Frau tritt ihnen [den bürgerlichen Frauen] allerorten entgegen, manchmal als reale Person, manchmal als Erinnerung oder Wunschtraum in den Köpfen ihrer Ehemänner, manchmal sogar als Verlockung, die Mühsal des eigenen Lebens gegen ihren Glanz auszutauschen" (Mey 1987, 101).

178 Federici und Mey weisen nach, inwiefern Frauen in einem ersten Schritt mit Verweis auf ihren angeblich zu leichten Körperbau von der Manufaktur und Industrie vertrieben wurden, um in einem zweiten als Arbeitskräfte gegen die geringmöglichste Bezahlung erneut angeheuert zu werden. Vgl. 88ff.; Federici 2014, 94ff.

179 Von Braun argumentiert mit Horst Kurnitzky, dass das Finanzkapital das Geld einerseits durch Opfer und andererseits durch Inkarnation beglaubigt, durch die Aussonderung Schwacher und durch die Produktion von Menschen also; zum Beispiel durch gegen Geld getauschte Frauenkörper. Diesen Umstand führt sie auf die antike Tempelprostitution zurück, aus der heraus sich die Geldprostitution entwickelt habe. Die Hetären brachten beispielsweise den Tempeln, denen sie angehörten, Erträge ein; diese Tempel prägten auch die ersten Münzen. Mit der Verstaatlichung der Münzprägung im demokratischen Athen wurde das Bordell dann zu einer öffentlichen Einrichtung, und damit entstand das ‚älteste Gewerbe' erst. Die im Tempel lebende Hetäre galt als heilig,

reaktiviert und intensiviert wurde. Für das industrielle Zeitalter scheint diese Beobachtung durchaus zuzutreffen. Der *Code civil* hatte die Prostitution ja legalisiert, und ab dann prostituierten sich viele Frauen in und außerhalb von Bordellen.[180] Viele von Balzacs und Zolas Börsianern unterhalten Beziehungen zu ‚Freudenmädchen'.

Der Soziologe Werner Sombart ist so weit gegangen, die These zu vertreten, dass Kurtisanen am hochmittelalterlichen Hof den Kapitalismus durch ihren übermäßigen Konsum und die damit einhergehende ihm zufolge zumeist von Juden betriebene Kreditwirtschaft hervorgebracht hätten. Diese frauenfeindlich-antisemitische These einer Geburt des Kapitalismus aus dem Geiste der Kurtisane geht von einer Infiltrierung des Hofs durch das ‚Weibchen' aus. Die Wurzel des ‚Übels' stelle die Liebe dar, denn ihre Rehabilitierung im Hochmittelalter, von der der Minnesang zeuge, legitimiere die Anwesenheit der Kurtisane bei Hof. Bald entfalte sich aufgrund der exzessiven Natur der Liebe ein Bedürfnis nach Luxus; und dieses schlage sich in den Luxusgegenständen nieder, die subjektiv und objektiv einen Mehraufwand und Mehrwert aufweisen; das heißt, sie gehen über einen gegebenen Zweck hinaus, indem sie einen Rohstoff über die Maßen verfeinern, was wiederum mehr Hände brauche und, mit Marx, mehr lebende Arbeit verbrauche. Sombart weist anhand der Staatsausgaben des französischen Hofs nach, dass die Kurtisanen die größten Konsumentinnen waren, und hält dafür, dass die Städte zuerst Konsumtempel waren, bevor sie zu Handelszentren wurden. Mit diesen sinnlosen Ausgaben gehen freilich Schulden einher, die wiederum das Kreditwesen vergrößern. Als „Sieg des Weibchens" (Sombart 1984 [1922], 118) bezeichnet Sombart die kulturelle Ausbreitung der Konsumption von Luxus, die sich daran zeige, dass sich der Luxus verhäusliche, also ständige Präsenz respektabler Haushalte werde. Dies schlage sich beispielsweise in der Esskunst, im Wohnluxus sowie im städtischen Luxus der Theater, Ballhäuser, Restaurants, Hotels und Läden nieder.

Sombarts *blame-game* passt gut in eine Geschichte der weiblichen Konnotation und Naturalisierung von Schulden als in Zahlen gegossene Irrationalität. Nicht genug, dass man Frauen den Zugang zum Markt verwehrt – außer beim Aufstocken des Haushalts mit Lebensmitteln (Konsumarbeit) –, sie müssen auch noch für das herhalten, was die Warenwelt im Innersten zusammenhält: Luxus, Exzess, Konsum. Das Motiv weiblicher Konsummonster

---

während die *porne*, die für Geld anschaffen musste, profan daherkam. Vgl. Kurnitzky 1974, 24ff.

180 Die Zunahme an Prostitution insbesondere in Frankreich wird von verschiedenen Autorinnen und Autoren bestätigt. Vgl. Thomson 2015, 14f.; Mey 1987, 97ff.; Corbin 1978.

hatte sich offenbar schon derart eingebürgert, dass die Geschichte des Kapitalismus als Naturereignis gelten konnte. Dabei ist der Luxus laut Sombart das Unnatürlichste überhaupt.

Möglicherweise hat Werner Sombart schlichtweg zu viele realistische Romane gelesen. In der französischsprachigen Literatur des 19. Jahrhundert wimmelt es nur so von *filles publiques, pierreuses, courtisanes, lorettes, filles de joie, demi-mondaines, raccrocheuses, belles de nuit, grisettes, grands horizontales…* (vgl. Cogeval 2015, 9). Dies sind die einzigen Proletarierinnen, über die die bürgerlichen Herren schreiben.[181] Die wohl berühmteste dieser *femmes entretenues* ist Marguerite Gautier, alias ‚La dame aux camélias', die Hauptfigur des gleichnamigen Romans von Alexandre Dumas dem Jüngeren aus dem Jahr 1848.[182] Diese Kurtisane befindet sich am oberen Ende des ‚ältesten Gewerbes'[183] und wird von einem alten Fürsten und von einem jüngeren Grafen ausgehalten.

Sie steht für exzessive Ausgaben, extravagante Kleidung, feines Essen und ein luxuriöses Interieur, Zerstreuung und Verschwendung von Zeit, Launen und Spleen. Damit wird sie nicht bloß, wie viele andere Vertreterinnen ihres Berufsstands, als lebendes Konsumgut feilgeboten, sondern konsumiert ihre Freier, wie so viele ‚Femmes fatales', beispielsweise in Félicien Rops' Karikatur *La dame au pantin* (zu deutsch: Die Dame mit dem Hampelmann; vgl. Abb. 8.1), in dem eine Prostituierte ihren Freier, der zu einem triebgesteuerten Geldbeutel reduziert ist, auspresst und Geldstücke rieseln lässt.

Marguerite ist eine einflussreiche Vertreterin ihres Gewerbes. Die Schwindsüchtige ist laut dem Erzähler in ein großes Spekulationsgeschäft eingespannt und ruiniert sich finanziell und körperlich. Dumas' Roman setzt nach ihrem Tod ein. Ihr reich ausstaffiertes Interieur kommt unter den Hammer. Der Erzähler charakterisiert die Teilnehmer an der Auktion folgendermaßen:

> Honnêtes gens qui avaient spéculé sur la prostitution de cette femme, qui avaient gagné cent pour cent sur elle, qui avaient poursuivi des papiers timbrés les derniers moments de sa vie, et qui venaient après sa mort recueillir les fruits de leurs honorables calculs [en même temps que les intérêts de leur honteux crédit] (DC, 34).

---

181 Bei Balzac ist Esther Gobseck eine der wenigen Figuren aus dem Volk; die Prostituierte Rosanette in Flauberts *Éducation sentimentale* ist die einzige Figur, die einem Arbeiterviertel von Paris entstammt.

182 Die Sekundärliteratur konzentriert sich auf historische Vorbilder, auf Bezüge zu Verdis *La Traviata* oder auf die Darstellung der Schwindsucht. Vgl. Coste 2009; Filatre 2004; Lietz 1993; Painter 1992; Felten 1985; Toussaint 1958. Eine Ausnahme bildet die noch nicht erschienene Dissertation: Spunt 2014.

183 Sie steht in der Tradition der Hetären, nicht der *pornai*.

DIE FRAU MIT DEM HAMPELMANN

Abb. 8.1 Felicien Rops: *La dame au pantin* (1885)

Diese Kurtisane ist nicht nur Anhängsel der Spekulation, ein Epiphänomen, vielmehr bildet sie einen integralen Teil eines spezifischen Spekulationsgeschäfts, das mit ihrer (finanziellen und anderweitigen) (Selbst)verausgabung spielt.

Dumas' Roman beteiligt sich nun an diesem Geschäft, der Icherzähler ist selbst zugegen bei der Versteigerung des Interieurs. Er ersteigert gegen eine hohe Summe ihr Exemplar des von einer Prostituierten handelnden Romans *Manon Lescaut* (1731) von Antoine-François Prévost und wird am nächsten Tag von Armand Duval aufgesucht, der Marguerite dieses Buch geschenkt hat und es unbedingt zurückhaben möchte. Gegen die Gabe dieses Buchs erhält der Erzähler wiederum Marguerites wirkliche Geschichte.

Wie konnte dieser Typus einer von Konsumsucht regelrecht aufgefressenen Prostituierten, die ihre Liebhaber auspresst und auffrisst, ein derart populäres Motiv werden? Sie fungiert für die Rezipienten als Vexierbild, da sie als Prostituierte nicht nur das Begehren von Lesern entfacht, sondern auch Leserinnen als Wunschbild einer frei über ihr Geld schaltenden und waltenden weiblichen Figur dient. Dumas' Text spielt mit dem Begehren der männlichen *und* weiblichen Leserschaft, eine solche Geschichte mitzuerleben, also wie Emma Bovary im Medium der Literatur einen „profit personnel" aus der „consommation immédiate du cœur" (FO, I, 358) zu ziehen.

Vorher muss der Erzähler Armand noch einen höchst seltsamen Dienst erweisen: Letzterer möchte seine beerdigte Liebe wiedersehen und bittet um den Beistand des Erzählers. Armand ist ein Süchtiger, dem seine Droge entzogen worden ist: Er hat Fieber und muss unbedingt das Antlitz seiner Geliebten wiedersehen; sein Blick ist verrückt, seine Augen aufgedunsen. Als er die Leiche seiner Marguerite endlich zu Gesicht bekommt, ist er zwar wie versteinert, bald darauf befindet er sich aber auf dem Weg zur Besserung. Ein Monster steckt im Sarg:

> C'était terrible à voir, c'est horrible à raconter. / Les yeux ne faisaient plus que deux trous, les lèvres avaient disparu, et les dents blanches étaient serrées les unes contre les autres. Les longs cheveux noirs et secs étaient collés sur les tempes et voilaient un peu les cavités vertes des joues, et cependant je reconnaissais dans ce visage le visage blanc, rose et joyeux que j'avais vu si souvent (DC, 68f.).

Die Vorwegnahme des Endes auf der Darstellungsebene des Romans macht den Akt des Erzählens zu einer Wiederbelebung einer geschminkten Untoten.

Und was hat diese Untote gewollt? Zeitweilig hat sie einen Ausweg finden wollen, mit Armand, den sie wirklich liebte, zusammenziehen, eine Hausfrau werden umgeben vom Glück des Spießbürgertums; jene monogame, sparsame, auf Liebe gegründete Beziehung, die dem Bild der keuschen, ihren Mann liebenden Ehefrau entspricht. Die Konversion der Hure in eine Hausfrau scheitert jedoch am Widerstand von Armands Vater, der die Beschmutzung seines Namens befürchtet; und an der mit diesem zusammenarbeitenden Zuhälterin, die um ihr Einkommen bangt. Die Logik des Tausches schließt systematisch aus, dass der zu tauschende Gegenstand – hier der weibliche Körper – nur einen einzigen Eigentümer hat. Das rentiert sich laut der Zuhälterin nicht:

> Mais comment voudriez-vous que les femmes entretenues de Paris fissent par soutenir le train qu'elles mènent, si elles n'avaient pas trois ou quatre amants à la fois ? Il n'y a pas de fortune, si considérable qu'elle soit, qui puisse subvenir seule aux dépenses d'une femme comme Marguerite (149).

Marguerite ist das weibliche Schreckgespenst eines um seinen gesellschaftlich-finanziellen Kredit bangenden Bildungsbürgertums, das heimlich ins Bordell geht. Ihre Rechnung geht aber nicht auf, selbst als sie die Schulden abbezahlt hat. Sie repräsentiert den gescheiterten Versuch einer Hure, eine Hausfrau zu werden.[184] Dies ist symptomatisch. Der Roman verschreibt sich der bürgerlichen Doppelmoral, die, wie gesagt, darin besteht, den häuslichen vom freudenhäuslichen Bereich strikt zu trennen, also die entfesselte weibliche Sexualität, die in der Ehe strengstens verboten ist, nur dort zuzulassen, wo sie durch das Lohnverhältnis eingehegt wird.[185] Wie Esther Gobseck bleibt Marguerite nur eines übrig – zu sterben; Aquilina wiederum verfällt in *Melmoth reconciliée* ihrem früheren Laster. *You can't have your cake and eat it too.*

Es kommt nicht von ungefähr, dass so viele weibliche Figuren in der realistischen Literatur ihren Körper verkaufen oder sich auf einen Seitensprung einlassen. Laut Jean-François Lyotard teilen sowohl der Ehebruch als auch die Prostitution die Eigenschaft, die bürgerlich-marktwirtschaftliche Ordnung zu pervertieren: Der Ehebruch stelle ein Aufkündigen der (Ehe-)Konventionen dar, während Prostitution etwas offiziell nicht Austauschbares an den Markt anschließe.

„Qu'est-ce que l'art ? Prostitution" (BOC, I, 649), schreibt Charles Baudelaire. Bei Dumas dem Jüngeren gerät die Kunst zur verzweifelten Suche nach

184 Ihre Schwester wiederum wird als engelsgleich dargestellt. Vgl. zu dieser Dichotomie Lanskin 1995.

185 Dementsprechend schreibt die Kurtisane Céleste Mogador in ihrer Autobiographie, dass Dumas' Roman ihren Berufsstand diffamiere. Vgl. Sullivan 2005.

einem Ausweg aus der Prostitution, weil diese Perversion der sittlichen, ökonomischen und letztlich auch sprachlichen Ordnung einem realistischen Autor missfallen muss:

> La prostitution échange le phantasme (qu'*est* le client) contre les signes du système économique (la monnaie) ; mais elle introduit aussi le signe intelligent, la monnaie communicable, dans la „monstruosité" singulière et vaine du phantasme, et de cette manière elle consacre la „cohérence adultère" du pensable avec l'impensable. Le prix se mèle *au* et *du* hors-de-prix ; ce qui n'a pas de comparaison, se paie, donc s'évalue (Lyotard 1974, 102).

Phantasmen substituieren laut Lyotard nicht wie bei Freud ein verbotenes Begehren, sondern seien „*substituts de rien*" (90), also nicht kommensurabel und nicht konvertierbar in Geld.

Obwohl er von einer Prostituierten handelt, die sich von ihrem Metier befreien möchte, also sich der herrschenden Moral beugt, zeugt Dumas' Text nicht von einer affirmativen Haltung gegenüber seiner Protagonistin. Ihre Konversion gefährdet die bürgerliche Ordnung, weil diese streng trennt zwischen einem häuslichen Bereich des Triebverzichts, in dem die Gesetze der Marktwirtschaft außer Kraft gesetzt werden und Arbeit abgeschöpft wird, und einem triebhaften freudenhäuslichen Bereich, der ökonomischen Gesetzen unterstellt ist. Der Verkauf des Körpers ist bei Dumas eine Notlösung. Einerseits schöpft die proletarische Prostituierte Mehrwert durch und mit ihrem Körper von dort ab, wo er gerade erst angekommen ist: vom Portemonnaie des Kapitalisten; andererseits lässt sich die männliche Sexualität, die im Haushalt nichts zu suchen hat, nur dadurch im Zaum halten. Sobald sich eine Frau wie Marguerite auf derartige Geschäfte eingelassen hat, ist sie diskreditiert, hat sie sich als polygames Wesen für die Monogamie disqualifiziert, weil sie im Unterschied zur Hausfrau weiß, dass sie ihre Liebe in Rechnung stellen könnte. Armands Vater fragt Marguerite in diesem Sinne: „Êtes-vous sûre en outre que la vie que vous quitteriez pour lui ne vous attirerait pas de nouveau ? Êtes-vous sûre, vous qui l'avez aimé, de n'en point aimer un autre ?" (DC, 285). Dumas' Text suggeriert, dass diejenige, die sich einmal auf das Tauschgeschäft mit der Liebe eingelassen hat, die im obigen Lyotard-Zitat angedeutete Inkommensurabilität der Liebe nicht anerkennen und erneut aus der Liebe ein Geschäft machen werde. Sind Frauen einmal der Isolation des heimischen Herds entgangen, werden sie nicht mehr in den bürgerlichen *oikos* hereingelassen.

Die in realistischen Texten verbreiteten Herzensergießungen von Kurtisanen, die nur den einen Mann lieben *wollen* und damit die vermeintlich wahre, sich um Geld nicht kümmernde Liebe verkörpern, deuten auf ein mitunter von Lyotard vertretenes männliches Phantasma, das bei Flaubert dekonstruiert wird. Dieser interessiert sich für die sittliche, ökonomische und sprachliche Perversion des Ehebruchs, der bei ihm stets Züge der Prostitution trägt. Frédéric Moreau liebt in *L'Éducation sentimentale* (1869) zugleich die konvertierte Kurtisane Rosanette Bron, alias ‚La Maréchalle', die sich von Jacques Arnoux aushalten lässt, sowie die treue Hausfrau Marie Arnoux. Anders als in *Madame Bovary*, anhand dessen sich zeigt, dass Hausfrauen keine Huren werden dürfen (bürgerlich-ökonomisches Bilderverbot), und anders als bei Balzac und Dumas, wo es sich herausstellt, dass Huren keine Hausfrauen werden können (kapitalistisch-ideologisches Verbot), werden die Grenzen zwischen beiden Typen im Laufe von Flauberts zentralem Roman verwischt.

Warum zieht Madame Arnoux Frédéric derart an? Diese bereits aufgekommene Frage wurde von der Literaturwissenschaft gestellt und in Bezug auf Flauberts Poetik (vgl. Baker 1990; Cogny 1981), sein Leben (vgl. Keller 2003) und seine Zeit (vgl. Bourdieu 1998) beantwortet. Diese Ansätze sollen nun durch eine Analyse der Begehrens- und Text-Ökonomie ergänzt werden. Bernard Masson und Michel Raimond weisen darauf hin, dass die Frauen in der *Éducation* ausschließlich als Objekte von Frédérics Begehren in Szene gesetzt werden. Diese Spannung intensiviere sich auf der Darstellungs- und Rezeptionsebene des Textes immer weiter, wenn es zu keinen sexuellen Handlungen kommt und der Körper der Angebeteten nur fetischistisch fragmentiert in Erscheinung tritt, niemals als ganzer.[186] So operiert der Text laut Raimond in der Beschreibung von Madame Arnoux stets mit Einschränkungen des Blicks, die das Fehlen ihres Körpers akzentuieren.[187] Der Effekt eines stets aufgeschobenen Leserinnen- oder Leser-Begehrens (vgl. Kap. 2, 80f.) lässt Madame Arnoux zu einer Verheißung werden. *Marie* Arnoux wurde außerdem immer wieder als Heilige und Hure gelesen (vgl. Woestelandt 1989, 72f.; Czyba 1983, 245). Sie wird in Flauberts Text metonymisch und metaphorisch über zwei Gegenstände aus ihrem Besitz sexuell aufgeladen: erstens ihre Schatulle, die laut Stirling Haig mitunter für den weiblichen Genitalbereich stehe (vgl. Haig 1984, 470); zweitens das Portemonnaie, mit dem sie am Ende des Romans die Schulden ihres Mannes begleicht, ein altes Symbol des männlichen Geschlechtsorgans.

Die Hure Rosanette wiederum verliert stetig an Anziehungskraft in den Augen des männlichen Subjekts Frédéric Moreau, insbesondere als sie ihren Beruf aufgibt und ‚domestiziert' wird, sprich einen Haushalt mit ihm gründet;

---

186 Zum Phantasma des ‚ganzen Körpers' vgl. Lyotard 1974, 136f.

187 Cogny 1981 zeigt, dass Madame Arnoux' Körper in den Beschreibungen ausgeklammert wird.

Madame Arnoux gibt dagegen durch ihre verfügbare Unverfügbarkeit selten Anlass zu *ennui*, dafür aber oft zu Ärger.

Dabei repräsentiert Rosanette laut Jean-Pierre Richard all das, was Flaubert faszinierte: Fülle, Fleisch, Üppigkeit, sofortigen Konsum (vgl. Richard 1954, 191f.). Und anfangs verliert sich Frédéric in der Anbetung zweier Prinzipien oder Musiken:

> La fréquentation de ces deux femmes faisait dans sa vie [la vie de Frédéric] comme deux musiques : l'une folâtre, emportée, divertissante, l'autre grave et presque religieuse ; et, vibrant à la fois, elles augmentaient toujours, et peu à peu se mêlaient ; – car, si Mme Arnoux venait à l'effleurer du doigt seulement, l'image de l'autre, tout de suite, se présentait à son désir, parce qu'il avait, de ce côté-là, une chance moins lointaine ; – et, dans la compagnie de Rosanette, quand il lui arrivait d'avoir le cœur ému, il se rappelait immédiatement son grand amour (FO, II, 175f.).

Eine leichte Berührung der Angebeteten, und schon erscheint die gegen Geld Verfügbare vor dem inneren Auge; die emotionalen Ausbrüche der Hure wiederum werden auf die strenge und emotional sparsame Hausfrau übertragen. Frédéric stiftet auf Ebene der ikonographischen Trennung zwischen Hure und Heilige Verwirrung. Sobald eine dieser beiden Arten von Musik jedoch zu dominieren beginnt, kann diese Verwechslungspantomime nicht mehr aufrechterhalten werden.

Die nichtverfügbare, strenge und sparsame Madame Arnoux, die ihren Wert nie einbüßt und stets inkommensurabel bleibt, entfaltet ein metaphorisches Potenzial, das, wie Marcel Proust anmerkt, ansonsten in Flauberts Texten fehlt (vgl. Proust 1971, 586ff.). Diverse Kommentatoren haben auf diese Metaphorik hingewiesen, beispielsweise Pierre Cogny, der eine Tendenz zu einem für Flauberts *Éducation* recht untypischen Gebrauch von Epitheta für Frauen bemerkt; das *mot juste*, der richtige Ausdruck, weiche barockem Überfluss. Auch Deborah Lesko Baker macht diesen Punkt stark, wenn sie Madame Arnoux als Katalysator von Metaphern und Metonymien insbesondere aus den anderen Künsten (Malerei und Musik) begreift. Sie schreibt, die sich zwischen Frédéric und Madame Arnoux auftuende Kluft werde von Übertragungsprozessen überbrückt; beispielsweise werden ihre Ringe fetischisiert (Metonymie); und schließlich werde sie im Text zum leuchtenden Punkt, um den alle Dinge kreisen,[188] insofern sie für die gesamte Stadt stehe, also für alle Frauen und alle Waren, ja für das Begehren des Begehrens selbst:

---

188 „Elle [Mme Arnoux] était le point lumineux où l'ensemble des choses convergeait" (FO, II, 41).

> Les prostituées qu'il [Frédéric] rencontrait aux feux du gaz, les cantatrices poussant leurs roulades, les écuyères sur leurs chevaux au galop, les bourgeoises à pied, les grisettes à leur fenêtre, toutes les femmes lui rappelaient celle-là [Mme Arnoux], par des similitudes ou par des contrastes violents. Il regardait, le long des boutiques, les cachemires, les dentelles et les pendeloques de pierreries, en les imaginant drapés autour de ses reins, cousues à son corsage, faisant des feux dans sa chevelure noire. À l'éventaire des marchandes, les fleurs s'épanouissaient pour qu'elle les choisît en passant ; dans la montre des cordonniers, les petites pantoufles de satin à bordure de cygne semblaient attendre son pied ; toutes les rues conduisaient vers sa maison ; les voitures ne stationnaient sur les places que pour y mener plus vite ; Paris se rapportait à sa personne, et la grande ville avec toutes ses voix bruissait, comme un immense orchestre, autour d'elle (FO, II, 100).

Während Rosanette im Laufe der Handlung zunehmend eine Poetik der Eigentlichkeit repräsentiert, die Worte für Wirklichkeit eintauschen möchte, indem die Liebe zu ihrem ‚natürlichen' Abschluss kommt, ist Madame Arnoux bis zum Schluss die metaphorische Verheißung.

„[Q]uand l'émotion (phantasme) se parle (simulacre), ne faut-il pas qu'il y ait *adultère* ou *prostitution ?*", fragt der libidinöse Ökonom rhetorisch; und er fügt hinzu: „Adultère des mots avec les intensités au détriment du concept, prostitution de l'intensité au bénéfice des échanges" (Lyotard 1974, 99). Versteht man Madame Arnoux als Konzeption des Ehebruchs, die eine Ehefrau zur von Frédéric mehrmals bezahlten Prostituierten werden lässt, ohne dass diese Transaktion gelingt und es zu sexuellen Handlungen kommt, so hält Flauberts Text einen die bürgerliche Ordnung gleichermaßen störenden und aufrechterhaltenden Prozess in der Schwebe. Daran zeigt sich, dass auch Lyotards Phantasie eine zutiefst männliche bleibt. Wenn die Ehefrau Ehebruch begeht, dann hält sie letztlich die bürgerliche Ordnung aufrecht, weil sie ihrem eigenen Begehren einen nichtoffiziellen Ausdruck verleiht, mit dem die gute Gesellschaft leben kann, sofern er verschwiegen bleibt und nicht, wie in *Madame Bovary, en détail* aus der Perspektive der Ehebrecherin geschildert wird. Flaubert frustriert gleichermaßen seine männliche wie seine weibliche Leserschaft, wenn er den Ehebruch in *L'Éducation* nicht stattfinden lässt. Auf einer anderen Ebene des Textes wird Madame Arnoux zu einem mit Bildern und Metaphern aufgeladenen Hyper-Signifikant, der nur noch die Seite des Begehrens des Konsumenten anspricht, nicht mehr seine zwangsläufig enttäuschende und obendrein kostspielige Überführung in die Realität. Frédérics Geldgeschenk gilt diesem numinosen Genuss der Verheißung. Jedenfalls spricht hier das Phantasma, es erhält einen Eigennamen, an den es sich heften kann, und lässt diesen zu einem Passepartout werden, das in jene dionysische Welt der Entfesselung lockt, die in *La Tentation de Saint-Antoine* (1874) oder in *Salammbô* (1862) zur Entfaltung kommt (vgl. Richard 1954).

Die Entfesselung des Begehrens bleibt aber die Befreiung des männlichen Autors mit erregtem Stil.

* * *

Ohne die Figuren der Ehebrecherin und der Prostituierten kommt die Literatur des 19. Jahrhunderts nicht aus. Die eine dürfte nicht aus ihrer Küche und damit aus einem Frauenbild ausbüxen, um Männer im Plural zu verköstigen, tut es aber heimlich; die andere wird von lüsternen Männern im Dunkeln aufgesucht, die für ihre Entfesselung bar bezahlen; sie darf keinen Eigennamen erhalten, geschweige denn sich Madame nennen, darf ihre Charaktermaske nie ablegen, um ein Individuum zu werden. In dieser Dichotomie steckt ein widersprüchliches Frauenbild, das Frauen aufträgt, keusch und sparsam zu sein, ihre Natur jedoch als exzessiv und ausgabewütig beschreibt; und dieses Frauenbild wiederum ist verankert in den widersprüchlichen Aufgaben, die Frauen zukamen: Reproduktions-, Konsumptions-, Haus-, Sexarbeit. Frauen sollen keusch, lüstern, arbeitsam, faul, anökonomisch, ökonomisch, sparsam, ausgabefreudig, gehalten, exzessiv sein. In realistischen Texten geraten viele weibliche Figuren in eine für die bürgerliche Gesellschaft typische Zwickmühle: Sie werden vom Kapital und von ihren Ehemännern ausgebeutet, müssen Haus-, Reproduktions- und Konsumptionsarbeit gratis leisten, dürfen indessen dabei keine für den Kapitalismus typischen Neurosen wie exzessive Konsumlust oder sexuelle Perversionen entwickeln, die ihre Männer zu verschulden drohen. Die Texte von Freytag, Zola und Dumas zeugen, wie wir gesehen haben, von einer entweder bewusst oder unbewusst affirmativen Haltung ihrer Autoren gegenüber dieser Lage, während diejenigen von Balzac und Flaubert sie reflektieren. Die *Lady Debit* gefährdet als Vexierbild zugleich die bürgerliche Ordnung und erhält sie aufrecht.

NEUNTES KAPITEL

Die Früchte des Kredits

> *Les jeunes gens comme toi, qui veulent être aimés par balance de compte, me semblent être d'ignobles usuriers. Nos femmes légitimes nous doivent des enfants et de la vertu, mais elles nous doivent pas l'amour. L'amour* [...] *est la conscience du plaisir donné et reçu, la certitude de le donner et recevoir ; l'amour est un désir incessamment mouvant, incessamment satisfait et insatiable.*
>
> Honoré de Balzac, CH, III, 643

Während ‚wilden' Frauen die Schuld an der Verschuldung zugeschrieben wird, gilt das Geldgeschäft selbst in vielen realistischen Romanen als (wider)natürlicher Vorgang. Der Spekulant wird in ihnen als fruchtbare oder als unfruchtbare Figur dargestellt, je nachdem, ob dessen Spekulation ‚realwirtschaftlich' fundiert ist. Die meisten Geldhändler sind bei Balzac asexuell und bleiben kinderlos: „Je me suis quelquefois demandé à quel sexe il [Gobseck] appartenait. Si les usuriers ressemblent à celui-là, je crois qu'ils sont tous du genre neutre" (CH, II, 967); dabei ist es durchaus nicht so, dass Gobseck den Reizen der Frauen, die er in ihren Schlafzimmern aufsucht, völlig kalt gegenüberstünde; allerdings weiß er darum, dass ihn die Währung ihrer Körper, die ihm oft genug angeboten wird, ruinieren würde (vgl. Kap. 4., 114). Vom Baron de Nucingen heißt es wiederum: „Amour naturel, amour postiche et d'amour propre, amour de bienséance et de vanité ; amour-goût, amour décent et conjugal, amour excentrique, le baron avait acheté tout, avait connu tout, excepté le véritable amour" (CH, VI, 494); Nucingen verliebt sich Hals über Kopf in Esther Gobseck – ein Verlustgeschäft. Jacques Collin schließlich, der Buchhalter der Sträflinge und meisterliche Betrüger, ist homosexuell, hat es also nicht auf Reproduktion abgesehen.

Urs Stäheli hält für die Ikonographie der Börsenspekulation fest: „Die Beziehung zwischen Spekulant und Spekulation präsentiert sich als heterosexuelle Szene der Verführung." Die kapriziöse und wechselhafte weibliche Börse wolle bezirzt und dominiert werden; der Spekulant müsse einen kühlen Kopf bewahren, um sich nicht der Gefahr auszusetzen, von der Börse derart verführt zu werden, dass er ihr verfalle. „Er [der Spekulant] benötigt Kredit und soll auf dieser Grundlage erfolgreich spekulieren, ohne verführt zu werden, gleichzeitig aber muß er sich doch soweit verzaubern lassen, um für dieses

 | DOI:10.30965/9783846765012_014

risikoreiche Geschäft motiviert zu werden" (Stäheli 2007, 273). Da „Spiel und der Spieler [...] eins werden" (277), wenn Frauen spekulieren, waren sie am Roulettetisch unerwünscht. Der abgebrühte männliche Spekulant verführt die ‚wilde' *Lady Credit*. Die hat wohl etwas mit dem ‚Preis des Geldes' (von Braun) zu tun, also mit dem Triebverzicht, den der Umgang mit der (Ir)rationalität der Zahlen Männern abverlangt (vgl. von Braun 2012, 64ff.; Stäheli 2007, 277ff.).

Der Verbindung von Geldgeschäften und Fruchtbarkeit werde ich im Folgenden an drei Schauplätzen nachgehen: zunächst bei Gustav Freytag auf einem Landgut, dessen Boden nicht fruchtbar gemacht werden kann und das zunehmend mit Hypotheken belastet wird, bis es verkauft werden muss; dann am öffentlichen Ort der Börse, wie sie sich Zola vorstellt, wo zwei Spekulanten aufeinander treffen, die fruchtbare und unfruchtbare Investitionsmodelle darstellen; schließlich in den *Scènes de la vie privée* zwischen Eheleuten, die um Geld geheiratet haben, wie sie bei Balzac und George Eliot vorkommen; in diesen letzteren Romanen wird die Verbindung zwischen ökonomischer und familiärer Fruchtbarkeit thematisch.

(Un)fruchtbare Kreditgeschäfte

Als Paradebeispiel einer naturalisierenden Darstellung eines den Naturkreislauf störenden, ruinösen Geldgeschäfts, an dem sich eine ganze ‚Mischpoke' antijüdisch gezeichneter Wucherer bereichert, kann der Kredithandel gelten, auf den sich der Baron von Rothsattel in Gustav Freytags *Soll und Haben* (1855) einlässt. Der Landherr, der über seine Verhältnisse lebt, da er eine Tochter zu verkaufen hat, sieht sich gezwungen, zusätzliche Einnahmen neben denjenigen aus seinen Ländereien zu generieren. Er möchte auf seinem Grundstück eine Zuckerfabrik errichten. Dazu braucht er die nötigen Kapitalien. Anstatt brav Überschüsse zu erwirtschaften und diese zu investieren, wie er ursprünglich vorgehabt hat, entscheidet er sich kurzerhand, nachdem ihm einige Wucherer Kredite anbieten und er darüber staunt, „wie leicht und massenhaft seinem Namen die Kapitalien zurollten" (SH, 290), für ein Hypothekengeschäft mit dem hinter allen diesen Angeboten steckenden jüdischen Wucherer Hirsch Ehrenthal. Dieser, der auf Anraten seines Lehrlings Veitel Itzig handelt, verzichtet scheinbar großherzig darauf, Zinsen zu berechnen, und möchte im Gegenzug bloß einen Anteil am Geschäft erhalten. Er rät dem Baron, ein Hypothekeninstrument einzurichten, mit dem er immer mehr Geld auf das Landgut seiner Frau in Rosmin ausleihen könnte, ohne jedes Mal eine neue Hypothek (mit Spesen etc.) einrichten zu müssen. Die Kosten der Spesen, die der Baron dadurch einspart, fallen nicht ins Gewicht. Dieses flexible

Finanzinstrument lässt ihn den Überblick über seine zirkulierenden Unterschriften verlieren, und ein kleiner Wechsel, den der Baron bei Veitel Itzig unterschreibt, ruiniert ihn. Der Geldhändler und sein Gehilfe haben von Anfang an auf diesen Ausgang des Geschäfts gewettet.

Hypothek heißt im Englischen *mortgage*, und in diesem aus dem Französischen entlehnten Kompositum steckt die Idee einer Pfandleihgabe, die erst dann erlischt (oder stirbt) und wieder in den vollen Besitz ihres Eigentümers tritt, wenn alle finanziellen Verpflichtungen abgegolten sind. Bei Freytag wird die Hypothek als Todesbringer inszeniert, und diese Inszenierung untergräbt die realistische Poetik geradezu. Kurz vor Unterzeichnung des Dokuments tauchen Motive und Metaphern des Todes in diesem eher metaphernarmen Text auf. Der Baron blickt auf sein Schloss, indessen zieht ein Gewitter auf: „Rings um den Herren des Guts war Schwüle, Mutlosigkeit und bange Ahnung. Im Getreide schwirrten die Grillen lauter als sonst, unaufhörlich tönte ihr warnender Ruf in das Ohr des Herren" (290f.). Die Natur wird hier zu einer warnenden Instanz, deren Sprache nur der Erzähler (und die Leserin oder der Leser) versteht, nicht der Baron. Bilder der Unfruchtbarkeit überwuchern das Terrain: „Die wilden Blattpflanzen am Wege ließen saftlos ihre Blätter hängen, sie waren mit häßlichem Staub überzogen und sahen aus wie Gewächse einer untergegangenen Welt, die vor vielen Jahren einmal grün war und Blüten trug." Das Schloss fängt dann im Licht der untergehenden Sonne zu brennen an:

> In rotem Feuer stand das Schloß mit seinen Türmen und Mauern vor dem Freiherrn, helle Flämmchen brannten auf den Spitzen der Türme in die Wolken hinein, im Brand leuchteten alle Fensterscheiben des Schlosses, und wie Blutstropfen lagen die rosigen Blumenbüschel auf dem schwarzgelben Laub der Kletterpflanzen (291).

Schließlich wird das Schloss motivisch vom Boden verschluckt: „[K]ein Zeichen des Lebens war in dem Hause zu erspähen, das Schloß war wie ausgestorben, wüst, wie ein Bau aus uralter Zeit, durch geisterhaftes Licht beleuchtet; – noch wenig Augenblicke, und es mußte verschwinden in dem Boden" (292). Mit diesem Bilderarsenal wird der Ausgang von Rothsattels Geldgeschäfte proleptisch vorweggenommen.

In einem späteren Kapitel traktiert der Erzähler die Leserinnen und Leser über das ruinöse Potenzial der Bodenspekulation. Ein Lob des im Einklang mit der Natur lebenden Bauern wird angestimmt, dem sich sogleich die Warnung anschließt: „Wehe aber dem Landwirt, dem der Grund unter seinen Füßen fremden Gewalten verfällt!" (399) Dieser Bauer wird die Gegenwart einer ‚futurisierten' Natur nicht mehr genießen können; er wird besorgt sein, „wenn

Abb. 9.1 Emmanuel Barcet: *Les Victimes*. La liquidation (Quelle: BnF)

die Lerche aus dem Roggen aufsteigt", weil er denkt, „daß die Frucht schon auf dem Halme verkauft ist" (400). Eine Frucht, die schon verkauft ist, bevor man weiß, ob sie reifen wird, ist ein Stück Wirklichkeit, welches einer inflationären Zeichenordnung des Kreditgeschäfts unterstellt wird, ein Stück Wirklichkeit, das in ein symbolisches Tauschgeschäft hineinwächst. Der Erzähler bedient sich wieder eines ähnlichen Bilderarsenals wie in der Szene, in der wir der Perspektive des Barons von Rothsattel gefolgt sind.

Die zunächst subjektiven Ängste des Barons werden vom Erzähler autorisiert, um schließlich in der Handlung ihre Bestätigung zu finden: Das Spekulationsgeschäft des Barons läuft schief, und der Spekulant versucht sich umzubringen. Dieses Motiv des für die Familie ruinösen Suizids des Spekulanten, das sehr verbreitet ist (vgl. Abb. 9.1[189]), wandelt Freytag in ein anderes Motiv ab: Der Baron jagt sich eine Kugel in den Kopf, der Schuss beraubt ihn aber nur – Ironie des Schicksals! – seines Augenlichts. Ein als naturwidrig dargestelltes Spekulationsgeschäft hinterlässt einen blinden Spekulanten.[190] Anton Wohlfahrt, der gut sieht und sich in die Tochter des Barons verliebt hat, kommt dem Baron zu Hilfe. Auf dem Letzterem bleibenden Gut Rosmin betreibt Wohlfahrt eine fruchtbare Wirtschaft ohne Kredit. Damit setzt sich das Realitätsprinzip des Realismus Freytag'scher Prägung auf der Handlungs- und Darstellungsebene durch. Die Inflationswirtschaft ist eingedämmt worden dank des Realisten Wohlfahrt.

Ganz so einfach macht es sich Émile Zola nicht, wenn er etwa ein halbes Jahrhundert später in *L'Argent* (1890f.) den Bankier Saccard als „poète du million" (RM, V, 219) dem Milliardär Gundermann gegenüberstellt, der *à la baisse* gegen die rasante Wertsteigerung von Saccards Aktie wettet. Dieser Showdown, bei dem Saccard den Kürzeren ziehen wird, setzt voraus, dass sich eine auf wirklichen Werten basierende Kreditwirtschaft gegenüber einem auf fiktivem Kredit basierten unfruchtbaren Geschäft mit der Gutgläubigkeit durchsetzt.[191] Saccards Geschäftsmodell fußt auf einem Betrug. Seine ohne Eigenkapital gegründete Banque Universelle finanziert sich über Mechanismen, die bereits in Balzacs *La Maison Nucingen* am Werk waren: Ein Strohmann wird eingesetzt,

189 Die schockierende Szene einer von ihren Kindern umringten Mutter, die ihren Mann vor einem leeren Safe tot auffindet; aus seinem Kopf strömt das Blut, seine Hand umklammert die Schusswaffe. Der Untertitel des Bildes lautet: „Les Victimes. *La liquidation*." Dieser Begriff bezieht sich zweideutig sowohl auf den Bankrott als auch auf die Blutlache.

190 *Speculor* hießt im Lateinischen spähen, beobachten oder auskundschaften.

191 Zu Zolas Beschäftigung mit der Börse vgl. Reffait 2009, Iff.; Mitterand 1976, 1233ff. Zola hat sich, wie es für ihn üblich war, während der Vorbereitung des Romans mit mehreren Börsianern intensiv ausgetauscht.

über den illegale Eigenkäufe von Aktien getätigt werden; Dividenden, die dem Eigenkapital entstammen, werden gemäß dem Schneeballsystem ausgeschüttet (vgl. Kap. 7, 155f.); neue Anleger werden durch klug platzierte Artikel in Zeitungen angelockt.[192] Die Figur Saccard entspricht zudem Zolas naturalistischer Poetik, insofern sie an ihrer überbordenden Leidenschaft zugrunde geht und dabei aufzeigt, wie ein bestimmtes gesellschaftliches System aufgebaut ist und funktioniert:[193] „Les tempes chauffées par la griserie du jeu" (RM, V, 18), heißt es zu Beginn des Romans über ihn, als er noch die Börse umkreist.

Die zentrale naturalistische Frage des Romans ist diejenige nach der Demarkationslinie von fruchtbarer und unfruchtbarer Kreditwirtschaft.

Hélène Gomart formuliert die These, dass Saccards *à la hausse* einer autoerotischen Logik gehorche, die die Vergrößerung des (phallischen) Universal-Äquivalents zum Ziel habe. Saccard motiviere vor allem die Schuld gegenüber den Frauen, die ihn genährt und ihm Kapitalien zugeführt haben, und zwar gegenüber seiner Mutter, die ihn als Kind wie ein zukünftig profitables Papier behandelte, sowie gegenüber seinen beiden Ehefrauen Angèle und Renée, deren Mitgiften er verprasst hat und die nun beide tot sind. Zola feminisiere zudem die Börse, indem er sie mal als Mutter, mal als Liebhaberin figuriere; ihre Zeitabläufe stellen sich als weiblich konnotierte zyklische Zeit periodischer Liquidationen oder Ausschüttungen dar (vgl. Gomart 2004, 165ff.). Saccards Sexualität findet überdies nur in unfruchtbaren Beziehungen mit Prostituierten ihren Auslauf. Er ist ein „homme à femme" (RM, V, 321), eine Bezeichnung, die auf seinen Appetit nach Frauen anspielt, aber auch auf seine Verweiblichung und sogar auf seine Ambitionen (affamé ist derjenige, der fast verhungert ist) verweist. Maxime, sein legitimer Spross, bleibt des Geldes wegen kinderlos.[194]

Diese Psychologie des Spekulanten darf nicht darüber hinwegtäuschen, dass Saccard eine Karikatur und Überhöhung fundamentaler Gesetze des Kreditmarkts darstellt.[195] In dieser Figur steckt gebündeltes Wissen, das

192 Zum Komplex des Finanzjournalismus in Zolas Roman vgl. Wrona 2011.

193 Zolas thermodynamischer Naturalismus unterscheidet sich grundsätzlich von realistischen Schreibweisen, insofern er den Anspruch erhebt, ein eigener Wissenschaftszweig zu sein. Vergleicht man Balzacs Schreibweise aber mit derjenigen Zolas, die auf Balzacs Verfahren aufbaut, dann ergeben sich zahlreiche Überschneidungen.

194 Sein anderer illegitimer Bastard, der von seiner Geschäftspartnerin Madame Caroline im Armenviertel von Paris entdeckt wird, vergewaltigt eine Frau in seinem Waisenhaus; die Saccards sterben aus oder werden sexuell delinquent.

195 Für Saccards *Banque Universelle* gibt es, ähnlich wie für Nucingens Bankhaus, mehrere Vorbilder, unter anderem die katholische Bank *L'Union générale*. Auf diesen Komplex kann ich aus Platzmangel in diesem Kontext nur verweisen. Vgl. Mitterand 1976, 1237ff.

gemäß den naturalistischen Prinzipien des ‚roman expérimental' dynamisch in Szene gesetzt wird, um die Hypothese zu überprüfen (vgl. Zola 1904 [1880]), ob jemand ohne finanzielle Sicherheiten und ohne Anbindung an die ‚Realwirtschaft' an der Börse wie im Kasino ein Vermögen generieren kann. Laut Ulrike Vedder erhellt Zolas Roman dadurch, dass er abstrakte und unsichtbare Geldverhältnisse zum Sujet hat, die sich nur bedingt observieren und Figuren zuschreiben lassen, die blinden Flecken des Experimentalromans (vgl. Vedder 2008, 209, 211f.). Der Schematismus seiner Handlung, der zwischen fruchtbarer und unfruchtbarerer Wirtschaft zu unterscheiden helfen soll, ist der blinde Fleck von Zolas Poetik.

Gomart hält dafür, dass Zolas Roman eine Kritik am flexiblen Terminhandel impliziere: „L'ordre financier n'apparaît plus comme identique à celui du temps du monde. En achetant ou en vendant à terme, j'avance à aujourd'hui la décision que je voudrais pouvoir prendre demain. Le marché à règlement (bi-) mensuelle construit un temps élastique" (Gomart 2004, 260). Gomart schreibt, dass Zola den Terminhandel, bei dem am vorgesehenen Verkaufstermin eines Wertpapiers die Transaktion aufgeschoben wird, als unnatürlichen Vorgang schildert. Er bringe den als natürlich charakterisierten Rhythmus des älteren Börsenhandels durcheinander, dessen Ausschüttungen vormals zu vorherbestimmten Terminen anfielen, aber nunmehr in erratischen, irregulären und unvorhersehbaren Zeitabständen stattfinden.

Gegen Gomarts Dämonisierung des Terminhandels spricht, dass sich Saccards Rivale Gundermann durchsetzt. Dieser steht für das Prinzip *à la baisse*, das sich in seinen ständigen Verkäufen ausdrückt. Gundermann finanziert diese kostspielige Strategie mit seiner Milliarde; er steht laut Gomart für die Sicherheit und die Deckung von Wertpapieren. Und trotz der Tatsache, dass Saccards Bank zunächst Werte aus dem Nichts zu schöpfen scheint und dass die Kreise, die Saccard zu Anfang des Romans um die Börse zieht, um seinen Coup vorzubereiten, in „Aufschub und Erhitzung" (Vedder 2008, 210) münden, setzt sich am Ende des Romans so etwas wie ein natürlicher Preis – ein zentraler Begriff der Politischen Ökonomie von Adam Smith bis Karl Marx (vgl. Kap. 7, 163 [FN 166]) – durch: Gundermanns Kapital. Der Roman impliziert, dass der Finanzmarkt nicht völlig abgekoppelt ist von der Außenwelt; selbst der fortgeschrittensten Form der Spekulation, der Metaspekulation qua aufschiebbaren Zahlungsfristen, wird eine eigene Rationalität zugeschrieben. Dem *poète du million* steht ein Realist der Milliarde gegenüber, und ihr Kampf stellt die Katharsis eines sich selbst heilenden Markts dar.

Der Hoffnung eines endlosen Wachstums *ex nihilo* wird in Zolas Börsenepos ein Strich durch die Rechnung gemacht, und Saccards Papier landet schließlich in der Gosse. Den verschiedenen Typen von Wertpapieren im Roman, die von

Gomart minutiös im Hinblick auf ihre „fecondité" (Gomart 2004, 229), also auf ihr schöpferisches Potenzial klassifiziert wurden (vgl. 227ff.), ist die Fruchtbarkeit oder Unfruchtbarkeit eingeschrieben: Die wertlosen *papiers goudronnés, papiers gâchés, papiers déclassés* und *papiers échus* bedecken die Stufen des *Palais Brognart* und stehen laut Gomart für den Tod, während an die der Börse gehandelten grünen Auftragszettel, die *papiers consacrés* oder *fiches de bourse*, die „couleur de l'espérance " (RM, V, 303) annehmen und für das Leben stehen.

Zolas Roman bedient sich in der Schilderung des Realisten der Milliarde Gundermann zudem einer ambivalenten Motivik. Gundermanns Bankhaus – und zugleich Wohnsitz – platzt vor lauter Kindern und Enkelkindern aus allen Nähten:

> Gundermann occupait [...] un immense hôtel, tout juste assez grande pour son innombrable famille. Il avait cinq filles et quatre garçons, dont trois filles et trois garçons mariés, qui lui avaient déjà donné quatorze petits-enfants. Lorsque, au repas du soir, cette descendance se trouvait réunie, ils étaient, en les comptant, sa femme et lui, trente et un à table.

Das Bankhaus ist zugleich *oikos*. Die suggerierte Kongruenz von Haushalts- und Börsenzyklus wird vom Erzähler als Monstrosität beschrieben: „En moins d'un siècle, la monstrueuse fortune d'un milliard était née, avait poussé, débordé dans cette famille, par l'épargne, par l'heureux concours aussi des événements" (90). Der Unfruchtbarkeit autoerotischer Selbstkäufe ohne Bezug auf die Außenwelt steht die monströse Potenz der Referenz gegenüber.

Und nicht nur der Großfamilie, die aus Kindern des Kapitals besteht, haftet etwas Monströses und Unheimliches an; Gundermann selbst ist ein blutarmes Ungeheuer der geschwürartigen Fruchtbarkeit, das sich nur von Milch ernährt:

> Et Saccard, qui le regardait toujours, s'émerveillait de le voir avaler son lait à lentes gorgées, d'un tel effort, qu'il semblait ne devoir jamais atteindre le fond du bol. On l'avait mis au régime du lait, il ne pouvait même plus toucher à une viande, ni à un gâteau. Alors, à quoi bon un milliard ? Jamais non plus les femmes ne l'avaient tenté : durant quarante ans, il était resté d'une fidélité stricte à la sienne ; et, aujourd'hui, sa sagesse était forcée, irrévocablement définitive. Pourquoi donc se lever dès cinq heures, faire ce métier abominable, s'écraser de cette fatigue immense, mener une vie de galérien que pas un loqueteux n'aurait acceptée, la mémoire bourée de chiffres, le crâne éclatant de tout un monde de préoccupations ? Pourquoi cet or inutile ajouté à tant d'or, lorsqu'on ne peut acheter et manger dans la rue une livre de cerises, emmener à une guinguette au bord de l'eau la fille qui passe, jouir de tout ce qui se vend, de la paresse et de la liberté ? Et Saccard, qui, dans ses terribles appétits, faisait cependant la part de l'amour désinteressé de l'argent, pour la puissance qu'il donne, se sentait pris d'une sorte de terreur sacrée, à voir se dresser cette figure, non plus de l'avare classique qui thésaurise, mais de l'ouvrier impeccable, sans besoin de chair, devenu comme abstrait dans sa vieillesse souffreteuse, qui continuait à édifier

> obstinément sa tour de millions, avec l'unique rêve de la léguer aux siens pour qu'ils la grandissent encore, jusqu'à ce qu'elle dominât la terre (96).

Gundermann ist eine Reflexionsfigur, die durch Saccards Perspektive in den Blick gerückt wird. Die konkreten Lebensbedingungen dieses perfekten Bankiers werden geschildert: ständiges Wachsein, körperlicher Entzug, sexuelle Enthaltung.[196] Eine prinzipielle Inkommensurabilität von Konsum und Geldgeschäft wird dadurch suggeriert, dass der Bankier niemals Zugang zum mit Kirschen und mit der Prostitution assoziierten *carpe diem* gewinnt. Sein Kapital kann nur auf zukünftig zu erwirtschaftenden Reichtum und nicht auf konkrete Güter zum Verzehr und Vergnügen bezogen werden.

Vor dem Hintergrund dieser und ähnlicher Schilderungen scheint es so, als hätte sich an der grundlegenden Logik, die in der Beschreibung und Bebilderung der Kreditwirtschaft am Werk ist, seit der Antike nichts Fundamentales geändert. Christina von Braun weist darauf hin, dass in der römischen Antike „Geld durch Realien wie etwa Getreide oder Vieh gedeckt" wurde. „Das lateinische Wort für Geld, *pecunia*, leitet sich ab von *pecus*, Vieh. Auch unser Begriff *Kapital* bezeichnet eigentlich die Köpfe einer Herde, deren Junge die ‚Zinsen' sind" (von Braun 2014, 117; vgl. Benveniste 1969, 47ff.). Aristoteles gießt diese bereits im antiken Griechenland vorherrschende Vorstellung in eine komplexe Theorie natürlicher und unnatürlicher Wirtschaft, die bis weit in die Neuzeit Verbreitung fand. Laut Karl Polanyi besteht Aristoteles' Beitrag zur Theorie der Ökonomie darin, „the principle of production for gain as boundless and limitless, ‚as not natural to man'" (Polanyi 2001 [1944], 57) zu monieren und deswegen abzulehnen.

Aristoteles hylemorphistische Theorie des Geldhandels (*chrēmatistikē*) zieht es laut Joseph Vogl nach sich, dass Geld zur „Beschaffung zwecks Verbrauch" (Vogl 2010, 119) dienen könne, also dem Erhalt eines Haushalts (*oikos*), der sich gemäß den Naturgesetzen zyklisch mit lebenserhaltenden Dingen (*chrēmata*) versorgt; oder abdriften und eskalieren im Laufe der „Erzielung von Handelsgewinn" (119f.) und eine widernatürliche Entgrenzung vornehmen, da der Gelderwerb „seine Grenze nicht mehr im Bedarf oder Gebrauch" finde und „auf eine innere Grenzenlosigkeit umgebogen" werde, „in der die zweckmäßige Verwendung von Mitteln die Vermehrung von Mitteln bewirkt" (120). Der Geldhandel führe zum „Sturz der Naturordnung überhaupt" und zu einem „Bruch im ontokosmologischen Kreis", in dem eine strikte Teleologie alle Naturprozesse regele:

196 Von Braun konstatiert, dass der organisierte Verkehr von Bankiers mit Prostituierten der Kompensation ihrer sexuellen Enthaltung diene. Vgl. von Braun 2012, 384ff.

> Denn am Kulminationspunkt der chrematistischen Eskalation steht eine Art künstlicher Fortpflanzung, die im Geld- oder Wuchergeschäft, im profitablen Geldverleih (*obolostatiké*) ein sich selbst gebärendes Geldmittel hervorbringt – ein „Junges" oder „Gezeugtes" oder schlicht „Zins" (*tókos*), mit dem sich das Geld an sich selber vermehrt, sich selbst fortzeugt und reproduziert (122).

Diese Vorstellung findet sich in veränderter Form in Marx' *Kapital* wieder, in dem Aristoteles zitiert wird: „‚Es ist aber in Wahrheit unmöglich [...], daß so verschiedene Dinge kommensurabel', d. h. qualitativ gleich seien. Diese Gleichsetzung kann nur etwas der wahren Natur der Dinge Fremdes sein, also nur ‚Notbehelf für das praktische Bedürfnis'" (MEW, 23, 74). Hier haben wir bereits den Gebrauchswert, dem der Geldhandel bei Aristoteles unterstellt wird: Geld als Tauschmittel im Sinne von Ware-Geld-Ware (W-G-W) ist erlaubt; der Warentausch im Dienst des Geldverdiensts (G-W-G) ist dagegen zu vermeiden; Profitmacherei (G-W-G', wobei G' für den Profit steht) oder das Geldgeschäft selbst (G-G') sind gar verboten (vgl. 123ff.).

Der Anthropologe Marcel Hénaff malt sich aus, wie eine natürliche Wirtschaft, die Aristoteles vorschwebt, aussähe:

> In dieser geschlossenen, zirkulären und homöostatischen Welt überrascht es nicht, dass die Ökonomie selbst als zu bewahrende Ordnung gilt. Das Wort Ökonomie sagt es bereits: Es handelt sich um die Produktion von Gütern im Rahmen des Haushalts (*oikos* bedeutet Haus). Das Hauptinteresse gilt ausgeglichenen Konten: Schulden sind zu vermeiden oder schnellstmöglich zu tilgen. Gewinn wird nicht gemacht, um langfristig zu investieren, sondern um die Stabilität des häuslichen Bereichs der Familie zu garantieren (Hénaff 2014, 47 [i. Orig. dt.]).

Dieses zyklisch-ruhige Dasein wird laut Hénaffs etwas schematischer Darstellung in der Moderne mit ihrer linearen, thermodynamischen Zeit gestört (vgl. 47; ders. 2012).

Das Fortbestehen des aristotelischen Erbes im mittelalterlichen Wucherverbot ist vom Sozialhistoriker Jacques Le Goff hinlänglich erforscht worden. Dieses mithilfe der Theologie verhängte Verbot impliziere die Vorstellung eines sündigen, an Häresie grenzenden Zeitdiebstahls:

> L'usure est un vol, donc l'usurier un voleur. Et d'abord, comme tout voleur, un voleur de propriété. Thomas Chobham le dit bien: „L'usurier commet un vol (*furtum*) ou une usure (*usuram*) ou une rapine (*rapinam*) car il reçoit un bien étranger (*rem alienam*) contre le gré du „propriétaire" (*invito domino*) c'est à dire Dieu." L'usurier est un voleur particulier ; même s'il ne trouble pas l'ordre public (*nec turbat rem publicam*), son vol est particulièrement haïssable dans la mesure où il vole Dieu (Le Goff 1986, 49).

Das christliche Mittelalter nimmt insofern eine Verschiebung in der Begründung der Widernatürlichkeit des Kredithandels vor, als dieser nunmehr auf dem zeitlichen Aspekt des Zinsgeschäfts gründet: „Que vend-il, en effet, sinon le temps qui s'écoule entre le moment où il prête et celui où il est remboursé avec intérêt? Or le temps n'appartient qu'à Dieu. Voleur du temps, l'usurier est un voleur du patrimoine de Dieu" (49). Auch diese Zeitlichkeit beruht auf einen räumlichen Vorgang, und zwar auf die Entfremdung eines Gutes, was freilich an den frühen Marx denken lässt.

Dies ist ein typisches Beispiel für den Begriff einer Denaturalisierung des Kreditwesens, der sich maßgeblich an Aristoteles' Ökonomie orientiert. Hénaff situiert die Genese der Vorstellung einer geschlossenen Ökonomie nicht im historischen Kontext der entstehenden Polis, in der die Geldwirtschaft aufblühte, und kann deshalb nicht umhin, Aristoteles' Naturalisierung der Ökonomie fast *à la lettre* zu übernehmen. Dabei stellt sich Aristoteles' Vorstellung wohl auch in polemischer Absicht der ‚Entartung' des Geldhandels entgegen, setzt also voraus, dass es diesen bereits gibt und er nicht erst im Zuge der Aushebelung des geozentrischen Weltbilds entsteht.

Die realistische Literatur naturalisiert einerseits den Kredit dadurch, dass er die weibliche Natur als Verschuldungsprinzip ansetzt; andererseits denaturalisiert er Geldgeschäfte, die die ewige Wiederkehr des Gleichen ins Stocken bringen.

Die ökonomische Frau

In vielen realistischen Texten wird die Fortpflanzung von Kapitalien mit der Fruchtbarkeit der Natur oder der Familie kurzgeschlossen, dabei wird suggeriert, dass sich bestimmte Formen der Kapitalgewinnung mit dem Zyklus der Natur vereinigen lassen, andere wiederum nicht. Insbesondere in Eheintrigen kann die Frage der Auswirkung des ‚Kapitalwachstums' auf das Bevölkerungswachstum im Rahmen intimer *Scènes de la vie privée* gestellt werden. Patrice Baubeau hat in einem Aufsatz über Balzacs *La Fille aux Yeux d'Or* (1835) einen Zugang zum Problem der Verhandlung ökonomischer Themen in literarischen Texten entwickelt, der darauf beruht, die narrative Zirkulation der Güter mit der narrativen Zirkulation der Geschlechter ins Verhältnis zu setzen: Wie fördert oder behindert die Zirkulation der Geschlechter in Form von Ehen die Zirkulation von Kapitalien im weitesten Sinne (Landgütern, Renten, Titeln etc.)? Baubeau stellt fest, dass der Heiratsmarkt für Mädchen grundsätzlich anders funktioniere als für Jungen; Letztere brächten ein Können oder eine

Stelle mit, Erstere eine Mitgift. Im Unterschied zum in der Ewigkeit lebenden Adel und zum vom Moment verzehrten Proletariat verzeitliche das Bürgertum die gesellschaftliche Ordnung: „Le bourgeois (ou l'aspirant bourgeois) s'agite et se démène dans de multiples activités de consommation/production afin de ‚réussir'" (Baubeau 2013, 117).

Romane wie Balzacs *Le Contrat de mariage* (1835) oder George Eliots *Daniel Deronda* (1876) setzen zwar diese bürgerliche Zirkulation von Gütern und Geschlechtern voraus, führen aber Aporien oder Paradoxien dieser Kreisläufe vor, indem sie alternative Zirkulationsmodelle ins Spiel bringen: Ein produktiver Aristokrat heiratet die unproduktive Tochter eines verstorbenen Bankiers (Balzac); ein fast ruinierter Adliger, dem ein großes Erbe winkt, heiratet eine verarmte Bürgerin (Eliot). Das sind nicht typische Lebenswege, die modellhaften Charakter annehmen können, trotzdem lassen sich gerade an ihnen Probleme der Konzeptualisierung biopolitischer und bioökonomischer Vorgänge aufzeigen.

In *Le Contrat de mariage* tritt nicht der altbekannte bürgerliche *homo oeconomicus* auf den Plan, sondern eine bürgerliche ökonomische Frau, die sich eines Adeligen mit Ländereien bemächtigt. Es dürfte nicht allzu sehr überraschen, dass sich Balzac in diesem Text mit dem Eherecht auseinandersetzt; die Forschung ist wohl deswegen bisher auf den ökonomischen Aspekt dieses und anderer Texte von Balzac, die sich mit der Ehe auseinandersetzen, nicht hinreichend eingegangen.[197]

Das erste Drittel von Balzacs Roman dreht sich um das Aushandeln des Ehevertrags zwischen dem Landherren Paul de Manerville und der Tochter eines verstorbenen spanischen Bankiers, Natalie Évangélista, die vorgibt, reich zu sein. Manerville, der in Paris das Leben eines Dandys geführt und sich dabei, wie der Dandy-Debitor (vgl. Einl.), fast ruiniert hat, kehrt in seine Heimatstadt zurück, um zu heiraten. Er erhält bei seiner Rückkehr den Spitznamen ‚La fleur de pois' (die Erbsenblüte), der, je nach Perspektive, für Raffinesse oder Flatterhaftigkeit stehen könnte.

Paul verliebt sich Hals über Kopf in Natalie. Es kommt aber zu Komplikationen. Die Notare der beiden Familien, die in der Ehe zusammenkommen wollen, liefern sich ein rechtliches Gefecht. Bereits als es darum geht, das Inventar beider Familien aufzustellen, also eine Bilanz des Unternehmens Familie aufzustellen, greift der Notar der Évangélistas, Maître Solonet, der vom Erzähler als Vertreter eines halsabschneiderischen neuen Notariats ohne (Rechts-)Prinzipien dargestellt wird, auf eine Vernebelungs- und

197 Zu diesem Text gibt es so oder so kaum Sekundärliteratur.

Hinhaltetaktik zurück. Der erfahrene Maître Mathias, der Manerville vertritt, durchschaut diese Taktik sofort, und als klar wird, dass die Évangélistas ihr jährliches Einkommen von 40.000 Francs ausschließlich durch Zinsgeschäfte auf Grundlage eines Basiskapitals von 800.000 Francs erwirtschaften, rät der Notar Manerville, dessen Weinbaugebiete per annum 72.000 Francs in Form von Renten abwerfen, eindringlich von dieser Verbindung ab. Von „fortunes égales" könne keine Rede sein, „vous croyez que Me Mathias, qui n'est pas amoureux, peut oublier l'arithmétique et ne signalera pas la différence qui existe entre les placements territoriaux dont le capital est énorme, qui va croissant, et les revenues de la dot dont le capital est sujet à des chances et à des diminutions d'intérêt" (CH, III, 576).

Sein Mandant besteht leider auf der Ehe, also schlägt der gewiefte Notar einen rechtlichen Kompromiss vor, der den Grundstock von Pauls Kapital zu erhalten imstande wäre: die Gründung eines Majorats. Was ist ein Majorat? In der Einführung zur Pléiade-Ausgabe des Romans erklärt Henri Gauthier dessen Grundidee: „Le majorat est la mise en réserve, par privilège royal, hors de la communauté, d'un bien immobilier inaliénable qui doit revenir à l'aîné mâle de la maison à chaque génération" (501). Ähnlich wie beim Fideikommis wird „einerseits eine [...] bestimmte Erbfolge für alle künftigen Generationen unabänderlich" festgelegt „und andererseits jede Teilung oder Veräußerung des ererbten Familienguts" (Parnes/Vedder/Willer 2008, 105) verboten. Der Hauptsitz von Manerville Lanstrac sowie seine Pariser Residenz werden dem Majorat unterstellt; hinzu kämen die 800.000 Francs der Évangélistas, die zum Kauf eines angrenzenden Landstücks vorbestimmt sind. Somit wäre alles zurückkonvertiert in Grund und Boden, der der nachfolgenden Generation, so sie denn einen männlichen Erben hervorbringt,[198] voll und ganz zustünde. Der Erzähler feiert das Genie des Notars, das es ihm ermögliche, „de sauver l'avenir de Paul et celui de ses enfants" (CH, III, 577).

Ohad Parnes, Ulrike Vedder und Stefan Willer weisen darauf hin, dass sich das mit dem Majorat vergleichbare „Fideikommis nicht nur gegen eine – raumbezogene – Parzellierung und Zersplitterung von Grundbesitz, sondern auch – als eine Art Zeitloch – gegen Verzeitlichung und Beschleunigung" (Parnes/Vedder/Willer 2008, 105) stellt. Zur Zeit der sich dem Fortschritt verschreibenden Französischen Revolution gab es eine rege Diskussion über das, was der Abbé Guillaume-Thomas-François Raynal ein erbrechtliches „monstre" (zit. n. 106) nannte, das Väter als bloße Vollstrecker eines von Vorhinein festgelegten Willens faktisch gegenüber ihren Kindern entmachte und damit den

198 Im Fall des Ausbleibens eines männlichen Erben fiele das Majorat entgegen dem Usus wieder dem Ehepaar zu. Vgl. Vedder 2011, 202.

Fortschritt in der Erziehung behindere. Vor dem Hintergrund der Idee einer ‚Erziehung des Menschengeschlechts' sei es wenig ratsam erschienen, Vätern die Fähigkeit aus der Hand zu nehmen, selbst zu bestimmen, wer unter ihren Nachkommen sich ihres Erbes als würdig erweist. Zudem werde der Erbe dazu verdammt, ein Erbe anzutreten, ob er möchte oder nicht, und unabhängig davon, ob er die Fähigkeiten zur Erhaltung dieses Erbes mitbringt.

> Auf diese Weise habe jede gegenwärtige Generation nicht nur unter der Macht der früheren Generation zu leiden, weil solche erbrechtliche Regelungen des *Ancien Régime* die Interessen der Lebenden den Launen der Toten unterordnen, sondern sie werde auch den kommenden Generationen geopfert: „la génération qui se trouve constamment sacrifiée à celle qui n'est point encore" (106).

In Balzacs Text ist es Natalies Mutter, die sich, jedenfalls scheinbar, opfert. Sie verzichtet auf eine große Apanage, sinnt jedoch in dem Moment, da ihr klar wird, dass sie die Hälfte ihres eigenen Erbes mit diesem Vertrag einbüßt, auf Rache. Maître Mathias denkt an die Kinder, während die Évangélistas an die Kinder des Kapitals denken – die Zinsen.

Im letzten Drittel von Balzacs Text ist eine Unterwanderung des (Erb)rechts durch die Ökonomie beziehungsweise durch den Kredit am Werk. Schon am ersten Tag nach der Unterzeichnung des Majorats wird die erste Forderung des Rechtsinstituts nicht eingehalten, und zwar werden die Familienjuwelen der Évangélistas nicht verkauft, sondern von Paul an seine Frau verschenkt. Das Ehepaar bricht nach Paris auf, und die junge Natalie wird von ihrer in Bordeaux bleibenden Mutter getrennt. Sie ist verzweifelt.

Fünf Jahre verfließen, die in der Erzählung ausgelassen werden. Nach diesem Schnitt kehrt Manerville in der „Conclusion" des Textes wie ein Landstreicher und „quasi mort" (CH, III, 619) in seine Heimatstadt zurück. Er hat 145.000 Francs Schulden und sucht seinen pensionierten Notar auf. Wie hat er im Zeitraum von nur fünf Jahren so viele Schulden anhäufen können? „Rien de plus clair, Mathias. N'ai-je pas laissé les diamants à ma femme ? n'ai-je pas depensé les cent cinquante mille francs qui nous revenaient sur le prix de l'hôtel Évangélista dans l'arrangement de ma maison à Paris" (622), *et ainsi de suite*. Balzac konstruiert eine Intrige, im Zuge derer Natalies Mutter heimlich die Schuldscheine des Schwiegersohns aufkauft, und Manerville wird schließlich als ruinierter Mann aus Frankreich verbannt, ist also gesellschaftlich tot.

„Aucun code, aucune institution humaine ne peut prévenir le crime moral" (606), kommentiert der Erzähler. Worin besteht dieses moralische Vergehen? Und inwiefern unterscheidet es sich von einem justiziablen Verbrechen? Manerville geht an seiner „amour illogique" (617) zugrunde, die nicht auf

Gegenseitigkeit beruht.[199] Nach der Trennung von der Mutter betrachtet Natalie ihren Ehemann als Feind; sie lebt auf großem Fuß, und Paul finanziert blauäugig all ihre Kaprizen.[200]

Während das Gesetz vorschreibt und verbietet, übt sich die mütterliche Macht im *laissez-faire*. In der ersten Fassung der Erzählung hat Natalies Mutter das frisch vermählte Ehepaar noch nach Paris begleitet, in der letzten entscheidet sich Madame Évangélista, wie Gauthier in der Einleitung der Pléaide-Ausgabe bemerkt, „de ne pas suivre les jeunes mariés à Paris, abandonnant les deux enfants à eux-mêmes ‚sans autre conseil que leur amour illogique', heureuse de laisser agir, sans qu'elle paraisse y être mêlée, la fantaisie dépensière de Natalie et la prodigalité insouciante de Paul" (Gauthier 1976, 508). Die Trennung zwischen der Liebe und dem Recht, die in der Szene der Verhandlung zwischen den Notaren durch eine räumliche Trennung angedeutet wird, bricht im Laufe der Erzählung in sich zusammen: „Il se passa donc une double scène : au coin de la cheminée du grand salon, une scène d'amour où la vie apparaissait riante et joyeuse ; dans l'autre pièce, une scène grave et sombre, où l'intêret mis à nu jouait par avance le rôle qu'il joue sous les apparences fleuries de la vie" (CH, III, 562). Die asymmetrische Macht der Liebe setzt sich gegen das Recht durch, und dieser Umstand kommt in einem Brief zum Ausdruck, den der ruinierte Paul von Natalie erhält, in welchem sie ihm ankündigt, schwanger zu sein: „[N]ous aurons un enfant. Vos plus chers désirs sont comblés, monsieur" (633). Es könnte sein, dass Paul nicht der Vater dieses Kinds ist; das durch Kredit finanzierte ruinöse Leben pflanzt sich fort; der Landadel hingegen wird von seinem Land verjagt und verschifft.

Balzacs Roman steht, wie Parnes/Vedder/Willer bemerken, in einer Reihe mit denjenigen Texten, die an den unabgegoltenen Problemen der Rechtsinstitution Majorat ansetzen, indem sie „tödliche Auseinandersetzungen zwischen alter und junger Generation" inszenieren und die Frage „nach den Systemstellen des Rechts und der Ökonomie in feudalen und antifeudalen Diskursen sowie nach der Funktion familialen und genealogischen Denkens darin" stellen. Die „List des Familienanwalts, der die feudalen Besitztümer ohne Verluste durch die Revolution manövriert hat" (Parnes/Vedder/Willer

199 „S'il se faisait aimer, il était sauvé" (CH, III, 617), heißt es seitens des Erzählers.

200 Alexandre Péraud formuliert für die Logik von Balzacs Eheintrigen den Syllogismus: „Mineure : le couple est désormais régulé par la mécanique des dettes et créances. Majeure : le mariage est un microcosme qui fonctionne à l'image du macrocosme politique et social. Conclusion : l'État et le contrat social sont régis par le crédit" (Péraud 2012, 54).

2008, 107), wird aber in die *Vor*geschichte relegiert, und der Notar alter Schule scheitert an der ökonomischen Frau. Diese reißt sich nicht nur die Ländereien unter den Nagel, sie pflanzt sich auch noch fort.

In vielerlei Hinsicht erinnert die Auseinandersetzung zwischen Recht und Ökonomie in Balzacs Text an Michel Foucaults Diskursanalyse[201] der politischen Ökonomie. Foucault situiert die Geburt dieser Disziplin im Kontext der Hungersnöte im Frankreich des 18. Jahrhunderts. Die Polemik von Physiokraten wie Louis-Paul Abeille gegen künstliche Preis- und Handelsregulierungen habe sich gegen eine Souveränmacht gerichtet, die ihnen zufolge nicht etwa vom aufgebrachten Bürger, der um seine Rechte angesichts Repressalien fürchtet, sondern von der Natur selbst in die Schranken gewiesen worden sei. Während die Souveränmacht durch Gebote und Verbote eingreife, regele und Subjekte ausbilde, rege sich der Widerstand eines *homo oeconomicus* dagegen, der zum Souverän schlicht und ergreifend sagt: „Tu ne dois pas parce que tu ne peux pas" (Foucault 2004a, 286). Will heißen, es steht laut dem Liberalismus schlichtweg nicht in der Macht des Souveräns, in die Natur des sich selbst regulierenden Markts einzugreifen, und wenn er es doch tut, so mache er die Dinge nur noch schlimmer, wie bei der Festsetzung von Höchstpreisen für Getreide in der Hungersnot, was sich auf die Produktion so auswirkte, dass die Bauern aufgrund der Einbrüche ihres Einkommens im Folgejahr weniger anbauten, und das hatte wiederum ein zu niedriges Angebot an Getreide zur Folge, also ein weiteres Notjahr. „La nature, c'est quelque chose qui court sous, à travers, dans l'exercice même de la gouvernementalité" (18), resümiert Foucault seinen Gedanken.

Karl Polayni bemerkt diese dem ökonomischen Denken inhärente Naturalisierung seiner Postulate übrigens schon in seiner *Great Transformation*. Er zitiert das Theorem der Hunde und Ziegen, das Joseph Townsend in seiner *Dissertation on the Poor Laws* (1786) aufstellt, um zu zeigen, dass die unangetastete Natur zum Gleichgewicht tendiert. „[O]n the island of Juan Fernandez there was neither government nor law; and yet there was balance between goats and dogs. [...] No government was needed to maintain this

---

201 Die Diskursanalyse studiert den Ort, wo das Regieren über sich selbst reflektiert, also ein gewisses Textkorpus, das im Dunstkreis des Staats erzeugt wurde oder sich explizit gegen ihn wandte. Rechtliche, ökonomische, philosophische, soziologische oder polizeiliche Texte können zur Analyse herangezogen werden. Foucault behandelt dabei die ‚eigentlichen' Gegenstände der Politikwissenschaften, sprich das Volk, den Souverän etc., als Fiktionen, die, wie der Wahnsinn oder die Delinquenz, aus einem bestimmten Denken heraus allererst erstehen und damit nicht den arationalen, vorbegrifflichen oder außersprachlichen Status des ‚Forschungsgegenstands' zuerkannt bekommen. Vgl. Foucault 2004a, 3ff.

balance; it was restored by the pangs of hunger on the one hand, the scarcity of food on the other" (Polanyi 2001 [1944], 119).[202] Polanyi, der *avant la lettre* den ‚biopolitischen' Hintergrund dieser die Politische Ökonomie von Jeremy Bentham über David Ricardo, Robert Malthus bis hin zu Karl Marx beeinflussenden These klar benannte, bemerkt: „The biological nature of man appeared as the given foundation of a society that was not of a political order" (120); und: „[E]conomic society was subject to laws which were *not* human laws" (131).[203]

Bazacs Roman kommt wie ein Lehrstück daher. Dass das unflexible Recht dem in Zahlen gegossenen Leben weicht, mutet karikaturhaft an. In Balzacs Text setzt sich der berechnende *homo oeconomicus* nicht durch, sondern die ‚irrationale' ökonomische Frau mit einem überbordenden Begehren, die einen unbedingten Willen zur Macht an den Tag legt und – ähnlich wie bei Townsends Hunden und Ziegen – für ein naturwüchsiges Austarieren der Kräfteverhältnisse und für eine Neuverteilung der Ressourcen steht.

Manervilles Ruin wird eine gute Ehe-Ökonomie in der Geschichte von Henri de Marsay, die Balzacs Roman einrahmt, gegenübergestellt. Nachdem dieser sich am Anfang des Romans gegen die Ehe ausspricht, verheiratet er sich am Ende mit einer steinreichen puritanischen Engländerin „d'une économie ravissante" (CH, III, 648) und widerspricht seinen ehemaligen Dandy-Grundsätzen. Unschmeichelhaft beschreibt er sie gegenüber Manerville als „bête" und „produit

202 Dieses Zitat folgt einer Zusammenfassung von Townsends Schilderung, die sich folgendermaßen liest: Nachdem der spanische Kolonialherr Juan Fernandez auf einer Südseeinsel vor der Küste von Chile Ziegen ausgesetzt hatte, damit spanische Händler auf ihren Reisen nicht verhungern, vermehrten sich diese so rasch dass sich die englischen Händler von ihnen ernähren konnten. Da dies den Spaniern ein Dorn im Auge war, setzte Fernandez Hunde auf der Insel aus, um die Ziegen auszurotten. Auch die Hunde vermehrten sich aber und fraßen viele Ziegen, was wiederum die Ziegenbevölkerung einschränkte. „‚Then a new kind of balance was restored,' wrote Townsend. ‚The weakest of both species were among the first to pay the debt of nature; the most active and vigorous preserved their lives.' To which he added: ‚It is the quantity of food which regulates the number of the human species'" (Polanyi 2001 [1944], 118). Versteht man dies als Parabel auf den freien Markt, so folgt daraus, dass er sich selbst ausgleicht und die Armen ihrem Schicksal überlassen werden sollten, gemäß dem Sprichwort, dass Hunger der beste Koch ist: „Hunger will tame the fiercest animals, it will teach decency and civility, obedience and subjection, to the most perverse. In general it is only hunger which can spur and goad them [the poor] on to labour […]" (zit. n. 118), schreibt Townsend.

203 Joseph Vogl bringt das Paradigma auf folgende Formel, ohne jedoch auf die konkreten historischen Bedingungen einzugehen, die es zutage brachten (und zwar die grassierende Armut). Der Kapitalismus stelle durch die „Erzeugung von Knappheitsgrenzen" eine strenge Entsprechung zwischen Überschuss und Mangel her: „Auf der einen Seite also ein Überschuss und ein Wachstum, das de facto stets grenzenlos ist; auf der anderen Seite eine Knappheit und ein Mangel, der de facto stets ungestillt bleibt" (Vogl 2011, 254).

de la mécanique anglaise". Dementsprechend wird sie wie ein mechanisches ‚Es' adressiert: „Ça mange, ça marche, ça boit, ça pourra faire des enfants, les soigner, les élever admirablement, et ça joue femme à croire que c'en est une" (649). Die Lehre ist, dass eine kreisförmig geschlossene Familien-Ökonomie, die selbstbezüglich ist, einem überbordenden, nach außen offenen Haushalt vorzuziehen ist, auch wenn damit ein monströser Gebär-Mutter-Automat die exzessive *Lady Debit* ersetzt.

In George Eliots komplexem Romangefüge *Daniel Deronda* haben wir es mit einer ähnlichen Ausgangslage zu tun wie bei Balzac. Ein reicher Aristokrat heiratet ein bürgerliches Mädchen, dessen Mutter ruiniert ist. Allerdings konzentriert sich Eliots Roman nicht auf die Verhandlung des Ehevertrags zwischen Gwendolin Harleth und Henleigh Mallinger Grandcourt, sondern auf das Zusammenleben des Paars und auf die zentrale Rolle, die der Reproduktion innerhalb seines Haushalts zukommt. Die ‚ökonomische Frau' wird komplexer und widersprüchlicher gestaltet; sie ist nicht bloß ein vampirisches Wesen, das, wie bei Freytag und gewissermaßen auch bei Balzac, einem rechtschaffenen Mann gegenübergestellt wird, sondern wird als „the spoiled child", als verwöhntes Kind angesprochen, das am Tropf des Luxus hängt, von dem es sich nicht unabhängig machen kann. Gwendolin strebt zwar Autonomie an, möchte also ledig bleiben, es gelingt ihr aber nicht. Trotz ihrer widerborstigen Art emanzipiert sie sich juristisch gesehen nicht vom Status eines von ihrem Mann bevormundeten Kinds.

Über *Daniel Deronda* ist seit seinem Erscheinen immer wieder zu lesen, dass die Ehe zwischen Gwendolin und Grandcourt eine Form legaler Prostitution sei. Joanne Long DeMaria fasst die Diskussion gut zusammen (vgl. Long 1990). Sie nennt Gwendolins Ehe in Anlehnung an ein kriegerisch-wirtschaftliches Vokabular eine *mercenary marriage* und konstatiert, dass diese Geld-Ehe sich auf der persönlichen und sozialen Ebene zerstörerisch auswirkt. Bei einer zeitgenössischen Rezensentin, Eliza Lynn Linton, ist die Rede vom „legal barter of herself [Gwendolin] for so much money"; Anna Jameson nennt die Ehe kurzerhand „legalized prostitution", insofern „beauty on the one side purchases wealth on the other" (zit. n. 404). In Gwendolin Harleths Zunamen klingt übrigens ein englisches Wort für Dirne an, *harlot*.

Diese Lesarten scheinen mit der Handlung übereinzustimmen. Gwendolins Mutter, deren zweiter Mann weggelaufen ist, hat all ihr Kapital in einem Börsenkrach verloren („Grapnell and Co. have failed for a million and we are totally ruined" [DD, 12], schreibt sie ihrer Tochter). Sie steht kurz davor, ihr Mobiliar zu verkaufen und von einem großen *Manor House* in ein kleines Cottage umzuziehen, wo sie sich, wie alle Proletarierinnen, vornimmt, mit ihren Töchtern schlechtbezahlte Hausarbeit zu verrichten. Da Gwendolin ihrerseits den Posten einer Gouvernante einnehmen müsste, erklärt sich Letztere bereit, einen Mann zu heiraten, den sie nicht liebt und von dem sie weiß, dass er mit seiner Jugendliebe Lydia Glasher vier uneheliche Kinder gezeugt hat.

Wie in Balzacs *Le Contrat de mariage* wird die Ehe als monetäre Transaktion kodiert. Eine Transaktion, bei der für beide Seiten jedoch ganz andere Dinge herausspringen. Gwendolin, ein renitentes Mädchen, das sich in Widerrede übt und Pferde wie ein Mann reitet, will sich zunächst nicht heiraten lassen,[204] sondern ihren Grillen nachgehen. Sie zaudert lange, das Angebot von Grandcourt anzunehmen. Kurz nachdem sie erfährt, dass er eine außereheliche Beziehung zu Lydia Glasher führt, mit der er bereits vier Kinder gezeugt hat, flieht sie nach Leubronn, wo sie sich dem Roulettespiel hingibt (zu der Zeit eine unziemliche Tätigkeit für Frauen). Als Grandcourt ihr nach dieser Flucht ein Auskommen für ihre Mutter und ihre Schwestern anbietet, das es ihnen ermöglichen würde, ihren Wohnsitz und damit auch ihren Status beizubehalten, zögert sie nicht mehr. „As the words penetrated her, they had the effect of a draught of wine, which suddenly makes all things easier, desirable things not so wrong, and people in general less disagreeable“ (330). Sie sagt nur noch: „You are very generous“ (330). Gwendolin kann sich nicht vorstellen, in Armut zu leben; diese Vorstellung gibt ihr „the chill sense that her death would really come“ (13).[205]

Catherine Gallagher, die die ökonomischen Aspekte von Eliots Roman eingehend untersucht hat, vertritt die These, dass die Figur Gwendolin Harleth gemäß der die Marginalisten maßgeblich beeinflussenden Psychologie Alexander Bains konstruiert wurde. Bain formuliere eine Motivationslehre, die das Begehren auf einzelne Sinneseindrücke (*sensations*) zurückführe; gemäß seiner *law of Novelty* suchen Menschen die stetige Abwechslung von Empfindungen, beispielsweise von Wärme durch Kälte und umgekehrt. Der

---

204 „Her [Gwendolin's] observation of matrimony had inclined her to think it a rather dreary state, in which a woman could not do what she liked, had more children than were desireable, was consequently dull, and became irrevocably immersed in humdrum“ (DD, 40).

205 Der Erzähler kommentiert Gwendolins Gefühle bei Erhalt des Briefs ihrer Mutter so: „The first effect of this letter on Gwendolin was half-stupefying. The implicit confidence that her destiny must be one of luxurious ease, where any trouble that occured would be well clad and provided for, had been stronger in her own mind than in her mamma's, being fed there by her youthful blood and that sense of superior claims which made a large part of her consciousness. It was almost as difficult to her to believe suddenly that her position had become one of poverty and humiliating dependence, as it would have been to get into the strong current of her blooming life the chill sense that her death would really come“ (13).

Ökonom William Stanley Jevons greife dieses psychologische Modell auf, wenn er die Nachfrage einer Ware an ihre Fähigkeit koppele, neue und ungewohnte Empfindungen auszulösen. Gwendolin leidet laut Gallaghers recht schematischer ‚somaökonomischer'[206] Lesart an einer Krankheit, die darin bestehe, dass sie vor lauter Grillen keinen festen Willen ausbilden könne (vgl. Gallagher 2006, 120ff.).

Dagegen spricht, dass Eliot Gwendolins Wahl nicht auf ihre eigene Person reduziert. Die Autorin versammelt alle an ihrer Entscheidung beteiligten Stimmen, Ansichten und Meinungen des Umfelds wie eine Wolke um ihren Akt, und somit wird der Entschluss in ein weit über ihre Person reichendes Einflussgebiet eingebettet. Sowohl ihre Mutter als auch ihr Onkel, der ein Vaterersatz ist, sind *für* die Ehe mit Grandcourt; Grandcourts persönlicher Berater Thomas Cranmer Lush ist allerdings *dagegen*; und Grandcourts Onkel, Sir Hugo Mallinger, der ohne Sohn geblieben ist und nach den Vorgaben der Erbverbrüderung dazu verplflichtet ist (vgl. Vedder 2011, 182ff.), seinen Neffen als Erben einzusetzen, ist mal dafür, mal dagegen. Der soziale Kontext ihres Entschlusses ist ebenso wichtig wie Gwendolins eigene Willensbekundung. Besonders ihr Onkel und ihre Tante sind verliebt in den Gedanken, dass Gwendolin einen adeligen Mann an Land zieht, der eine Reihe von Titeln anzubieten hätte. Zudem motiviert Gwendolin letztlich nicht ihr kapriziöser Wille (sie stemmt sich zunächst gegen die Hochzeit), sondern die Aussicht des Ruins, also finanzieller Druck.

In Eliots Roman ist indes nichts sicher. Grandcourt *könnte* das Erbe von Sir Hugo antreten, es könnte aber anders kommen. Dass seine Wahl Gwendolin trifft, bringt die Exegeten in Erklärungsnöte. Man erfährt über die Motive hinter Grandcourts Wahl weniger als über Gwendolins Motive, trotzdem weiß man genug, um nicht zu dem Schluss zu kommen, dass es ihre Schönheit ist, die von Grandcourt eingekauft wird, wie die oben zitierten Kommentatoren zu unrecht behaupten. Gallagher hält dafür, dass Grandcourt Gwendolin heiratet, weil sie sich ihm widersetzt (vgl. Kap. 10, 219f.). Er, der alles bereits probiert und erlebt hat, könne keinen Antrieb entwickeln und stelle somit ein Problem der politischen Ökonomie dar: Wie kann ein übersättigter Konsument weiterhin an den Markt gebunden werden? Gwendolin liebe ihn nicht, das wisse Grandcourt, aber allein die Tatsache, dass sie ihn trotzdem aus Geldnot heraus heiratet, wecke sein Interesse. Er ist, mit anderen Worten, ein reicher Sadist, der sich eines widerborstigen Wesens bemächtigen möchte.

---

206 Gallaghers Begriff für die utilitaristische und politökonomische Theoretisierung ökonomischen Verhaltens gemäß den Sinneseindrücken und den Emotionen der Lust und der Unlust.

Dieser Sadismus drückt sich in seinem Testament aus, mit dem er den Willen seiner ihm widerstrebenden Frau zu brechen trachtet. Dort setzt er Gwendolins Körper einer direkten Konkurrenz mit seiner Jugendliebe Lydia Glasher aus. Gwendolin erhält das Schriftstück von Lush und kann es zunächst kaum lesen:

> Gwendolin was rallying her nerves to the reading of the paper. She must read it. Her whole being – pride, longing for rebellion, dreams of freedom, remorseful conscience, dread of fresh visitation – all made one need to know what the paper contained. But at first it was not easy to take in the meaning of the words. When she had succeeded, she found that in the case of there being no son as issue of the marriage, Grandcourt had made the small Henleigh his heir; – that was all she cared to extract from the paper with any distinctiveness (DD, 664).

Dieses demütigende Schriftstück setzt die legitime Frau Gwendolin und die Liebhaberin Lydia Glasher, die bereits den Bastard ‚Little Henleigh' mit Grandcourt gezeugt hat, in direkte Gebär-Konkurrenz zueinander. Im Unterschied zu seinem Onkel stellt Grandcourt doppelt sicher, dass der Transfer seines rechtlichen Erbes mit dem Transfer seines biologischen Erbguts zusammenfällt.

Ein eigentümliches rechtliches Hybrid wird geschaffen, das die Erbverbrüderung, durch die Heinleigh Grandcourt zum Erben von Sir Hugos Majorat wird, in der nächsten Generation von einem Bastard unterwandern lässt. Das konservative alte Erbrecht wird mit neueren Erbrechtsmodellen enggeführt, die eigentlich zu seiner Abschaffung beitragen sollten. So wurden laut Ulrike Vedder im Laufe der Französischen Revolution Bastarde anerkannt, um „die französische Nation als Familie zu konstruieren" (Parnes/Vedder/Willer 2008, 161), da hierdurch jene Klassen- und Standesbarrieren aus dem Weg geräumt worden seien, die Bastarden den Zugang zu Kapital verwehrten. Für Grandcourt mag es nur ein sadistisches Spiel sein, trotzdem liegt dem Testament meines Erachtens ein ‚bioökonomischer' Gedanke[207] zugrunde, den Gallagher übersieht. Wenn die Physiokraten Fortpflanzung als eigendynamischen Naturprozess verstehen, dem man mit rechtlichen Regelungen nicht beikommen könne (vgl. Foucault 2004b, 3ff., 341ff.), dann wird hier ein rechtlicher Bastard erschaffen, der die Unplanbarkeit menschlicher Fortpflanzung in Rechnung stellt.

---

207 „‚[B]ioeconomics' […] refers to political economy's concentration on the interconnections among populations, the food supply, modes of production and exchange, and their impact on life forms generally. In bioeconomics, ‚Life' is both the ultimate desideratum and the energy or force that circulates through organic and inorganic nature" (Gallagher 2006, 3).

Betrachtet man *Daniel Deronda* aus einer bioökonomischen Perspektive, so fällt auf, dass Eliot ein Romanpersonal zusammenstellt, welches einen Mangel an Männern und einen Überschuss an Frauen aufweist. Der Mutter von Gwendolin, Fanny Davilow, sind zwei Männer abhandengekommen: Gwendolins Vater und der Vater ihrer beiden anderen Töchter; Sir Hugo hat nur Töchter, keinen männlichen Erben. Gwendolin ist zudem nicht die einzige Frau, die Grandcourt ehelichen könnte. Es gibt auch die hässliche Tochter der Arrowpoints, die eine Mitgift anzubieten hätte. Eliots Roman stellt einen Heiratsmarkt dar, in dem Frauen um Männer buhlen und somit miteinander konkurrieren. Grandcourt, der als Mann und als Adeliger in doppelter Hinsicht eine Mangelware darstellt, zieht mit seinem Testament die Ehe in diese Logik hinein, indem er seine Frau auf die Funktion einer ‚Gebär-Mutter'[208] reduziert.

Einige Kommentatoren sehen in Eliots Roman eine konservative Absage an Ehen zwischen dem Adel und dem Bürgertum, die um des Geldes willen eingegangen werden.[209] Diese Interpretationen denken Eliots Werk nicht konsequent zu Ende. Der Roman begeht einen Gattenmord: Grandcourt wird weggeschafft, er ertrinkt im Meer vor Venedig im Beisein seiner Frau, die ihn nicht rettet. Ein Befreiungsschlag für zwei Frauen: für Gwendolin, der schließlich eine Rente zukommt, mit der sie – ohne Mann und ohne Familie – recht gut versorgt ist; sie erbt außerdem das Haus, in dem Lydia Glasher gelebt hat. Gwendolin wird nicht nur im physischen Sinne aus ihrem Gefängnisdasein befreit, sondern kann auch ihr Gewissen reinwaschen, denn Grandcourts Tod befreit Lydia Glasher. Ihr Sohn wird nunmehr zu Grandcourts legitimem Erben; sie muss nicht mehr in Schande leben. Damit macht Eliot gleich zwei weibliche Figuren doppelt frei, einerseits finanziell, andererseits frei vom männlichen Joch. Deborah Wynne kann den zahlreichen Kommentatoren nicht zustimmen, die schreiben, Gwendolin sei am Ende des Romans arm: „Clearly, Gwendolin's £2,000 a year is a substantial sum and a great deal more than she had ever received before her marriage; it is certainly not the poverty to which critics refer" (Wynne 2008, 19). Sie macht darauf aufmerksam, dass Daniel Deronda, der Gwendolin beobachtet, einen anderen Ausweg für Gwendolin als eine erneute Ehe andeutet: „Is it absolutely necessary that Mrs. Grandcourt should marry again?" (DD, 886).[210]

---

208 Diese Wendung stammt von Gwozdz 2017, 37.

209 Wynne 2008 geht auf diese Kommentatoren ein. Vgl. 18.

210 Im zweiten Handlungsstrang des Romans über Daniel Deronda, die Familie Meyrick und Myrah Lapidoths Familie findet ein Mord am Vater von Myrah statt, der – als einzige antijüdisch gezeichnete Figur im Roman – mit ihr als Sängerin Geld verdienen hat wollen; als ihre Gesangskarriere nicht abhebt, prostituiert er sie, um seinen unstillbaren Hunger nach Geld zu befriedigen. Myrah befreit sich von ihrem Status als Ware.

„*I have remembered your words – that I may live to be one of the best of women, who make others glad that they were born*“ (898), schreibt Gwendolin an Daniel Deronda. Die „chief crisis of her life“ (887) scheint überstanden zu sein, sie schöpft aus Daniels Worten Hoffnung:

> Looking at your life as a debt may seem the dreariest view of things at a distance; but it cannot really be so. What makes life dreary is the want of motive; but once beginning to act with that penitential, loving purpose you have in your mind, there will be unexpected satisfactions – there will be newly-opening needs – continually coming to carry you on from day to day. You will find your life growing like a plant (851).

Was will uns der Roman mit diesen Worten sagen, die im letzten Teil mit dem bezeichnenden Übertitel „Fruit and Seed“ an Gwendolin gerichtet werden, also an ein bisher verpfuschtes Leben ohne Nachkommen?

Es scheint so, als werden zwei Zeitordnungen enggeführt: die natürliche, zyklische Zeit des pflanzlichen Wachstums und die geschichtliche, lineare Zeit menschlichen Fortschritts. Die Zeit der Schuld im weitesten Sinne (der Schuld gegenüber Lydia Glasher; der Schuldgefühle, die Grandcourts Tod wecken, zumal sich Gwendolin ihn herbeigewünscht hat; der finanziellen Schuld gegenüber Grandcourt) *könnte* überführt werden in eine Zeit des natürlichen Wachstums von Lebenszielen, die sich jenseits des wirtschaftlichen Wachstums ansiedeln. Das Scharnier, über welches diese Engführung gelingen könnte, bildet die Krise. Eliots Roman, dessen Erzähler diesen medizinisch-ökonomischen Begriff häufig gebraucht, stellt sich als ‚multiple Krise‘ (Joseph Vogl) dar: eine ökonomische Krise, eine Krise der Erbschaft, der Fortpflanzung, des Begehrens, eine Adoleszenzkrise.[211]

* * *

Geht man mit Alexander Kluge davon aus, dass die moderne Ehe die Form von ‚Derivaten der zärtlichen Kraft‘ annimmt, also – gemäß der Definition von Derivaten im Finanzwesen – die Form einer Wette auf den Basiswert Eheglück (vgl. Kluge 2009, 206), so lässt sich anhand der untersuchten Texte die Vorgeschichte dieser zärtlichen Derivate erzählen. Bei Balzac und Eliot basiert das Eheglück oder Ehepech buchstäblich auf finanziellen Derivaten, die entweder auf Ländereien oder Besitzansprüchen fußen. Die Ehe entpuppt sich als Konkurrenzkampf, der die Ehepartner einander als Gegner gegenüberstellt.

211 Auf den Begriff ‚Krise‘ kann ich im Rahmen dieser Arbeit leider nicht näher eingehen. Vgl. Breyer 2019, 219ff.

Sollte die Wette auf den Basiswert Eheglück aber schieflaufen, kann sich, gemäß der lateinischen Bedeutung von *derivare* (das Umleiten von Flüssen zwecks Bewässerung) Gewinn auf Nachbargebieten erzielen lassen (vgl. 206), wie sich anhand von Natalies Affäre oder von Little Henleigh zeigt.

Alle untersuchten Romane zeigen auf, welche Verwerfungen die Finanzialisierung der Ehe nach sich zieht, manchmal auf eine etwas dichotome Art und Weise, manchmal differenziert. Das krasseste Beispiel für die Bebilderung der Unfruchtbarkeit von Beziehungen, die auf monetären Transaktionen fußen, stellen die toten Säuglinge in realistischen Romanen dar (vgl. Vedder 2011, 386ff.). Auch in Flauberts *Éducation sentimentale* gibt es ein totes Baby: Das Kind von Frédéric Moreau und Rosanette Bron, also der Spross einer Beziehung zwischen der Prostituierten und ihrem Freier, stirbt binnen weniger Tage. Vor dem toten Säugling – „quelque chose d'un rouge jaunâtre" (FO, II, 416) – ekelt sich Frédéric. Zolas *Germinal* (1885) suggeriert wiederum, dass Kinderreichtum dort vorherrscht, wo die einzige vorhandene Währung Arbeitskräfte sind, also in armen proletarischen Familien (vgl. Schluss). Gundermann, der jüdische Bankier in *L'Argent*, stellt eine seltene Ausnahme dar, die die Regel aber bestätigt.

Die narrative Kodierung des bioökonomischen Komplexes weicht von seiner politökonomischen Aufarbeitung grundlegend ab. Während Politökonomen wie Townsend, im Einklang mit ihrem Newton'schen Weltbild, der Natur eine Tendenz zur Harmonie und zum Gleichgewicht attestieren, die es unnötig beziehungsweise unwirksam mache, in ihre Prozesse einzugreifen, zeigt die Literatur auf, wie sich der Versuch, dieses ‚natürliche Gleichgewicht' durchzusetzen, auf die Gesellschaft auswirkt. In realistischen Texten deutet sich an, dass die Analogie von Samen beziehungsweise Eiern und Kapital, die von Braun aufarbeitet (vgl. von Braun 2012, 421ff.), ein schiefes Bild ergibt, das auf ein durch die kapitalistische Produktionsweise zurückzuführendes gesellschaftliches Gefälle deutet. Jene Texte, die die Ökonomisierung der Welt und des Menschen auf eine schematische Art und Weise verdammen (vor allem *Soll und Haben*), müssen allerdings von den Texten unterschieden werden, die versuchen, diese Reduktion der Gesellschaft auf wirtschaftliche Vorgänge zu beziehen und die leidenschaftliche Seite der Ökonomie aufzudecken.

Dies führt uns direkt zu jenen Verteilungskämpfen, die ‚leidenschaftliche Interessen' (Gabriel Tarde) auf den Plan rufen.

ZEHNTES KAPITEL

Leidenschaftliche Interessen

La vie n'est-elle pas une machine à laquelle l'argent imprime le mouvement ?

Honoré de Balzac, CH II, 976

Am Ende von *Le Contrat de mariage* (1835) heißt es: „Bien des gens seraient devenus fous, Paul alla se coucher, il dormit de ce profond sommeil qui suit les immenses désastres, et qui saisit Napoléon après la bataille de Waterloo" (CH, III, 653). Die Hauptfigur ist eingeschlafen, eine Depression setzt ein.[212] Der Auslöser dieser Depression sind zwei Briefe an Paul: ein wirrer Brief seiner Frau voller Widersprüche und Spitzen gegen ihn, der ihm mitteilt, sie sei schwanger; ein zweiter seines Freundes Henri de Marsay, in dem unter anderem steht, Natalie habe Paul mit einem anderen Mann betrogen. Für Manerville, der seine Frau innig liebt, bricht eine Welt zusammen. Er scheidet, wie der Vater Goriot, aus dem Kosmos der *Comédie humaine* aus.

In dieser Arbeit sind uns kapriziöse, antriebslose, leidenschaftliche, wilde, eingebildete, zornige, verwirrte ökonomische Subjekte begegnet. Im Folgenden soll es darum gehen, genauer zu fragen, welche somaökonomischen Modelle die realistische Literatur entwirft. Welche Leidenschaften steuern das ökonomische Verhalten der Figuren? Welches Ethos macht aus ihnen gute oder schlechte ökonomische Agenten? Letztere Frage kann, wie es Catherine Gallagher macht, mit Verweis auf die ökonomische Orthodoxie beantwortet werden; demgemäß würde man die realistische Literatur als Extension oder (im besten Fall) als Kritik utilitaristischer oder marginalistischer Leidenschaftslehren lesen. Adam Smiths Grundgedanke, dass die Quellen der Lust, sprich Waren aller Art, zwar gelagert werden können, die Lust selbst hingegen nicht, da sie ohne Konsum nicht erzeugt werden könne,[213] macht aus den Leidenschaften ein zentrales Problem der politischen Ökonomie, die unter

212 In der Literatur gibt es einige Post-Ruin-Depressionen, beispielsweise ist Frédéric Moreau in *L'Éducation* nach dem Ruin seiner Mutter bettlägerig; und während Emma Bovarys Depression versucht sie sich durch Konsum zu kurieren. Zum ökonomisch-psychologischen Vokabular der ‚Depression' ließe sich viel sagen; ich beschränke mich aus Platzgründen an dieser Stelle auf einen Verweis auf Fisher 2014.

213 „Sources of enjoyment may be accumulated; enjoyment itself cannot" (Mill zit. n. Gallagher 2006, 51).

 | DOI:10.30965/9783846765012_015

dem Stichwort ‚Grenznutzen' auslotet, bis zu welchem Grad Konsum der Wirtschaft nutzt und ab welchem Punkt er ihr schadet.

Über den Grenznutzen mokiert sich Karl Marx im *Kapital*. Diese kapitalistische ‚Entsagung' beruhe vor allem darauf, die Arbeiterschaft so hungrig wie möglich zu halten, auf dass sie fleißiger ist. Gut genährte Arbeiterinnen und Arbeiter arbeiten einfach nicht mit demselben existenziellen Eifer.[214] Vor allem Balzacs realistische Texte stellen in Rechnung, dass verschiedene Geschlechter und Gesellschaftsschichten unterschiedliche Arten emotionaler Arbeit zu verrichten haben und dass die Leidenschaften nicht etwa – wie die aus der Perspektive von Kapitalisten schreibenden und denkenden Marginalisten meinen – auf allen Niveaus der Gesellschaft in Schach gehalten werden müssen, damit sich die ‚Rationalität' des Markts durchsetzen könne. Die Texte suggerieren, dass heftige Leidenschaften manchmal sogar notwendig sind, da ohne sie nicht mehr konsumiert werden würde und die Wirtschaft zum Stillstand käme. Balzac erforscht diese leidenschaftliche Seite des Wirtschaftslebens, die zumeist mit Schulden einhergeht. Die Umrisse dessen, was Jean-François Lyotard später die ‚libidinöse Ökonomie' nennt, zeichnen sich in seiner Literatur bereits ab.

Das Andere des *homo oeconomicus*

„Mais comment s'est-il ruiné ? il était si riche !", fragt ein Schaulustiger bei der Abfahrt Paul de Manervilles aus Bordeaux; prompt folgt die Antwort: „Paris, les femmes, la Bourse, le jeu, le luxe…" (626). Manervilles Ruin passt in diese paar Zeilen, sein Eheleben, dessen Anfang in einer früheren Fassung noch geschildert worden ist,[215] wird ausgespart, eine schuldengetriebene Akzeleration der Erzählzeit lässt sich feststellen, ja die Zeit der Verschuldung wird zu einem Zeitloch. Alexandre Péraud beobachtet in Balzacs Werk eine generelle Tendenz zur Beschleunigung jener Passagen, in denen Schuldverhältnisse außer Kontrolle geraten. Er schreibt, dass Balzacs Texte den „temps *vécu* du crédit" (Péraud 2012, 304) zur Darstellung bringen, indem sie der Verschuldung eine weitaus geringere Erzählzeit einräumen als dem Prozess der Schuldentilgung,

---

214 „So unbillig er [Malthus] es findet, den industriellen Kapitalisten zur Akkumulation zu stacheln, indem man ihm das Fett von der Suppe wegschöpft, so notwendig dünkt es ihm, den Arbeiter möglichst auf den Minimallohn zu beschränken, ‚um ihn arbeitsam zu erhalten'" (Marx, MEW, 23, 622).

215 Ihre Hochzeitsreise wird dort geschildert. Vgl. Einleitung der Pléiade-Ausgabe, Gauthier 1976, 503ff.

der lang und breit beschrieben werde.[216] Péraud argumentiert mit Paul Ricœurs phänomenologischen Arbeiten zur Erzählung, dass Balzacs Texte den „monneyage du temps humain" darzustellen vermögen. „[S]*'endetter*, ce n'est ni un état, ni un faire, c'est, si l'on veut, les deux à la fois, mais c'est surtout un *devenir*" (303), ein Zum-Schuldner-Werden, das die Lebenszeit des Schuldners nun in eine Zeit *vor* der Verschuldung und in eine von Kreditfristen getaktete Zeit *danach* aufteile.

Derartige Beschleunigungsprozesse auf der Ebene der Erzählzeit, die das subjektive Zeitempfinden eines Schuldners simulieren, stellen keine Prozesse dar, die einfach als ökonomisch irrational abgetan werden können. Ein Aspekt, auf den Péraud nicht eingeht, ist, dass jenen Eskalationen in Balzacs Texten eine eminent politökonomische Funktion zukommt: Enteignung. Die Évangélistas reißen sich Manervilles Produktionsmittel unter den Nagel; Manerville ist nicht nur verschuldet, sondern auch bankrott. Es reicht nicht aus, Balzacs Prosa als phänomenologischen Nachvollzug der Perspektive des Phänotyps Schuldner zu interpretieren, ohne auf Fragen nach der grundlegenden ökonomischen Struktur eingegangen zu sein.

Balzacs ökonomische Politik der Leidenschaften in *Le Contrat de mariage* will noch etwas genauer analysiert werden, schließlich haben wir es hier mit einer jener in der *Comédie* häufig auftauchenden Dreiecksbeziehungen zu tun, die die jeweiligen Akteure verschiedenen Leidenschaften, wie Wut, Wollust, Zorn, Habgier, Apathie, Trauer etc., aussetzt und verschiedenen ökonomischen Prinzipien unterstellt: Verschuldung, Akkumulation von Kapital, Konsum. Nach dem Rechtsstreit findet eine „deuxième bataille" (CH, III, 605) statt, im Zuge derer heftige Leidenschaften nicht etwa mit der ökonomischen Ratio interferieren, sondern sich als einer ihrer integralen Bestandteile entpuppen.

Wer entfacht diese wilden Leidenschaften? Ein ‚wildes' Mädchen. Die Évangélistas werden vom Erzähler als Halbkreolen bezeichnet.[217] Von Kreolinnen heißt es in einer jener Erläuterungen des Balzac'schen Erzählers, die wie Sentenzen daherkommen: „La creóle est une nature à part [...]; nature gracieuse d'ailleurs, mais dangereuse comme un enfant est dangereux s'il n'est pas surveillé. Comme l'enfant, cette femme veut tout avoir immédiatement ; comme un enfant, elle mettrait le feu à la maison pour cuire un œuf." Damit

---

216 Péraud belegt dies mit Statistiken über die *Comédie.* Vgl. Péraud 2012, 309ff.

217 Das macht Balzacs Roman zu einem „Experiment um die Einheit (der Gattung) und Differenz (der Geschlechter)" (Vedder 2011, 200). Manervilles Spitzname ‚die Erbsenblüte' verweist in diesem Sinne auf Gregor Mendels Experimente mit Pflanzenhybriden, und auch seine Ehe erzeugt ja ein Hybrid, durch das die Geschlechter- und Gattungsordnung biopolitisch in den Blick genommen werden kann. Vgl. 199ff.; Berman 2001.

sind Madame Évangélista und ihre Tochter nicht nur als Rechtssubjekte, sondern auch als Menschen infantilisierte Wesen, die – im Unterschied zum kalkulierenden *homo oeconomicus* – auf unmittelbaren Konsum nicht verzichten können.

Diesen ‚Wilden' wird eine eigene Form ökonomischer Rationalität zugeschrieben, wie das vollständige Zitat zeigt: „La créole est une nature à part qui tient à l'Europe par l'intelligence, aux Tropiques par la violence illogique de ses passions, à l'Inde par l'apathique insouciance avec laquelle elle fait ou souffre également le bien et le mal [...]" (605). Eine hybride Subjektivität wird vorgestellt, die Intelligenz mit heftigen Leidenschaften paart und eine große Leidensfähigkeit mit sich bringt. Ein Anderes des *homo oeconomicus* wird ins Feld geführt: eine ‚wilde' ‚Mulattin', die rational *und* leidenschaftlich ist, nicht apathisch, *weil* rational.

Und nun spaltet sich diese hybride Subjektivität. Mutter und Tochter verkörpern in ihrem Krieg gegen Paul de Manerville verschiedene Aspekte dieser einzigartigen Mischung. Während die Mutter, die sich vormals nie ums Geschäft gekümmert hat, anbietet, die Finanzen ihrer Tochter und ihres Schwiegersohns zu ‚verwalten', soll die Tochter Pauls Leidenschaften entfachen und verhindern, dass diese erlöschen. Diese Arbeitsteilung kann nur funktionieren, wenn die strenge Einheit von Mutter und Tochter aufgebrochen wird, von denen es heißt, dass „aucun discord n'avait troublé ni l'harmonie de leurs sentiments, ni la convenance de leurs idées, ni la mutualité de leurs plaisirs" (606). Als das Ehepaar in die Hauptstadt mit all ihren Reizen zieht, bleibt die Mutter in Bordeaux zurück und unterwirft sich scheinbar strengen Sparauflagen (es heißt von ihr, sie habe sich „dépouillée pour sa fille" [603]). Für die Tochter wird diese Trennung sehr schmerzhaft sein, für Paul hingegen, der nach den schwierigen Vertragsverhandlungen vor seiner Schwiegermutter Angst hat, bedeutet ihre Abwesenheit vor allem eines: Erleichterung.

Die Spaltung der Mutter-Tochter-Einheit bildet einen Teil der Strategie oder „politique" (607) der Mutter in ihrem Feldzug gegen Paul. Zentral dafür ist, dass Pauls Liebe sich im Eheleben nicht abnutzt und abnimmt. Die Mutter fürchtet, dass ihre Anwesenheit in Paris die Liebe des frisch vermählten Ehepaars in einer Weise stören würde, die zwischen Paul und Natalie jenes Maß an Distanz entstehen ließe, das es Paul erlauben würde, Herr in seinem eigenen Hause zu werden. Schließlich könnte Paul dann Natalies Mutter für etwaige Unstimmigkeiten verantwortlich machen: „Si ma présence te nuisait, si les petits actes par lesquels tu dois lentement établir ton autorité de femme étaient attribués à mon influence, ton ménage ne deviendrait-il pas un enfer ?" (606). Die Anwesenheit der Mutter, der Manerville bestimmte Manöver seiner Frau zuschreiben könnte, würde die Unmittelbarkeit seiner Liebe unterbrechen.

Die Mutter möchte sich durch ihre Abwesenheit gegen ihre eigenen Leidenschaften wappnen. Sie stellt sich vor, dass Pauls erste Verstimmung aufgrund ihrer Anwesenheit sie dazu zwänge, den Haushalt zu verlassen, und dies würde wiederum ihre eigenen Leidenschaften entfachen: „Je ne pardonnerais pas à ton mari la désunion qu'il mettrait entre nous" (607). Diese Leidenschaft würde ihren Geschäftssinn trüben. Die Mutter unterstellt sich der Ratio des sich entsagenden Kapitalisten und lebt als Halb-Kreolin ihre kalkulierte Seite aus.

Ein weiteres Problem, das durch die Trennung der Mutter-Tochter-Einheit gelöst werden soll, ist die Tatsache, dass Natalie ihren Mann zunächst wirklich liebt. Die Liebe zur Mutter wird gegen die erotische Liebe ausgespielt. „S'il [Paul] se faisait aimer, il était sauvé" (617), heißt es seitens des Erzählers. Der Plan der Mutter kann nur aufgehen, wenn die Liebe zwischen den Ehepartnern nicht auf Gegenseitigkeit beruht, wenn Paul exzessiv liebt, aber nicht zurück geliebt wird. Diese Strategie „doive coûter à un cœur jeune et tendre comme est le tien", werde es Natalie erlauben, „souveraine absolue" (607) in ihrem Haushalt zu werden.

Die Abwesenheit der Mutter ist jedoch nur eine Bedingung dafür, dass der Plan aufgeht. Wie kann Natalie eine „autorité de femme" (606) über ihren Mann herstellen? Natalie muss laut ihrer Mutter den Anschein bewahren, sie leiste den Befehlen ihres Mannes Folge und setze seinem Willen keinerlei Widerstand entgegen: „Chère fillette, pour qu'une femme commande, elle doit avoir l'air de toujours faire ce que veut son mari" (607). Gleichzeitig soll die Tochter sich Paul langsam entziehen. Sie solle sich in der Pariser Gesellschaft ohne ihn herumtreiben, und vor allem solle sie sich auf keinen Fall zu früh von ihm schwängern lassen. Die Ehefrau wird somit zu einer von ihrem Mann begehrten Mangelware. Damit hängt das Problem des Werts zusammen: Will Natalie nicht an Wert verlieren, so muss sie sich rar machen. „Mets donc entre Paul et toi les barrières du monde, va au bal, à l'Opéra ; promène-toi le matin, dîne en ville le soir, rends beaucoup de visites, accorde peu des moments à Paul. Par ce système tu ne perdras rien de ton prix" (609). Natalie wird zu einer unschätzbar teuren Ware.

Der Mutter zufolge sollte Natalie nach folgendem System vorgehen: Auf der einen Seite sollte sie explizit geäußerte Wünsche des Mannes erfüllen; auf der anderen nicht geäußerte Wünsche und Triebe blockieren. „En ce moment, Paul te désire beaucoup plus qu'il ne t'aime ; car l'amour enfanté par les désirs est une espérance, et celui qui succède à leur satisfaction est la réalité" (611). Wie im Terminhandel werden die Realisierung von Wünschen und der Konsum (der Liebe) in der Wirklichkeit aufgeschoben. Diese Leerstelle wird gefüllt durch exzessiven Konsum, der Schulden generiert.

Paul de Manerville könnte mit Alexandre Péraud als einer jener naiv und selbstlos Liebenden gelesen werden, die Balzacs Frühwerk bevölkern, stets zu kurz kommen und damit der „substitution du crédit à la confiance" (Péraud 2012, 51; vgl. Einl., 8ff.), also der Verdrängung des Vertrauens durch den Kredit Tür und Tor öffnen. Paul vertraut ja seiner Frau bis zuletzt, davon zeugt sein Brief an sie, in dem er sich, kurz bevor er seine Angetraute verlässt, im Konjunktiv delirierend sein zukünftiges Leben ausmalt: „Ma bien-aimée, quand tu liras cette lettre je serai loin de toi; peut-être serai-je déjà sur le vaisseau qui m'emmène aux Indes, où je vais refaire ma fortune abattue." Paul möchte sich regelrecht opfern:

> Chère Natalie, n'aie pas un remords, je n'ai pas un regret. Quand je rapporterais des millions, j'imiterais ton père, je les mettrais à tes pieds, comme il mettait les siens aux pieds de ta mère, en te disant : „Tout est à toi." Je t'aime follement, Natalie [...] Mon amour est le seul complice de mon désastre. Ma ruine progressive m'a fait éprouver les délirants plaisirs du joueur. À mesure que mon argent diminuait, mon bonheur grandissait. Chaque fragment de ma fortune converti pour toi en une petite jouissance me causait des ravissements celestes. Je t'aurais voulu plus de caprices que tu n'en avais. Je savais que j'aillais vers un abîme, mais j'y allais le front couronné par la joie. [...] J'ai agi comme ces amants qui s'enferment dans une petite maison au bord d'un lac pour un an ou deux et qui se promettent de se tuer après s'être plongés dans un océan de plaisirs, mourant ainsi dans toute la gloire de leurs illusions et de leur amour. J'ai toujours trouvé ces gens-là prodigieusement raisonnables (CH, III, 628).

Der Brief fungiert als Wirklichkeitseffekt von Pauls Zustand, zumal Briefe nicht Wirklichkeit repräsentieren, sondern Geschriebenes präsentieren, also, wie Dialoge, selbstbezüglich sind. Er lotet den Möglichkeitsraum aus, zu dem Paul Zugang zu gewinnen hofft, und kündigt an, dass er sich harter körperlicher Arbeit hingeben wird, dass er jeden Preis zu zahlen bereit ist für das, was er selbst als Illusion bezeichnet, also für das entrückte Wunsch-Objekt Natalie.

Manervilles Vertrauen kommt, anders als Péraud meint, im Kreditwesen, wie es Balzac vorschwebt, eine zentrale Rolle zu. Eine Logik ersetzt nicht die andere, das Vertrauen wird nicht einfach abgeschafft durch den Kredit, sondern dient dazu, das Kreditwesen in Gang zu bringen und zu halten.

Das somaökonomische Psychogramm von Manervilles Verhalten entspricht Georg Simmels Begehren des Begehrens. Simmel nennt die Dinge „wertvoll, die unserer Begehrung, sie zu erlangen, Hemmnisse entgegensetzen" (Simmel 1989 [1900], 35). Er versteht den Preis etymologisch als Opfer, das zur Erlangung einer Sache dargebracht wird. Nur wenn der potenzielle Konsument vom Konsumgut, auf das er es abgesehen hat, getrennt werde, entstehe ein Begehren, das der platonischen Liebe gleiche:

> Diese Doppelbedeutung des Begehrens: daß es nur bei einer Distanz gegen die Dinge entstehen kann, die es zu überwinden strebt, daß es aber doch irgendein Nahesein zwischen den Dingen und uns schon voraussetzt, damit die vorhandene Distanz überhaupt empfunden werde – hat Plato in dem schönen Worte ausgesprochen, daß die Liebe ein mittlerer Zustand zwischen Haben und Nichthaben sei (49).

Ein Gegenstand, der besessen und konsumiert wird, hat für Simmel, wie übrigens auch für die Marginalisten, keinen Wert mehr; dieser entstehe ausschließlich, wenn der Gegenstand noch nicht erlangt worden ist. Zudem repräsentiert der Wert laut Simmel den Vergleich zweier oder mehrerer Begehren, die im Tausch vermittelt werden, insofern der Tauschende einen Gegenstand zu erlangen trachte, der ihm teurer ist als der Gegenstand, von dem er sich trennt. Im voll entfalteten Kapitalismus werde nun das Geld zu einem absoluten Zweck, denn der Kreis des Käuflichen dehne sich immer weiter aus, und die Zweckgebundenheit des Geldes in der Formel W-G-W werde umgekehrt zu G-W-G. Die psychologische Grundlage dafür liefert bei Simmel das, was als Begehren des Begehrens selbst, also des absoluten Zwecks Geld bezeichnet werden kann (vgl. 93ff.). Nur die Tatsache, dass Natalie von anderen Männern begehrt wird, macht sie für ihren Mann zur unbezahlbaren Frau.

Simmel lädt mit seiner Geldpsychologie Grundgedanken der Grenzwerttheorie platonisch auf und verleiht dem Marginalismus einen philosophischen Überbau, obwohl er eigentlich versucht, „dem historischen Materialismus ein Stockwerk unterzubauen" (13). Seine Vision eines das Begehren begehrenden *homo oeconomicus* setzt eine neue Subjektivität voraus, die der neuen Vorreiterstellung des Markts im gesamtgesellschaftlichen Gefüge entspricht. Ein marktförmiges Subjekt wird aus der Taufe gehoben. Mit Jean François Lyotard ist die sich durchsetzende ökonomische Libido nicht weniger berauschend als die heidnischen Dionysien es waren, nur funktioniert sie anders, und zwar über eine Parzellierung und Zersplitterung der Leidenschaft, über ihre Aufteilung in verschiedene Funktionen, über ihre Delegierung an verschiedene Individuen, die in der Folge verschiedene Antriebe entwickeln (Kaufrausch, Arbeitsfreude, Gier; vgl. Lyotard 1974, 15ff.).

Im französischsprachigen Realismus begegnen uns fast nur leidenschaftliche ökonomische Akteure, die das Begehren begehren: Frédéric Moreau, Paul de Manerville, Anastasie de Restaud, Jean-Joachim Goriot usw. In *Le Contrat de mariage* tritt mit den Évangélistas ein ökonomisch erfolgreicher Agent auf den Plan, der nicht dem Modell des seine Leidenschaften durch Habgier oder Eigeninteresse in Schach haltenden *homo oeconomicus* entspricht; und das Resultat der Handlung ist nicht etwa die wie im Umdrehen einer unsichtbaren

Hand gesteuerte Konversion individueller Egoismen in ein kollektives Gemeinwohl (vgl. Smith 1827 [1776], 184; Sheehan 2015; Breyer 2016), sondern der totale finanzielle und gesellschaftliche Ruin desjenigen, der sich einem Anderen ganz hingibt. Seine Hingabe ruiniert ihn zwar, aber sie setzt zugleich die Zirkulation seines Kapitals in Gang und spornt die Wirtschaft damit an.

Balzac kann die unter aufklärerischen Politökonomen verbreitete Vorstellung eines *doux commerce* nur unter der Voraussetzung *ad absurdum* führen, dass sich seine Texte der Vorstellung eines leidenschaftslosen *homo oeconomicus* nicht mehr verschreiben. Albert O. Hirschman hat diese im 18. Jahrhundert verbreitete Vorstellung archäologisch anhand von Äußerungen der Autoren Montesquieu, Sir James Steuart, John Miller und Adam Smith herausgearbeitet, in denen diese zwar nicht direkt auf den sanften Handel eingehen, aber ihn implizit in verborgenen Textschichten erörtern.[218] Diese Autoren stellten sich vor, dass nur Leidenschaften andere Leidenschaften (wie Feuer das Feuer) eindämmen, und deshalb fassten sie die Habgier (*avaritia*) als Gegenmittel auf, das dazu eingesetzt werden könne, dumpfere Passionen wie die Fresssucht, den Hochmut oder den Jähzorn einzuhegen (vgl. Einl., 19f.). Insbesondere das Geldgeschäft, das hohe Kosten gegen große Vorteile eintausche, sich auf die Zukunft richte und potenziell endlos sei, diene der Eindämmung der Leidenschaften. Zwischen der Vernunft und der Leidenschaft vermittele das Interesse am Reichtum, welches davon abhalte, sofort auf störende Triebe zu reagieren. Durch das Interesse werde die Gesellschaft insgesamt vorhersehbarer, insofern dieses offen liege. Die Habsucht werde nunmehr von einer Todsünde zu einem legitimen Interesse umgemünzt (vgl. Simmel 1989 [1900], 324ff.; Hirschman 1978, 7ff.).[219]

Adam Smith verwirft allerdings laut Hirschman dieses von Montesquieu und seinen britischen Anhängern James Steuart und John Miller entworfene Modell, ja „Smith himself virtually equates the passions with the interests"; es geht noch weiter:

---

218 Genauer gesagt zeigt er, „how unintended consequences flow from human thought (and from the shape it is given through language) no less than from human actions" (Hirschman 1978 , 41). Eine Methode, die mit Einschränkungen nicht nur an die Diskursanalyse und die Archäologie des Wissens von Michel Foucault, sondern auch an die Hermeneutikkritik bei Roland Barthes oder Jacques Derrida anschlussfähig wäre. Sie bietet für die vorliegende Arbeit eine gute Grundlage, da literarische Texte sowohl symptomatisch als auch reflexiv gelesen werden können.

219 Die These der Vorhersehbarkeit bei Hirschman stammt von Norbert Elias. Vgl. Elias 1976 [1939], II, 312ff.

> By holding that ambition, the lust for power, and the desire for respect can all be satisfied by economic improvement, Smith undercut the idea that passion can be pitted against passion, or the interests against the passions. This whole train of thought becomes suddenly incomprehensible, if not nonsensical (110).

Auch in Balzacs *Le Contrat de mariage* ist diese Logik der Bekämpfung von Leidenschaften durch Leidenschaften nunmehr unsinnig. Eine Dialektik diesseits der Unterscheidung zwischen wilden Passionen und zahmen Interessen durchzieht den Roman. Auf der einen Seite steht Paul de Manerville, wild verliebt in Natalie Évangélista; auf der anderen die Évangélistas, wild verliebt in sich selbst. Eine objekt-gerichtete Leidenschaft, die sich eben deshalb verausgabt, weil sie ihren Gegenstand nicht erlangt und in einen Aufschub der Wunscherfüllung hineinrutscht, wird einer selbstbezüglichen Leidenschaft gegenübergestellt, die von der Angst zeugt, sozial und finanziell abzusteigen.

Den Handlungen der ökonomischen Akteure in Balzacs Roman liegen, mit Gabriel Tarde gesagt, nicht rationale, sondern ‚leidenschaftliche Interessen' zugrunde:

> Voilà les intérêts, *les intérêts passionnés*, qu'il s'agit d'accorder ensemble et avec les intérêts, tout aussi passionnés, de capitalistes milliardaires coalisés, non moins qu'eux grisés par l'espoir de vaincre, par l'orgueil de la vie, par la soif du pouvoir (zit. n. Latour/Lépinay 2008, 42).

Der darwinistisch-leibnizianische Soziologe, der es mit Émile Durkheim aufnahm, sagt, wie Bruno Latour kommentiert, nicht,

> que, hélas, la raison économique calculatrice et ratiocinante se trouverait déformée, kidnappée, perturbée par des passions, des coalitions, des contaminations, des rumeurs qui empêcheraient que ses calculs tombent juste ; il [Tarde] ne dit pas que, si nous parvenions par un miracle impossible à nous défaire de tout ce fatras irrationnel, nous recouvrerions enfin la raison économique. Non ! *tout* dans l'économie est irrationnel, *tout* dans l'économie est, si l'on veut, extra-économique [...] Puisqu'elle est faite de ces passions dont le développement stupéfiant du XIXe siècle n'a fait qu'amplifier l'entrecroisement (42f.).

In Balzacs *Comédie humaine* weitet sich die Verflechtung der leidenschaftlichen Interessen mit der Vergrößerung der Zirkulationssphäre von Wertpapieren immer mehr aus, und sie verbindet immer engmaschiger mehr und mehr Figuren.

Eine Geldgier ist in *Le Contrat de mariage* am Werk, die die Leidenschaften nicht ausschaltet, sondern anstachelt. Dem Geld wohnt die Fähigkeit inne, „à mobiliser les affects des acteurs économiques, qu'il s'agisse de peur ou d'espoir" (Orléan 2013, 132).[220] André Orléan besteht darauf, dass

> la conception de l'intérêt présentée par Balzac se situe aux antipodes de celle, fameuse, qu'a décrite Albert Hirschman dans *Les passions et les intérêts.* Selon les nombreux auteurs qu'Hirschman étudie, l'intérêt aurait une fonction essentiellement régulatrice en faisant obstacle à la violence inhérente aux passions aristocratiques que sont l'honneur ou le prestige pour leur substituer le ‚doux commerce' et ses mœurs pacifiées. Balzac nous fait connaître une logique de l'intérêt bien éloignée de ces conceptions. Ce qu'il propose est son absolu contraire : l'argent transforme le doux commerce du père et du fils en une lutte impitoyable. Pourquoi ? Pour la raison que le désir de monnaie polarise l'échange entre un vainqueur et un vaincu ; l'un doit gagner et l'autre perd (137f.).

Paul ist der Verlierer; Natalie und ihre Mutter haben ihn nicht mithilfe eines die Leidenschaften besänftigenden Geschäftsmodells besiegt, sondern durch eine leidenschaftliche Kapitalzirkulation, die Habgier, Zorn, Liebesdurst und Eifersucht zu einem giftigen Gebräu verquickt.

Wie in *Splendeurs et misères de courtisanes* wird die Liebe in *Le Contrat de mariage* als Beziehung zwischen Schuldner und Gläubiger gefasst (vgl. Kap. 5). Im Unterschied zu Nucingen, dessen Innenleben höchstens durch Dialoge zum Ausdruck kommt, in denen er mit einer entstellten französischen Orthographie spricht, bietet uns Pauls Brief einen privilegierten Einblick in sein Inneres. Er ist erfüllt vom Gedanken, für seine unbezahlbare Natalie hart zu arbeiten:

> À moi les travaux, à toi les plaisirs ; à moi les souffrances, à toi la vie heureuse. Amuse-toi, conserve toutes tes habitudes de luxe, va aux Italiens, à l'Opéra, dans le monde, au bal, je t'absous de tout. [...] Moi, chère éternelle pensée, lorsque, perdu sous des cieux brûlants, travaillant pour nous deux, je rencontrerai des obstacles à vaincre, ou que, fatigué, je me reposerai dans les espérances du retour, moi, je songerai à toi, qui est ma belle vie. Oui, je tâcherai d'être en toi, je me dirai que tu n'as ni peines ni soucis, que tu es heureuse. De même que nous avons l'existence du jour et de la nuit, la veille et le sommeil, ainsi j'aurai mon existence fleurie à Paris, mon existence de travail aux Indes ; un rêve pénible, une réalité délicieuse : je vivrai si bien dans ta réalité que mes jours seront des rêves (CH, III, 630).

---

220 Orléan argumentiert ferner mit Keynes, der die Geldgier zu einer Geisteskrankheit erklärt, die dennoch ökonomisch sinnvoll erscheint; Letzteres bestreitet Orléan: „[L]e désir de la monnaie est prodigeusement inefficace socialement et économiquement. S'il engendre de l'énergie, c'est une énergie sans forme, inutile, brouillonne : uniquement de la chaleur, jamais de lumière" (Orléan 2013, 136).

Hierin steckt eine für den Kapitalismus typische Teilung der (emotionalen) Arbeit, die den Aristokraten in jenen Arbeiter verwandelt, der seine Haut zu Markte trägt (vgl. MEW, 23, 191; Kap. 1, 65) und damit einen *surplus* erwirtschaftet, das er sehenden Auges bereit ist, seiner Illusion zu opfern. Der Aristokrat ist der Pauperisierung zum Opfer gefallen.

Immer wieder wurde nach der Präsenz der Arbeiterklasse in Balzacs Werk als Chiffre gesucht.[221] Auch hier haben wir es mit einem Klassenverhältnis zu tun, das der bürgerlich-kapitalistischen Wirtschaftsform entspricht: Der eine arbeitet, die andere genießt; der eine produziert Mehrwert, die andere schöpft diesen ab; die eine lebt in einer Blase, die der andere einrichtet. Das Liebesobjekt ist, wie Madame Arnoux, eine Erscheinung, ein Gespenst, das sich gleich einer fixen Idee, einer Halluzination oder einer paranoiden Wahnvorstellung gegen die wirkliche Wirklichkeit durchsetzt.

Simmels Psychologie des Geldes fehlt das Klassenbewusstsein, das Balzacs Text unbewusst an den Tag legt. Nur derjenige, dem das Objekt als Zwischenzustand zwischen Haben und Nichthaben, mit anderen Worten als vorgestellter Besitz vorschwebt, erfährt das Begehren des Begehrens, das ohne Genuss auskommt und ständige Opfer verlangt. Eine Klasse darf indessen sehr wohl genießen, ja sie soll es sogar, nur so kann die Illusion als wirkliche Wirklichkeit gelten. Neuplatonisch ausgedrückt, stellt sich die Arbeiterexistenz als Emanation aus der kapitalistischen Ideenwelt dar, die zwar an dieser ideell teilhat, aber tief im Dreck der Schöpfung (von Mehrwert) steckt. Diese Mythisierung stellt einen integralen Bestandteil der kapitalistischen Produktion dar. Der genießenden Klasse fallen die Früchte der Arbeit zu, sie konsumieren und generieren damit jenes Idealbild, das der arbeitenden Bevölkerung im Schweiße ihres Angesichts gebrochen vorschwebt.

Balzac führt eine Psychologie des verschuldeten Menschen vor, die zu erklären versucht, wie es dazu kommt, dass überhaupt gewirtschaftet und gearbeitet wird, dass die Reichtümer der Nationen umverteilt werden, dass Geld und Kredit zirkulieren. Interessen und Passionen können dabei nicht fein säuberlich auseinandergehalten werden, vielmehr kommt eine Dialektik zum Tragen, die den leidenschaftlich Interessierten vom bloß Leidenschaftlichen abhängig macht: Gäbe es Paul nicht, könnte Natalie nicht in Saus und Braus leben; hätte Natalie keinen Reichtum, fiele Pauls Beweggrund weg. Mehr noch: Natalie ist der illusorische *terminus ad quem* des Kapitalismus, der im Laufe der Erzählung immer weiter in die Ferne rückt. Damit funktioniert ‚Natalie' in Balzacs Text als überdeterminierter Eigenname (vgl. Kap. 2, 76), der für alle

221 Vor allem bei Lukács 1952 kann man dies sehen.

Versprechen steht, die Geld einlösen könnte; sie ist der Mythos des Kapitals, der sich stets realisieren muss, um glaubhaft zu bleiben.

Balzacs Figur Paul de Manerville entwickelt eine autodestruktive Lust an der Selbstausbeutung, die an Jean-François Lyotards provokantes Gegenmodell zur Entfremdung der Arbeiterin oder des Arbeiters denken lässt. Lyotard argumentiert, dass die Entfremdungslehre, wie sie von französischen Marxisten wie Louis Althusser und Jean Baudrillard vertreten wurde, auf dem Mythos eines ‚ganzen Menschen' beruhe, der im Prozess der kapitalistischen Arbeitsteilung und Ausbeutung zersplittert werde und der einen integralen Bestandteil seiner selbst – sein Arbeitsprodukt – abgeben müsse an den Kapitalisten. Was ist aber, wenn der Mensch nie heil, ganz, primitiv gewesen ist? Und was ist, wenn er Lust an der Unlust entwickeln würde?

> Et vous croyez peut-être que c'est une *alternative*, ça ou mourir ? ! Et que si on fait *ça*, si on se fait l'esclave de sa machine, machine de machine, fouteur foutu par elle, huit heures par jour, douze heures il y a un siècle, c'est parce qu'on y est forcé, contraint, parce qu'on tient à la vie ? La mort n'est pas une alternative à *ça*, elle en est une partie, elle atteste qu'il y a de la jouissance dans ça, les sans-travail anglais ne se sont pas faits ouvriers pour survivre, ils ont – accrochez-vous ferme et crachez-moi dessus – *joui* de l'épuisement hystérique, masochiste, je ne sais quoi, de *tenir* dans les mines, dans les fonderies, dans les ateliers, dans l'enfer, ils ont joui dans et de la folle destruction de leur corps organique qui leur était certes imposée, ils ont joui qu'elle leur soit imposée, ils ont joui de la décomposition de leur identité personnelle, de celle que la tradition paysanne leur avait construite, joui de la dissolution des familles [...] (Lyotard 1974, 136).

Paul legt in seinem Brief geradezu das an den Tag, was Georges Bataille „la joie devant la mort" nennt, und zwar eine „économie de sacrifice", die „exigeait en effet qu'une partie importante de la production soit prodiguée dans des jeux et des orgies de boisson et de nourriture" (Bataille 1970, II, 241; vgl. Kap. 13, 272f.). Balzac entwirft eine utopisch-katholische Verschwendung der Existenz, die sich dem Andern zu Füßen legt und ihre gesamte Energie aufopfert; diese reine Hingabe steht im Dienst des Kapitalismus und wird nicht, wie bei Bataille, als sein ‚idyllisches' Vorher imaginiert.

Paul ist am Boden zerstört, weil klar wird, dass sein Traum, sich als doppelt Vogelfreier (frei von einem Herren, frei auf dem Markt der Arbeitskräfte)[222] willentlich in die Sklaverei zu begeben, eine Illusion war. Der ihn in Bewegung haltende libidinöse Kreislauf wird unterbrochen. Seine Frau ist wohl von einem anderen schwanger, wieso soll er dafür bezahlen? Natalies Brief wird von demjenigen Henri de Marsays, in dem es heißt, ein Rivale habe Natalie

222 Zur doppelten Freiheit des Proletariers vgl. MEW, 23, 183.

geschwängert, konterkariert. Der Briefverkehr, der nach Jacques Derrida und Alexandre Kojève den Tod in eine sprachliche Form fasst, insofern der Sender eines ankommenden Briefes nicht mehr derselbe ist, der er war, als er den Brief verfasst hat (vgl. Vedder 2011, 18; Derrida 1976, 100f.; Kojève 1968, 620ff.), endet in einem multiplen Tod: Die Vorstellung, die Paul sich von Natalie gemacht hat, vergeht, und Paul selbst steht vor dem Nichts, kann also seine eigene Libido nicht mehr antreiben und verfällt in eine Depression; damit stirbt er als literarische Figur, über die es nichts mehr zu erzählen gibt.

Delegiertes Begehren

Aber überstrapaziert diese Interpretation Balzacs Text nicht? Paul möchte ja nicht auswandern, um sich selbst zu verdingen, sondern, wie es seinem Stand entspricht, um aus anderen Sklavenarbeit herauszupressen. Manervilles freudige ‚Entsagung' ist wie diejenige „jenes wunderlichen Heiligen, jenes Ritters von der traurigen Gestalt, des ‚entsagenden' Kapitalisten" (MEW, 23, 625). Marx schreibt, dass sich der Kapitalist zwar in seinen Anfängen enthalten müsse, aber später durchaus Zugang zu den Quellen der Lust gewinne. Im voll entfalteten kapitalistischen Produktionsprozess könne nicht die Rede sein vom habgierigen Kapitalisten:

> In den historischen Anfängen der kapitalistischen Produktionsweise – und jeder kapitalistische Parvenü macht dies historische Stadium individuell durch – herrschen Bereicherungstrieb und Geiz als absolute Leidenschaften vor. Aber der Fortschritt der kapitalistischen Produktion schafft nicht nur eine Welt von Genüssen. Er öffnet mit der Spekulation und dem Kreditwesen tausend Quellen plötzlicher Bereicherung. Auf einer gewissen Entwicklungshöhe wird ein konventioneller Grad von Verschwendung, die zugleich Schaustellung des Reichtums und daher Kreditmittel ist, sogar zu einer Geschäftsnotwendigkeit des ‚unglücklichen' Kapitalisten. Der Luxus geht in die Repräsentationskosten des Kapitals ein. Ohnehin bereichert sich der Kapitalist nicht, gleich dem Schatzbildner, im Verhältnis seiner persönlichen Arbeit und seines persönlichen Nichtkonsums, sondern im Maß, worin er fremde Arbeitskraft aussaugt und dem Arbeiter Entsagung aller Lebensgenüsse aufzwingt.

Balzacs Text zeugt von einem gespaltenen Bewusstsein, davon also, dass „sich gleichzeitig in der Hochbrust des Kapitalindividuums ein faustischer Konflikt zwischen Akkumulations- und Genußtrieb" (620) entwickle. Der Akkumulationstrieb wird zunächst von den Évangélistas repräsentiert, die sich Manervilles Produktionsmittel ohne Arbeit, aber mit viel ‚Entsagung' (Tochter und Mutter geben ihre Liebe auf) unter den Nagel reißen; diese Akkumulation steht im Zeichen des Genusses, der Ausgaben, der Verschwendung, des

Luxus. Zu diesem Luxus, der nunmehr in die Ferne einer Illusion – oder einer Repräsentation – gerückt wird, möchte nun der ruinierte Manerville beisteuern, indem er in den Kolonien andere für sich arbeiten lässt, also fremde Arbeitskraft aussaugt: zweiter – ‚entsagender' – Akkumulationsschub usw. Der enthaltsame ‚Arbeiter' zeichnet sich in der *Comédie humaine* als Negativ der Luxusrepräsentation ab.

Diese Dynamik in *Le Contrat de mariage* ist indessen nicht die Regel im Realismus. Viel öfter begegnen uns die ‚Ritter von der traurigen Gestalt', die ‚entsagenden' Kapitalisten, die Geizhälse, die kalkuliert vorgehen und damit dem Bild eines von der *avaritia* gezügelten *homo oeconomicus* entsprechen. In den *Illusions perdues* (1843) heißt es dementsprechend: „L'avarice commence où la pauvreté cesse" (CH, V, 125). Das trifft, wie wir gesehen haben, auf Gobseck zu, dem geizigen Wucherer (vgl. Kap. 4); oder auf Nucingen, dem Bankier, der nicht zur hingebenden Liebe fähig ist (vgl. Kap. 5). Der wie eine lebende Münze in Gelb gekleidete Vater Grandet, dessen Name ein (unreines) Anagramm von *argent* (Geld) ist, leidet auch unter einer Habgier, die noch aus dem Tod des Bruders Profit zieht und kalkuliert stottert[223] (vgl. Fontaine 2013; Orléan 2013, 134). Und auch der übersättigte Konsument Mallinger Grandcourt verliebt sich in Gwendolin Harleth, weil sie sich ihm zu entziehen trachtet und einen Mangel erzeugt:

> It was characteristic that he [Grandcourt] got none of his satisfaction from the belief that Gwendolin was in love with him [...]. On the contrary, he believed that this girl was rather exceptional in the fact that, in spite of his assiduous attention to her, she was not in love with him ; and it seemed to him very likely that if it had not been for the sudden poverty which had come over her family, she would not have accepted him. [...] She had been brought to accept him in spite of everything – brought to kneel down like a horse under training for the arena, though she might have an objection to it all the while (DD, 347f.).

Grandcourts Begehren wird von Gwendolins Zaudern angestachelt: „The evident hesitation of this destitute girl to take his splendid offer stung him into a keenness of interest such as he had not known for years" (330). Die als Interesse bezeichnete Habgier wird von einer sich entziehenden Wirklichkeit geweckt (vgl. Gallagher 2006, 134ff.; Blumenberg 1969, 13ff.).

Auch der ruinierte Raphaël de Valentin hat sich in *La Peau de chagrin* (1830f.) in eine ‚femme sans cœur' verliebt, die sein Begehren anstachelt, indem sie seine Liebe nicht erwidert. Raphaëls Vater hat ihm nach dem Tod Schulden hinterlassen, die dieser zunächst durch Sparsamkeit und Fleiß abbezahlen

223 Grandet setzt sein Stottern ein, um andere reinzulegen.

möchte. Als die mysteriöse Fœdora in sein Leben tritt, gibt er sich aber dem Glücksspiel hin, um bei ihr Eindruck zu schinden, und das, obwohl er seinem Vater hoch und heilig versprochen hat, nie mehr eine Spielstatt zu betreten. Er setzt seinen letzten Napoleon aufs Spiel, verliert alles und möchte sich in der Seine ertränken; stattdessen findet er im Laden eines mephistophelischen Krämers[224] das Chagrinleder, das seine Geldnöte auf einen Schlag löst. In ihm ist folgender Schriftzug auf Persisch eingestanzt:

SI TU ME POSSÈDES, TU POSSÉDERAS TOUT.
MAIS TA VIE M'APPARTIENDRA. DIEU L'A
VOULU AINSI. DÉSIRE, ET TES DÉSIRS
SERONT ACCOMPLIS. MAIS RÈGLE
TES SOUHAITS SUR TA VIE.
ELLE EST LÀ. À CHAQUE
VOULOIR JE DÉCROITRAI
COMME TES JOURS.
ME VEUX-TU ?
PRENDS. DIEU
T'EXAUCERA.
SOIT !

(CH, X, 84)

Das Chagrinleder schillert und erfüllt als „symbole ou [...] incarnation de l'économie" (Péraud 2012, 147) alle Wünsche, verkleinert sich jedoch mit jedem erfüllten Wunsch. Die meisten Kommentatoren sehen in ihm ein Symbol des allgemeinen Äquivalents Geld; Péraud konstatiert sogar, dass die Inschrift der Eselshaut formal dem Wechselbrief entspricht (vgl. 149). Der Verschiebung auf ein symbolisches Objekt, dem phantastische Kräfte innewohnen, sollte, wie Péraud und Françoise Gaillard bemerken (vgl. 147; Gaillard 1980), in der Interpretation Rechnung getragen werden.

Von einer „archéologie de la psyché débitrice" spricht Letzterer im Fall von Balzacs Text, und damit meint er, „c'est à travers le fantastique de *La Peau de chagrin* que peut être saisie la signification psychique de l'acte d'endettement" (Péraud 2012, 146). Er liest Raphaël als Mangelwesen, das dem Lacan'schen *désir du désir* verfallen ist: „L'histoire personnelle de Valentin n'est qu'une longue suite de pertes, de frustrations, qui instituent le manque au cœur de sa généalogie psychique. Le sentiment de n'être pas ou de ne pas avoir suscite un vertigineux appel de vide, il est au principe de son désir" (168). Raphaël vergeht sich an seinem Vater, indem er an einem Abend, als ihm dieser seine Geldbörse überlässt, mit dem in ihr enthaltenen Geld zockt. Péraud meint, dass er sich damit eine moralische Schuld aufgebürdet habe, die er zwar im

224 Auf Goethes *Faust* als Subtext macht Péraud 2012 (146ff.) aufmerksam.

Glücksspiel finanziell auffange, aber nie ganz los werden könne. Diese Urszene der Nichtkonvertierbarkeit moralischer in finanzielle Schuld erzeuge ein unersättliches Begehren, um ein Fehlverhalten wiedergutzumachen, das nicht wiedergutgemacht werden könne. Fœdora, die reiche Erbin, die allen ihren Anwärtern die kalte Schulter zeigt, erwecke nun das Begehren Raphaëls, weil sie die „désirs impossibles à atteindre" verkörpere. Hierin wurzele also das Begehren des Begehrens, das die Eselshaut nun erfüllen solle, und Péraud zitiert Jacques Lacan: „[L]a vérité du désir reste cachée à la conscience parce que son objet est un manque à être" (zit. n. 178, vgl. 167ff.).

Auf den ersten Blick ist diese Lesart des Romans als Archäologie der Schuldnerpsyche attraktiv und treffend; sie denkt Balzacs Roman aber nicht zu Ende. Er bildet nicht von ungefähr einen Teil der *Études philosophiques*, denn seine phantastische Handlung stellt eine gleichermaßen utopische und dystopische Lösung von Raphaëls neuem Problem eines dem Tod verschriebenen unstillbaren Begehrens in Aussicht.

Der Besitzer des Chagrinleders wünscht sich eine Rente von 200.000 Livres und erhält sechs Millionen Francs, doch sein Lebenselixier schrumpft mit jeder Wunscherfüllung und mit ihm die Lebenszeit. Der vormalige „Galérien du plaisir", der seine „destinée de suicide" (CH, X, 202) aufzuhalten versucht, will nicht(s) mehr begehren und richtet sich einen Palast ein, in dem es nicht mehr notwendig ist, Wünsche zu hegen, weil sie vorweggenommen werden. Das Begehren des Begehrens wird konvertiert in eine luxurierende Apathie, die dasjenige Wirklichkeit werden lässt, von dem erwartbar ist, dass es begehrt werden wird. Balzac koppelt jede Wunscherfüllung durch dieses magische allgemeine Äquivalent direkt an den Tod: „JE DEVAIS ! Devoir, est-ce donc s'appartenir ?" (199), fragt Raphaël an einer Stelle; die Eselshaut beantwortet diese Frage mit einem klaren Nein.

Worin besteht der Mechanismus, mit dem diese Logik umgangen werden soll? Raphaël delegiert sein Begehren an seinen Diener. „Jamais je ne lui dis : *Souhaitez-vous ? voulez-vous ? désirez-vous ?*" (216), sagt dieser; er vermeidet es vielmehr tunlichst, bestimmte Reizwörter auszusprechen, und ahnt voraus, was sein Herr wollen wird. „M. le marquis n'a rien à souhaiter. Il a des fraises quand il y a des fraises, et le premier maquereau qui arrive à Paris, il le mange" (214). Sogar die Einrichtung des Palastes ist dieser Struktur der Wunschvorwegnahme angepasst:

> Vous ne sauriez croire à quel point il a poussé la chose. Ses appartements sont... en... en comment donc ? ah ! en enfilade. Eh bien ! il ouvre, une supposition, la porte de sa chambre ou de son cabinet, crac ! toutes les portes s'ouvrent d'elles mêmes par un mécanisme. Pour lors, il peut aller d'un bout à l'autre de sa maison sans trouver une seule porte fermée (215).

Der Wunsch, eine Tür zu öffnen, öffnet dem Wunsch, weitere Türen zu öffnen, Tür und Tor. Vor diesem schrankenlosen Begehren soll der passiv Begehrende geschützt werden, da ansonsten das Chagrinleder schrumpft und der Tod näher rückt.

Ein Raum ohne Türen, Bewegung ohne Antrieb, Erfüllung ohne Wunsch, diese Paradoxa werden in Balzacs Text anhand einer Figur vorgeführt, die ihr Begehren aufhalten muss, weil es sie Stück für Stück ins Grab bringt. Der Erzähler kommentiert die Funktion des alten Dieners Jonathas folgendermaßen: „Le vieux Jonathas devint une puissance intermédiaire placée entre Raphaël et le monde entier. Ordonnateur suprême de la fortune de son maître, exécuteur aveugle d'une pensée inconnue, il était comme un sixième sens à travers lequel les émotions de la vie arrivaient à Raphaël" (253). Raphaëls Lage erinnert an ein wunschloses (Un)glück. Er ist ein „jeune cadavre" (217), eine „Fatale image de la richesse !" (221). Er sagt von sich, „qu'il veut vivre comme une vergétation, en vérgetant" (215); dieses Wortspiel zwischen *végéter* und *vérgeter,* zwischen vegetieren und gepeitscht werden, drückt den Zwischenzustand aus, in dem sich de Valentin befindet, insofern er weder von der Ökonomie ganz abgekoppelt ist noch von ihr angestachelt wird.

Dem Wunschlosigkeit Wünschenden ist aber in *La Peau de chagrin* eine weitere Ausflucht geboten: interesseloses Wohlgefallen. Der Kunsthändler, der Raphaël die Eselshaut überlässt, ist dem Teufelspakt durch das Sammeln von allerlei Kunst entkommen, die das Wohlgefallen des Betrachters erweckt, ohne sein Interesse zu entfachen.

Auch auf Raphaël wirkt diese Kunst so. Er befindet sich in einem rauschhaften Zustand, als er nach seinem Selbstmordversuch den Laden betritt. „Les tourmentes de cette agonie lui imprimaient un mouvement semblable à celui des vagues, et lui faisaient voir les bâtiments, les hommes, à travers un brouillard où tout ondoyait" (68). In diesem Zustand nimmt er den Plunder im Laden wahr, wird aber vom Kunsthändler angehalten, in den ersten Stock zu gehen, wo es wertvollere Kunstwerke zu sehen gebe. Zunächst muss er sich jedoch durch den Ramsch kämpfen, der im Erdgeschoss versammelt ist. „Au premier coup d'œil, les magasines lui offrirent un tableau confus, dans lequel toutes les œuvres humaines et divines se heurtaient. Des crocodiles, des singes, des boas empaillés souriaient à des vitraux d'église, semblaient vouloir mordre les bustes, courir après les laques, ou grimper sur les lustres" usw. Diese „monstrueux tableaux" (69), die an Marx' „ungeheure Warensammlung" (MEW, 23, 49) erinnern, vergleicht Raphaël mit einem „miroir plein de facettes dont chacune représentait un monde." Durch dieses Panoptikum der Artefakte gekommen, verleitet es den typischen Repräsentanten eines eurozentristischen Museumsgängers, aufzusteigen in die phantastischen Gefilde der Kunst: „[I]l sortit de la vie réelle, monta par degrés vers un monde idéal" (CH, X, 70). Nun werden wir durch die europäische Kunstgeschichte geleitet, vom alten Ägypten über das alte Israel, das antike Griechenland, das antike Rom bis hin zum christlichen Abendland. Alle europäischen Epochen, Stile, Schulen und Künstler sind anwesend: „Cet océan de meubles, d'inventions, de modes, d'œuvres, de ruines, lui composait un poème sans fin" (71); ein endloses Gedicht, mit dem er sich stets identifizieren kann, in unzählige Rollen schlüpfend: „[I]l désirait porter le bonnet sale et enfumé des Flamands, s'enivrait de bière" (72). Schließlich ruft Raphaël aus: „Vous avez des millions ici", woraufhin der Kunsthändler antwortet: „Dites des milliards [...] Mais ce n'est rien encore" (73).

Der alte Kunsthändler hat offensichtlich nach einem Mittel gesucht, sein schrankenloses Begehren zu kanalisieren und zu stillen, auf dass die Eselshaut nicht ganz zusammenschrumpft. Seine Konversion des Begehrens in interesseloses Wohlgefallen an Kunstwerken zeigt sich im eurozentristischen Menschheitsmuseum, das er in seinem Krämerladen eingerichtet hat. Es ist ein endloses Gedicht, das vom Erzähler als „LE TEMPS" (75) bezeichnet wird. Indem er Kunstwerke sammelt, kann der alte Krämer die Zeit zurückkaufen, die aufgrund des durch die Eselshaut repräsentierten Kreditwesens verpfändet wurde. Auch Raphaël flüchtet sich später in die Kunst, um nicht mehr in der Wirklichkeit leben zu müssen: „Pendant les intervalles de la journée où il ne fait rien, il [de Valentin] lit, il lit toujours, voyez-vous ? une idée qu'il a" (255). Interesseloses Wohlgefallen ist die Ausflucht aus dem Verschuldungszusammenhang.

* * *

Die realistischen Texte, die in diesem Abschnitt untersucht wurden, präsentieren ein komplexes, teils widersprüchliches (Natur-)Bild des Kredits. Schulden werden mit der weiblichen Natur, mit der *Lady Debit* assoziiert; trotzdem propagieren viele Texte implizit die seit der Antike verbreitete Idee, dass Kreditgeschäfte widernatürlich seien und den zyklischen Kreislauf des Oikos systematisch unterbrächen. Der Naturalisierung des Kredits im ‚wilden Weibchen' steht seine Denaturierung im Hinblick auf die kreisläufige ‚Realwirtschaft' gegenüber. Realistische Romane ringen mit der Naturalisierung des Geldes und des Kredits: Zwar schenken sie dem bürgerlichen Mythos einer sich organisch entwickelnden Marktwirtschaft keinen Glauben, aber sie stellen ihm zumeist nur andere (zumeist frauen- oder judenfeindliche) Mythen gegenüber.

Diese komplexe Problemlage führt bei Balzac auf eine neue, zweite Natur, und zwar auf die ‚leidenschaftlichen Interessen' (Tarde) oder die ‚libidinöse Ökonomie' (Lyotard), die sich als Movens der Wirtschaft herausstellt. Selbst irrationale Leidenschaften, die für die Realwirtschaft ruinös sind, so suggeriert Balzac, lassen sich in eine ökonomische Logik einschreiben. Indem Balzac ruinöse und zerstörerische Leidenschaften in der Kreditwirtschaft am Werk sieht, steht seine Konzeption der libidinösen Ökonomie im Widerspruch zu derjenigen der Politischen Ökonomie. Die ‚wilde' ökonomische Frau obsiegt.

Manche der untersuchten Texte reflektieren diese ideologische Gemengelage, andere stellen sie nur zur Schau; indessen zehren alle von ihr, und die Naturalisierung von Kreditvorgängen zeugt davon, dass die realistische Schreibweise an ihre Grenzen stößt, wenn es darum geht, unpersönliche und abstrakte gesellschaftliche und ökonomische Vorgänge in greifbare Handlungen zwischen Figuren und in konkrete Bilder zu übersetzen.

An dieser Stelle schließt sich ein Kreis. Balzacs eigenes ‚poème sans fin' ist die *Comédie humaine*; sie dient ihm, wie im ersten Kapitel dieser Arbeit gezeigt wurde (vgl. Kap. 1, 45ff.), dazu, den Schrumpfungsprozess seiner eigenen *Peau de Chagrin* aufzuhalten und seine Schulden abzubauen, um seine eigene Haut zu retten. In seinem Werk entwickelt er eine neue Schreibweise, die darin besteht, Wirklichkeit abzulichten, als wäre sein Werk eine Daguerreotype. Dieser Zugang zur Welt mithilfe der Ekphrasis[225] ist in *La Peau de Chagrin* der Schlüssel zur Befreiung von der Zeit der Schulden. Wo kein leidenschaftliches Interesse dazu verleitet, Schulden aufzunehmen und die eigene Existenz aufs Spiel zu setzen, kann sich das Subjekt von seinem fehlgeleiteten Begehren, also vom fehlgeleiteten Begehren des Begehrens selbst befreien und begehrt nur noch, wie im *Carpe Diem*, wunschloses (Un)glück.

Umgekehrt lässt sich fragen: Zu welcher Art von interesselosem Wohlgefallen gewährt die realistische Literatur selbst Zugang? Zeigen sich in ihr Auswege aus seiner vom Kredit (über)determinierten Realität? Und sind diese Auswege noch realistisch zu beschreiben oder verweisen sie bereits auf ein Jenseits der Epoche des Realismus? Im nun folgenden letzten Abschnitt werde ich jene realistischen Texte untersuchen, die daran arbeiten, den Kreditrahmen zu sprengen.

---

225 Balzac arbeitet in seinem eigenen Werk viel mit ekphrastischen Techniken; so wird beispielsweise das Bankett, an dem Raphaël kurz nach Auffinden der Eselshaut teilnimmt, antikisierend dargestellt, während die Szenen, die in seiner schäbigen Unterkunft stattfinden, wie flämische Gemälde beschrieben werden.

VIERTER ABSCHNITT

Den Kreditrahmen sprengen

Das Bildnis eines alten Wucherers wird zum Leben erweckt, springt aus dem Rahmen und überreicht dem mittellosen Maler Tschartkoff Dukaten. Hat der Maler dies geträumt oder ist es wirklich passiert? Diese Szene eines Dämmerzustands, in dem die Grenze zwischen Wachen und Träumen verwischt ist, wiederholt sich zu Beginn von Nikolaj Gogols phantastischer Erzählung *Das Porträt* (1835) immer aufs Neue. Der Traum stellt sich als wahr heraus, und nachdem Tschartkoff die Dukaten angenommen hat, verkommt der einst vielversprechende Künstler zu einem Maler, der nur noch vorgefertigte Klischees abbildet, da diese ihm mehr Geld eintragen.

Die Szene kann als Emblem für ein grundlegendes kredit-poetologisches Dilemma gelesen werden: Wie soll ein Kunstwerk am Markt reüssieren und teuer verkauft werden, ohne dass sich die ökonomischen Regeln ebenjenes Markts auf dieses abfärben? Wie der erste Abschnitt dieser Arbeit gezeigt hat, steckt die realistische Literatur des 19. Jahrhunderts in ebenjenem Dilemma. Was sie mit Realität meint, ist oft eins mit dem Realitätsprinzip der bürgerlichen Gesellschaft: Eigentum. Diese Wirklichkeit kann wiederum durch Kredit ausgeweitet und durch Schulden eingeschränkt werden.

Präsentieren realistische Texte Alternativmodelle zu einer durch Geld regierten und konstituierten Welt, die sich realistisch beschreiben lassen, der Leserschaft also glaubhaft und wahrscheinlich vorkommen, ohne deren Realität nur widerzuspiegeln? Dies ist die Frage nach einer alternativen Wirklichkeit zum ‚kapitalistischen Realismus' (Mark Fisher), nach dem Möglichkeitssinn einer dem kapitalistischen Wirklichkeitssinn getreuen Poetik, nach anderen möglichen Welten jenseits des kapitalistischen Markts. Wie können realistische Texte den Kreditrahmen sprengen?

Dieser utopische Versuch wurde von einigen Autorinnen und Autoren unternommen. Ihre ökonomischen Utopien und Dystopien, um die es im Folgenden gehen soll, setzen Außenseiter in Szene, die sich aus dem Verschuldungszusammenhang auszuklinken versuchen und den Gesellschaftsvertrag aufkündigen. Insbesondere in der amerikanischen Literatur wimmelt es von Außenseitern und Exzentrikern: Bartleby, der von Herman Melville

 | DOI:10.30965/9783846765012_016

konzipierte Kopist, widersetzt sich passiv dem Kreditwesen, indem er Kopien von Wertpapierverträgen *lieber nicht* anfertigt. Henry David Thoreau zieht sich wiederum in die Wildnis zurück, um als Einsiedler ein von der Ökonomie abgekoppeltes Leben zu führen. Auch in der späten realistischen Literatur Europas begegnen uns Figuren, die ein Leben jenseits des Kreditwesens aufzubauen versuchen: Anders als im von Karl Marx und Joseph Schumpeter beschriebenen Prozess der Industrialisierung, der auf der stetigen Erneuerung der Produktionsmittel und der dazugehörigen Zerstörung der alten Maschinerie fußt, entsagt Wilhelm Raabes literarische Figur Velten Andres nicht auf produktive oder schöpferisch-zerstörerische Art, sondern destruktiv-destruktiv, also der Produktion unzuträglich. Zerstörerisch-zerstörerisch geht es schließlich auch zu, wenn Bouvard und Pécuchet – diese von der *bêtise* gezeichneten Protagonisten in Gustave Flauberts Spätwerk – sämtliches Bücherwissen ihrer Zeit unnütz machen, zerstören und entwerten, anstatt einen Mehrwert daraus zu ziehen.

Im Zuge dieser Versuche steht die Poetik des ‚kapitalistischen Realismus' selbst zur Disposition. Nicht zufällig tauchen in diesen Texten oft Kopisten auf, oder es geht in ihnen um Akten. Das stumpfe Abschreiben ist wie die Karikatur der stumpfen Wiedergabe ‚der Realität', der sich viele realistische Texte verschreiben. Zudem rücken die Materialität der Schrift und die Eigengesetzlichkeit ihrer Kombinatorik in den Vordergrund, und der für realistische Texte charakteristische Übertragungsprozess zwischen Schrift und Wirklichkeit wird gestört.

In den Versuchen Raabes und Flauberts kommt eine ökonomische Logik zum Tragen, die sich als das Andere des Kredits herausstellt: die Gabe. Marcel Mauss, Georges Bataille und Jacques Derrida haben dieses Andere der (Kredit)ökonomie analysiert und kritisiert; Jean-François Lyotard merkt an: „[T]oute la problématique du don, de l'échange symbolique […] appartient en plein à l'impérialisme et racisme occidental, – […] c'est encore le bon sauvage de l'ethnologie" (Lyotard 1974, 130). Es gibt, mit Lyotard gesprochen, keine primitiven Gesellschaften. Die Gabe ist aber keine Erfindung der Ethnologie. Bereits in der realistischen Literatur wurde sie als Gegenentwurf zum Kredit in Stellung gebracht. Das Phantasma einer Gabenökonomie im europäischen Realismus ging der mutmaßlich nichtentfremdeten Welt der Gabe bei Ethnologen und Philosophen wie Marcel Mauss oder Georges Bataille voran. Bei Raabe und Flaubert wird die Gabe mitnichten als eine gewaltfreie Ökonomie ohne Entfremdung gefasst; sie kennt ihre eigenen Formen der Gewalt.

Zunächst gilt es zu untersuchen, ob sich passiver Widerstand als probates Mittel erweist, den Verschuldungszusammenhang im Realismus aufzukündigen.

ELFTES KAPITEL

Passiver Widerstand

Der Kopist Bartleby aus Herman Melvilles *Bartleby, the Scrivener* (1853) streikt. „I would prefer not to" (B, 25), antwortet er seinem Chef. Diese höflich negierende Replik, der das Objekt fehlt, bringt den emsigen, ruhigen Betrieb des Icherzählers, eines Wallstreet-Rechtsanwalts, in Unordnung. Eigentlich müsste Bartleby einfach entlassen werden; stattdessen verstrickt sich der Anwalt immer mehr in die Widersprüche, die die Replik nach sich ziehen. Eine Utopie ohne Kontur und ohne Inhalt, die auf der erratischen Störung einer über das Abschließen von Kredit-Verträgen in Gang gehaltenen Welt beruht, zeichnet sich in Melvilles Erzählung ab. Diese negative Utopie bringt eine realistische Schreibweise durcheinander, die darauf setzt, dass literarischen Figuren konkrete Motivationen und ‚realistische' Ziele, wie Ehe, Posten oder Wohlstand, zugeschrieben werden; fehlen derartige Ziele, wie in Bartlebys Fall, so zeichnen sich Sollbruchstellen der realistischen Poetik ab.

Anstatt diese Problemkonstellation zu entschärfen, potenzieren die zahlreichen Interpretationen von Melvilles Novelle sie nur noch. Mal wird Bartleby als Chiffre für Melvilles literarische Zeitgenossen gedeutet (etwa für Nathaniel Hawthorne oder Henry David Thoreau; vgl. Howard 1951; Oliver 1945); mal als Symbol für den passiven Widerstand gegen Entfremdung und Ausbeutung auf dem Arbeitsmarkt, das sich nur mit Verweis auf Marx aufschlüsseln lässt (vgl. Mason 1951; Barnett 1974); ein andermal gilt Bartleby oder der Anwalt mit Freud als anal gestörtes, zwangsneurotisches oder gar schizophrenes Subjekt (vgl. Boies 1961); oder Bartleby ist schlichtweg Christus, der Erlöser (vgl. Heller 1978, 320).[226] Dan McCall, der diese Ansätze unter dem Stichwort „the Bartleby Industry" verhandelt und konstatiert: „‚Bartleby' is a fantasia of literary gossip" (McCall 1989, 14), zitiert den Schauspieler John Haag, der Bartleby in einer Verfilmung von 1962 gespielt hat: „Haag complains eloquently that readers of Bartleby ‚too often pursue his „meaning" rather than recognize the intensity of his suffering'" (97f.). Elizabeth Hardwick, die darauf aufmerksam macht, dass Bartlebys direkte Rede in Melvilles Text nur 37 kurze Zeilen einnimmt, konstatiert gar, dass diejenigen, die Bartlebys Hintergedanken, für die es keinerlei Anhaltspunkte im Text gebe, zu ergründen suchen, Schande über ihn bringen: „As Elizabeth Hardwick said, to read Bartleby as someone other than

226 Heller bietet auch einen recht guten Forschungsüberblick.

 | DOI:10.30965/9783846765012_017

himself ‚dishonors' him. And it does him great violence – it takes his silence away from him" (98; vgl. Hardwick 1981).

Im Folgenden wird es mir darum gehen, Bartleby nicht als Metapher, sondern als Leerstelle zu lesen, die die realistische Schreibweise vor größte Probleme stellt. Inwiefern wird hier der Kreditrahmen des Realismus gesprengt? Insofern die realistische Poetologie mit ihrer Welt aus Realien, die einzelnen Figuren jederzeit durch den Schuldenmechanismus entzogen werden können, das Phänomen Bartleby nicht zu fassen bekommt. An dieser Leerstelle scheitert der realistische Erzähler, und dies bringt ihn dazu – wie einst Hiob – die Zuverlässigkeit der Wirklichkeit um ihn herum anzuzweifeln. Die Radikalität von Melvilles Text liegt nicht darin, konkrete Ausbeutung im kapitalistischen Produktionsprozess anzuprangern, sondern in seinem Hinweis darauf, dass es an einer zur Definition anderer möglicher Welten nötigen Sprache fehlt.

Ein realistischer Erzähler

Während man über Bartleby nicht sprechen und vielleicht sogar nur schweigen kann, lässt sich einiges über den redseligen Erzähler sagen. Durch seine Brille blicken wir auf Bartleby. Sich selbst beschreibt er als Mann, der auf der sicheren Seite steht: „All who know me, consider me an eminently *safe* man. The late John Jacob Astor, a personage little given to poetic enthusiasm, had no hesitation in pronouncing my first grand point to be prudence; my next, method" (B, 18). Laut seiner Selbstbeschreibung wäre er ein typisch zuverlässiger Erzähler. Über diese Zuverlässigkeit wurde bisher viel diskutiert (vgl. Heller 1978, 322ff.). Besonders in der marxistischen Amerikanistik, die dem Anwalt einen beschränkten Blick, Stolz und Borniertheit attestiert, wird seiner Selbstauskunft nicht getraut (vgl. McCall 1989, 99ff.); der Erzähler lässt sich seinen eigenen Kredit ja ausgerechnet von einem berühmten Bankier bestätigen, dessen Namen John Jacob Astor er gerne wiederhole, weil er „a rounded and orbicular sound to it" habe, der „rings like unto bullion" (B, 18). Die Deckung seines rationalen, vorsichtigen und methodengeleiteten Erzählens liegt bei einem Kapitalisten beziehungsweise beim Kapital (vgl. Barnett 1974, 380).

Für Andrew Knighton entspricht die Perspektive des Anwalts in zweierlei Hinsichten dem Standpunkt der Aufklärung: Einerseits weil dieser sich stolz zu zwei kartesischen Prinzipien bekenne: der Methode und der Vorsicht; andererseits weil er nur dem Zeugnis seiner eigenen Augen vertraue („[w]hat my own astonished eyes saw of Bartleby, *that* is all I know of him" [B, 17]; vgl. Knighton

2007, 178f.). Knighton überstrapaziert den Vergleich in seiner Weber'schen Lesart aber, wenn er behauptet, dass die die Arbeitsethik „subtending systems of rational calculation" (188) in Melvilles Erzählung in Zweifel gezogen werden: „[T]he attorney lapses from Enlightenment reason into Baroque doubt" (189). Bloß weil der Anwalt am Ende seiner Erzählung ein Gerücht wiedergibt, ist er noch kein barocker Skeptiker; er markiert dieses Gerücht ja als solches: „Upon what basis it rested, I could never ascertain; and hence, how true it is I cannot now tell" (B, 53f.). Knightons These bedeutet aber, tiefer gehängt, dass der Erzähler Realist ist.

Der Erzähler berichtet nur von Dingen, die er selbst erlebt hat, er erzählt nicht von unwahrscheinlichen oder mit den Gesetzen der Kausalität unvereinbaren Ereignissen, und er lässt das offen, wofür er keine Erklärung hat, beispielsweise die Beweggründe des renitenten Kopisten.[227] Er führt seinen Text zudem wie ein typischer realistischer Erzähler ein. Zunächst stellt er sich selbst vor und verliert ein paar Worte über seinen Beruf, dann führt er die Leserinnen und Leser in seine Räumlichkeiten, ein kleines, dunkles Büro, dessen Fenster fast alle auf Mauern gehen (vor dem letzten wird im Laufe der Handlung eine Mauer errichtet). Schließlich beschreibt er seine drei Angestellten: den cholerischen Alkoholiker Turkey, dessen „money went chiefly for red ink" (22), sprich Rotwein, von dem er vormittags immer so viel trinkt, dass er am Nachmittag nicht mehr arbeitsfähig ist; den dünnen Nippers, der erst nach dem Mittagessen genug Energie zum Arbeiten hat; und Ginger Nut, den Gehilfen, dessen Schreibtisch von Nussschalen übersät ist. Die Leserinnen und Leser scheinen sich in eine Dickens'sche Welt zu begeben, deren Typen mit ihren irrwitzigen Spitznamen sie zum Lachen bringen werden. Sie scheinen sich in jener *sicheren* oder *gesicherten* Welt des Realismus zu bewegen, die sie schon kennen.

Die realistische Sicherheit dieser Welt der Kopisten wird von Bartleby auf eine harte Probe gestellt. Dieser kopiert zunächst emsig wie kein zweiter: „As if long famishing for something to copy, he seemed to gorge himself on my documents" (24). Er verschlingt die Dokumente, kopiert Tag und Nacht. Als der Anwalt jedoch von Bartleby zum ersten Mal verlangt, eine Kopie mit ihm durchzugehen, erwidert dieser mit seiner Formel: „I would prefer not to" und überrascht den Anwalt derart, dass dieser ihn sofort als „moon-struck" (25) bezeichnet, aber aufgrund des Zeitdrucks eine Aussprache mit dem widerborstigen Angestellten aufschiebt. Im Folgenden wird Bartleby es ablehnen, seine eigenen Dokumente mit den anderen durchzugehen; er wird einen

227 Zu den Grundsätzen der realistischen Poetik vgl. Kap. 2, 70ff.

Gang zur Post ablehnen; das Kopieren wird er ganz aufgeben; nach seiner Entlassung wird er das Büro nicht verlassen; und er wird die Büroräume und das Haus immer noch heimsuchen, nachdem der um seine Reputation bangende Anwalt in ein anderes Büro umgezogen ist.

Passt das Wort ‚ablehnen' in diesem Kontext? Gilles Deleuze macht darauf aufmerksam, dass Bartlebys Formel mit ihrer abrupten Endung ‚not to' „laisse indéterminé ce qu'elle repousse", was ihr einen „caractère radical, une sorte de fonction-limite" (Deleuze 1993, 89) verleihe, der von Linguisten als Agrammatikalität bezeichnet werde. Zudem stelle die Formel „ni une affirmation ni une négation" dar. Philippe Jaworski schreibt, Bartleby „ne refuse pas, mais n'accepte pas non plus, il s'avance et se retire dans cette avancée, il s'expose un peu dans un léger retrait de la parole" (Jaworski 1986, 19). Deleuze spricht dementsprechend von einer „zone d'indiscernabilité", die von Bartlebys Formel ausgehoben werde: „Elle abolit le terme sur lequel elle porte, et qu'elle récuse, mais aussi l'autre terme qu'elle semblait préserver, et qui devient impossible" und erzeuge dadurch „la croissance d'un néant de volonté" (Deleuze 1993, 92). McCall, der, wie viele seiner amerikanistischen Kolleginnen und Kollegen, auf Deleuze' Beitrag nicht eingeht, schreibt in diesem Sinne: „Somewhere there has to be a meaning to Bartleby. / But there isn't" (McCall 1989, 77).

Deleuze verschenkt eine Pointe, wenn er mit Mathieu Lindon sagt, dass die Formel die Worte und die Dinge entkoppele, denn Bartlebys Formel entkoppelt nicht so sehr Worte von Dingen als Worte von Taten. Die Befehle seines Vorgesetzten laufen ins Leere, wenn Bartleby *I would prefer not to* erwidert und damit eine Ununterscheidbarkeitszone herstellt, eine Zone der zweifelhaften Verbindung von Wort und Tat, in der passiver Widerstand zweideutig wirkt und den Kommunikationsfluss aufhält. Dem entspricht, dass Bartleby, nachdem er nicht mehr arbeitet, jegliches Geld vom Anwalt ablehnt: die Bezahlung getaner Arbeit („‚Bartleby,' said I, ‚I owe you twelve dollars on account; [...]'") und ein Geldgeschenk („‚[...] here are thirty-two; the odd twenty are yours. – Will you take it?'" [B, 40]). Genauso wie Bartleby die Zirkulation von Akten und Verträgen, die auf Geschäfte mit Wertpapieren verweisen, unterbricht, nimmt er nicht an der Zirkulation von Geld teil; schließlich kommt er überhaupt nicht mehr vom Fleck und ‚zirkuliert' nicht einmal mehr als Körper im Raum.

Nach Bartlebys Tod kommt dem Anwalt das Gerücht zu Ohren, jener habe im „Dead-Letter Office" (54) gearbeitet, also an der Stelle im Postwesen, wo Briefe, die nicht zugestellt werden können, verbrannt werden. Wir haben es hier mit Kommunikationsakten zu tun, die aus dem einen oder anderen Grund nicht gelingen; anstatt sie aus der Welt zu schaffen, trägt Bartleby, der Kopist, der ohne Referenzen eingestellt wird, misslingende Kommunikationsakte mit seiner Formel in die Welt hinein.

Die Ununterscheidbarkeitszone der Referenz

In was für eine Welt trägt Bartleby seine Formel? Die Kanzlei beschäftigt sich damit, Wallstreet-Verträge abzuwickeln. Der Anwalt sagt über sich, dass er es nicht vertrüge, jenes turbulente Leben zu führen, das zumeist mit seinem Beruf assoziiert wird: „I am one of those unambitious lawyers who never addresses a jury, or in any way draws public applause; but in the cool tranquillity of a snug retreat, do a snug business among rich men's bonds and mortgages and title-deeds" (17f.). Obligationen, Hypotheken und Wertpapiere stellen Verträge dar, in denen mit Geld gehandelt wird. Die Kreditwirtschaft wird an entscheidender Stelle von Bartleby unterbrochen, und zwar dort, wo ein Vertrag zu einem Sprech- oder vielmehr Schreibakt wird. Kopien ermöglichen es den an einem Geschäft Beteiligten, sich qua Unterschrift jeweils bei einander zu verbürgen, durch sie tritt das Versprechen und die Verpflichtung, Werte von einer Partei auf eine andere zu übertragen, allererst in Kraft.

Bartleby macht einen Strich durch diese Rechnung und lässt Dokumente nicht zu Schreib-Akten werden, die, wie Deleuze bemerkt, autoreferenziell oder selbstbezüglich sind. Bartlebys Formel zieht zunächst einen direkten Befehl, der sich auf eine konkrete Handlung bezieht, also mit Deleuze Referenz aufweist, in eine Ununterscheidbarkeitszone (‚Hilf mir bitte, eine Kopie zu vergleichen!'); diese Handlung des Vergleichens bereitet ihrerseits einen Schreib-Akt vor: die Unterzeichnung eines Vertrags (‚A überträgt x auf B'); und dieser Vertrag bezieht sich seinerseits nicht etwa auf einen realen Gegenstand, der den Besitzer wechselt, sondern auf einen Vertrag, der ein Versprechen über eine Zahlung von Geld inklusive Zinsen besiegelt (‚A verspricht B x'). Ein barocker Irrgarten der Referenzen tut sich auf, die ins Leere laufen. Deleuze' Rede von einem doppelten Referenzsystem trifft es nicht ganz, es handelt sich vielmehr um ein Spiegelkabinett der Referenzen, in dem sich die Zeichenträger vervielfältigen, ohne dass klar werden würde, worauf sie sich letztlich beziehen.

Cornelia Vismann macht darauf aufmerksam, dass Bartleby vom Anwalt zu jener Zeit eingestellt wird, da er zum *Master of the Chancery* ernannt wird, eine Position im *Court of Equity*. Diese bilden neben den eigentlichen Gerichten, den *Courts of Common Law*, das zweite Standbein eines von England importierten doppelten Rechtswesens. *Masters of the Chancery* durften unter bestimmten Umständen die dem Gesetzesbuchstaben treuen Beschlüsse der *Courts of Common Law* revidieren beziehungsweise kanzellieren oder durchstreichen und dienten dazu, mildernde Umstände vor dem Gesetz geltend zu machen. Sie sollten einen Ausgleich (*equity*) schaffen, „das heißt von den Rechtsfolgen [...] entbinden" (Vismann 2000, 52). Bartleby hindert oder verzögert die Ausführung dieses Amts, das im 19. Jahrhundert in den Vereinigten Staaten abgeschafft wurde. Er hinterlässt damit nur tote Buchstaben, wie Vismann konstatiert, die ihre Opfer an sie fesseln. Damit „stockt die Letternübertragung" und der Geschäftsgang gerät „aus dem Takt" (54); das *paperwork* erleidet „Verdauungsstörungen und Verstopfungen" aufgrund der wie ein Virus wirkenden Formel: „Reinschriften können nicht zirkulieren, Manuskripte stapeln sich, Abschriften bleiben unabgeheftet liegen, Briefe werden nicht postiert. Der erlösende Akt der Cancellierung, der die Wort-für-Wort-Genauigkeit der Abschriften bestätigt, bleibt aus" (55).

Ob man diesen Akt des Kanzellierens derart betont oder nicht (Bartleby ist nicht nur für diesen Bereich zuständig), geht daraus hervor, dass Bartleby nicht so sehr Worte und Taten auseinanderreißt als Worte und Akte(n). Mit Vismann lassen sich Akten „als Agenten und Effekt des Rechts auch danach untersuchen, wie sie die einzelnen rechtlichen Formen, Institute und Institutionen ausprägen, kurz, wie sie handeln. Die beiden elementaren Aktionsformen der Akten sind *Übertragen* und *Speichern*" (11). Ohne Zweifel liegt im Fall von Bartleby eine multiple Störung der Übertragung vor, die wiederum, folgt man Vismann weiter, die Wurzel der Schrift selbst auszureißen und zu exponieren droht. Die Schrift sei dazu erfunden worden, Macht zu inszenieren und zu organisieren, beispielsweise in Form von Listen, die nicht kommunizieren, sondern Übertragungsvorgänge kontrollieren: „Festgehalten werden die einzelnen Posten nicht zu Erinnerungszwecken im Gegenwert gesprochener Worte, sondern um Güter, Sachen oder Personen zu verwalten. Listen sortieren und lassen zirkulieren" (20).[228] Obgleich es sich in Bartlebys Fall um ausgefeilte Rechtstexte handelt, die nicht die babylonische Listenförmigkeit der Schrift annehmen, kommt auch ihnen diese elementare Funktion zu, insofern sie es erlauben, mittels des universellen Übertragungsmediums Geld Geschäfte zu machen; sie übertragen Übertragungen. Vismann mutmaßt, dass sich an Bartleby „der Übergang zu einer Arbeit des Schreibens ohne humanen Faktor" (53) vollzieht, also ohne Kanzellieren und bald ohne Kopisten, da der Kopierer zu dieser Zeit erfunden wurde. Bartleby ist ein Auslaufmodell.

Das wuchernde Referenzwesen der Akten, das von Bartleby an entscheidender Stelle gestört wird, bricht kurzzeitig in sich zusammen. Naomi Reed interpretiert die Stelle, an der Bartleby seine eigene Kopie keiner Überprüfung unterziehen möchte, als Ablehnung eines Systems von Äquivalenten,

---

228 Diese Aussagen beziehen sich auf Claude Lévi-Strauss' *Triste Tropiques*. Dort wird geschildert, wie ein Häuptling den Akt des Schreibens nachahmt, ohne das Schriftsystem zu beherrschen, indem er so tut, als läse er Listen von Dingen, die er von den anderen verlangt, vom Blatt ab. Vgl. Derrida 1976, 173ff. Lévi-Strauss 1955, 337ff.

in dem die Kopie dem Original gleiche (vgl. Reed 2004, 256f.).[229] Dies hängt wohl mit einer ‚mimetischen Rivalität' (René Girard) zusammen, die laut Deleuze in Melvilles Erzählung am Werk ist und darin bestehe, dass „les efforts du sujet pour prendre forme, s'approprier l'image, s'adapter à elle et l'adapter à lui" (Deleuze 1993, 98) ins Leere laufen. Genauso wie er nicht realistisch, das heißt mit gebräuchlichen Ausdrücken und Formulierungen beschrieben werden kann,[230] genauso wie er radikale Differenz und damit Inkommensurabilität unterstreicht, kann Bartleby die Äquivalenz von Original und Kopie nicht bestätigen.

Reed spricht von Bartlebys „refusals of circulation" (Reed 2004, 255); ich würde dies nicht aktiv Bartleby zuschreiben, Bartleby handelt ja nicht, aber das ist der Effekt seiner Präsenz in der Kanzlei. Weder lehnt er die Abfindung des Anwalts nach seiner Entlassung ab, noch nimmt er sie an, das Geld bleibt einfach dort liegen, wo der Anwalt es für Bartleby hingelegt hat. Auch Bartlebys Verweilen im Gebäude ist eine unterlassene Handlung: Er „persists in haunting the building generally" (B, 48), nachdem der Anwalt seinen Standort bereits gewechselt hat, und als dieser ihm dann eine Unterkunft bei sich anbietet, antwortet er: „No: at present I would prefer not to make any change at all" (49). Bartleby wird deswegen von Egbert Olivier als *reductio ad absurdum* von Thoreaus Überzeugungen gelesen (vgl. Oliver 1945): „I declined to pay. / I can afford to refuse allegiance. / I was not born to be forced. / I simply wish to withdraw and stand aloof" (zit. n. McCall 1989, 71).

Bartleby bewegt sich am Ende des Textes überhaupt nicht mehr und muss von der Polizei ins Gefängnis verbracht werden. Seine Schockstarre versetzt den Anwalt und seine Entourage in helle Aufregung. Dieser ist es, der handeln, also mit einem Wesen umgehen muss, das weder ablehnt noch zustimmt, das lieber nichts an seiner Lage ändern möchte, das ein komplexes und prekäres Kommunikationsgefüge von Versprechen, die auf andere Versprechen verweisen, unterbricht; ein Kommunikationsgefüge, von dem die Anwaltskanzlei parasitär profitiert. Bartleby, der Mann ohne Referenzen, ist ein unbeschriebenes Blatt, das das Referenzsystem des Anwalts und seinen Glauben zu erschüttern droht: „It is not seldom the case that when a man is browbeaten in some unprecedented and violently unreasonable way, he begins to stagger in his own plainest faith" (B, 27). Zunächst richtet der Anwalt für Bartleby Ausnahmen in seinem System ein („he was permanently exempt

229 Reed überinterpretiert den Text, wenn sie Bartleby als Chiffre der Ware liest.

230 „Bartleby was one of those beings of whom nothing is ascertainable, except from the original sources, and in his case those are very small" (B, 17).

from examining the work done by him" [31]); und als er schließlich ganz mit dem Abschreiben von Dokumenten aufhört („I have given up copying" [39], sagt er) und das Büro nicht mehr verlässt, richtet der Anwalt sich auch darauf ein und macht eine weitere Ausnahme.

Bartleby als personifizierte Kontingenz aufzufassen, wie es Giorgio Agamben macht, ist vor allem deshalb produktiv, weil er damit zu einem Problem wird und nicht zu einer Chiffre für einen kaschierten Sinn. Bartleby ist laut Agamben keine Metapher, sondern eine Funktion, die mit Walter Lüssis Robert-Walser-Lektüre als *Experiment ohne Wahrheit* gelten könne, insofern es „das Sein selbst in Frage" stelle, „vor oder jenseits der Frage, ob es richtig oder falsch ist" (Agamben 1998, 47). Bartleby stelle nicht die Frage des wissenschaftlichen Experiments, ob etwas wahr *oder* falsch ist (beispielsweise ob es stimmt, dass der Kapitalist seine Arbeiterschaft ausbeutet), sondern die Frage danach, unter welchen Bedingungen etwas verifiziert *und zugleich* nicht verifiziert werden könne. Agamben schließt aus Bartlebys Formel, die ja weder ablehnend noch affirmativ ist, dass sie das Sein in Potenz betreffe: „Und die Potenz, so weit sie sein oder nicht sein kann, ist per Definition den Bedingungen der Wahrheit entzogen, und vor allem der Wirkung des stärksten aller Prinzipien, des Prinzips des Widerspruchs. Ein Sein, das sein kann und gleichzeitig nicht sein, heißt in der *philosophia prima* kontingent" (50).

Damit bringt Bartlebys Formel Grundfeste der Rationalität durcheinander. Und das spricht er auch direkt aus: „At present I would prefer not to be a little reasonable" (B, 37). Agamben vergleicht den Moment, in dem der Kopist mit dem Kopieren aufhört, mit antiken Texten, in denen der Intellekt oder die Vernunft (der *nous*) mit einem Tintenfass, mit der Tinte selbst, mit einer Schreibtafel oder mit dem Wachs dieser Schreibtafel assoziiert wurde.[231] Potenz wäre in diesem Kontext die Möglichkeit der Nicht-Beschriftung der Schreibtafel: „Eine Erfahrung der Potenz als solcher ist nur möglich, wenn die Potenz immer auch die Potenz des Nicht ist (etwas nicht zu machen oder nicht zu denken), wenn es sein **kann**, daß die Schreibtafel **nicht** beschrieben wird" (Agamben 1998, 23 [Herv. i. Orig.]). Genau dies macht Bartleby, er hört mit dem Kopieren auf, und damit setzt er den Anwalt der Erfahrung der Kontingenz aus. Was nun laut Agamben den Anwalt vor allem verstört, ist die Tatsache, dass Bartleby „die Frage der Vorherrschaft des Willens über die Potenz" (35) neu stellt. Bartleby ist nicht zugänglich für die Befehle seines Vorgesetzten, er stellt seine Arbeit

231 Melville zieht selbst den Vergleich zur Locke'schen Fassung der *tabula rasa* (in der ein weißes Blatt Papier im Zentrum steht) in *The Paradise of Bachelors, the Tartarus of Maids*. Vgl. Melville 2016, 238f.

ein, kommuniziert nicht, bewegt sich nicht mehr; er ist unzugänglich für den Willen eines anderen und setzt diesen radikaler Kontingenz aus.

Nicht von ungefähr zitiert der Anwalt am Ende der Geschichte das Buch Hiob und sagt, der tote Bartleby schlafe nun „[w]ith kings and counsellors" (B, 53). Im Angesicht von Bartleby ergeht es dem Anwalt wie Hiob; er „begins to stagger in his own plainest faith. He begins, as it were, vaguely to surmise that, wonderful as it may be, all the justice and all the reason is on the other side" (27). Der alltäglichste Akt in einer Kanzlei wird mit einer höflichen Formel zu einem Ding der Unmöglichkeit, und, wie in der Hiobsgeschichte, ist es unklar, wem das Unglück, das einen befällt, zuzuschreiben ist, dem Individuum oder der Welt? Wenn das unbeschriebene Blatt Bartleby eine Botschaft formulieren würde, so wäre diese eine Hiobsbotschaft.

Schuld und Kredit

Vielleicht ist der Anwalt ja schuldig und Bartleby im Recht. Als Bartleby nach seiner Entlassung die Kanzleiräume nicht verlassen hat und den Anwalt eine Wut packt, vergleicht sich dieser mit dem „hapless Colt", dem Bruder des Erfinders der gleichnamigen Handfeuerwaffe, der seinen Gläubiger Adams mit einer Axt ermordete, weil dieser die Rückzahlung offener Schulden verlangt hatte (vgl. Goldfarb 2014, 252f.): „[P]oor Colt, being dreadfully incensed by Adams, and imprudently permitting himself to get wildly excited, was at unawares hurried into his fatal act" (B, 43). Dieser Vergleich scheint zu hinken, denn Bartleby steht ja eigentlich mehrfach in der Schuld seines Arbeitgebers: Nicht genug, dass er dem Anwalt Schreibarbeit schuldet, er hat darüber hinaus den Arbeitsprozess ins Stocken gebracht. Und trotzdem wird Bartleby im obigen Vergleich nicht mit der Position des Schuldners gleichgesetzt, sondern mit derjenigen des Gläubigers. Bartleby, der Mann ohne Referenzen, bringt das Koordinatensystem des Anwalts derart durcheinander, dass eine Umwertung der Werte droht. Der Schuldner wird zum Gläubiger, und der nunmehr schuldige Gläubiger erinnert sich in genau dieser Situation an Jesus' Gebot der Nächstenliebe.[232]

Marx vollzieht – darauf sei kurz verwiesen – eine ähnliche Umwertung der Werte, wenn er über das Lohnverhältnis konstatiert, dass eigentlich der Arbeitnehmer Gläubiger seines Arbeitgebers sei, da dieser Letzterem seine Arbeit vorschieße:

---

232 Zur Rolle der ‚charity' in Melvilles Text vgl. Goldfarb 2014.

> In allen Ländern kapitalistischer Produktionsweise wird die Arbeitskraft erst gezahlt, nachdem sie bereits während des im Kaufkontrakt festgesetzten Termins funktioniert hat, z. B. am Ende jeder Woche. Überall schießt daher der Arbeiter dem Kapitalisten den Gebrauchswert der Arbeitskraft vor; er läßt sie vom Käufer konsumieren, bevor er ihren Preis bezahlt erhält, überall kreditiert der Arbeiter dem Kapitalisten (MEW, 23, 188).

Diese Inversion zeigt auf, wie absurd es ist, wenn Arbeitgeber sich als Gläubiger ihrer Arbeiterinnen und Arbeiter aufspielen.

Die Formel macht nicht nur den Gläubiger zum Schuldner, sie „bourgeonne et prolifère“ (Deleuze 1993, 91), sie überträgt sich auf die anderen Kanzlisten und selbst auf den Anwalt, der sie von Zeit zu Zeit in den Mund nimmt und sich darüber wundert. Von einem seiner Angestellten gefragt, was Bartleby lieber nicht machen möchte, antwortet der Anwalt beispielsweise: „I'd prefer that you would withdraw for the present“; und dann kommentiert er dies: „Somehow, of late I had got into the way of involuntarily using this word ‚prefer‘ upon all sorts of not exactly suitable occasions. And I trembled to think that my contact with the scrivener had already and seriously affected me in a mental way.“ Die Formel lässt sich übertragen, und diese Übertragung hat das Potenzial, nicht nur die gesamte Arbeit der Kanzlei zum Stillstand zu bringen, sondern auch die Arbeitsteilung dieses seltsamen Biotops aufzuheben. Die beiden Angestellten des Anwalts Nippers und Turkey arbeiten so oder so bereits nicht ganz so effizient, wie man es sich erwarten würde.[233] Turkey benutzt die Formel auch, aber auf forsche Art und Weise: „With submission, sir, [...] yesterday I was thinking about Bartleby here, and I think that if he would but prefer to take a quart of good ale every day, it would do much towards mending him, and enabling him to assist in examining his papers“ (B, 37).

Gefährdet Bartleby die Logik der Kanzlei mit ihren Befehlen und ihrem Lohnsystem ernsthaft? Die Antwort ist nein. Warum zieht der Anwalt dann aus seinen Räumlichkeiten aus, was motiviert ihn, Bartleby loswerden zu wollen? Durch Bartleby wird der Anwalt zunächst in alle möglichen und unmöglichen seelischen Zustände versetzt: „[J]ust in proportion as the forlornness of Bartleby grew and grew to my imagination, did that same melancholy merge into fear, that pity into repulsion“ (35). Er fragt Bartleby zornig: „What earthly right have you to stay here? Do you pay any rent? Do you pay my taxes? Or is

233 Vormittags ist der dünne Nippers nervös, nach dem Mittagessen geht es ihm besser; Turkey ist am Nachmittag derart betrunken, dass er seine Manuskripte mit Tinte bekleckst. Letzterer hat auch einen leichten Hang zur Insubordination, der größer geworden ist, seitdem der Anwalt ihm einen Mantel gekauft hat, um ihn, dessen Kleidung schäbig gewesen war, ein wenig präsentabler zu machen. Der gute Schein ist bewahrt worden, der Angestellte aber frech geworden.

this property yours?" (43) Alle diese gemischten Gefühle besiegt er und lässt Gnade vor Recht walten; diejenigen, die ihn als blutrünstigen Kapitalisten lesen, übersehen, dass er seinen egozentrischen Impulsen später nicht mehr folgt. Er gibt Bartleby ja ein Refugium im Büro: „Yes, Bartleby, stay there behind your screen, thought I; I shall persecute you no more; you are harmless and noiseless as any of these old chairs" (44). Der grübelnde und zweifelnde Anwalt, der philosophische Traktate über den Willen konsultiert, als er sich über das Phänomen Bartleby den Kopf zerbricht, wäre bereit, einen Angestellten, der nicht arbeitet, wie ein Möbelstück bei sich zu behalten, um „a sweet morsel for my conscience" (29) zu erhalten.

Weder der Egoismus beziehungsweise das Eigeninteresse des Anwalts noch das sich androhende Chaos im Büro reichen hin, um zu erklären, warum der Anwalt umzieht. Letztlich ist es der drohende Gesichtsverlust, der ihn zum Handeln zwingt; er fürchtet um seinen Ruf und seine Existenz. Es fängt alles mit „unsolicited and uncharitable remarks obtruded upon me by my professional friends who visited the rooms" an, die schnell als Kommentare von „illiberal minds" (44) abgetan werden können. Manchmal verweigert Bartleby selbst diesen Besuchern seine Dienste: „Then the lawyer would give a great stare, and turn to me. And what could I say?" Dies spricht sich schnell herum: „[A] whisper of wonder was running round, having reference to the strange creature I kept at my office", das seltsame Wesen, das seine Autorität nicht anerkennt, „scandalizing my professional reputation" (45). So einen Menschen „or rather ghost" (46) kann man nicht bei sich halten, man ruiniert ansonsten seinen Kredit als Geschäftsmann. Der auf zirkulierende Gerüchte angewiesene Kredit entfaltet seine Macht über das Bloßstellen, also über soziale Scham. Es ist ganz gleich, was der Anwalt denkt und ob er aus Eigeninteresse handelt oder selbstlos: Die bürgerliche Gesellschaft setzt sich so oder so durch.

* * *

Bartleby kann in eine Reihe mit all jenen Figuren gestellt werden, die der Realismus auf die eine oder andere Weise entsorgt. Diese Figuren zeigen im Zuge ihres Untergangs *ex negativo* auf, worauf die realistische Welt gegründet ist; hier auf dem intersubjektiven Mechanismus des Kredits im Sinne von Ansehen, der sich mithilfe der sozialen Scham durchsetzt. Mit Deleuze kann an dieser Stelle eine poetologische Pointe veranschlagt werden. Das leere Zentrum des Textes *Bartleby* exponiert mit seiner Formel die gesellschaftliche Rolle der sozialen Scham und des Kreditmechanismus und funktioniert damit wie das Original, von dem im 44. Kapitel des *Confidence-Man* (1857) die Rede ist (vgl. Kap. 5, 144 [FN 140]). Es gebe nur wenige Originale in der Literaturgeschichte, sagt der Erzähler dort, der seine Erzählung durch eine Reflexion unterbricht; Hamlet, Don Quichote, der Satan bei Milton gehören dazu. Man dürfe diese Originale nicht mit „odd characters" verwechseln, diese seien nicht original im eigentlichen Sinne (das heißt ursprünglich), sondern „novel, or singular, or striking, or captivating, or all four at once" (CM, 283). Originale Originale lenken die Aufmerksamkeit nicht auf sich selbst, sondern auf ihre Umgebung:

> The character sheds not its characteristic on its surroundings, whereas, the original character [...] is like a revolving Drummond light, raying away from itself all round it – everything is lit by it, everything starts up to it (mark how it is with Hamlet), so that, in certain minds, there follows upon the adequate conception of such a character, an effect, in its way, akin to that which in Genesis attends upon the beginning of things (284).

Diese Passage, die auch von Deleuze zitiert wird, passt auf Bartleby, der „le vide, l'imperfection des lois, la médiocrité des créatures particulières, le monde comme mascarade" (Deleuze 1993, 106) offenbare.

Der Erzähler kann nicht anders, als gute Miene zum bösen Spiel zu machen, auch wenn ihm sein Mann ohne Referenzen längst den Referenzrahmen des Eigeninteresses und der Plusmacherei ausgetrieben hat. Sein drohender Gesichtsverlust macht es, dass er, von Bartlebys Licht getroffen, aufschreckt (*starts up*) und sich gezwungen sieht, das ihn bewegende und am Leben haltende Prinzip, seine *arché*, sein *beginning of things* anzuerkennen: (sozialen) Kredit. Er kann sich dem nicht entziehen, auch wenn er es will und auch wenn er längst nicht mehr daran glaubt. Vertrauen ist hier kein rein psychologischer, sondern ein psychosozialer Vorgang, der nicht unbedingt auf Glauben fußt. Es gibt einen Realitätseffekt im Text, dem sich der Anwalt selbst lieber nicht entziehen möchte: *I would prefer not to lose credit.* Und dieser Realitätseffekt, den Bartleby aufzeigt, wirkt sich nicht auf den Glauben aus, sondern auf die intersubjektive Psychodynamik der Macht. Das ist wohl der Grund, weshalb der Anwalt nicht Bartleby aus den Büroräumen vertreibt, sondern sich selbst entfernt: „Since he will not quit me, I must quit him" (B, 46); dies erklärt ferner, weshalb Bartleby nicht zum Anwalt ziehen kann, als dieser ihm dies anbietet: „[W]ill you go home with me now – not to my office, but my dwelling" (49). Als Prinzip kann Bartleby nicht einfach entsorgt werden, man muss es einräumen; aber ebenso wenig kann dieses Prinzip ins Privatleben verbannt werden und dort ein Schattendasein fristen. Bartleby sucht die bürgerliche Gesellschaft dort heim, wo sie sich Tag für Tag durchzusetzen trachtet.

ZWÖLFTES KAPITEL

Bohnengold

Einige Kommentatoren sehen, wie gesagt, in Bartleby den amerikanischen Philosophen Henry David Thoreau. Sein autobiographischer Bericht *Walden; or Life in the Woods* (1854) ist an all jene adressiert, die aus der kapitalistischen Gesellschaft aussteigen wollen. Knapp zwei Jahre verbringt Thoreau in der Wildnis und versucht auszuloten, wie wenig man braucht, um zu überleben beziehungsweise um philosophieren und schreiben zu können. Denn ums nackte Überleben geht es Thoreau nicht, sondern um ein vom (Kredit)markt unabhängiges Dasein.

Thoreaus Text gilt als Gründungsdokument der amerikanischen Literatur, das *tabula rasa* macht und eine Textwelt aufbaut, die dem neuen Kontinent entspricht. Textwelt ist wörtlich gemeint: Thoreau baut sich ja wirklich ein Holzhaus im Wald, er beschreibt aus der Ichperspektive den Bau dieser Wohnstatt; er pflanzt Bohnen, kämpft heroisch gegen Unkraut, erntet und verkauft die Hülsenfrüchte; der Icherzähler beschreibt das Säen, Kultivieren und Ernten – was in der Wirklichkeit vollzogen wird, wird im Text nachvollzogen.[234] Damit simuliert dieser Text besser als jeder fiktionale Text die für die realistische Schreibweise charakteristische Deckung von Zeichen und Bezeichnetem. Thoreaus „experiment" (W, 40) stellt sich als Versuchslabor eines realistischen Schreibens dar, das nicht fingieren muss und Zugang zu einer wirklich gewesenen Realität gewährt, die eben stattgefunden hat und nun schnörkellos und exakt protokolliert wird.[235] Dieser Realismus der ‚wirklichen Wirklichkeit' (Adalbert Stifter) steht im Zeichen einer Abschaffung des Kredits.

Eine andere Ökonomie

Das erste Kapitel von *Walden*, das den mehrdeutigen Titel „Economy" trägt, wird mit folgenden Worten eingeleitet: „When I wrote the following pages, or

234 Bei André Jolles 1968 wird das Dichten als Extension des Erzeugens und Schaffens gedeutet. Vgl. 11ff.

235 Dies ist freilich bloß ein Effekt des Textes, der nicht nur während Thoreaus Aufenthalt in Walden verfasst wurde, sondern auch danach. Er wurde mehrmals neugeschrieben. Im Rückgriff auf diesen Effekt liegt einer der Unterschiede dieses Textes zu den bisher untersuchten Texten, denn obzwar die Protokollfunktion auch in ihnen eine Rolle spielt, ist sie in einem autobiographischen oder autofiktionalen Text wie diesem zentral.

 | DOI:10.30965/9783846765012_018

rather the bulk of them, I lived alone, in the woods, a mile from any neighbour, in a house which I had built myself, on the shore of Walden Pond, in Concord, Massachusetts, and earned my living by the labour of my hands only" (3). Während es in Karl Marx' *Kapital* von anonymen Händen wimmelt, die den industriellen Produktionsprozess gestalten,[236] gibt es hier nur Platz für *my hands only*; der Autor, der zugleich Erzähler und Protagonist der Erzählung ist, strebt an, von der Hand in den Mund zu leben.

Er tut dies nicht um seiner selbst willen, sondern um sich aus dem Netzwerk an Verpflichtungen, Versprechen, Krediten und Schulden, das jedes Individuum einspannt, zu verabschieden, und um seine Leserschaft zu ermutigen, es ihm gleichzutun:

> Some of you, we all know, are poor, and find it hard to live, are sometimes, as it were, gasping for breath. I have no doubt that some of you who read this book are unable to pay for all the dinners which you have actually eaten, or for the coats and shoes which are fast wearing or are already worn out, and have come to this page to spend borrowed or stolen time, robbing your creditors of an hour. It is very evident what mean and sneaking lives many of you live, for my sight has been whetted by experience; always on the limits, trying to get into business and trying to get out of debt, a very ancient slough, called by the Latins, *æs alienum*, another's brass, for some of their coins were made of brass; still living, and dying, and buried by this other's brass; always promising to pay, promising to pay, to-morrow, and dying to-day, insolvent; [...] lying, flattering, voting, contracting yourselves into a nutshell of civility, or dilating into an atmosphere of thin and vaporous generosity, that you may persuade your neighbour to let you make his shoes, or his hat, or his coat, or his carriage, or import groceries for him; making yourselves sick [...] (6f.).

An dieser Passage sind zwei Aspekte zentral: der gesellschaftliche Aspekt eines Schuldenwesens, das Schuldner dazu verpflichtet, sich zu verdingen (und entfremden), also ihre Arbeitskraft an andere zu verkaufen; und ferner die Figur der vom Kreditwesen aufgefressenen Zeit, die man sich durch die Lektüre von Thoreaus eigenem Text zurückerobert. Das Lesen ist selbst schon ein Aufstand gegen das Zeitregime des Kredits.

Anders als andere Gesellschaftsreformer der krisengeschüttelten 1840er Jahre, die sich an Figuren wie Fourier orientierten und in der Provinz versuchten, vom Markt unabhängige Inseln zu erschaffen,[237] entscheidet sich Thoreau, der sich bereits in einigen Berufszweigen versucht hat (als Lehrer, als Bleistiftmacher und als Emersons *handyman*), für ein eigenbrötlerisches Projekt, wie

236 Zum Komplex der Hand bei Marx und Engels (der den Übergang vom Affen zum Menschen anhand dieses Organs festmacht) vgl. Scarry 1985, 252ff.

237 Francis 1997 nimmt drei dieser Utopien vergleichend in den Blick.

John Updike in der Einleitung schreibt: „He built a single-room cabin on his mentor Emerson's land, more than a mile south of Concord village, in the spring of 1845, and moved in on July 4, declaring his own independence" (Updike 2016, x); in den Worten zahlreicher Kommentatoren, eine ‚transcendental declaration of independence' (vgl. Cavell 1972, 7). Mit Marx kann man von einer antiökonomischen Robinsonade sprechen, in der es darum geht, auszuloten, ob es überhaupt ein Entrinnen aus dem ökonomischen Sündenfall der flächendeckenden Verschuldung gibt. Insofern ist die Tatsache bezeichnend, dass Thoreau sich nicht in den letzten Winkel der Wildnis verkriecht, wo ihn niemand mehr finden und besuchen könnte, sondern dorthin, wo er immer noch erreicht und gesehen werden kann, dass er also die richtige Distanz zur Gesellschaft sucht, um ihr zu zeigen, dass man sich unabhängig von ihr machen kann, dass es ein Jenseits von ihr und damit eine nicht-kapitalistische Wirklichkeit überhaupt geben kann. Auf diese prophetische Funktion in einem post-prophetischen Zeitalter, das nur die positivistische Prophetie der Probabilität zulässt, macht Stanley Cavell in seiner Lektüre von *Walden* aufmerksam.

Zu dem Ende einer Demonstration der genauen Bedingungen der Möglichkeit einer Zeit nach den Schulden wird das Experiment *Walden* durchgeführt. *Economy* heißt dabei zunächst Reduktion.

> Simplicity, simplicity, simplicity! I say let your affairs be as two or three, and not a hundred or a thousand; instead of a million count half a dozen, and keep your accounts on your thumb-nail. In the midst of this chopping sea of civilized life, such are the clouds and storms and quicksands and thousand-and-one items to be allowed for, that a man has to live, if he would not founder and go to the bottom and not make his port at all, by dead reckoning, and he must be a great calculator indeed who succeeds. Simplify, simplify. Instead of three meals a day, if it be necessary eat but one; instead of a hundred dishes, five; and reduce other things in proportion (W, 91f.).

Simplify heißt buchstäblich die Dinge ein-fach, dem durch die Million symbolisierten Multiplikationsfaktor einer kreditgetriebenen Industrie den Garaus machen. Einige Kommentatoren weisen darauf hin, dass sich Thoreaus Ökonomie nicht gegen die Gesellschaft an und für sich richtet, sondern gegen den Handel als gesellschaftlichen Kitt. Beispielsweise Leo Stoller:

> Such an economy practiced with consistency, whether by an isolated person or by a whole nation, entailed a low level of productivity, which could never satisfy the demand for goods and services characteristic of a more advanced system. Intimately associated, therefore, with Throreau's ideal subsistence unit was a rigorous ascetism (Stoller 1957, 13).

Diese Askese dient nicht der Selbstgeißelung, sondern der Wiederherstellung des im Industriekapitalismus gekappten vollen Zugangs zum eigenen Sinnesapparat. Da Thoreau nicht mehr an der Überschuss-Ökonomie teilhaben möchte, geht es zunächst darum, genau zu bestimmen, wo das biologische Existenzminimum – das Minimum an Körperwärme, Nahrung und Behausung – liegt und dann, wie dieses Existenzminimum durch eigene Arbeit erhalten wird. Wie viele Kleidungsstücke braucht man? Wie viel sollte man wovon essen? In welcher Art von Behausung sollte man leben? Im ersten Kapitel wird auf diese Fragen sehr ausführlich und mit Verweis auf zahlreiche ethnographische Belege geantwortet. Wie kleidet man sich zum Beispiel? Nachdem alles Überflüssige – besondere Schnittmuster, Modetrends, ständiger Neukauf von Kleidung – abgestreift ist, bleiben eine Hose, ein Hemd und ein Mantel übrig, die zur Not jederzeit geflickt werden können. Dadurch wird die Kleidungsindustrie abgeschafft, die auch von Marx kritisiert wird, weil ihre Überproduktion dem Mehrprodukt diene (vgl. MEW, 23, 503f.). Dem multiplizierenden Mehrwert wird die mathematische Operation der Subtraktion gegenübergesellt. Auch in der Herstellung von Brot gilt es zu subtrahieren, indem man beispielsweise auf Gärstoff verzichtet und ungesäuertes Brot backt. Thoreau assoziiert diese neue Backtechnik mit dem Platzen der amerikanischen Inflationsblase; der Sauerteig wäre „the soul of bread, the *spiritus* which fills its cellular tissue", der auf der Mayflower nach Amerika transportiert worden sei, „and its influence is still rising, swelling, spreading" (W, 62). Es stellt sich heraus, dass man auch mit ungesäuertem, also mit nicht-inflationärem Teig Brot backen kann. Substraktion findet in *Walden* für alle anderen Lebensbereiche Anwendung.

Walden inszeniert darüber hinaus eine (konstruierte) Rückkehr zum heimischen Herd des *oikos* und damit zugleich zur Wurzel des Worts Ökonomie (vgl. Taketani 1994). Mit Karl Polanyi geht es Thoreau darum, zu einem der drei Grundpfeiler vorkapitalistischer Wirtschaftsweisen zurückzufinden: dem Haushalt. Es ist symptomatisch, dass Thoreau den Haushalt als ursprüngliche Ökonomie imaginiert, nicht etwa die Umverteilung innerhalb einer Gruppe oder das Prinzip der Gegenseitigkeit, die laut Polanyi älter sind als das relativ neue Phänomen des Haushaltens (vgl. Polanyi 2001 [1944], 55ff.).

Thoreau berechnet, wie gesagt, das Minimum an Lebensmitteln, das notwendig ist, um zu denken und zu schreiben, er stellt eine anthropologisch-transzendentale Suche nach dem ursprünglichen Menschen an. Zugleich geht es darum, aus dem Simulakrum des Kredits auszubrechen und das *rock-bottom* der wirklichen Wirklichkeit zu erreichen:

> Let us settle ourselves, and work and wedge our feet downward through the mud and slush of opinion, and prejudice, and tradition, and delusion, and appearance, the alluvion which covers the globe [...] till we come to a hard bottom and rocks in place, which we can call *reality* (W, 97f.).

Die Welt der Ökonomie wird mit Sprache und Kultur assoziiert, während die wirkliche Wirklichkeit in der Natur und im Umgang mit ihr zu suchen wäre.

Es überrascht nicht, dass sich Thoreaus Vereinfachungsprosa an die rhetorische und ästhetische Tugend der Ökonomie hält. Im Kapitel zum Häuserbau gibt es eine Passage, in der beispielsweise gegen das Ornament in der Architektur gewettert wird: „A great proportion of architectural ornaments are literally hollow, and a September gale would strip them off, like borrowed plumes, without injury to the substantials"; eine einfache Hütte in der Wildnis hingegen erscheine vielen Menschen besonders pittoresk, da ihr die „unconscious beauty of life" (47) zugrunde liege und sie, wie der Panzer einer Schildkröte, ein reiner Ausdruck des in ihr Hausenden sei. Mit Rückgriff auf doppeldeutige Sätze, Metaphern und Wortspiele verdichtet Thoreaus eigener Text zudem seine Botschaft, die nunmehr von allem Überfluss bereinigt ist; beispielsweise im Ausdruck *to kick the dust*, in dem laut Mutlu Blasing zwei Redewendungen zu einer verdichtet werden: *to kick the bucket* (sterben) und to *bite the dust* (obsolet werden) (vgl. Blasing 1976, 768f.). Cavell weist auf den mehrfachen Schriftsinn in *Walden* hin, eine weitere Figur rhetorischer Ökonomie (vgl. Cavell 1972).

Das Wort ‚Ökonomie' gewinnt in *Walden* einen dreifach vom politökonomischen Gebrauch des Begriffs abweichenden Sinn: Es bedeutet die Reduktion der ungeheuren Warensammlung, die Rückkehr zum einfachen *oikos* und schließlich rhetorische Ökonomie, die eine Art *less is more* der Literatur durch die Verdichtung und die Schichtung von Sinn propagiert (vgl. Blumenberg 1981). Es war voreilig, von einer antiökonomischen Robinsonade zu sprechen, vielmehr hat man es mit einer anökonomischen Robinsonade zu tun.

Thoreau stellt sich indessen nicht an und für sich gegen den Tausch. Er hält genau fest, wie viel Geld er für welchen Posten in seinem Minimaluniversum ausgegeben hat, führt genau Buch und gibt diese Buchhaltung in seinem Text an. Diese Buchhaltung ist so etwas wie ein Abgesang der Ökonomie mithilfe eines ökonomischen Genres: des letzten Kontokorrentbuchs vor der Sintflut, das alle weiteren Konten überflüssig machen wird. Thoreau entfremdet ein ökonomisches Genre und ‚transubstanziiert' das gängige ökonomische Vokabular, beispielsweise das Wort ‚borgen', das nicht als monetäre

Transaktion, sondern als physischer Vorgang aufgefasst wird: „It is difficult to begin without borrowing, but perhaps it is the most generous course thus to permit your fellow-men to have an interest in your enterprise. The owner of the axe, as he released his hold on it, said that it was the apple of his eye; but I returned it sharper than I received it“ (W, 40f.). Der Akt des Borgens bezieht sich nicht, wie beim Kredit, auf einen Tauschwert, also auf einen bereits vergesellschafteten Wert, sondern auf einen Gebrauchswert, auf eine Axt.[238] Und auch ein Diebstahl – ein Hauptdelikt in der auf Eigentum beruhenden bürgerlichen Gesellschaft[239] – wird vom Erzähler nicht in dieser Weise beschrieben. Als dieser seine Hütte errichtet, wird er von einem irischen Nachbarn bestohlen, der, während Thoreau das Material einer am Vortag erstandenen Hütte zum See karrt, „transferred the still tolerable, straight, and drivable nails, staples, and spikes to his pocket, and then stood when I came back to pass the time of day, and look freshly up, unconcerned, with spring thoughts, at the devastation“. Anstatt sich über diesen Vorgang zu echauffieren, weist er dem Iren eine symbolische Rolle in seinem Vorhaben zu: „He was there to represent spectatordom, and help make the seemingly insignificant event one with the removal of the gods of Troy“ (44). Die Läuterung der Wirklichkeit vom Privateigentum im Zuge dieser Neuvermessung der ökonomischen Grundlagen der Wirklichkeit geht mit der Auflösung von festen Zuschreibungen von Gegenständen zu Subjekten einher, und die Penaten blicken gnädig auf dieses neue Rom, das nur aus einer schäbigen Hütte besteht.

Den Augenblick ernten

Thoreaus anökonomische Robinsonade stemmt sich gegen das Zeitregime des Kredits, in dem die Zukunft immer schon verpfändet ist und das Einzige, was einem übrig bleibt, das gegenwärtige Zuarbeiten auf diese bereits vergebene Zukunft ist. Damit steht sie im Zeichen der Wiederentdeckung und Wiederaneignung des im Fabriksystem und im Schuldenwesen entfremdeten Augenblicks. Thoreau verleiht diesem Gedanken folgenden Ausdruck, der auf Robinson Crusoes Methode zur Bemessung der vergehenden Zeit verweist (vgl. Harding 1962): „In any weather, at any hour of the day or night, I have been anxious to improve the nick of time, and notch it on my stick too; to stand

---

238 Etsuko Taketani macht darauf aufmerksam, dass dieses Borgen keine numerische Komponente besitze, dass es nur mehr erzählt werden könne, nicht mehr gezählt. Vgl. Taketani 1994, 69f.

239 In England wurde Diebstahl beispielsweise Jahrhunderte lang mit dem Tod geahndet.

on the meeting of two eternities, the past and the future, which is precisely the present moment; to toe that line" (W, 17). Durch Innovationen im Betrieb intensiviert der Kapitalist laut Marx den Arbeitstag, schlägt also aus jeder Arbeitsminute noch mehr Materie, noch mehr Produkte heraus (vgl. MEW 23, 331ff.); im Unterschied dazu intensiviert Thoreau den Augenblick, macht ihn wertvoller, indem er sich aus dem Fabrikwesen ausklinkt. Leo Stoller weist darauf hin, dass Thoreau eine eigene Zeit erschaffen wollte:

> The aspirant man whose labour contributes steadily to his perfection creates his own time, which has nothing in common with ordinary time, but is a sequence established by incremental activity against the background of eternity. „As time is measured by the lapse of ideas, we may grow of our own force," he [Thoreau] wrote, „ as the mussel adds new circles to its shell" (Stoller 1957, 15).

Eine Vorstellung organischen Wachstums klingt in dem letzten Zitat aus Thoreaus Tagebuch an, die Stoller als „ideal of a life all integral" (14) bezeichnet: „In his [Thoreau's] vision the labour which supported the body, by being also an end in itself – ‚industry... its own wages' – would simultaneously enlarge the soul" (15). Diese Vorstellung organischen Wachstums spiegelt sich in zahlreichen formalen Aspekten von *Walden* wider, beispielsweise in seiner zyklischen Gesamtkomposition, die den Text im Frühling beginnen und zwei Jahre später ebenfalls im Frühling enden lässt, ferner in seinen Wiederholungen und Doppelungen, sowie in der Neuentdeckung alltäglicher Eindrücke. Das Vorhaben, keinen *surplus* mehr zu erwirtschaften, lädt dazu ein, sich das Wachstum als osmotischen Austausch zwischen Ursachen und Wirkungen vorzustellen, die immer im Hier und Jetzt verankert sind: Ein Gedanke gibt ein Wort, ein Saatkorn eine Saat. Thoreau entwirft damit eine ökonomische Utopie, in der es keinen Platz mehr für die als widernatürlich charakterisierte Chrematistik gäbe. Die geschichtliche und die natürliche Zeit kämen wieder zur Deckung.

Im Kapitel „The Bean-Field" wird diese Vorstellung einer Wiedereinbettung des Menschen in den Kreislauf der Natur auf den Prüfstand gestellt. Thoreau versucht, eine Wirtschaft einzurichten, die buchstäblich in der Natur verwurzelt ist: „It was a singular experience that long acquaintance which I cultivated with beans, with planting, and hoeing, and harvesting, and threshing, and picking over, and selling them, – the last was the hardest of all, – I might add eating, for I did taste" (W, 161). Janine Dove-Rumé sieht darin die Ersetzung von „*brass* for *beans* (yet another slang word for money)" (Dove-Rumé 2003, 124): „Not that I wanted beans to eat, for I [...] exchanged them for rice" (W, 162). Um diese Transaktion zwischen Bohnen und Reis durchführen zu können, müssen die Bohnen zunächst zu Geld gemacht werden; Thoreau fügt in seinen Text die genaue Buchhaltung der Bohnenwirtschaft ein, die unterm Strich einen Profit von $8,71½ ergibt. Damit findet eine Umkehrung statt. An die Stelle einer Geld- oder Schuldenwirtschaft tritt eine Bohnenwirtschaft, in der mit einer anderen Währung gehandelt wird, die, wie wir sehen werden, eine andere Lebensform entstehen lässt. Ruft man sich Marx' Formel G-W-G (Geld-Ware-Geld) in Erinnerung – eine Formel für die Eigendynamik des Geldes, um dessentwillen gearbeitet und hergestellt wird, –, so geht es in Thoreaus Bohnenwirtschaft mindestens um eine Reduktion des Geldes auf die Tauschfunktion, also auf W-G-W (vgl. Kap. 9, 200). Die Bohnen, die Thoreau pflanzt und erntet, sind ein Zwischending zwischen Ware und Geld; sie sind zugleich ein verzehrbares Nahrungsmittel und ein haltbares Tauschmittel, das den Vorteil hat, in handlichen diskreten Einheiten aus dem Boden zu sprießen; eine einzigartige Transaktionsform entsteht: Bohnen-Geld-Reis, oder B-G-R.[240]

Das Bohnengold verleiht als eine Art Scharnier zugleich Zugang zum zeitlichen Markt wie zum ewigen Moment. Während Thoreau das Feld beackert, wird ihm das „inexhaustible entertainment" zuteil, das ihm die Natur darbietet: „When my hoe tinkled against the stones, that music echoed to the woods and the sky"; „[t]he night-hawk circled overhead in the sunny afternoons [...] like a mote in the eye, or in heaven's eye, falling from time to time with a swoop and a sound as if the heavens were rent, torn at last to very rags and tatters"; „[o]r sometimes I watched a pair of hen-hawks circling high in the sky, alternately soaring and descending, approaching and leaving one another, as if they were the imbodiment of my own thoughts." Die besondere Währung, die zutage gefördert wird, stellt zugleich Intentions- und Besitzmuster infrage, die in der herkömmlichen Landwirtschaft nicht infrage stehen:[241] „It was no longer beans that I hoed, nor I that hoed beans" (W, 159). Dove-Rumé schreibt dementsprechend über die Lösung für das Problem des Schuldenwesens in *Walden*:

> From the first chapter to the last, the issue [of debt] is displaced from the narrator's own dollar-denominated economic operations to ‚Nature's operations', where the liquifying process is extended to the etymological breaking down of words to their primordial roots, enabling the narratee to go back in time to read a language where ‚all things and events speak without metaphor', that is, where sign and substance are not dissociated, where language is still worth its weight in gold (Dove-Rumé 2003, 122).

---

240 Auf Thoreaus Betonung der Funktion des Geldes als Tauschmittel weist Dillman 1979 hin. Vgl. 21f.

241 Thoreaus vermeintliches Minimum war laut Updike Luxus: Wem wird schon Land gratis zur Verfügung gestellt? Thoreaus Hütte stand auf Emersons Land, ihr Besitzer wurde nur deshalb nicht mit Gewalt vertrieben.

Beispielsweise wird *pecunia* auf die lateinische Wurzel Rindvieh zurückgeführt, was an den ehemaligen Einsatz von Rindern als Geld denken lässt (vgl. Kap. 9, 199).

Thoreau beschreibt sein Bohnenfeld, das er inmitten einer Lichtung anpflanzt und nicht düngt, als Bindeglied zwischen Natur und Kultur: „Mine was, as it were, the connecting link between wild and cultivated fields [...]. They were beans cheerfully returning to their wild and primitive state" (W, 158). Seine Arbeit besteht hauptsächlich darin, die zarten Bohnen gegen ihre zahlreichen Feinde – verschiedene Vogelarten und Unkraut – zu verteidigen:

> Consider the intimate and curious acquaintance one makes with various kinds of weeds, [...] disturbing their delicate organizations so ruthlessly, and making such invidious distinctions with his hoe, levelling whole ranks of one species, and sedulously cultivating another. That's roman wormwood, – that's pigweed, – that's sorrel, – that's piper grass, – have at him, chop him up, turn his roots upward to the sun, don't let him have a fibre in the shade, if you do he'll turn himself t'other side up and be as green as a leek in two days. A long war, not with cranes, but with weeds, those Trojans who had sun and rain and dews on their side. Daily the beans saw me come to their rescue armed with a hoe, and thin the ranks of their enemies, filling up the trenches with weedy dead. Many a lusty crest-waving Hector, that towered a whole foot above his crowding comrades, fell before my weapon and rolled in the dust (161f.).

Kein harmonisches Zusammenleben mit der Natur wird geschildert, sondern ein Krieg gegen Unkraut, das die Prosa in Form von Listen überwuchert. „[M]aking the earth say beans instead of grass, – this was my daily work" (157). Es geht auch um eine sprachliche Operation. *Wormwood, pigweed, sorrel, piper grass* – diese Vokabeln müssen ausgejätet werden; *grass* darf die Erde auch nicht mehr sagen; *beans* muss skandiert werden.

Bisher habe ich mich auf die ökonomische Operation konzentriert, die durch die Bohnen ermöglicht wird: Bohnen gegen Reis; Bohnen gegen Ewigkeit. Thoreaus *account* erinnert an eine von Blasing wiedergegebene Anekdote, die Emerson festhielt: „[W]alking around Concord, Thoreau would withdraw from ‚his breast-pocket his diary, and read the names of all the plants that should bloom on this day, whereof he kept account as a banker when his notes fall due'" (Blasing 1976, 767). Es gibt außerdem eine text-ökonomische Operation, die das Bohnenfeld zu einem satirischen Intertext der abendländischen Epen macht. „What was the meaning of this so steady and self-respecting, this small Herculean labor, I knew not. I came to love my rows, my beans, though so many more than I wanted. They attached me to the earth, and so I got strength like Antæus. But why should I raise them? Only Heaven knows" (W, 155). Thoreau kann nicht angeben, zu welchem Zweck er die Bohnen kultiviert, vielleicht wegen des Oxymorons der kleinen Herkulesaufgabe, vielleicht weil ihm das Feld (im Unterschied zum Geld) „inexpressible confidence“ und „calm trust in the future“ (160) verleiht, vielleicht aufgrund der Arbeit selbst, die ihm Zugang zum Moment verschafft, vielleicht um der Deckung von Text- und Feldarbeit willen. In jedem Fall gibt er diese Arbeit in den darauffolgenden Sommern trotz ihrer ökonomischen Rentabilität auf und möchte fortan ausschließlich „such seeds [...] as sincerity, truth, simplicity, faith, innocence, and the like“ pflanzen „and see if they will not grow in this soil, even with less toil and manurance“ (164). Leider setzen sich die Bohnen gegen die unerbittliche Natur um sie herum nicht durch und gehen ein. Gilt das auch für die Samen der Tugenden?

Man könnte spöttisch sagen, dass der einzige Samen, der hier gesät und geerntet wird, derjenige des Geizes ist. Entspricht diese Überwindung der Chrematistik nicht letztlich einem relativ klassischen ökonomischen Modell, das sowohl bei Jean-Baptiste Say als auch bei Adam Smith hochgehalten wird: der Sparsamkeit zwecks Wiedereinspeisung in den Markt? Identifiziert sich der Erzähler von *Walden* nicht mit der politökonomischen Orthodoxie? Mit anderen Worten: Findet Thoreau, der dem Handel entkommen wollte, im Laufe seiner anökonomischen Robinsonade nicht genau zu jenen Werten zurück, die grundlegend sind für die ökonomischen Ordnung des Kapitalismus? Und stellt *Walden* nicht in dieser Hinsicht das ernüchternde Scheitern eines Wachstumskritikers *avant la lettre* dar?

Einige Kommentatoren argumentieren so. Beispielsweise Richard H. Dillman, der einige Parallelen zwischen *Walden* und Jean-Baptiste Says ökonomischer Theorie zieht, die aufgrund ihrer Klarheit zu Lebzeiten Thoreaus in den Vereinigten Staaten größere Verbreitung fand als diejenige Adam Smiths und Thoreau nachweislich bekannt war (vgl. Birch/Metting 1992; Dillman 1979). Sowohl den vom Nutzen der Dinge und von der Arbeit abhängenden Wertbegriff übernehme Thoreau von Say als auch die daraus folgende Ablehnung des Handels mit Geld in Form von Kredit beziehungsweise des Hortens von Geldmitteln. In diesem ökonomischen System dürften sich Produktion und Konsumption die Wage halten und sollte nur das produziert werden, wofür Bedarf besteht. Dilmanns Lektüre ist äußerst selektiv und hält dem Vergleich mit Thoreaus Text kaum stand, weshalb man eher mit Thomas D. Birch und Fred Metting genau rekonstruieren muss, an welchen Stellen sich Thoreau der klassischen ökonomischen Theorie bedient und inwiefern er sich von ihr abgrenzt.

Beispielsweise in punkto Arbeit, die die klassischen Politökonomen als Anstrengung oder Selbstverleugnung auffassen, womit die Quelle des Werts negativ bestimmt wird. Thoreau dagegen möchte mit seiner Arbeit, wie gesagt, den Augenblick intensivieren. Und auch den Handel lehnt Thoreau ja eigentlich ab, ohne eine Alternative zu formulieren und ohne sich ganz aus dem Handel mit Concord verabschieden zu können. Insofern kann ich Birch/ Metting nicht zustimmen, wenn sie in Thoreaus Sparsamkeit dieselbe Logik am Werk sehen, die zum sparsamen Einsatz der Kräfte und zur Vermeidung der *conspicuous consumption* aufrufen, sprich des Geltungskonsums, der nicht wieder eingespeist wird in den Produktionskreislauf. Es ist klar, dass Thoreau auf den Konsum, der einem Kredit im Sinne von Ansehen verleiht, verzichten kann; dass er sich darüber hinaus gegen die „materialistic ends of classical economics" (Birch/Metting 1992, 590) stemmt, ist indessen nicht ausgemacht.[242]

Harold Hellenbrand zufolge geht es Thoreau in *Walden* nicht nur um einen spirituellen oder geistigen Profit, sondern auch um eine körperliche Transformation. Ökonomie hieße die holistische Pflege des Haushalts, des Körpers und des Geists. Jedwede Verschwendung dieses Lebens sollte vermieden werden – auch diejenige, die zur Reproduktion beitrüge. Viel zu viele Bohnen wurden schließlich geerntet, merkt Thoreau an. Und auch in der Frage der Körperwärme soll ein Minimum eingehalten werden; das Horten von Gegenständen verbittet er sich zudem; schließlich möchte Thoreau seine sexuelle Energie zurückhalten. In einer Passage, die den Titel „House Warming" trägt und in der es um das Heizen seiner Hütte im Winter geht, werden die beiden letzteren Momente von *Walden* laut Hellenbrand enggeführt. Der sparsame Protagonist verstößt darin gegen seine selbstauferlegten Regeln. Erstens hortet er Brennholz und erfreut sich daran, besonders gut brennende Pinienwurzeln ergattert zu haben: „With axe and shovel you explore this mine, and follow the marrowy store, yellow as beef tallow, or as if you had struck on a vein of gold, deep into the earth" (W, 252). „Gold was no part of Thoreau's commerce with the Celestial Empire; and beef tallow certainly was not part of his dietary economy" (Hellenbrand 1979, 76), schreibt Hellenbrand. Als sein Haus jedoch an einem Tag droht, Feuer zu fangen, wird klar, dass der Exzess der Flamme alles zerstören könnte, was Thoreau aufgebaut hat:

> One day, however, as I was splitting wood, I thought that I would just look in at the window and see if the house was not on fire; it was the only time I remember to have been particularly anxious on this score; so I looked and saw that a spark had caught my bed, and I went in and extinguished it when it had burned a place as big as my hand (W, 253).

Hellenbrand sieht darin eine Anspielung auf die Selbstbefriedigung: „Cryptically, Thoreau alluded to masturbating" (Hellenbrand 1979, 76), wobei

242 Zu Marx' Kritik an der ‚Entsagung' des Kapitalisten vgl. Kap. 10, 227f.

ihm als einzige Anhaltspunkte die Worte *fire, bed, hand* dienen. Diese Interpretation liegt gewiss falsch in ihrem von Cavell angefeuerten Übereifer, einen versteckten Sinn in Thoreaus Worten zu suchen; nichtsdestotrotz droht Thoreaus Experiment immer wieder in einen selbstzerstörerischen Exzess an Minimum umzukippen. Thoreaus Askese ist nicht an und für sich ein Wert, sondern erlaubt es ihm, ein besserer Beobachter zu werden. Deswegen ist es wichtig zu betonen, dass er *Walden* nicht verfasst hat, auf dass andere angestachelt werden, den Autor, Erzähler und Protagonisten bloß zu kopieren, sondern um den Beobachterstatus zu erlangen, den er braucht, um über das Existenzminimum berichten zu können. Damit schließt sich ein Kreis.

* * *

Walden ist ein Gedankenexperiment, das zeigt, wie eine Welt, die weitestgehend auf die üblichen ökonomischen Formen von Lohnarbeit, Kreditwesen, Fabriksystem, Handel und Arbeitsteilung verzichtet, nicht nur beschrieben, sondern zugleich erschaffen werden kann. Es geht Thoreau um die Bedingungen der Möglichkeit anökonomischen Lebens, die er an seinem eigenen Leib erprobt. Deswegen bleibt er nicht in seiner selbstgebauten Hütte; sein Experiment ist nach zwei Jahren vorbei, der Zeitraum, den er gebraucht hat, um dieses andere Leben zu erkunden. Richard Francis spricht in diesem Sinne von zwei Hütten, einer, die $28,12½ gekostet habe und bald nach dem Experiment in sich zusammenfiel (um später als Monument wiedererrichtet zu werden), und einer zweiten zwischen den Buchdeckeln eingefassten Hütte: „The shingles, windows, hinges, and screws may have perished or dispersed with time, but the itemization survives in the book *Walden* […]. The structure may fail, but the formula lives on“ (Francis 1997, 237). Und John Updike schreibt, dass Thoreau „sounds, as it were, the fatal bottom of our organic existence“ (Updike 2016, xxi). Die in der Errichtung einer Waldhütte durchgeführte Sondierung des Existenzminimums dient der Errichtung einer idealen Hütte; und sobald das Experiment vorbei ist, kann die reale Hütte verfallen. Es bleibt fraglich, ob das Ideal eines autarken Haushalts sich nicht doch der Logik eines individualistischen Liberalismus verschreibt und damit das Problem, dass keine alternative Wirklichkeit entworfen werden kann, bloß verschiebt.

DREIZEHNTES KAPITEL

Zerstörerische Zerstörung

The opening up of new markets, foreign or domestic, and the organizational development from the craft shop and factory to such concerns as U. S. Steel illustrate the same process of industrial mutation – if I may use that biological term – that incessantly revolutionizes the economic structure from within, incessantly destroying the old one, incessantly creating a new one. This process of Creative Destruction is the essential fact about capitalism. It is what capitalism consists in and what every capitalist concern has got to live in.

Joseph Schumpeter 1994 [1942], 83

Der Entsagungskünstler Velten Andres setzt – im Unterschied zu Thoreau, der sich in einer Form post-industrieller, schöpferischer Zerstörung übt,[243] – auf die destruktive Destruktion der Ökonomie. Ohne Eigentum möchte Velten aus der Welt scheiden; den einen Teil seiner Habseligkeiten verheizt er, den anderen verschenkt er. Eine Entsagung, die im Tod endet, ist das Resultat in Wilhelm Raabes Parabel auf den in Deutschland angekommenen Industriekapitalismus *Die Akten des Vogelsangs* (1896). Veltens Lebensweg wird von seinem besten Freund, dem Assessor Karl Krumhardt, rekonstruiert. Nach seinem Tod legt dieser die „Akten des Vogelsangs" an, die sich stapeln, sein Arbeitszimmer überfluten und den braven Bildungsbürger in Veltens destruktiv-destruktiven Strudel hineinzureißen drohen. Wie bei Thoreau setzt Raabe einen Beobachter ein (vgl. Kap. 12), der es sich jedoch nicht aussuchen kann, dass er zum Beobachter geworden ist, und der von seiner Beobachtungstätigkeit derart affiziert wird, dass er fast mit dem Gegenstand seiner Beobachtung eins wird. Wie der Anwalt in Melvilles *Bartleby* setzt der Assessor sein bürgerliches Leben aufs Spiel (vgl. Kap. 11).

Dies lässt sich psychoanalytisch als Wiederkehr des Verdrängten deuten, wie die Literaturwissenschaft es gemacht hat.[244] In Bezug auf seinen

243 Den Begriff der schöpferischen Zerstörung entlehnte Joseph Schumpeter wahrscheinlich Werner Sombart. Zur Frage der Intensivierung der Arbeit vgl. MEW, 23, 391ff.

244 Zum Roman gibt es nur wenige Sekundärtexte; viele von ihnen thematisieren die Beziehungen zwischen Krumhardt und seinem Vater auf der einen Seite und Velten und seiner Mutter auf der anderen. Vgl. Roebling 1988, die Raabes Text mit Jaques Lacan und Julia Kristeva liest; oder Zeller 2013. Oftmals argumentieren diese Ansätze implizit mit

 DOI:10.30965/9783846765012_019

(text-)ökonomischen Spieleinsatz kann Raabes Text aber auch als Inszenierung des Anderen des Kredits oder des Geldes gelesen werden: der Gabe. Velten verausgabt sich voll und ganz und verteilt damit eine Gabe, ohne eine Gegengabe zu erhalten oder zu erwarten; dies schlägt sich auch auf der poetologischen Ebene von Raabes Text nieder, da Veltens Sprechen eine Gabe der Literatur in Form von Zitaten darstellt. Dieses poetische Sprechen infiltriert nun das ökonomische Denken eines Assessors, dessen Aufgabe darin besteht, Streitigkeiten um Eigentum zu schlichten und unklare Besitzverhältnisse aufzuklären. Die Gabe seines Freundes ergreift vom Assessor Besitz, und diese Besessenheit kostet ihn fast den Verstand. Person und Gegenstand sind nicht mehr klar voneinander zu unterscheiden.

Das Verheizen der Habseligkeiten

Raabes Text ist vom Tod eingerahmt. Mit der Nachricht von Veltens Ableben setzt er ein, und er endet mit seinem Begräbnis. Karls Beschäftigung mit dem alten Freund steht im Zeichen der Wiederentdeckung einer doppelt konnotierten Kindheit: einerseits der ontogenetischen Kindheit des Individuums Karl Krumhardt, die er mit seinen Nachbarn und Spielkameraden Velten Andres und Helene Trotzendorff im Vogelsang verbracht hat; andererseits der phylogenetischen Menschheitskindheit vor der Ankunft der Industrie, die die ehedem blühende Landschaft verunstaltet hat. Krumhardt steht für die Gewinnerseite der Industrialisierung, der die Kapitalien zufallen, Andres hingegen steht für die Verliererseite; er gibt sein kleines Kapital aus freien Stücken weg, anderen wird es dagegen entrissen. Diese Spaltung wird von Raabes Text aufgehoben, wenn er Krumhardt der poetischen Sprechweise von Velten aussetzt.

Die Vielstimmigkeit des Textes entlässt die realistische Schreibweise in schwierige Fahrtwasser. Einerseits will Krumhardt, wie er es gelernt hat, Protokoll führen über die Wirklichkeit, indem er Akten anlegt; andererseits erschließt sich ihm die Vergangenheit nicht im Modus realistischen (Be)schreibens, sondern in jenem eines metaphernreichen, unökonomischen Gesangs;

ökonomischen Vorannahmen oder Begrifflichkeiten, die ich explizit machen werde. Andere Referenztexte interessieren sich für mediale Aspekte von Raabes Text, vgl. Pethes 2015, 179ff.; Jakob 2006; Thielking 2006; dies. 2002; für die Intertextualität, vgl. Haas 1997; di Maio 1987; Meyer 1999; für Raabes Realismus, vgl. Kaiser 1984; oder für Dekadenzmotive, vgl. Krobb 2010.

der Titel *Die Akten des Vogelsangs* ist dementsprechend ein Oxymoron (vgl. Roebling 1988, 105).

Die Affizierung des Assessors durch den Freigeist findet ihren Höhepunkt, als der Weltenbummler Velten aus Amerika zurückkehrt. Er ist seiner Jugendliebe nachgereist, die ihm einen Millionär vorgezogen hatte, und nun kümmert er sich um seine alternde Mutter. Nach deren Ableben verbrennt und verschenkt er sein Erbe. Der Vogelsang, sein einst idyllischer Heimatort, ist so oder so zugepflastert mit Fabriken, die das dort angesiedelte Industrieproletariat einstellen, mit Mietshäusern, die es beherbergen, und mit Tanzlokalen, die es bewirten. Einzig das Haus von Amalie Andres steht noch am alten Ort und erinnert an eine Zeit *vor* der Ankunft der Industrie. Als die Mutter stirbt, gibt der lebensmüde Velten, der selbst so „eigentumslos als möglich" (AV, 155) sterben möchte, das „Herzensmuseum" seiner Mutter, die „sich von nichts trennen" (177) konnte, dem Feuer anheim. Dieses Erbe empfindet Velten als erdrückende Verpflichtung, als vergiftetes *gift* (vgl. Schüttpelz 2005, 171ff.; Benveniste 1969, 68), das ihm eine gewisse Identität und Lebensweise aufbürdet. Velten weist die Gabe des Erbes entschieden zurück.

Die ersten Gegenstände, die verheizt werden, sind dann auch der Nähtisch der Mutter und der Schreibtisch des Vaters. Diese die Ökonomie symbolisierenden Produktionsmittel müssen zerstört werden. Noch ein letztes Mal spendet das Eigentum Trost und Wärme; danach ist Velten ein aufgeräumter Mensch, wie er dem verdutzten Freund Krumhardt gesteht, als dieser fragt:

> „Velten, was soll dies sein?" / „Ein äußerliches Aufräumen zu dem innerlichen, liebster Freund! Ein leichtbewegtes Herz und so weiter [...] Ein Hinweis darauf, daß der Meister selber keinen Gebrauch von seinem Diktum gemacht hätte, verschlägt nichts. [...] Soll deshalb kein anderer die Fäden abschneiden dürfen, die ihn mit dem Erdenballast verknüpfen? Ja, ich heize in diesem Winter mit meinem hiesigen Eigentum an der wohlgegründeten Erde, mit meinen Habseligkeiten aus dem Vogelsang." Er sprach das Wort „Hab-Seligkeiten" in einer Weise aus, die man im Werkeltagsverkehr nicht zu hören bekommt.

Der letzte Satz deutet an, inwiefern dies von Raabe gezielt als verzweifelter Akt des „Autodafé" (AV, 175) eines dem Untergang geweihten Bildungsbürgertums inszeniert wird, das vom Besitzbürgertum mit seinem Geld und seinem beweglichen Eigentum überholt wird. Die Habseligkeiten, die verheizt werden, besitzen keinen oder nur einen geringen ökonomischen, dafür aber einen hohen sentimentalen Wert (vgl. Thums 2007).

Der Grundbaustein einer bürgerlichen Identität und Gesellschaft wird verheizt: das Eigentum; zugleich wird ein Besitz, an dem das Herz hängt, in den Ofen geschoben. Die Handlung von Raabes Text findet laut Peter Sprengel vor dem Hintergrund der systematischen Verwandlung des Eigentums in Kapital statt. Der Vogelsang wird im wahrsten Sinne kapitalisiert, er wird verkauft und zur Stätte der Generierung von Kapital. Und damit verschwindet ein Ort, an dem die Familie Krumhardt in Nachbarschaft gelebt hat mit den Andres' und den Hartlebens, die eine weitere Familie – die Trotzendorffs – auf ihrem Grundstück geduldet haben, ja damit löst sich die Nachbarschaft in ihre in alle Himmelsrichtungen zerstreuten Bestandteile auf: Helene Trotzendorff ist nach Amerika aufgebrochen, Karl Krumhardt ist in ein reiches Wohnviertel übersiedelt, und Velten Andres zieht als Nomade von Ort zu Ort.

Das die Nachbarschaft verdrängende Kapital zeichnet sich laut Sprengel dadurch aus, dass es beweglich, warenförmig und entpersönlicht sei, während das Eigentum Ausdruck einer Persönlichkeit wäre. Sprengel verweist in diesem Zusammenhang auf den von Karl Mannheim beklagten Verlust der Aura bürgerlicher Innenräume aufgrund ihrer zunehmenden Kapitalisierung. Dieser sprach vom „wechselseitigen Besitzen und Besessenwerden zwischen Menschen und Sachen" und von der „Intimität zwischen Besitzendem und Besitz" (zit. n. Sprengel 1974, 141). Sprengels These ist, dass Raabes Text von Strategien handelt, die die Innerlichkeit des Subjekts zu bewahren trachten: „Nicht Innerlichkeit wird negiert, sondern ihre Bindung an die Realität" (172). Abgesehen davon, dass Sprengel Eigentum und Besitz nicht trennscharf unterscheidet und die Entfremdungstheorie des frühen Marx mit der Kapitalanalyse des späten Marx kommentarlos vermischt, scheint mir seine Lesart der *Akten* auf eine allzu schematische Antithese aufzubauen zwischen gutem Eigentum auf der einen Seite, in dem sich das Individuum entfalten könne (Vgl. Euchner 1973),[245] und bösem Kapital auf der anderen, das den Dingen Beine und Flügel verleiht und sie dem Individuum entreißt. Velten verheizt ja ebenjenes Eigentum, das ihm nicht viel Geld einbrächte, aber einen sentimentalen Wert hat. Man kann dies, wie es Irmgard Roebling mit großem theoretischen Aufwand macht, als Rückkehr zum Es vor dem Hintergrund der (industriell-kapitalistischen) Dialektik der Aufklärung auffassen und damit einen psychoanalytischen Ansatz „mit konkreten sozialgeschichtlichen Erfahrungen in Verbindung setzen" (Roebling 1988, 30). Sie macht eine Spaltung im Text aus, die im Verhältnis zwischen Krumhardt und Velten verankert sei: Während Krumhardt mit dem Vaterprinzip identifiziert werde, gerate er durch Abfassen der ‚Akten des Vogelsangs' in Versuchung, dem verdrängten Mütterlichen, für das Velten stehe, zu verfallen. Ist dies bei aller theoretischen Virtuosität nicht allzu schematisch?

245 In Hegels Rechtsphilosophie bildet das Eigentum den Grundbaustein der bürgerlichen Gesellschaft.

Und was ist mit dem Davor? Geht es im Vogelsang *vor* seiner Industrialisierung wirklich so idyllisch zu? Gewiss, der Erzähler Krumhardt trauert seinem Verlust nach; trotzdem lässt seine Rekonstruktion der verlorenen Kindheit durchscheinen, dass andere Arten von Konflikten im Vogelsang vorherrschten, als er noch einem Landschaftsidyll glich. Krumhardt erinnert sich daran, dass die Nachbarn zwar ein enges Miteinander pflegten und auf Gedeih und Verderb zusammenhielten. Daraus resultierten jedoch Verflechtungen, die Grenzen zum Verschwimmen brachten. Die verschiedenen Grundstücke waren nicht eindeutig voneinander abgegrenzt; Geld wanderte stets von einer Tasche in die andere. Die lebendige Hecke zwischen den Nachbarn deutete auf das ‚Dazwischen', und auch die umliegende Natur bestand aus einem konstanten Fluss von Geben und Nehmen:

> Wir zu unserer Kinderzeit hatten es noch, dieses Gefühl des nachbarschaftlichen Zusammenwohnens und Anteilnehmens. Wir kannten einander noch im „Vogelsang" und wußten voneinander, und wenn wir uns auch sehr häufig sehr übereinander ärgerten, so nahmen wir doch zu anderen Zeiten sehr Anteil im guten Sinne an des Nachbars und der Nachbarin Wohl und Wehe. Auch Gärten, die aneinandergrenzten und ihre Obstbaumzweige einander zureichten und ihre Zwetschen, Kirschen, Pflaumen, Äpfel und Birnen über lebendige Hecken weg nachbarschaftlich austeilten, gab es da noch *zu unserer Zeit* [...]. Bauschutt, Fabrikaschenwege, Kanalisationsarbeiten und dergleichen gab es auch noch nicht zu unserer Zeit in der Vorstadt, genannt „Zum Vogelsang". Die Vögel hatten dort wirklich noch nicht ihr Recht verloren, der Erde Loblied zu singen; sie brauchten noch nicht ihre Baupläne dem Stadtbauamt zur Begutachtung vorzulegen. Wir hatten von ihren Nestern unsere Hecken, Büsche und Bäume voll und unsere Freude dran, trugen aber dessenungeachtet nicht auf eine „Katzensteuer" an und schlugen oder schossen jeden wackern Kater tot, der nach seinem Rechte mal im Bauplan der guten Mutter Natur mit einem „Immer und ewig Mäuse?" herumstieg und von der sämtlichen Käfer-, Fliegen-, Raupen-, Schmetterlings- und Würmerwelt nicht nur als ein Wohltäter, sondern auch als ein Rächer geachtet wurde (AV, 15).

Natur und Kultur sind ineinander verflochten, die Menschen gleichen Tieren, die Tiere wiederum Menschen. Ein ständiger Schlagabtausch, ein fortwährendes Berauben und Beraubtwerden zeichnet sich ab. Insbesondere im Bereich einer Ökonomie, die es mit Zahlen nicht so genau nimmt und Menschen nicht vertreibt, die ihre Miete nicht pünktlich entrichten, lässt sich Streit und Zank um Ressourcen nicht vermeiden. Immer wieder droht Hartleben den aus den Vereinigten Staaten geflüchteten Agathe und Helene Trotzendorff, die ihm mehrere Monatsmieten schulden, mit dem Rauswurf; immer wieder muss ihn Velten Andres' Mutter Amalie weich stimmen. Der Vogelsang ist kein reines Kindheitsidyll, sondern bereits eine Übergangszeit, während derer einige Individuen heimatlos umherirren.

Dieses zweifelhafte Paradies wird mithilfe von Veltens Autodafé zu Grabe getragen. Ferdinand, ein alter Freund von Velten und Krumhardts Schwager, schlägt vor, dass Krumhardt in seiner Funktion als Assessor Velten entmündigt. An keiner Stelle zieht der Erzähler, der sich in seinem beruflichen Alltag durch „vielfachen und vielfarbigen Menschenverdruß und viel Menschenangst und Elend" durchzuarbeiten hat, diesen Schritt aber in Erwägung. Krumhardt wird sogar in Veltens Autodafé mit hineingezogen, wenn er an dessen Seite tritt, um den Hausrat zu verheizen, an dem auch sein Herz hängt. Dieses Verheizen stellt sich als destruktiv-destruktive Praxis heraus, die sich von Karls Alltagspraxis der Feststellung und Zuschreibung von Eigentum deutlich abhebt: „Es waren meistens wieder nur Eigentumsfragen, zu denen auch ich mein lösendes Wort geben sollte, und das Gezerr und Gebelfer, der Grimm und Hohn, mehr oder weniger unter der Maske des dem Menschen ‚eingeborenen' Gerechtigkeitssinnes zutage blühend" (174). Für Karl entfaltet das Verbrennen der Habseligkeiten eine unheimliche Faszinationskraft; und seine Frau – die Stimme der Vernunft im Text – warnt ihn: „[O] Karl, bitte, bitte, werde mir nicht so wie der!" (176). Karl läuft nicht nur Gefahr, das Gesicht zu verlieren, auch seine Identität steht auf dem Spiel.

Trotzdem trägt er die Sachen bald selbst zum Küchenherd, der ihn wärmt. Was hier Wärme spendet, ist die Rückkehr verlorener Zeit, die nicht nostalgisch zu Souvenirs gerinnt, sondern im Verlust der Habseligkeiten erlebbar gemacht und erneut durchlebt wird:

> Wohl selten ist je einem Menschen die Gelegenheit geboten worden, seine „besten Jahre" in die unruhvolle Gegenwart so zurückzuführen wie mir in Velten Andres' Krematorium. Wie wir im Vogelsang in der Nachbarschaft trotz allem doch wie *eine* Familie gelebt hatten, das erfuhr ich nun noch einmal im reichsten Maße und konnte meine Lebensakten in wünschenswertester Weise dadurch vervollständigen. Der Wanderer auf der wankenden Erde schob aus seinem Hausrat kaum ein Stück in den Ofen oder auch auf den Küchenherd, an dem nicht auch für mich eine Erinnerung hing und mit ihm in Flammen aufging und zu Asche wurde. Vom Keller bis zum Dache war in dem Häuschen kein Nagel eingeschlagen, an welchem nicht auch für mich etwas aus den Tagen hing, wo wir die Rätselaufgeberin vor dem Tore des Lebens eben nur dem Haupt und den Brüsten nach kannten und noch nicht den Tatzen nach (176f.).

Die Gegenstände, die signifikant sind für die Identität und den Werdegang einer Person, werden einer Zerstreuung zugeführt, für die die Asche als Symbol maximaler Zersetzung steht. „Wie kam mir mit dem Schaukelpferd, das ich unter dem Dachwinkel hervorzog, jener Weihnachtsabend zurück, an welchem *wir* es zuerst ritten und Velten meinte: ‚Ich hatte mir ein Tier mit Rädern und wirklichem Fell auf den Wunschzettel geschrieben; aber sage nur nichts davon.'" (177). Eine *mémoire involontaire* steigt aus dem Rauch auf, die nicht durch das Eintunken der *madeleine* in den Lindenblütentee zustande kommt, sondern dadurch, dass ein Schaukelpferd in den Ofen geschoben wird.

Die Gabe: eine Alternative zum Kredit? (Exkurs)

Veltens Verheizen seiner Habseligkeiten erinnert an ein Opfer und damit an eine ökonomische Praxis, die dem Kredit oft gegenübergestellt wird: die Gabe. Sie bildet den Gegenpol zum Kredit und soll deshalb zum Schluss dieser Arbeit genauer charakterisiert werden.

Der Anthropologe Marcel Mauss hat in seinem *Essai sur le don* (vgl. Mauss 1923; Lévi-Strauss 1950) den Begriff der Gabe geprägt. Damit hat er eine primitive Form der Ökonomie gemeint, die nicht im Tausch von Gegenständen mit äquivalentem Wert besteht, sondern in der Gabe ohne sofortige Gegengabe. Für ihn schreibe die Gabe drei Pflichten vor: die Pflicht zu geben, die Pflicht zu nehmen und die Pflicht der Gegengabe (vgl. Mauss 1923, 18ff.). Anders als in der modernen Ökonomie, die mithilfe des Geldes diese drei diskreten Handlungen in einem Akt zusammenführt, laufen sie laut Mauss in ‚primitiven' Gesellschaften noch getrennt ab. Damit entspricht die Gabe einer gänzlich anderen Logik als derjenigen des Geldes: Es gibt keine strenge Äquivalenz von Gabe und Gegengabe; wenn die Bewohner einer melanesischen Insel den Bewohnern einer anderen Insel einen Besuch abstatten und Muscheln überreichen, dann wird die Gegengabe, die in Armreifen besteht, nicht daran gemessen, ob sie der Gabe entspricht. Unter diesen Bedingungen macht der Begriff des ökonomischen Werts wenig Sinn, da die Gaben-Ökonomie nach Karl Polanyi nicht durch den Markt-Mechanismus des Preises gesteuert wird. Eine Ökonomie ohne Preis leuchtet auf (vgl. Polanyi 2001 [1944], 49ff.; Hoffmann/Postal-Vinay/Rosenthal 2001).

Ferner existiert kein Eigentum in einer Gabenwirtschaft. Die Gabe trennt nicht, wie im römischen Recht, zwischen Personen und Sachen. Darauf macht Erhard Schüttpelz aufmerksam:

> Die juridische Konstruktion der Gabe durch Marcel Mauss bringt es mit sich, daß die Wörter des Eigentums, insbesondere das Wort „Eigentum" selbst, im Text die uneindeutigsten sein werden. Die Wörter des Besitzens und Besessenwerdens sind von dieser Uneigentlichkeit sehr viel weniger angefochten; schließlich verbindet sich mit dem Wort vom Besitz gerade in der Entgegensetzung von Sach- und Personenrecht, die in der Unterscheidung von „Eigentum" und „Besitz" terminologisch wird, nicht der Anspruch eines Eigentümers [...] (Schüttpelz 2005, 186).

Beim Gabentausch werde der Empfänger der Gabe nicht zum Eigentümer des empfangenen Gegenstands, vielmehr hebe er ihn zugunsten eines Dritten oder Anderen auf, er könne also nicht den Anspruch des Eigentümers erheben, eigenmächtig über eine Sache oder ein Gut zu verfügen. Damit werden laut Schüttpelz die fünf juristischen Mechanismen des Römischen Eigentumsrechts ausgehebelt: Der Schutz gegen Entziehung, Beschädigung und Einwirkungen des Eigentums, die individuelle Befugnis, es zu veräußern, sowie die Testierfreiheit (vgl. 178f.; Wesel 1997, 185).

Diese Aufhebung des Unterschieds zwischen Person und Sache geht laut Schüttpelz noch tiefer. „*Person wird Sache X Sache wird Person*" (Schüttpelz 2005, 175) – auf diese chiastische Formel bringt er die Logik der Besessenheit, die in der Gabe vorherrscht, da derjenige, der sie annehme von seinem neu gewonnenen Besitz besessen werde; der Geber sei eins mit seiner Gabe, ja er werde zu einer Sache und die gegebene Sache werde ihrerseits personalisiert. Auch Jacques Derrida macht in *Donner le temps I : La Fausse monnaie* auf diese Figur bei Mauss aufmerksam, wenn er darauf hinweist, dass man im üblichen Sprachgebrauch das gibt, was man hat, nicht aber das, was man ist: „En général, pense-t-on, on ne peut donner que ce qu'on a, ce qu'on possède en propre, et le donner à l'autre qui à son tour peut ainsi l'avoir, entrer en possession" (Derrida 1991, 69). Geben, was man ist, sein Sein geben, scheint absurd und abwegig zu sein, liegt jedoch im Herzen von Mauss' Konzeption der Gabe.

Schüttpelz spricht deswegen von einer Täuschung beziehungsweise von „zwei Täuschungen und ihren jeweiligen Wendepunkten":

> [D]ie Gabe soll so stattfinden, als verlange sie keine Gegengabe. Aber diese Fiktion hebt sich selbst dauernd auf, und tritt *in genau diesem Moment* wieder durch eine ebenso gelagerte Bereitschaft zur Erwiderung ein, die der Gastgeber akzeptieren muß – als verlangte sie keine Gegengabe (Schüttpelz 2005, 173).

Zwischen Gabe und Gegengabe tut sich eine Zeitspanne auf, die eine Spannung erzeuge; denn es ist durchaus ungewiss, ob die Gegengabe kommen wird, dafür gibt es zumindest keine vertragsmäßige Garantie auf dem Papier. Hier liegt ein wichtiger Unterschied zum modernen Papierkredit und zur ihn unterstützenden Buchhaltung, denn das Papiergeld fungiert, wie bereits erwähnt (vgl. Einl., 27f.), zugleich als Zahlung und Zahlungsversprechen, dient also dazu, die risikoreiche Zeit zwischen Übergabe des einen und Erhalt eines anderen Guts zu überbrücken.

Auf diesen Punkt macht auch Jacques Derrida in seinem Aufsatz *Donner le temps I. La fausse Monnaie* aufmerksam, wenn er die Gabe bei Mauss als ein unmögliches Geschenk der Zeit liest:

> La différence entre un don et toute autre opération d'échange pur et simple, c'est que le don donne le temps. [...] Ce que ça donne, le don, c'est le temps, mais ce don du temps est aussi une demande du temps. Il faut que la chose ne soit pas *immédiatement et à l'instant* restituée. Il faut le temps, il faut que ça dure, il faut l'attente – sans oubli. Ça demande du temps, la chose, mais ça demande un temps délimité, ni un instant, ni un temps infini, mais un temps déterminé par un terme, autrement dit un rythme, une cadence (Derrida 1991, 59f.).

Die Gabe soll erwidert werden, jedoch nicht sofort, sondern nach einer gewissen Zeit, deshalb gibt die Gabe laut Derrida zunächst Zeit. Der Hiatus zwischen Gabe und Gegengabe breche zugleich mit der Zeit und stelle sie allererst her, und insofern sei für Mauss auch die Kreditwirtschaft von der Gabe abhängig. Der Hiatus zwischen Gabe und Gegengabe, die verfließende Zeit, werde in Mauss' Konzeption der Gabe verzinst, weshalb die Gabe bei Mauss auch einen Ehrenkredit darstelle.[246]

Im Unterschied zum Geld – diesem Medium zur Feststellung des Werts zweier ursprünglich inkommensurabler Gegenstände – wird laut Schüttpelz im Gabentausch mit einer maßlosen Währung gehandelt beziehungsweise mit einer Währung, deren Wert mit jedem Tausch neu festgestellt werden müsse:

> Die Grundvorstellung des Gabentauschs ist daher im Text der *Gabe* keineswegs die Figur der zyklischen Rückkehr einer Gabe [...], sie ist [...] die Figur der Reziprozität eines Chiasmus, in dem Personen zu Sachen / Sachen zu Personen, und Sachen von Personen / Personen von der Sache genommen werden. Eine Gabe kann in dieser Konzeption schon deshalb nicht zurückkehren, weil die Äquivalenz einer Erwiderung – ein Eins-zu-Eins, eine Isometrie – ihr nicht mitgegeben werden kann, sondern nur in der Zukunft (und damit in der nächsten Verpflichtung zur Erwiderung und deren Zukunft) stattfinden kann. Die Gabe verhindert, wie man mit Marilyn Strathern bemerken könnte, daß man jemals bis eins zählen kann (Schüttpelz 2005, 195).

Gegeben werden laut Iris Därmann nicht nur isolierbare Gegenstände, sondern auch Tänze, Gesten und Worte (vgl. Därmann 2010, 27). In diesem Sinne fragt Derrida: „Qu'y a-t-il en commun entre donner une bague, un bracelet, donner à boire et à manger d'une part, et donner une impression, une émotion, donner un spectacle ou une représentation [...]?" (Derrida 1991, 70). Därmann verweist

---

246 Franz Boas, auf dessen Ethnographie der nordwestamerikanischen indigenen Kultur Mauss zurückgreift, benutzt die Begriffe ‚Kredit' und ‚Gabe' synonym: „Wenn man Ausdrücke wie ‚Schulden, Zahlung, Rückzahlung, Darlehen' [...] durch Ausdrücke wie ‚Geschenk' und ‚Gegengeschenk' ersetzt, so hat man eine recht genaue Vorstellung von der Funktion des Kredits im Potlatsch" (zit. n. Mauss 1990 [1923], 82f.). Im Potlatsch zahlt ein Häuptling einem anderen Häuptling eine Schuld mit Zinsen zurück.

auf Mauss' Ausweitung seiner Gabentheorie zu einer allgemeinen Theorie des kulturellen Austauschs (vgl. Mauss 1950 [„Les techniques du corps"]) und konstatiert, dass in Form der Gabe eine „dingliche Fremderfahrung des Anderen" (Därmann 2010, 22) möglich werde.

Derrida kritisiert den Kreislauf der Gabe und Rückgabe, weil er die Gabe in ein ökonomisches Denken reintegriere: „Mauss ne s'inquiète pas assez de cette incompatibilité entre le don et l'échange, ou du fait qu'un don échangé n'est qu'un prêté pour un rendu, c'est-à-dire une annulation du don" (Derrida 1991, 55). Die ‚reine Gabe' ist von Därmann und Schüttpelz aufgrund ihres scheinbaren Absolutheitsanspruchs angegriffen worden (vgl. Därmann 2010, 130ff.; Schüttpelz, 186ff.). Aber gleich nach der eben zitierten Passage gibt Derrida an, worum es ihm geht, und zwar nicht um ein Leugnen der Konsistenz des Phänomens der Gabe, sondern um ein philosophisches Gedankenexperiment, im Zuge dessen eine Gabe ohne Rückgabe konzipiert wird, die nicht auf Kreisläufigkeit, Ökonomie und Logos gegründet ist und ein produktives Vergessen in Aussicht stellt, das weder ein Verdrängen noch ein Lapsus noch eine Amnesie wäre: „Comment désirer ne pas garder? Comment désirer faire son deuil [...]? Comment désirer l'oubli ou la non-garde du don, si, implicitement, le don est évalué comme bon, voire comme l'origine même du bon, du bien et de la valeur ?" (Derrida 1991, 54).

Ansätze dieser „folie de la raison économique" (51) meint Derrida auch in Mauss' Text nachweisen zu können, wo es um den Potlatsch oder die Opfergabe geht. „Dans certains potlatch on doit dépenser tout ce que l'on a et ne rien garder. C'est à qui sera le plus riche et aussi le plus follement dépensier" (Mauss 1923, 46), schreibt Mauss über den Potlatsch einiger Stämme aus dem Nordwesten Amerikas, im Zuge dessen alle übers Jahr gehorteten Überschüsse systematisch zerstört wurden, indem man sie entweder verbrannte oder dem Meer übergab. Derrida spricht im Fall dieser der Bildung von Kapital entgegenwirkenden Praxis nomadischer Völker von einer „dissémination sans retour" (Derrida 1991, 69), von einer Zerstreuung ohne Rückkehr.

Georges Bataille schwebte auch ein Potlatsch vor, dem das Anökonomische anhaftet. Im Fragment gebliebenen Text *Le sacrifice* spricht er nietzscheanisch von einer Umdeutung des Opfers durch eine Priesterkaste, die das Opfer als Garantie gegen die „déstruction à venir" gefeiert habe. Damit ging für Bataille einher, dass der menschliche Körper erhalten werden sollte, dass also „économies de salut" (Bataille 1970, II, 240) um sich griffen, sowie auch die Akkumulation von Gütern „à des fins utiles". Die Opferökonomie funktioniere grundlegend anders: „Une ‚économie de sacrifice' exigeait en effet qu'une partie importante dans la production soit prodiguée dans des jeux et des orgies de boisson et de nourriture" (241). Die Verschwendung und die mutwillige Zerstörung von Dingen werden als Alternative zum Eigentum gedacht.

Wer sagt uns, dass die Gabe nicht eine Konstruktion, eine Projektion, ein Phantasma ist? Hat es je diese ,primitiven' Gesellschaften gegeben (vgl. Lyotard 1974, 148ff.)? Mauss selbst betrieb keine Feldforschung; sein Werk stützt sich auf unzählige ethnographische Berichte, die er kompilierte, sichtete, exzerpierte und aus denen er die ethnologische Figur der Gabe gewann. Dass seine Vorstellung der Gabe die Frage der Schuld und der Schulden ausklammert, kann den Anspruch historischer Belegbarkeit, den zeitgenössische Anthropologen wie David Graber erheben, nicht mehr erfüllen (vgl. Graeber 2011; Einl., 15). Ich werde die Frage nach der historischen Wahrscheinlichkeit der Gabe deswegen unbeantwortet lassen und werde nicht Alexandre Pérauds interpretatorischem Abweg folgen, dem Ancien Régime eine Gabenlogik zu unterstellen, die bei Balzac immer wieder als (rückwärtsgewandte) Utopie auftauche.[247] In den folgenden Interpretationen geht es folglich nicht darum nachzuweisen, dass die Gabe vorrangig oder ursprünglich ist, sie blenden vielmehr diese Frage weitgehend aus und zeigen stattdessen, inwiefern die Gabe (wie oben bei Bataille) als fiktionales Gegenmodell zum Kredit gelesen werden kann. Wenn dies der Fall ist, dann stellen sich andere Fragen: Welche poetologischen Auswirkungen zeitigt dieses fiktionale Gegenmodell? Wie wirkt sich die Unterwanderung der Eigentumslogik auf die Konstruktion linguistischer Eigentumsverhältnisse, also auf den (realistischen) eigentlichen und den (poetischen) uneigentlichen Sprachgebrauch aus? Müssen neue Poetiken entwickelt werden, um dem Anderen des Kredits beizukommen?

Veltens Potlatsch

Velten Andres ist stets bereit sich zu opfern. Schon in jungen Jahren rettet er einen Schulfreund vor dem Ertrinken. Als der Bruder von Krumhardts späterer Frau ,Schlappe' eines Winters im Eis einbricht, springt Velten ins Wasser, eine Aktion, die er in einem Brief an Krumhardt lakonisch beschreibt: „Und mit dem Kopfe, wie eine Fliege an der Fensterscheibe, in der feuchten Tiefe herumzusurren und vergeblich nach dem Auswege zu suchen, auch grade kein Vergnügen" (AV, 63). Lebenslang trägt er ein Zeichen dieser Rettungsaktion: Sein Arm ist gelähmt. Er erwartet sich keinerlei Gegengabe und verschmäht

247 Auch Bernd Blaschke liest die Gabe als befreiende Antithese zum Kredit. Vgl. Blaschke 2004, 100ff.

es, die Avancen von Schlappes Schwester zu erwidern. In dieses Bild einer Gabe ohne Gegengabe passt die Verbrennung und Vergabe des Hausrats seiner Mutter nach deren Ableben. Einige Interpreten lesen die Verbrennungsszene im Sinne einer Opfergabe, ohne genauer auf den Begriff einzugehen (vgl. Roebling 1988, 165ff.; Zeller 2013, 118). Ich fasse diesen Akt als Potlatsch in dem oben umrissenen Sinne auf. „La consommation et la destruction y sont réellement sans bornes. Dans certains potlatch on doit dépenser tout ce que l'on a et ne rien garder“ (Mauss 1923, 46), schreibt Mauss über diese extreme Form des Potlatschs. Er erwähnt die Tatsache nicht, dass diese exzessiven Potlatschs bei den Stämmen Nordwestamerikas ein Zeichen ihres Untergangs waren. Die weißen Kolonisatoren hatten deren Bevölkerung dezimiert und ihnen die Jagd und den Krieg verboten, damit war ihre Kultur am Ende. Das Einzige, was ihnen übrigblieb, war, den eigenen Besitz zu zerstören und andere Stämme damit in den Schatten zu stellen; diese Praxis ersetzte laut Därmann kriegerische Handlungen (vgl. Därmann 2010, 48ff.). Genauso lässt sich auch Veltens Zerstörungspotlatsch als Zeichen dafür lesen, dass sich keine Alternative zum kapitalistischen Eigentum anbietet, insbesondere nicht das sentimentale Herzensmuseum der Mutter.

Die Verbrennungsszene ist nur der erste Schritt von Veltens zerstörerischer Zerstörung. Den Ballast des Eigentums abzuwerfen und sich selbst von bürgerlichen Selbstdefinitionen völlig freizumachen gelingt ihm nicht vollständig, da nach der Verbrennung ein unverbrennbarer Rest übrigbleibt. Dieser Rest soll nicht auf dem üblichen Weg, das heißt durch Verkauf, den Besitzer wechseln:

> Metall, Glas und Porzellan brannten nicht, und doch wollte er auf seinen fernen Wegen sich nicht mit der Vorstellung plagen, wer jetzt die Feder in seines Vaters Dintenfaß tauche und aus seiner Mutter Mundtasse trinke und auf welcher Kommode, im Trödel erhandelt, die Bronzeuhr stehe, auf die man nie rechnen konnte (AV, 178).

Velten bricht mit der Logik des Verkaufs unveräußerlichen Besitzes, im Zuge dessen die einzelnen auratischen Bestandteile seines Erbes zu fungiblen Trägern des abstrakten Tauschwerts abgestempelt werden würden.

Im Anschluss an das Verbrennen der Habseligkeiten, die unveräußerlich sind, lädt Velten „den Vogelsang wie zur Plünderung eines abgerupften Weihnachtsbaums in sein Haus ein“ (180). An dieser Stelle verwandelt sich der Potlatsch in ein Gabenfest. Alles wird an die Gemeinschaft hergegeben (und nicht auf dem Markt verkauft): „Es sah in der Tat bedrohlich aus; und wir hatten Mühe, durch den menschenvollen Garten zu der Haustür zu gelangen, die er [Velten] aus den Angeln hatte heben lassen und mit welcher auf der Schulter ein alter

Holzknecht [...] durch das Gewühl das Freie zu erreichen suchte" (180f.). Den Schlüssel zu seinem abbruchreifen Haus, das von den neuen Nachbarn ausgeplündert wird, überreicht Velten seiner alten Magd Rike Schellenbaum mit den Worten: „Die Haustür hat auch schon einen Liebhaber gefunden; aber den Schlüssel dazu habe *ich* noch – es ist mein letztes von meinem Besitztum im Vogelsang. Willst du ihn?" (184). Es handelt sich um den Schlüssel zu einer Tür, die entfernt worden ist – der Begriff des Eigentums wird *ad absurdum* geführt. Krumhardt wird von Velten per Brief instruiert, diese Gabe „amtlich und gerichtlich glaubhaft zu machen" (190), das Grundstück Rike also zu vermachen, womit die Gabe wieder in den Kreislauf des Eigentums eingespeist wäre.

Velten verbrennt nur den Teil seines Hausrats, an dem sein Herz hängt, und verschenkt den Rest während eines karnevalesken Satyrspiels (vgl. Kwon 1999) inmitten der vom Kapital verschandelten Vorstadt des Vogelsangs, die nunmehr von einem mobilen und unverbundenen Proletariat bevölkert ist, und lässt damit eine neue Gemeinschaft aufblitzen, die nicht dem romantisch-rückwärtsgewandten Idyll des Vogelsangs entspricht (vgl. Volkov 1995). Zu den geladenen Gästen gehört auch das Personal des sich zufällig im Vogelsang aufhaltenden *Théâtre Variété*: „Miß Athleta, die stärkste Dame der Welt, und Signor Volcano, der Feuermensch [...], und Herr German Fell, von der Anthropologie genannt ‚das gefundene Mittelglied', der unübertrefflichste Affendarsteller beider Hemisphären" (AV, 181) sind dazugestoßen, um sich diesen Potlatsch anzusehen (nicht um an ihm teilzunehmen). Herr German Fell – möglicherweise ein literarisches Vorbild von Kafkas Affen Rotpeter aus der Erzählung *Ein Bericht für eine Akademie* (1917) – meldet sich am Ende zu Wort, und als jemand, der, wie viele seiner Artgenossen, transzendentale Menschenkunde studiert habe, konstatiert er: „Siehe da, habe ich mir gesagt, auch einmal wieder einer, der aus seiner Haut steigt, während die übrigen nur daraus fahren möchten!" (186) Velten habe sich genauso wie er im Baum Ygdrassil verklettert (oder verstiegen?), und deshalb möchte er ihm von Zweig zu Zweig die Hand reichen (vgl. Sprengel 1998).[248]

Wie Mauss knüpft Raabe in seinem Text an die Vorgeschichte des ‚zivilisierten' Menschen an. Es handelt sich um eine Vorgeschichte, die nicht mehr zurückgeholt werden kann, deren Logik aber in Raabes Fiktion die Logik der eigentumsbesessenen realistischen Poetik konterkariert. Die Szene des

248 Dies erinnert an ein Ereignis in Veltens Jugend. Damals ist Helene Trotzendorff auf einen Baum im Vogelsang geklettert, woraufhin sie nicht mehr herunterkommen konnte; als Velten sie zu retten versuchte und ihr nachkletterte, steckte auch er fest; der Nachbar Hartleben holte sie schließlich grantelnd herunter.

Satyrspiels verstößt indessen nicht gegen die Regeln der Wahrscheinlichkeit; sie könnte durchaus stattgefunden haben, es gab ja herumziehende Variétés; zugleich haftet der Szene etwas Märchenhaft-Fingiertes an. Velten bricht in dieser doppelbödigen Szene, die sich realistischen und nicht-realistischen Lektüren gleichermaßen anbietet, mit der Logik des Verkaufs, des Geldes, des Kredits und des Kapitals. Er beendet das Gabenfest mit den Worten: „Herrschaften, ein Schuft, wer mehr gibt, als er hat!" (AV, 185). In gewisser Weise hat Velten genau dies gemacht. Das Zitat erinnert an jenes von Madame de Maintenon, das Derrida seinem Text über die Gabe als Motto voranstellt: „Le roi prend tout mon temps; je donne le reste à Saint-Cyr, à qui je voudrais le tout donner" (zit. n. Derrida 1991, 11).

Erzählen versus zählen

„Da wird im ersten Bande kein Nagel eingeschlagen, an dem im dritten Bande nicht irgend etwas, sei es ein Rock oder ein Mensch aufgehängt würde" (Fontane 1985 [1853], 230). Diesen Satz schreibt Theodor Fontane über das, was man die Text-Ökonomie von Gustav Freytags Roman *Soll und Haben* bezeichnen kann. Beim rhetorisch sparsamen Freytag findet keinerlei Sinnverlust statt, gibt es keine überflüssigen Details. Raabes Text-Ökonomie stellt ein Gegenmodell zu Freytag dar: „Vom Keller bis zum Dache war in dem Häuschen kein Nagel eingeschlagen, an welchem nicht auch für mich etwas aus diesen Tagen hing [...]" (AV, 177). An den Nägeln hängen keine Röcke oder Menschen, sondern überflüssige Erinnerungen und Empfindungen. Wir haben gesehen, wie aus der Asche der Dinge, die verheizt werden, Erinnerungen gleich *mémoires involontaires* aufsteigen und die Vergangenheit zum Leben erwecken.

Auf einer anderen Ebene ist Raabes Text selbst eine Gabe, die der Erzähler von Velten empfängt und an die Leserschaft weitergibt; eine nicht-dingliche Gabe, in der statt Isometrie und Zählen jene Art von Erzählung vorherrscht, die nicht bis eins zählen kann.

Dabei muss betont werden, dass Krumhardt Veltens Lebensgeschichte keineswegs wie ein gleichgültiges Gefäß aufnimmt, sondern dem Lebenswandel seines Freundes skeptisch bis ablehnend gegenübersteht. Immer wieder fragt er sich, wieso er Veltens Geschichte zu Protokoll gibt, also „weshalb und warum in dieser Weise ich sie [diese Blätter] nun schon durch so manche lange winterliche Nacht mit solchen Zeichen und Bildern fülle" (161f.). Mit Verweis auf einen Spruch von Lessing über seinen eigenen Nachlass, mit dem er nicht mehr unter einem Dach wohnen wollte, wird ein Grund geliefert:

> Mein ganzes Leben lang habe ich mit diesem Velten Andres unter einem Dache wohnen müssen, und er war in Herz und Hirn ein Hausgenosse nicht immer von der bequemsten Art – ein Stubenkamerad, der Ansprüche machte, die mit der Lebensgewohnheit des andern nicht immer leicht in Einklang zu bringen waren, ein Kumpan mit Zumutungen, die oft den ganzen Seelenhausrat des soliden Erdenbürgers verschoben, daß kein Ding anscheinend mehr an der rechten Stelle stand. [... U]nd nun – da er für immer gegangen ist, will er sein Hausrecht fester denn je halten: ich aber *kann nicht länger mit ihm allein unter einem Dache wohnen* (162).

Die *Akten* leisten eine Austreibung von Velten Andres' Geist, der die Krumhardts immer noch heimsucht. Diese Idee eines Exorzismus kommt nicht von ungefähr: Während der Einäscherung des Hausrats bangt Krumhardts Frau Anna um dessen psychische Verfassung; immer wieder fleht sie ihn an, nicht so wie der Freund zu werden; und sie träumt sogar, dass er ein Familienfoto gleich mit einäschert: „[I]ch habe doch noch erst die letzte Nacht geträumt, auch du habest mich mit unserm Jungen – ich meine unsere letzte Photographie – verbrannt wie er die Bilder seiner Eltern" (176).

Durch die Niederschrift der *Akten* möchte Karl Krumhardt Velten Andres aus seinem Haus und seinem Gedächtnis verbannen. Er geriert sich als Assessor, der mittels der Akten die wahren Eigentumsverhältnisse aufdecken und festlegen könne, um eine Zwangsräumung des Freundes aus seinem Leben in die Wege zu leiten. Dabei stellt sich ihm die aporetische Aufgabe, die Eigentumsverhältnisse eines eigentumslosen Menschen zu klären.

Außerdem hat Krumhardt einen konkreten Fall abzuwägen, zu beurteilen und zu entscheiden: den Fall Andres contra Trotzendorff. „Aber pragmatisch, pragmatisch, Karl Krumhardt! Das heißt, referiere dir selber so werkmäßig als möglich, Oberregierungsrat Doctor juris Krumhardt, um dir selber wenigstens deinen Standpunkt in Sachen Andres contra Trotzendorff oder umgekehrt klarzuhalten" (23), ermahnt sich der Erzähler selbst. Um welchen genauen Fall es sich handelt, wird im Text nicht erklärt. Velten ist in die junge Ellen, wie sie genannt wurde, verliebt gewesen und ihr in die Neue Welt nach gereist. Nach deren Hochzeit mit einem Amerikaner ist es für ihn bergab gegangen, und er hat der bürgerlichen Welt den Prozess gemacht. Vor allem das Eigentum wird von Velten, der bettelarm stirbt, angegriffen. Helene, die Frau des „Dollarmillionär[s]" (68), wiederum steht für schnell ausgegebene Geldscheine. Christoph Zeller zieht die Parallele zur langen Verbindung von Schrift und Geld, die von Marc Shell zum ersten Mal formuliert wurde, wenn er sagt, Velten stehe für Literatur oder Poesie und Helene für Geld oder Prosa. Er liest Raabes Text als Auseinandersetzung mit der kapitalistischen Heilsgeschichte:

Velten stehe zugleich für den Teufel, weil er sich dem Konsumgesetz entziehe, und für den Erlöser, weil er sich aufopfere.

Obwohl Zellers Interpretation etwas schematisch angelegt ist, kann man ihm in einem Punkt zustimmen: „Der ‚Realismus' Raabes bezieht sich dann nicht auf eine außerhalb sprachlicher Zeichen liegende Wirklichkeit, sondern auf die Frage nach der Funktion von Zeichen unter den Bedingungen des Marktes" (Zeller 2013, 101). Diese Frage steht in der Tat im Zentrum von Krumhardts Aufschreibsystem. Immer wieder ermahnt sich der Erzähler selbst und ruft sich das Diktum der ersten Realisten in Erinnerung: „Wohin reißt mich dieses Rückgedenken? Bedenke dich, Oberregierungsrat, Doctor juris K. Krumhardt, und bleibe bei der Sache! Bei der Stange! würde dein Freund Velten zu jener Zeit – unserer Zeit gesagt haben" (AV, 15). Die realistische Schreibweise ist in Auflösung begriffen, insofern die Aufgabe des Assessors, Veltens Lebensweg aktenmäßig aufzuzeichnen, seine Fähigkeiten übersteigt und er vieles „unaktenmäßig in den Akten" (92) stehen hat.

Die *Akten des Vogelsangs* ist ein Oxymoron, und ihre Protagonisten sind mit ihren sprechenden Namen – Velten Andres, Karl Krumhardt, Trotzendorff, Hartleben[249] – Relikte einer Märchenwelt (vgl. Volkov 1995). Anstatt von einem Unbewussten der Ökonomie zu sprechen, wie es Zeller tut, sollte man von der literatur-ökonomischen Funktion von Veltens Entsagung sprechen: der Gabe der Literatur. Diese Gabe ist keineswegs unproblematisch, ja sie stellt eine Bedrohung für Krumhardts Aufschreibsystem dar, das kontaminiert wird vom Vogelsang; sie ist ein vergiftetes Geschenk. Dies schlägt sich im Verhältnis der Rahmenhandlung zur Binnenhandlung nieder. „Zur thematischen Realität [der *Akten*] gehören aber ebenso der Erinnerungsprozeß, in dem sich die Geschichte einer ‚Nachbarschaft' und der drei von ihr ausgehenden Lebenswege gestaltet, und der Prozeß der Aufzeichnung, in der sich der Erinnerungsprozeß niederschlägt" (Preisendanz 1987,212), schreibt Wolfgang Preisendanz. Erzählzeit und erzählte Zeit interferieren periodisch miteinander, wenn der Erzähler seine Erzählung unterbricht, um auf das Sammeln der Aktenstücke aufmerksam zu machen, die ihn und sein Arbeitszimmer zu verschlingen drohen. Das Sammeln und Zusammentragen der Akten sowie ihr Verarbeiten zu einer Erzählung tragen einerseits dazu bei, Distanz zur Vergangenheit aufzubauen, andererseits ziehen sie den Assessor in ihren Bann (vgl. Hahn 1972).

Raabes Text ist auf mehreren Ebenen dialogisch aufgebaut. Darauf weist Preisendanz mit Jan Mukařovsky und Michael Bachtin hin (vgl. Mukařovsky 1967, 115ff.; Bachtin 1979, 358ff.; ders. 1971, 284ff.). Er konstatiert eine mit der

249 Zu den Namen vgl. Roebling 1988, 111ff.

„Interferenz von Erzählzeit und erzählter Zeit" einhergehende Interferenz „von Erinnerung und aktuellem Kontext" (Preisendanz 1987, 212). Vor allem das „Sich-Durchdringen und Sich-Lösen von mehrerlei, wenigstens zweierlei Kontexten" (zit. n. 215), das Mukařovsky als ein zentrales Moment des Dialogs veranschlagt, lässt sich in den *Akten* beobachten. Raabes Text zeichnet sich laut Preisendanz sogar durch einen Doppeldialog aus, der sich aus dem inneren Dialog des Erzählers mit sich selbst und dem inneren Dialog des Erzählers mit den Figuren zusammensetze. Die in Anführungsstriche gesetzte fremde Rede (Veltens) werde in die eigene Rede des Erzählers integriert, und dies erzeuge eine einende Erfahrung. Dadurch werde Dialogizität in Michael Bachtins' Sinne erreicht: „Der Gegenstand ist umgeben und durchdrungen von allgemeinen Gedanken, Standpunkten, fremden Wertungen und Akzenten" (zit n. 219). Die Rede der Figuren in Raabes Geschichte „erscheint nicht allemal einfach als objekthaft dargestelltes Wort" (219f.); „Die ‚Stimmen' der Personen beeinflussen die Rede des Autors; das Wort des Autors wiederum bricht sich im fremden Wortmilieu; die Erzählerrede erhält immer wieder den Charakter der Replik, muß in ihrer Beziehung zum fremden Wort erfaßt werden" (220). Diese Tendenz ist deutlich auszumachen in Raabes Text, ja in einem erinnerten Dialog zwischen dem Erzähler und Krumhardt sprechen beide sogar die Sätze des jeweils anderen zu Ende.[250]

Ich greife ein Zitat von Velten heraus, das besonders wichtig ist für den Text, weil es immer wieder auftaucht. Eines lauen Abends betrachten die drei Freunde vom Osterberg aus (an dessen Fuße sich der Vogelsang befindet) den Sternenhimmel; es fallen viele Sternschnuppen, und jeder wünscht sich etwas; Veltens Wunsch lautet:

> „Dem seligen Diogenes seine Tonne wünsche ich mir", lachte Velten Andres. „Den Heckepfennig, den Däumling und das Tellertuch der Rolandsknappen, den Knüppel-aus-dem-Sack, das Vergnügen, Persepolis in Brand zu stecken, und ein friedliches Ende auf Salas y Gomez. Fallet, ihr Sterne, und winket Gewährung!" (AV, 59).

Es sind zugleich imaginäre Gegenstände und Zitate aus der Literatur. Sie konstituieren ein periphrastisches Sprechen, das sich an der Grenze zwischen eigentlicher und übertragener Rede ansiedelt. Velten, der an die Märchenfigur Hans-im-Glück angelehnt ist, führt mit dem Heckepfennig eine andere Währung ein, die das Portemonnaie nie leer werden lässt, eine poetische

250 „Die Mutter – deine Mutter –", sagt Krumhardt fragend. „Es geht ihr seit acht Tagen nicht zum besten, doch seit gestern –", antwortet Velten, „Hat es sich zum Bessern gewendet?" (AV, 166), sagt wieder Krumhardt.

Währung jenseits der monetären Währung, mit der Velten seine Rede durchsetzt. Manche dieser poetischen Bilder verwandeln sich in wirkliche Begebenheiten; so steckt Velten zwar Persepolis nicht in Brand, das Verheizen seiner Habseligkeiten erinnert aber daran.

Wilhelm Raabes Roman entwirft einen tödlichen Konflikt zwischen ökonomischer Rationalität und romantischer Literatur und wird damit seinem Titel gerecht, der laut Irmgard Roebling die „Spannung von gesetzhaft Verwaltetem und spontan Kreatürlichem" (Roebling 1988, 105) andeutet. Für den romantischen Erzähler zählt Geld nicht, aufgrund seines Mangels an einer kommensurablen Währung, die nicht nur auf seine eigene Subjektivität verweist, scheidet er am Ende aus dem Leben. Viele weitere Beispiele ließen sich anführen für die durch Velten Andres verkörperte Gabe der Poesie, die die Ökonomie von Soll und Haben stört. Karl Krumhardt erscheint laut Roebling „als der, der durch strikte Normenzuweisung zwar *hart*, aber *krumm* gezogen wurde", während Velten Andres „die Position der Alternative [einnimmt]: *Velten Andres* ist für Karl das *gewollte Andere*" (112), insofern die germanische Wurzel ‚welle' in Andres' Vornamen mitschwinge. Velten Andres stehe für eine andere Welt, mit Lacan gesprochen für das *andere Begehren* (vgl. Kap. 10, 229f.), das den Erzähler Krumhardt zu erfassen drohe. Ich kann Roebling und anderen Kommentatoren nicht folgen, wenn sie für dieses andere Begehren, das mal mit der Kindheit, mal mit der Mutterfigur, mal mit dem Märchen oder der Poesie kurzgeschlossen wird, einen utopischen Status reklamieren.

* * *

Veltens Gabe ist eine gewaltvolle Angelegenheit, die nur von der einen Seite eine Gabe darstellt, von der anderen jedoch einen Schuldenmechanismus in Gang setzt. Velten sucht Krumhardt heim, weil sich dieser immer wieder schuldig fühlt, da die „alte Nachbarschaft sich schuldig ist" (AV, 166). Die Schuld, die in Mauss' Begriff der Gabe ausgeklammert ist und die ihre gewaltsame andere Seite ausmacht, ist in jeder Zeile der *Akten* spürbar. Und auch die Gabe der Poesie geht zwangsläufig mit Gewalt einher. Velten Andres, die andere Welt, lebt bald nur noch von der Sprache, isst nicht mehr, vegetiert vor sich hin und wird durch seine Entsagung schließlich dahingerafft. Roebling spricht mit Julia Kristeva und Philippe Sollers von einer ‚Thanatographie', durch die das Subjekt „quer durch die Grenze des väterlichen Namens, das heißt quer durch die symbolische Grenze hindurch" (zit n. Roebling 1988, 105) schreibe und dadurch „Subjekt des Todes" (zit. n. 106) werde. Als Krumhardt die Fechtmeisterin Feucht, die Velten in Berlin beherbergt hat, besucht, erzählt diese ihm die Geschichte von Veltens letzten Tagen: Wie er das Haus nicht mehr verlassen, wie er „den lieben langen Tag und auch manchmal die Nacht durch gelesen" (AV, 200) habe, wie er an einem Herzleiden gestorben sei; sie konstatiert: „Dieser wilde Mensch konnte nicht mehr wollen" (202).

Die einzige Spur, die von Velten bleibt, ist sein Lebensmotto, ein Vers von Goethe, den er an die Wand seines Zimmers bei der Fechtmeisterin Feucht geschrieben hat: „Sei gefühllos! / Ein leichtbewegtes Herz / Ist ein elend Gut / Auf der wankenden Erde" (205), ein Vers, der immer wieder zitiert wird. Helene Trotzendorff, die Velten am Ende seiner Tage gepflegt hat, meint dazu nur, dass der junge Goethe „uns den giftigen Vers gab, den Vers, der unser Leben vergiftet hat!" (209). Um dieses Menetekel zu erhalten, kauft sie das gesamte Gebäude der Fechtmeisterin.

Deutet sich hier eine Synthese an zwischen einer ihres Reichtums überdrüssigen Repräsentantin des Geldes und eines sich den irdischen Dingen versagenden Utopisten, der Goethe-Verse nicht nur las, sondern auch danach lebte? Krumhardt empfindet jedenfalls „nichts von einer Befreiung von der Schwere des Erdendaseins in dieser Leere [von Veltens Zimmer], sondern im Gegenteil den Druck der Materie schwerer denn je auf der Seele" (206). Die Akten, die von Trotzendorff in Auftrag gegeben werden, auf dass Krumhardts Kinder ein abschreckendes Beispiel vor Augen geführt bekommen, werden bald nach Schilderung dieser Szene geschlossen. Sie stellen die Frage nach dem richtigen Leben im falschen *avant la lettre* und beantworten sie negativ. Einzig und allein die Zeit, während derer zerstörerische Zerstörung waltet, entpuppt sich als verrauchte Verschnaufpause von einer kreativ zerstörerischen wirtschaftlichen Wirklichkeit. Anders als die ‚Entsagung' des Kapitalisten, von der bei Marx die Rede ist (vgl. Kap. 10, 227f.), mündet Veltens Entsagung nicht in Produktivitätssteigerung, sondern in die zerstörerische Zerstörung des Willens selbst, in den Tod.

VIERZEHNTES KAPITEL

Ein Potlatsch des Wissens

Bouvard und Pécuchet üben sich wie Velten Andres in zerstörerischer Zerstörung, ohne es allerdings zu wissen oder zu wollen. Diese beiden dilettantischen Protagonisten des nach ihnen benannten letzten Romans von Gustave Flaubert *Bouvard et Pécuchet*, dessen erster unvollendeter Band 1881 posthum erschien, kehren Paris den Rücken und ziehen ins normannische Dorf Chavignolles, um sich dem Landleben hinzugeben. Die beiden Kopisten wollen gärtnern, spazieren gehen, Soireen geben, ihre Pension genießen, sich der Zerstreuung hingeben, vielleicht ein paar Bücher lesen. Was aber als Rückzug aufs idyllische Land beginnt, endet in einer frenetischen Suche nach letztgültiger Wahrheit in sämtlichen Wissensfeldern. Aufgrund einer ersten Wissenslücke in der Landwirtschaft geraten die Protagonisten in ein Labyrinth des Wissens, in dem eine Wissenslücke in einer Disziplin auf die nächste in einem benachbarten Fach verweist. Sie kommen vom Hundertsten ins Tausendste, und da sie wissenschaftliche Werke dilettantisch lesen, finden sie in ihnen nur Widersprüche und Antinomien, die es ihnen unmöglich machen fortzuschreiten und das Wissen unnütz machen. Die Folge davon ist die zerstörerische Zerstörung sämtlichen Bücherwissens.

Bouvard und Pécuchet fungieren in Flauberts letztem Roman als von der *bêtise* geschlagene Aufnahmebehälter des Wissens ihrer Zeit (vgl. Culler 1974, 167f.). Sie lesen die Fachliteratur, als handelte es sich dabei um das Buch der Natur, sie versuchen Gelesenes zu verwirklichen und Wirklichkeit zu lesen, wollen also Lektüre, Perzeption und Praxis fruchtbar miteinander verbinden. Das Bücherwissen lässt sich aber nicht in dieser Weise handhaben, und sobald die Protagonisten in eine Aporie geraten, ermüden sie und nehmen sich das nächstliegende Wissensfeld vor. So mäandern sie durchs westliche Wissen, von der Bodenkunde über die Gartenarchitektur zur Konservierung von Nahrungsmitteln und zur Destillation, von dieser dann zur Chemie usw. Nachdem ihnen ihre Destillationsanlage um die Ohren fliegt, da sie ein Ventil versehentlich geschlossen haben, das Dampf abgelassen hätte, offenbaren sie ihre *bêtise* mit dem Spruch: „C'est que, peut-être, nous ne savons pas la chimie !" (FO, II, 761); die Chemie beschäftigt sich nicht mit dem Phänomen des Dampfs (vgl. Donato 1979, 72), und trotzdem ist der Übergang von einer *téchne* zur anderen gegeben. Flaubert schreibt anderswo über die Arbeit am Text: „[J]'ai une indigestion de bouquins. Je rote l'in-folio" (FC, II, 726), und in Anlehnung an

 | DOI:10.30965/9783846765012_020

dieses Zitat beschreibt Julian Barnes Flauberts unvollendetes letztes Werk als „vomitorium of pre-digested book-learning" (Barnes 2006). Flaubert führt den Inhalt der ca. 1.500 Bücher, die er nach eigenen Angaben zur Vorbereitung gelesen hat,[251] der systematischen, lustvollen Zerstörung zu.

Der Roman, der zunächst von einer Kritik, die ihn an den Maßstäben der realistischen Poetik maß (vgl. Scholler 2006, 134ff.),[252] stiefmütterlich behandelt wurde, geriet ab den 1980ern in den dekonstruktivistischen Blick einer poststrukturalistisch orientierten Literaturwissenschaft. Er wurde als grundlegende Kritik der bürgerlichen *bêtise* gelesen (vgl. ders. 2007, 133f.; Assoun 1999, 117ff.); als skeptizistischer Text, der das naturwissenschaftliche Wissen seiner Zeit diskreditiere (vgl. Revel-Mouroz 1999; Cosset 1999; Bérard 1999); und als intertextueller Bibliotheksroman (vgl. Borges 1979; Donato 1979); Michel Foucault widmete Flauberts Text den Artikel „La Bibliotheque fantastique" (vgl. Foucault 1983).[253]

Selten wurde der Versuch unternommen, den Roman auf den entstehenden Kapitalismus zu beziehen oder spezifischer auf die Funktion und Funktionsweise von Wissensproduktion im industriellen Zeitalter (vgl. Donato 1979; Sprenger 1997). Eine solche Lektüre liegt aber auf der Hand. Auguste Comtes Diktum ‚Savoir pour prévoir, prévoir pour pouvoir!' könnte um den Nenner *‚Pouvoir pour avoir!'* ergänzt werden. Wissen wird im 19. Jahrhundert nicht einfach um seiner selbst willen gesammelt und angehäuft, sondern um die industrielle Innovation anzutreiben, die ‚schöpferische Zerstörung' par excellence (vgl. Schumpeter 1994 [1942], 83; Kap. 13, 263); eine Logik, die laut Marx die Intensivierung der Arbeit ermöglicht, also das Herausschlagen von mehr Gebrauchswert aus einer gegebenen Arbeitszeit, ergo die Akkumulation von mehr Kapital in weniger Zeit.

Es geht Flaubert in meiner Lesart um die zerstörerische Zerstörung dieser gewinnbringenden Logik der Naturwissenschaften, und Bouvard und Pécuchet sind deswegen nicht bloß Figuren, auf die die Leserinnen und Leser herabblicken und über die sie sich mokieren sollen. Obgleich sie ohne jeden Zweifel *bête* sind, sympathisiert man mit diesen heterodoxen Tüftlern, die trotz ihrer vielen Streitigkeiten um Fragen, die ihr Wissen, ihr Können und ihre Intelligenz bei weitem übersteigen, eng befreundet bleiben. Und wie könnte es auch

---

251 „Savez-vous à combien se montent les volumes qu'il m'a fallu absorber pour mes deux bonshommes ? – À plus de 1 500 !" (FC, V, 796), schreibt Flaubert 1880 Edma Roger de Genettes. Zur Textgenese vgl. Einleitung der Pléiade-Ausgabe von René Dumesnil (1952b); Miraux 1999.

252 Ausnahmen bilden Raymond Queneau (1943) und Jorge Luis Borges (1979).

253 Vgl. die Sammelbände zu Flauberts Roman Cogny 1981a; Debray-Genette 1983.

anders sein? Das Wissen, an dem sie sich abarbeiten, lässt sich keiner Synthese zuführen, es hat sich in verschiedene Wissensgebiete und Disziplinen aufgeteilt mit je eigenem Vokabular, je eigenen Fragestellungen, je eigener Methodik. Ein einzelnes Subjekt ist nicht imstande, auf dieses Wissen als Ganzes zuzugreifen, es in sich zu fassen und aufzufassen. Diese Entkoppelung des Subjekts von den Wissenschaften, die ihn umgeben, beeinflussen und einspannen,[254] wird in Flauberts Fiktion aufgehoben und durch ein chaotisches *anything goes* ersetzt. Das Wissen wird nutzlos. Der Potlatsch des Wissens schreibt sich in eine Logik der Gabe ein, die nicht auf Wissensbesitz und Profit beruht, sondern auf Banden der Freundschaft, und das trägt zur Auflösung der Grenzen zwischen Personen sowie zwischen Personen und Sachen bei.

Geben und Nehmen

Bereits zu Anfang des Romans deutet sich an, dass die Freundschaft zwischen Bouvard und Pécuchet ein Geben und Nehmen in Gang setzen wird. An einem drückend heißen Sommertag setzen sich Flauberts „deux bonshommes" (FC, IV, 971) zufällig „à la même minute, sur le même banc" (FO, II, 713) am Kanal Saint-Martin. Die Anfangsszene von Flauberts Buch der Bücher spielt sich am Boulevard Bourdon ab und kann mit Andrew McKennia als Allegorie des Schreibens gelesen werden: ‚Bourdon' bedeute „erreur de composition typographique" (McKenna 1981, 85), und der Kanal, der „étalait en ligne droite son eau couleur d'encre" (FO, II, 713), stehe für die Zeile.[255] Wie ein Buchstabe dem anderen gleicht, gleichen sich die beiden Kopisten in ihren Bewegungen. Sie setzen ihre Kopfbedeckungen gleichzeitig ab, um sich die Stirn zu wischen, und es stellt sich heraus, dass beide Hüte auf ihrer Innenseite die Namen der Protagonisten tragen. Pécuchet merkt dies und spricht seinen Nachbarn darauf an, der, wie er selbst, Angestellter ist und fürchtet, man könne ihm am Arbeitsplatz den Hut entwenden:[256] „Alors ils se considérèrent" (713). Die namenlose Kaste der Angestellten – in diesem Fall der Kopisten, deren eigene Handschrift fremde Worte wiedergibt, – begegnet sich selbst: „L'aspect aimable de Bouvard charma de suite Pécuchet. / Ses yeux bleuâtres, toujours entre-clos, souriaient dans son visage coloré. [...] / Il poussait du bout des

254 Zur Frage der Loslösung des Wissens vom Wissenssubjekt vgl. Roepstorff-Robiano 2015, 195ff.

255 Der Anfangsbuchstabe von Bouvard sei zudem eine graphemische Verdoppelung desjenigen von Pécuchet. Vgl. Mc Kenna 1981, 85.

256 „Mon Dieu, oui, on pourrait prendre le mien à mon bureau!" (FO, II, 713), sagt Bouvard.

lèvres une espèce de sifflement continu“ (714). Der „coup de foudre“ (719) lässt die beiden Kopisten als Individuen hervortreten – mit einem eigenen Gesicht, mit eigenen Kleidern, mit Ticks und Schrullen, beispielsweise dem kontinuierlichen Pfeifen, das aus Bouvards Mund kommt.

Im folgenden Gespräch stellt sich heraus, dass beide über alles fast gleich denken und eine heimliche Sehnsucht nach dem Landleben hegen. „Leurs paroles coulaient intarissablement, les remarques succédant aux anecdotes, les aperçues philosophiques aux considérations individuelles. Ils dénigrèrent le corps des ponts et chaussées, la régie des tabacs“ usw. Sie tauschen Klischees und Gemeinplätze aus, die im *Dictionnaire des idées reçues* stehen könnten (vgl. Kap. 1, 57). Dieser Gedankenaustausch führt dazu, dass „[c]hacun en écoutant l'autre retrouvait des parties de lui-même oubliées“. Anteile ihrer Persönlichkeit, die dem Berufsleben und seinen Zwängen geopfert wurden, treten wie Freuds Unbewusstes in Erscheinung.

In Bezug auf die Form ihres Austauschs und nicht seines Inhalts stellt der Redefluss, in den sie beide geraten, ein Geben und Nehmen der Worte dar, das die Protagonisten in den Bann zieht: „Vingt fois ils s'étaient levés, s'étaient rassis et avaient fait la longueur du boulevard, depuis l'écluse d'amont jusqu'à l'écluse d'aval, chaque fois voulant s'en aller, n'en ayant pas la force, retenus par une fascination“ (FO, II, 715). Diese Faszinationskraft, die sie aufeinander ausüben, hat eine gewaltvolle Seite: „Vous m'ensorcelez, ma parole d'honneur!“ (717), sagt Pécuchet. Mit Iris Därmann kann man von einer „dingliche[n] Fremderfahrung des Anderen“ (Därmann 2010, 22) sprechen, denn „leurs goûts particuliers s'harmonisaient“ (FO, II, 719); und Schüttpelz' Chiasmus der Gabe („*Person wird Sache X Sache wird Person*“ [Schüttpelz 2005, 175]) scheint sich widerzuspiegeln in chiastischen Sätzen wie: „Pécuchet contracta la brusquerie de Bouvard, Bouvard prit quelque chose de la morosité de Pécuchet“ (FO, II, 721). Die dingliche Fremderfahrung des Anderen schlägt sich schließlich im ungewöhnlichen Gebrauch der dritten Person Plural (anstelle der dritten Person Singular) nieder, der die beiden separaten Subjekte geradezu miteinander verschmelzen lässt: „[I]ls se regardèrent avec un tremblement du coin de la bouche et une larme qui roulait dans leurs yeux fixes“ (723). Die grammatikalische Umstandsbestimmung der dritten Person Plural bleibt im Singular, und es könnte scheinen, als teilten sich die beiden Protagonisten einen Mund und eine Träne.

Ein erstes ökonomisches Geschenk des Himmels (also des Autors) verändert dann das Schicksal der beiden Protagonisten, die die Museen von Paris durchschreiten und an Soireen der *Académie* teilnehmen. Dank eines unerwarteten Erbes, das Bouvard von seinem natürlichen Vater erhält, ziehen sie bald ins Dorf Chavignolles, um sich dem Landleben hinzugeben. Insofern stellt sich

Bouvard et Pécuchet als Inversion der Handlung der *Éducation sentimentale* heraus: Frédéric Moreau langweilt sich auf dem Land und benutzt das Erbe seines Onkels, um so schnell wie möglich in die Hauptstadt zurückzukehren und sich seinen Grillen hinzugeben; ein Vorhaben, das in der Enttäuschung mündet (vgl. Kap. 2, 79f.). Die Angestellten hingegen haben das Stadtleben satt, es zieht sie aufs Land. Sie sind bereits enttäuscht, und sie suchen vor allem die Befreiung von ihrem Kopistenberuf, der es ihnen systematisch verbietet, die Sprache als Vehikel eigener Gedanken, Wünsche oder Gefühle zu gebrauchen, und sie dazu verdammt, bereits Gedachtes und Verfasstes mechanisch zu reproduzieren. Sie möchten eine eigenständige Wirklichkeit aus dem Boden stampfen. Zunächst meinen sie sogar, dass sie keine Bücher brauchen, um dieses Ziel zu erreichen: „Eh ! nous n'aurons pas besoin de bibliothèque" (FO, II, 725), ruft Bouvard aus. *Zurück zur Wirklichkeit!* – das könnte der Leitspruch sein, der die beiden Buchstabenmenschen antreibt; ein Leitspruch, den der Roman in keiner Weise erfüllt.

Der ökonomische Rahmen dieser Rückkehr zur vermeintlich verlorenen Wirklichkeit steht im Zeichen einer mehrfach gestaffelten Gabe. Bouvard erhält das Erbe seines leiblichen Vaters, der damit die Schuld der Vernachlässigung seines legitimen Sprosses begleicht. Er teilt dieses Erbe, ohne zu zögern, mit Pécuchet. Dieser wiederum möchte die Gabe nicht annehmen, ohne seinen Teil beigetragen zu haben, und bittet Bouvard, bis zu seiner Pensionierung zu warten; als sie das Haus in Chavignolles kaufen wollen, Bouvard aber nicht bereit ist, den geforderten Betrag zu zahlen, gibt Pécuchet seine Ersparnisse dazu: eine Gabe und eine Gegengabe, beide in Form von Geld, beide *stictu sensu* nicht gleich, das heißt nicht gleich hoch, beide trotzdem äquivalent, weil ohne Pécuchet Chavignolles und das ungestörte Leben auf dem Land nur ein Wunschtraum bliebe. Dieser elliptische Fluss nicht-isometrischer Gaben und Gegengaben entspricht Mauss' Konzeption einer Gabenökonomie (vgl. Kap. 13, 269ff.), obwohl es sich um eine monetäre Transaktion handelt.

Verdorbene Früchte des Wissens

Kritisch könnte man nachfragen, ob diese Gabenwirtschaft sich nicht im Zuge der Übersiedlung nach Chavignolles und der Versuche der beiden Protagonisten, eine funktionierende und ertragreiche Landwirtschaft auf ihrem Gut einzurichten, in eine kapitalistische Wirtschaft des Mehrwerts verwandelt. Als sie ankommen, befinden sich ihre Ländereien in desolatem Zustand, wie der Verwalter, der sich in einer „kyrielle de plaintes" (FO, II, 731) ergeht, ihnen vor Augen führt. Überall fallen Reparaturen an, die Felder tragen wenige Früchte. Aber Pécuchet „rêvait au bord de la fosse, apercevant dans l'avenir des montagnes de fruits, des débordements de fleurs, des avalanches de légumes" (732). Dieser Traum schreibt sich in eine Logik des Mehrwerts ein, gemäß derer wirkliche Früchte Kapitalfrüchte tragen.

Die Episode spielt sich noch vor der Besichtigung des benachbarten protoindustriellen Agrarguts des Comte de Faverges ab, welches laut einigen Kommentatoren Bouvard und Pécuchet als Modell für ihre eigenen Versuche in der Landwirtschaft dient (vgl. Richard 1983; Sprenger 1997). Faverges' Gut befindet sich in einem äußerst gepflegten Zustand. Das Schloss des Grafen steht sauber da, umgeben von einem Rasen, der zu einem kleinen Gewässer führt; hier wird eine Luzerne von Frauen abgeerntet; dort sammeln Männer Roggen. Die Tiere sind schön eingepfercht in Stallungen, deren automatische Vorrichtungen von einem umgeleiteten Fluss angetrieben werden; in der Molkerei stehen Bottiche herum, die bis an den Rand mit Milch gefüllt sind; der Ochsenstall – die „bouverie", „le bijou de la ferme" (FO, II, 735), – beherbergt prächtige Tiere.

Die beiden Protagonisten, die sich in Lobpreisungen ergehen und „se sentaient pris d'une vénération presque religieuse pour l'opulence de la terre" (735), werden von diesem ‚Fruchtbarkeitsraum' (Sprenger) in den Bann gezogen. Ihre eigenen Versuche im Feld der Agronomie gehen jedoch – mal aufgrund ihrer eigenen Inkompetenz, mal aufgrund externer Faktoren – allesamt fehl. An dieser Stelle wenden sie sich den Büchern zu: „Dès le soir, ils tirèrent de leur bibliothèque les quatre volumes de *la Maison rustique*, se firent expédier le cours de Gasparin et s'abonnèrent à un journal d'agriculture" (736). Ohne einen Unterschied zu machen zwischen Fachliteratur und Literatur für Dilettanten und Liebhaber, ziehen sie ihre verqueren Schlüsse aus den Lektüren, beispielsweise: „Partant de ce principe, qu'on ne saurait avoir trop de blé, ils supprimèrent la moitié environ de leurs prairies artificielles"; aber in Ermangelung von gutem Dünger begraben sie Presskuchen, ohne diese zu zerteilen, „si bien que le rendement fut pitoyable" (737). Die Kombination eines Prinzips, das professionelle Landwirte sich zu eigen machen, mit einem Kniff für den Kleingarten stellt eine der zahlreichen *mésalliancen* dar, auf denen keine ertragreiche Bodenkultur gedeihen kann.

Ulrike Sprenger weist darauf hin, dass diese agronomischen Experimente und die anschließende Obstkatastrophe den Übergang markieren, „der Bouvard und Pécuchet von passiven zu aktiven Helden macht; mit dem Gemüse- und Obstanbau beginnen ihre Versuche, Handbuchanweisungen im großen Stil umzusetzen, also Text zur Produktion von Wirklichkeit zu nutzen" (Sprenger 1997, 86). Die Protagonisten gehen damit als Leser den Wirklichkeitseffekten von Texten auf den Leim. Von Anfang an wollen sie Gedankengänge aus Büchern direkt verwirklichen und verwüsten dadurch nur die Realität. Eine in ihre paradigmatischen Elemente zerteilte Sprache lässt sich nicht für die Wirklichkeit eintauschen, die Romanwelt entpuppt sich in diesem letzten Werk als Ansammlung von Gemeinplätzen.

Für Jean-Pierre Richard, der Bouvards und Pécuchets misslingende Versuche der funktionierenden Landwirtschaft des Comte de Faverges schematisch gegenüberstellt, zeichnet sich die Landwirtschaft der beiden Dilettanten durch Fragmentierung und Chaos eines enzyklopädischen Wissens aus,[257] das sich laut Eugenio Donato und Michel Foucault in die Episteme der Repräsentation einschreibt. Dieses Wissen, das laut Donato im Zeitalter der Thermodynamik ausgedient hat, scheitere nicht an textinternen Maßstäben, sondern an der entropischen Natur selbst, insofern räumliche Ordnungsmuster zusammenbrechen, sobald sie in einen sich über die Zeit entfaltenden Bewegungsablauf (oder in eine Romanhandlung) integriert werden.[258] „Damit ist bereits *ex negativo* das Prinzip ihres Scheiterns formuliert: Es gelingt ihnen nicht, enzyklopädische Ordnungen auf übergeordnete Funktionsprinzipien zu übertragen, ein Paradigma in ein Syntagma zu überführen und zur Vermehrung zu bringen" (86). Wenn dies stimmt, dann würden Bouvard und Pécuchet bloß dazu dienen, das herrschende thermodynamische Paradigma zu bestätigen, und die Literatur wäre als eigenständige Wissensform überflüssig.

Zwar ist nicht zu leugnen, dass Pécuchet in seinem Gemüsegarten „passait [...] des heures délicieuses à éplucher les graines, à écrire des étiquettes, à mettre en ordre ses petits pots". Dieses Prozedere erlaubt es ihm aber, eine andere Subjektivität auszubilden, die ihn mit seinem Objekt verschmelzen lässt: „A mesure qu'elles [les plantes] verdissaient sous l'eau qui tombait en pluie fine, il [Pécuchet] lui semblait se désalterer et renaître avec elles" (FO, II, 738). Pécuchets Verpflanzlichung nützt nichts, aus dem einen oder anderen Grund gehen alle Pflanzen ein: „Mais la couche fourmilla de larves [...]. Les boutures ne reprirent pas, les greffes se décollèrent, la sève des marcottes s'arrêta [...]. L'abondance de la gadoue nuisit aux fraisiers, le défaut

257 Richard 1983 liest Flauberts Text durch die psychoanalytische Brille. Für ihn steht der Überfluss des Guts von Faverges für einen libidinösen Mutter-Raum, den die sterile Zerteilung von Bouvard und Pécuchet nicht herstellen könne: „Fragmentation, claustration : voilà donc deux des destinées négatives" (189) des Romans. Eine Kritik dieser Lesart findet sich in Sprenger 1997.

258 Im Unterschied zu Foucault ist für Donato 1979 das Paradigma der Bibliothek beziehungsweise der Enzyklopädie nicht maßgeblich für den Roman, sondern das übergeordnete Paradigma des Museums. Er hält dafür, dass Bouvard und Pécuchet ein Museum errichten, das in ein Sammelsurium oder ein *bric à brac* heterogener Elemente zerfällt. Diese Elemente können nicht qua Metonymie oder Metapher in eine höhere Ordnung aufgenommen werden. Vgl. 72ff.

de pinçage aux tomates“ (738f.). Und auch seine Versuche mit allen möglichen Pfropfungsverfahren lassen den Garten in seine Bestandteile zerfallen: „[G]reffes en flûte, en couronne, en écusson, greffe herbacée, greffe anglaise“ (738). Hier wie anderswo droht Flauberts Erzählung in ihre semantischen Bestandteile zu zerfallen: „Die auf allen Ebenen durchgespielte Parodie enzyklopädischen Wissens erfaßt auch die Darstellung selbst: Er-zählen erscheint als Auf-zählen“ (Sprenger 1997, 102). Die parataktisch fortschreitende Erzählung, die sich immer wieder in ihre paradigmatischen Bestandteile auflöst und zur Aufzählung verfällt, schildert das wiederholte Scheitern der beiden Kleinbürger im Gartenanbau.

Dass diese Wirtschaftsweise nicht ertragreich ist, überrascht nicht. Pécuchet gibt sich dem „délire de l'engrais“ hin, indem er alle möglichen und unmöglichen Dinge kompostiert: „[D]es branchages, du sang, des boyaux, des plumes, tout ce qu'il pouvait découvrir“ sowie „la liqueur belge, le lizier suisse, la lessive, des harengs saurs, du varech, des chiffons“. Selbst der eigene Urin darf nicht verschwendet werden. An dieser Stelle offenbart sich wieder die ökonomische Logik: „A ceux qui avaient l'air dégoûté, il disait: / – Mais c'est de l'or ! c'est de l'or !“ Weit gefehlt, wer glaubt, dass sich das mit diesem Gold gedüngte stinkende Getreide in Geld verwandeln ließe: „Le colza fut chétif, l'avoine médiocre, et le blé se vendit fort mal“ (FO, II, 741). Der Rest des Getreides wird von einem Feuer pulverisiert, das einen Schober erfasst. Die 20.000 Francs, die anfangs investiert worden sind, begraben Bouvard und Pécuchet in diesem Experiment, am Ende bliebt ihnen ein Defizit von 33.000 Francs.

Sie sehen sich gezwungen, ihre Ländereien zu verkaufen und sich auf den Obstanbau zu konzentrieren. Wieder herrscht eine ökonomische Logik vor, sie möchten mit den Erträgen ihr Defizit abbauen, wie Pécuchet andeutet:

> Nous devrions nous livrer exclusivement à l'arboriculture, non pour plaisir, mais comme spéculation. Une poire qui revient à trois sols est quelquefois vendu dans la capitale jusqu'à des cinq ou six francs ! Des jardiniers se font avec des abricots vingt-cinq mille livres de rentes ! [...] C'est une belle industrie, tu en conviendras ! Et qu'est-ce que ça coûte ? des soins, du fumier, et le repassage d'une serpette ! (746).

Bouvard und Pécuchet träumen von Früchten, die Kapital-Früchte tragen. Ein Sturm macht ihnen dieses Mal einen Strich durch die Rechnung.[259] Die Pointe liefert Bouvard: „Tu verras dans Gasparin que le bénéfice ne peut dépasser le

259 Diese Szene wurde von Ulrike Sprenger einer extensiven Lektüre unterzogen, weshalb ich nicht im Einzelnen darauf eingehe. Vgl. Sprenger 1997, 112f.

dixième du capital. Donc, on ferait mieux de placer le capital dans une maison de banque. Au bout de quinze ans, par l'accumulation des intérêts, on aurait le double sans s'être foulé le tempérament" (749). Der Ackerbau, der Obstanbau, die Viehzucht – all diese landwirtschaftlichen Bereiche lassen sich nicht so einfach in die Logik der Kapitalakkumulation einschreiben; die Früchte des Landes tragen keine Kapitalfrüchte; Marx' Formel G-W-G' wird einer Inversion zugeführt. G'-W-G ist das Resultat: Schulden.

Was ist schiefgegangen? Und warum entsteht der Eindruck, dass alle Versuche der Protagonisten, eine wachsende Ökonomie einzurichten – also einen Kreislauf von Umsatzrendite für investierte Mittel zu etablieren – von vorhinein zum Scheitern verurteilt sind? Warum lässt Flaubert alles vor die Hunde gehen? Und warum setzt er zu diesem Ende Umstände ein, die jenseits der Kontrolle der Protagonisten liegen, beispielsweise ein Feuer oder einen Sturm (vgl. Sprenger 1997, 110ff.)?

Das Augenmerk des Textes wird von der Wirklichkeit zu wissenschaftlicher Fachliteratur verschoben, denn die Protagonisten können ihre Landwirtschaft nicht betreiben, ohne auf Letztere zurückzugreifen. Dies ändert grundlegend die Struktur ihres Wirklichkeitsbezugs. Vormals hatten sie Texte kopiert, also bloß vorgefertigte Ausdrücke reproduziert; dazwischen hat sich die Phase einer Tuchfühlung mit der Wirklichkeit ohne Bücher geschoben; bald wird diese wiederum abgelöst vom Versuch, wissenschaftliche Richtlinien zur Anwendung zu bringen, das heißt von einer Bewegung vom Text zur Wirklichkeit. Bei aller Lust am Wissen interessiert die beiden Dilettanten nur eine Frage: Wie kann diese oder jene Aussage nutzbar gemacht werden, das heißt wie lässt sich diese oder jene Leitlinie verwirklichen? Die Richtlinien werden der Natur zu rigoros übergestülpt. Diese grob vereinfachende Prozedur lässt sich bereits im Versuch, die protoindustrielle Landwirtschaft des Comte de Faverges eins-zu-eins nachzubilden, erkennen. Bouvard und Pécuchet reißen Elemente dieser Wirtschaft aus ihrem Kontext (beispielsweise eine Kuhherde, Schafe, Schäfer, Planen etc.), reißen also Paradigmata aus ihren syntagmatischen Reihen und integrieren diese nicht in einen Produktions*prozess*, den mehr als seine Elemente ausmachten, insofern er sie in eine geordnete Reihe von Ursache und Wirkung einspannte, die zu einem Endprodukt beitrüge. Ihre Beschäftigung mit der Fachliteratur entspricht demselben Muster, insofern sie versuchen, dadurch einen Mehrwert aus der Sprache herauszuschlagen, dass sie sie im eigentlichen (und nicht im übertragenen) Sinne lesen, das heißt immer das ‚Eigentum' des Worts anvisieren. Da sie sich jedoch nie die Mühe machen, das Argument der jeweiligen Autorin oder des jeweiligen Autors, sprich die syntagmatische Reihe nachzuvollziehen, bleiben ihnen am Ende immer nur Informationsfragmente, die sie versuchen, direkt anzuwenden. Zumeist landen die beiden literarischen Wissenschaftler im Zuge dieser Prozedur, die dem Unterschied zwischen Büchern und Wirklichkeit nicht eingedenk ist, beim Prinzip des ausgeschlossenen Dritten (vgl. Donato 1993, 56): „Ils se consultaient mutuellement, ouvraient un livre, passaient à un autre, puis ne savaient que résoudre devant la divergence des opinions. / Ainsi pour la marne, Puvis la recommande ; le manuel Roret la combat" (FO, II, 740). Der Satz vom ausgeschlossenen Dritten – die von der Logik postulierte Unmöglichkeit, dass etwas gleichzeitig der Fall und nicht der Fall ist, – führt die beiden Helden immer wieder in Glaubenskrisen: „N'ayant pu la comprendre, ils n'y croyaient pas" (770); immer wieder ergreifen sie Zweifel über bestimmte Aussagen verschiedener Autorinnen und Autoren, die sich widersprechen, oder Aussagen, die sich in der Wirklichkeit nicht verifizieren lassen. Die erste Antinomie führt zu unzähligen weiteren Aporien.

Bouvard et Pécuchet ist nicht einmal ein Anti-Bildungsroman (wie *L'Éducation sentimentale*). Er ist keine Kritik eines bestimmten bürgerlichen Wissens-Paradigmas, sondern vielmehr die Funktionskritik eines Wissens, das sich einem ökonomischen Dispositiv andient. Eine Kritik ganz im Sinne Jean-François Lyotards Kritik dessen, was er die ‚condition postmoderne' nennt:

> [O]n sait comment en normalisant, miniaturisant et commercialisant les appareils, on modifie déjà aujourd'hui les opérations d'acquisition, de classement, de mise à disposition et d'exploitation des connaissances. [...] / Dans cette transformation générale, la nature du savoir ne reste pas intacte. Il ne peut passer dans les nouveaux canaux, et devenir opérationnel, que si la connaissance peut être traduite en quantités d'information. [...] / Ce rapport des fournisseurs et des usagers de la connaissance avec celle-ci tend et tendra à revêtir la forme que les producteurs et les consommateurs de marchandises ont avec ces dernières, c'est-à-dire la forme valeur. Le savoir est et sera produit pour être vendu, et il est et sera consommé pour être valorisé dans une nouvelle production : dans les deux cas, pour être échangé. Il cesse d'être à lui-même sa propre fin, il perd sa „valeur d'usage" (Lyotard 1985, 12ff.).

Bouvard und Pécuchet scheitern an der Quantifizierung nichtquantifizierbaren Wissens in Form von fragmentarischen Informationsbits. Weder Tausch- noch Gebrauchswert schlagen sie aus dem Wissen heraus. Damit wird der Gemeinplatz einer Naturalisierung der Ökonomie *ad absurdum* geführt, also die althergebrachte Vorstellung, dass Natur- und Kapitalzyklen in Einklang miteinander gebracht werden können und müssen (vgl. Kap. 9).

Eine *folie de la raison économique*

Bouvard und Pécuchet verschlingen Bücher und machen das in ihnen vorhandene Wissen unnütz. Irgendwann kommen sie auch auf die Romanliteratur. An dieser Stelle wird Flauberts Text selbstbezüglich und verwirft sämtliche Gattungen und Genres der Literatur; alle früheren Literaturepochen – der Realismus mit eingeschlossen – haben aufgrund ihres Automatismus und Manierismus ausgedient; ja es scheint, als könne man keinen Roman mehr schreiben, als werde die Form des Romans in diesem Kapitel selbst verworfen. Wieder verstricken sich Flauberts Dilettanten in eine Antinomie. Romane von Walter Scott und Alexandre Dumas ähneln ihrer Gegenwart zu wenig; Balzacs Texte faszinieren sie gleichzeitig „comme une Babylone et comme des grains de poussière sous le microscope", scheinen ihnen aber weniger zur Belletristik zu gehören und eher „de la statistique ou de l'ethnographie" (FO, II, 829) zu sein. Wenn die Romangattung entweder zu unwahrscheinlich daherkommt oder so wahrscheinlich ist, dass der Roman nicht mehr eine Fiktion darzustellen scheint, was bedeutet dies dann für Flauberts eigenen Roman?

Die jüngere Literaturwissenschaft, die mindestens seit Borges Aufwertung von Flauberts Roman nicht mehr annimmt, dass *Bouvard et Pécuchet* am äußeren Maßstab der realistischen Poetik scheitere, ist geteilter Meinung in der Frage, ob die Protagonisten ihrerseits scheitern (vgl. Scholler 2006, 143ff.; ders. 2007). Mit dieser Frage wird das Problem des Scheiterns – wohl aufgrund der Aufwertung modernistischer Schreibweisen in der zweiten Hälfte des 20. Jahrhunderts – von der Ebene des *discours* auf die Ebene der *histoire* verschoben, also von der Darstellungs- auf die Handlungsebene. Auch auf dieser Ebene ist diese Frage nicht eindeutig zu beantworten. Wie gesagt, wird die Katastrophe im zweiten Kapitel nicht nur durch die falsche Anwendung von (Un)wissen verursacht, sondern auch durch äußere Umstände wie das schlechte Wetter oder die Feuersbrunst.[260] Laut Judith Kauffman und Roselyn Koren trägt dies zur Ironie von Flauberts Text bei, denn die in ihm enthaltenen Argumente führen meistens weder zur Konklusion „r" noch zu „not-r"; „[t]he ironic speaker rejects this yoke. He practices a type of nonconformist discursive strategy that accumulates argumentative values. No conclusion is excluded" (Kauffman/Koren 1990, 205). Auf der Darstellungsebene erzeugt die Tatsache, dass sich die Protagonisten in der Handlung in Widersprüche verstricken, Komik und Ironie.

Zum Beispiel beim „summum de l'art : l'élève du melon". Pécuchet gibt sich dieser Kunst mit Leib und Seele hin:

260 Darauf weisen Donato 1993 (70f.) und Sprenger 1997 (110ff.) hin.

> Il sema les graines de plusieurs variétés dans des assiettes remplies de terreau, qu'il enfouit dans sa couche. [...] Il fit toutes les tailles suivant les préceptes du bon jardinier, respecta les fleurs, laissa se nouer les fruits, en choisit un sur chaque bras, supprima les autres, et dès qu'ils eurent la grosseur d'une noix, il glissa sous leur écorce une planchette pour les empêcher de pourrir au contact du crottin. Il les bassinait, les aérait, enlevait avec son mouchoir la brume des cloches, et si des nuages paraissaient, il apportait vivement des paillassons. / La nuit, il n'en dormait pas. Plusieurs fois même il se releva ; et pieds nus dans ses bottes, en chemise, grelottant, il traversait tout le jardin pour aller mettre sur les bâches la couverture de son lit.

Hier ist bereits angedeutet, worin die Komik in Flauberts letztem Roman besteht: Pécuchet macht alles richtig, folgt den Lehren des *Bon Jardinier*, einer Enzyklopädie der Gartenkunst. Trotz oder gerade wegen der buchstabengetreuen Umsetzung dieser Lehren sind die Melonen ungenießbar: „Au premier, Bouvard fit la grimace. Le second ne fut pas meilleur, le troisième non plus [...]." Nun folgt der Grund in Form einer Pointe:

> En effet, comme il avait cultivé les unes près des autres des espèces différentes, les sucrins s'étaient confondus avec les maraîchers, le gros Portugal avec le grand Mogol, et, le voisinage des pommes d'amour complétant l'anarchie, il en était résulté d'abominables mulets qui avaient le goût de citrouille.

Diese Pointe stellt zwar den erneuten Zerfall der Erzählung in eine Aufzählung dar; die Mesalliancen eröffnen aber ein linguistisch doppelbödiges Feld: Der dicke Portugiese hat sich mit dem Großmogul gepaart; die Liebesäpfel machen die Anarchie perfekt. Eine Melonenanarchie wird ausbuchstabiert, die eine Sprach-Anarchie in sich birgt, also eine Freisetzung der Bestandteile des Syntagmas von ihren primären Bedeutungen und ihre Öffnung auf eine andere Lesart hin.[261]

Und nicht immer sind die Helden untröstlich, ja ihr hartnäckiges Weiterwursteln zeugt von Mut: „Les choux les consolèrent. Un, surtout, lui donna des espérances [à Pécuchet]. Il s'épanouissait, montait, finit par être prodigieux et absolument incomestible. N'importe, Pécuchet fut content de posséder un monstre" (FO, II, 739).

Bouvards und Pécuchets buchstäbliche Mesalliancen können als komische Mesalliancen im Bachtin'schen Sinne gelesen werden (vgl. Bachtin 1979, 338ff.; ders. 1971, 284ff.); ihre Monstren machen sie glücklich. Sie säen zudem mit ihren landwirtschaftlichen Versuchen die Saat einer Sprachanarchie, die die Grenzen zwischen Wirklichkeit und Sprache verwischt. Die von Sprenger *in*

261 Flaubert ironisiert damit Gemeinplätze. Vgl. Culler 1974, 185ff.; Kap. 1, 57f.

extenso analysierte Passage des Obstanbaus lässt sich so lesen: Bouvard und Pécuchet „cherchèrent dans leurs livres une nomenclature de plantes à acheter, et ayant choisi des noms qui leur paraissaient merveilleux, ils s'adressèrent à un pépiniériste de Falaise". Die Leserinnen und Leser wissen ab diesem Punkt nicht mehr, welche Passagen sich aus welchem Bücherwissen speisen. „Les formes des arbres étaient d'avance dessinées" (FO, II, 746) – aber nach welchem Plan? Manchmal schneiden sie die Äste ihrer Bäume zu kurz, manchmal lassen sie sie zu lang; aber nach welchem Ratgeber? „Incessamment ils parlaient de la sève et du cambium, du palissage, du cassage, de l'éborgnage" (747).

Ein Sprechen ohne klar zugeschriebenes Subjekt wird entwickelt, das Jean-Pierre Moussaron als Parodie im ursprünglichen Wortsinn auffasst:

> A consulter Bloch et Wartburg : „Emp. du grec *parôidia*, littéral. „chant à côté", c'est à dire „qui imite", il semble bien qu'ici [dans *Bouvard et Pécuchet*] en est réalisée la stricte definition. Par-odie, restitutée dans toute sa puissance d'inquiétante subversion par l'apparition de ce *discours à côté*, qui, jouxtant les deux autres, simule les voix qui leur sont associées : celle du manuel aussi bien que celle du narrateur ou des personnages narrés. *Parodie impersonnelle*, puisque fondée sur la disparition de toute voix propre et identifiable (Moussaron 1981, 99).

Anders als beim Einsatz der freien indirekten Rede, der ein „Schaukeln" (Sprenger 1997, 102) zwischen der Erzähler- und Figurenebene ermögliche und damit eine Zone der ironischen Doppelbödigkeit und Unentscheidbarkeit einrichte,[262] setzt Flaubert laut Moussaron in *Bouvard et Pécuchet* eine weitaus radikalere Erzählperspektive ein: den *discours direct libre*, die freie direkte Rede. Meistens zitiere Flaubert in seinem Werk ohne Anführungszeichen, ein Verfahren, das „l'indétermination de l'origine" (Moussaron 1981, 92) zur Folge habe. Damit werde die für die Wissenschaftssprache zentrale Differenz zwischen annehmendem und angenommenem Diskurs verwischt. Ein *„indécidable généralisé"* werde eingesetzt, das „perturbe gravement la ‚logosphère' du roman"[263] und die Leserinnen und Leser in einen *„brouillard logique"* (94) entlasse. Wie andere Interpreten bezieht Moussaron diese Prozedur auf Motive der Dekonstruktion, beispielsweise auf Derridas Simulacrum oder auf seine *mimésis sans fond* (vgl. 105). Der Diskurs ohne Ursprung hebe zudem die alte Aufteilung zwischen Mythos und Logos auf, indem der Logos – sowieso eine Spielart des Mythos – bei Flaubert wieder in den Mythos integriert werde

---

262 Eine Analyse der (text-)ökonomischen Implikationen dieser Schreibstrategie findet sich in Kap. 1, 53ff.

263 Der Begriff der ‚Logosphäre' kommt von Roland Barthes. Vgl. Barthes 1975, 6.

(vgl. 106).[264] Roland Barthes spricht im Fall von *Bouvard et Pécuchet* von einem „contre-mythique“ (Barthes 1993, I, 848): Wenn der Vorgang der Mythologisierung einen Sprachdiebstahl darstelle, insofern eine x-beliebige Aussage von der Mythe aus ihrem semantischen Kontext gerissen und durch eine ihr fremde mythologische Bedeutungsschicht in Beschlag genommen werde, so bestehe der Vorgang von *Bouvard und Pécuchet* dagegen im Akt des Mythendiebstahls („voler le mythe“ [847]), denn ihr Sprechen setze sich bereits aus mythisierten Inhalten zusammen. Die Eigentumslogik, die in der Wissenschaft am Werk sei, wird laut Moussaron gestört. Er spricht in diesem Sinne von „*inappropriation*“ (Moussaron 1981, 95) und „dépropriation“ (96) oder von „prélèvements fétiches de la parole citée“ (97) und damit implizit von den Urhebern von Gedanken, die in Flauberts Wissenschafts-Streich enteignet werden.

Flauberts Textstrategie geht viel weiter. „Quelquefois Pécuchet tirait de sa poche son manuel ; et il en étudiait un paragraphe, debout, avec sa bêche auprès de lui, dans la pose du jardinier qui décorait le frontispice du livre. Cette ressemblance le flatta même beaucoup. Il en conçut plus d'estime pour l'auteur“ (FO, II, 747). Flauberts Buch der Bücher unterläuft stets die Zuschreibung von Original und Kopie. In der eben zitierten Passage *ist* Pécuchet die Kopie eines Frontispizes; dieses fungiert auf der Darstellungsebene als Zitat. Pécuchet selbst ist auf dieser Ebene das Zitat eines Zitats. Diese Nachahmung des Frontispizes ist in gewisser Weise emblematisch für Bouvards und Pécuchets Vorgehen insgesamt. Sie sind Meister der *imitatio*, der Nachahmung, und beherrschen die *emulatio*, das Nachbilden, keineswegs.[265] Sie wollen die Diskurse sein, nicht verstehen[266] und sind Aufnahmebehälter der Gabe der Literatur. Wie Jacques Neefs, der den Nachlass Flauberts durchforstet und zahlreiche wichtige Aufsätze zur Komposition von *Bouvard et Pécuchet* verfasst hat (vgl. Neefs 2007; ders. 2000), mit Jean Gayon (1998) betont, stellen selbst die Episoden des Scheiterns zu Narrativ geronnene Lektüre seitens Flauberts dar. Im agronomischen Standardwerk von Jules Godefroid, das Flaubert in der Komposition des zweiten Kapitels zurate zog, werden „les fautes typiques qu'auraient pu commettre, dans les années 1840, deux parisiens se lançant dans l'agriculture“ (zit. n. 57f.) beschrieben. Selbst Bouvards und Pécuchets

264 Er argumentiert hier mit Nietzsche.

265 Zur *aemulatio* vgl. Foucault 1966 (*Les mots et les choses*), 34ff.

266 Foucault 1983 sieht in ihren Aktivitäten nur ein Tun, kein Sein; ich würde dagegenhalten, dass sie Tun und Sein verwechseln. Sie werden beispielsweise zu Hypochondern, als sie sich mit der Naturheilkunde beschäftigen; sie verrichten Gymnastikübungen aus dem Buche und verletzen sich; und Pécuchet kasteit sich selbst mit einer Peitsche während seiner christlichen Phase.

Scheitern hat eine Vorlage. Das gilt im Übrigen auch für das Landgut des Comte de Faverges, das alleine deswegen schon, wie Sprenger betont, nicht als außertextuelles Ideal einer funktionierenden Text-Welt-Beziehung angepriesen werden kann, wie Richard vorschlägt (vgl. Bernheimer 1974; Scholler 2007; ders. 2006).

Ulrike Sprenger zieht aus dieser Gemengelage (text-)ökonomische Schlüsse: Während der *discours indirect libre* trotz des Effekts der Verwischung zwischen der Erzähler- und Figurenperspektive immer an ein „subjektives Sprechen gebunden" bleibe, ermögliche „die Inszenierung direkter Rede immer wieder eine völlige Abkoppelung des Textes von jeder subjektiven Wahrnehmungs- oder Redeinstanz" (Sprenger 1997, 98). Sprenger erkennt darin auf der Ebene der Text-Ökonomie ein produktives Moment, das den entropischen Energieverlust in Flauberts letztem Werk, auf den Donato hinweist (vgl. Donato 1993, 72ff.), konterkariert:

> Der in Handbuchlektüren und Phantasien Bouvards und Pécuchets inszenierte „discours direct libre" [...] sprengt sowohl den diskursiven Zusammenhang der Zitatbruchstücke untereinander als auch deren pragmatische und narrative Einbettung. Der Text muß hier nicht mehr gegen eine ständig drohende Kontamination durch das Klischeezitat anarbeiten, das es perspektivisch subtil zu ironisieren gilt, sondern die perspektivisch ungebundene Montage erlaubt Zitatgenuß ohne Reue: In der inszenierten Zerstörung des Diskurses kann das Zitat ohne Gefahr einer Identifikation sprachlich aufgewertet und ästhetisch genossen werden. Die darstellende Ebene vollzieht dabei eine komplexe Gegenbewegung zu der Opposition von produktiver Idylle und zerstörerischer Katastrophe auf Handlungsebene: Dem unproduktiven Chaos auf Handlungsebene gewinnt der Text durch das signifikatenorientierte, sich aus dem Erzählsyntagma lösende Montageverfahren ein produktives Chaos ab, das auf sprachlicher Ebene jene Ernte einfährt, die den Helden verwehrt bleibt (Sprenger 1997, 108f.).

Sprenger weist die Plausibilität dieser These anhand zahlreicher Passagen nach, die ich in diesem Rahmen nicht zitieren werde: Die schrullige Schönheit der Namen des Obsts, das vom Sturm von den Bäumen gerissen wird, werde von seiner Aufzählung hervorgehoben; das Feuer des Weizenschobers verwandele sich in ein Volksfest, und die Dorfbewohner wärmen sich an ihm;[267] schließlich führt Sprenger auch die bereits zitierte Episode des Düngerdeliriums an (vgl. 91f).

267 Für Donato 1993 (70ff.) ist die Wärme ein Zeichen für thermodynamische Irreversibilität; für Richard 1983 hingegen ein libidinöses Phantasma Flauberts.

Das sind alles negative Effekte auf der Handlungsebene, die – zum Teil über interpretative Taschenspielertricks – zu positiven Effekten umgemünzt werden. Gibt es auch eine positive Vision der Ökonomie in *Bouvard et Pécuchet*?

Alles ist Text im Buch der Bücher *Bouvard et Pécuchet*. Der Text, der auf eine vermeintliche Wirklichkeit transparent zu sein scheint, hat eine Reihe von Intertexten, von denen er sich herschreibt; das Nachbilden und Nachahmen von Textwissen hat einen anarchischen Subtext. Bouvard und Pécuchet scheitern nur auf der Ebene der *histoire*, auf der Ebene des *discours* stellt sich ihr Scheitern als Potlatsch oder als Opfergabe des Wissens dar, im Zuge derer dieses Wissen seiner Nützlichkeit entledigt wird, um zu jenem mythischen, sprachlichen und lautlichen Material zu mutieren, aus dem es vermutlich hervorging. Sprenger bezieht ihre Interpretation auf die Kulturtheorie von Cornelius Castoriadis, nach der jedem Diskurs ein vordiskursives chaotisches Moment innewohnt (vgl. 115ff.).

Flauberts Roman lässt sich auch auf Mauss' Gabe beziehen. Die in Flauberts Roman zur Schau gestellte „dissémination sans rétour" (Derrida 1991, 130) kann mit Derrida/Mauss als *folie de la raison économique* gelten, genauso wie der von Mauss' beschriebene Potlatsch, der bereits zitiert wurde:

> La consommation et la destruction y sont réellement sans bornes. Dans certains potlatch on doit dépenser tout ce que l'on a et ne rien garder. C'est à qui sera le plus riche et aussi le plus follement dépensier. […] Dans un certain nombre de cas, il ne s'agit même pas de donner et de rendre, mais de détruire, afin de ne pas vouloir même avoir l'air de désirer qu'on vous rende. On brûle des boîtes entières d'huile d'olachen (candle-fish, poisson-chandelle) ou d'huile de baleine, on brûle les maisons et des milliers de couvertures ; on brise les cuivres les plus chers, on les jette à l'eau […] (Mauss 1923, 46ff.).

Auch in *Bouvard et Pécuchet* wird alles der Zerstörung anheimgegeben, angefangen mit den verdorbenen Früchten des Wissens, die aus dem Boden sprießen. Unter diesen Umständen lassen sich keine Kapitalfrüchte erwirtschaften. Weder aus dem Wissen noch aus dem Kapital kann ein Fruchtgenuss gezogen werden.

Indem sie die Elemente wissenschaftlicher Aussagen falsch lesen, falsch verstehen und falsch übersetzen und zusammensetzen, werden die Protagonisten zu Medien der systematischen Störung ihrer Wirklichkeitseffekte und machen sie damit nutz- und ertraglos im Kontext des Produktionsprozesses. Während dieser Potlatsch des Wissens gemäß dem ursprünglich geplanten Untertitel des Werks vom doppelten „défaut de méthode dans l'étude des connaissances humaines" auf der Handlungs- und Darstellungsebene kündet, öffnet er Tür und Tor für eine andere (Text-)Ökonomie. Flauberts Roman entwickelt eine episodische, spannungslose, horizontale Erzählweise ohne jegliche Entwicklung, einen konstanten Prozess des Aufbrauchens von Ressourcen, Kraft, Wissen, Können und Intelligenz. Die Handlung wird dadurch entfesselt und entfaltet sich episodisch, assoziativ und rhizomatisch. An die Stelle der Identität tritt die Dialogizität; die Logik von Entwicklung und Bildung zerfällt in unverbundenen und unverbindlichen Episoden; das Syntagma wird aufgebrochen und in seine Bestandteile aufgelöst, und die strenge Logik von Ursache und Wirkung weicht dem freien Spiel der Assoziationen. Flauberts Roman stellt sich als entropische Erzählung eines endgültigen Energieverlusts dar und verhindert damit jegliche Rentabilität zugunsten einer reinen Gabe an die Leserinnen und Leser.

Trotz oder gerade wegen all dieser Verwerfungen des Wissens kommt es zu keinerlei Verwerfungen zwischen den Protagonisten. Das freundschaftliche Band zwischen ihnen löst sich nicht auf, ja es wird sogar immer enger geschnürt, je mehr auf Wahrheit verzichtet wird. „Die unhinterfragte Zweisamkeit der Figuren wäre mit Castoriadis als jene verlorene ‚primordiale Einheit' zu verstehen, die den Ausgangspunkt der imaginären Bewegung bildet" (Sprenger 1997, 118). Diese in Form einer fiktionalen Utopie gefasste ursprüngliche Einheit erinnert an Mauss' Gabe, die Eigentümer voneinander nicht abgrenzt, sondern eine Ent-Grenzung zwischen Individuen und zwischen Personen und Sachen in Aussicht stellt.

Dies lässt sich an den verschiedenen Variationen auf Bouvards Eigennamen in Flauberts Text ablesen. Während die *bouverie* – der die Tiere zugunsten eines Produktionsprinzips einpferchende Ochsenstall – das Herzstück der Landwirtschaft von Monsieur de Faverges bildet, ist die *Bouvarine* – eine Synthese aller Schnäpse – das Herzstück von Bouvards und Pécuchets Versuchen. Dieser Likör der Liköre gleicht dem Buch der Bücher, das Flaubert schreibt; es vereinigt und vermischt alle Varianten der Liköre in sich, wie Flauberts Buch alle Varianten eines spezifischen Wissens durcheinanderwirft:

> Enfin ils rêvèrent *une crème* qui devait enfoncer toutes les autres. Ils y mettraient de la coriandre comme dans le kummel, du kirsch comme dans le marasquin, de l'hysope comme dans la chartreuse, de l'ambrette comme dans le vesperto, du *calamus aromaticus* comme dans le krambambuly ; et elle serait colorée en rouge avec du bois de santal. Mais sous quel nom l'offrir au commerce ? car il fallait un nom facile à retenir et pourtant bizzare. Ayant longtemps cherché, ils décidèrent qu'elle se nommerait la „Bouvarine" (FO, II, 759f.).

Es handelt sich hierbei um eine *mélange* nicht unähnlich der Melange zwischen Personen und Sachen, die laut Schüttpelz so zentral in Mauss' Gabentausch ist. Auf der Darstellungsebene leitet sich *Bouvarine* von *Bouvard* ab, lässt also keine strenge Opposition zwischen Person und Sache zu; und auf der Handlungsebene werden die Likörsorten miteinander vermischt; am Ende wird die *Bouvarine* getrunken und von den Protagonisten wieder einverleibt; ein ekelerregender Vorgang.

Die Parallele, die in diesem Kapitel zwischen Mauss und Flaubert gezogen wurde, sollte nicht in den Verdacht des Anachronismus geraten. Dieses abschließende Kapitel hat eine fiktionale Begegnung von Flaubert und Mauss inszeniert, die zeigen soll, wie schwierig es für Autorinnen und Autoren in der Epoche des Realismus ist, dem ‚kapitalistischen Realismus' (Mark Fisher) eine andere Poetik entgegenzusetzen. Eine weitere Parallele lässt sich indessen zwischen Mauss' und Flauberts Text ziehen: Beide Texte sind Texte über Texte. Als bekennender *armchair anthropologist* trug Mauss zusammen mit den Kolleginnen und Kollegen seines Instituts das ethnographische Wissen, das sich über die Jahrhunderte der Kolonisierung angesammelt hatte, zusammen und destillierte daraus eine übergreifende Logik der Kulturen: eine Ethno*logie* oder Anthropo*logie*. Wie Erhard Schüttpelz formuliert, sollte sich dabei im Spiegel des ‚Primitiven' eine Kritik des Römischen Eigentumsrechts und des Kapitalismus gewinnen lassen. Auch Flaubert kritisiert ein kapitalistisches Wissensdispositiv, wenn er auf die Form des Schelmenromans zurückgreift, von jeher ein Genre, das dem Nicht- oder Unwissen seiner Figuren subversive Pointen abgewann.

René Girard meint, dass der ständige und systematische Einsatz der Aporie in Flauberts letztem Roman das mimetische Begehren – das durch Geld vermittelte Begehren andere nachzuahmen – *ad absurdum* führe. In Flauberts Roman finden die Vermittlungen über die Figuren selbst statt, die antinomisch vorgehen und in Aporien geraten:

> Dans ce dernier roman, la pensée moderne perd ce qui lui restait de dignité et de force en perdant la durée et la stabilité. Le rythme des médiations se précipite. Idées et systèmes, théories et principes s'affrontent par paires opposées, toujours négativement déterminées. Les oppositions sont dévorées par la symétrie. Elles ne jouent plus qu'un rôle décoratif. L'individualisme petit-bourgeois s'achève par l'apothéose buffonne de l'Identique et de l'Interchangeable (Girard 1961, 157).

Girard sieht darin nur eine negative Logik am Werk. Aber auch die Rivalität zwischen den beiden verpufft in diesem Verschmelzungsprozess, sie werden zu indifferenten Durchgangsstationen heterogener Aussagen. Deswegen hat Foucault nicht recht, dass Bouvard und Pécuchet (im Unterschied zum Heiligen Antonius aus Flauberts früherem Werk) ihren Glauben an die Wissenschaft nie verlieren und damit immer nur tun wollen, nie sind: Pécuchet wird ja zum Frontispiz, er wird zur Pflanze, die wächst, und die beiden Helden werden zu Archäologen etc. Nicht erst die Rückkehr zum Kopieren („car copier, c'est ne rien *faire* ; c'est *être* les livres qu'on copie" [Foucault 1983, 121]) lässt die Grenzen zwischen Lesen und Sein verwischen. Bouvard und Pécuchet verwirklichen jede Lektüre und werden dabei zu dem, was sie lesen oder was Flaubert gelesen hat. Im Zuge dieses Buchstabe-Werdens verlieren sie zwar den Glauben an das Mittel, also an die Sprache, aber nicht an ihren dialektischen Bund, der sie schließlich in der Gleich-Gültigkeit, das heißt im Fehlen jedweden Maßes, der Rückkehr zum Kopieren entlässt: „*Copier comme autrefois*" (FO, II, 987).

* * *

Flauberts Gegenentwurf zum ‚kapitalistischen Realismus' bestünde zusammenfassend in der Etablierung einer symmetrischen Beziehung zwischen den Dilettanten Bouvard und Pécuchet. Anstelle der Rivalität wird Symmetrie gesetzt. Damit geht auch eine andere Ökonomie der Gegenseitigkeit einher, die Karl Polanyi vor allem in Kulturen ohne Schriftsystem am Werk sieht:

> Reciprocity is enormously facilitated by the institutional pattern of symmetry, a frequent feature of social organization among nonliterate peoples. The striking „duality" which we find in tribal subdivisions lends itself to the pairing out of individual relations and thereby assists the give-and-take of goods and services in the absence of permanent records (Polanyi 2001 [1944], 51).

Flauberts Protagonisten entwickeln eine radikal andere Schriftkultur als diejenige, die die Voraussetzung bildet für ein ‚entwickeltes' Wirtschaftswesen, das auf zumeist verschriftlichte monetäre Mechanismen wie Kredit, Lohn und Kapital angewiesen ist. Neben dieser Gegenseitigkeit üben sie sich auch in der Umverteilung ihrer Güter, ein weiteres Markenzeichen vorkapitalistischer Gesellschaften. Dadurch, dass sie falsch verstehen, was sie lesen, und es erfolglos in die Praxis umzusetzen versuchen, hebeln sie jene indikativischen Mechanismen der Wahrheitsfindung aus, die mit einer realistischen Auffassung der Sprache und der Schrift einhergehen, und machen die Welt um sich herum opak, unlesbar und unrentabel.

Mit diesem Kapitel ist die vorliegende Arbeit zu Ende. In ihrem letzten Abschnitt wurden Versuche rekonstruiert, dem ‚kapitalistischen Realismus' einen anderen, utopischen Realismus entgegenzusetzen. Da diesen Utopien keine Standardsprache zur Verfügung steht, handelt es sich um Utopien ohne Konturen, um Verneinungen, die jederzeit ins Unsinnige umzukippen drohen. Das Indikativische des literarischen Textes kann nicht darüber hinwegtäuschen, dass diese Versuche einen konjunktivischen Möglichkeitshorizont ausloten, den es eigentlich nicht geben dürfte. Deswegen wollen die Figuren, die sich auf diese Utopien einlassen, eigentumslos sterben, deswegen leben sie abgeschieden vom Rest der Welt, unfähig, sich zu einer Gesellschaft zusammenzuschließen, deswegen fangen sie an, sinnlose oder unsinnige Sätze zu sagen.[268] Ein Wahn, der darin liegt, das Realitätsprinzip der kapitalistischen Gesellschaft kategorisch zu verleugnen, erfasst diese Figuren.

268 Das gilt im Übrigen auch für eine spezifische Figurengruppe, die sich nicht nur im deutschsprachigen, sondern auch im englisch- und französischsprachigen Realismus findet: jüdische messianische Nebenfiguren. In Zolas *L'Argent* gibt es Sigismund Busch, in Eliots *Daniel Deronda* Ezra Mordecai Cohen, in Freytags *Soll und Haben* Bernhard Ehrenthal. Sie alle sind Visionäre, Poeten oder Kritiker der Marktwirtschaft, sie alle siechen dahin und sterben zumeist an Schwindsucht. Es würde sich lohnen, diese Figurengruppe näher zu untersuchen; leider fehlt mir hier der Platz.

Schluss

In völliger Dunkelheit geht ein Mann eine Landstraße entlang. Er friert in seiner dünnen Kleidung und sehnt sich das wärmende Tageslicht herbei, seine Hände tun vor Kälte weh. Der Mann besitzt keinen Groschen. Seit Tagen vagabundiert der Gehetzte von Ort zu Ort in der Suche nach Arbeit, „chassé de Lille, chassé de partout" (RM, III, 1135). Diesem Mann, der am Anfang von Émile Zolas *Germinal* (1885) beschrieben wird, fehlt es an Realität. Er läuft durch eine „nuit sans étoiles, d'une obscurité et d'une épaisseur d'encre" (1133). Sein einziger Lichtblick ist eine Kohlemine, auf die er zufällig stößt, ein „monstre" (1136), das schnauft und „avalait des hommes par bouchées" (1153) und das auch diesen ‚vogelfreien Proletarier' (Marx) bald einverleibt haben wird. Aus der tintenschwarzen Nacht, durch die es kein Durchkommen gegeben hat, geht es in den pechschwarzen Flöz. Die Tinte ist nicht mehr ein amorphes Hindernis, sie kann wieder fließen und nimmt die Form von Buchstaben an, nun kann weitererzählt werden.

Man könnte fragen, wieso sich die vorliegende Arbeit nur auf die Beispiele in der Literatur konzentriert hat, in denen Geld, Kredit und Kapital vorhanden sind. *Bouvard et Pécuchet* (1881 posthum) zählt dazu; Flauberts ‚Utopie' ist die eines privilegierten Bildungsbürgers. Zolas Figur Étienne könnte sich eine derartige Utopie gar nicht erst ausmalen, der ausgemergelte junge Mann sucht einzig und alleine Brot. Seine Geschichte stellt bloß das Negativ jener realistischen Romane dar, die den Klassenkampf auf einen Kampf zwischen finanzstarken Individuen verkürzen, insofern auch hier die Konstitution der Wirklichkeit selbst davon abhängt, dass Finanzmittel auf irgendeine Weise – und sei diese auch anstrengend, demütigend und gesundheitsschädigend – eingetrieben werden müssen. Die menschliche Existenz wird in beiden Fällen auf eine ökonomische Operation reduziert, beziehungsweise wird sie bestimmten Typen von Geld-Transaktionen (seien diese Löhne, Kredite oder Zahlungen) unterstellt.

Der realistische Roman beschreibt diese harte ‚Realität'. „Souffle la chandelle, je n'ai pas besoin de voir la couleur de mes idées" (1148), sagt die Mutter der neunköpfigen Maheu-Familie, deren sämtliche Mitglieder in der

 | DOI:10.30965/9783846765012_021

oben genannten Mine arbeiten, als ihre arbeitsfähigen Kinder und ihr Mann zu ungefähr der Zeit, da Étienne im Dorf angekommen ist, zur Arbeit aufbrechen. Die Farbe ihrer Ideen ist gewiss eintönig, der Familie ist nämlich das Geld ausgegangen, und der Mutter obliegt es, vor der Auszahlung des Lohns am Ende der Woche ein paar Francs bei den reichen Bürgern zu erbetteln; Francs, die sich ebendiese Bürger, folgt man Marx, dank der Mehrarbeit ihrer Arbeiterinnen und Arbeiter einstecken konnten. Bei einem ihrer Nachbarn haben die Maheus sogar sechzig Francs Schulden; trotzdem werden sie ihn um ein weiteres Darlehen bitten.

Zolas Text reduziert in diesem *ciaro-oscuro* alle Interaktionen innerhalb der Familie auf Kämpfe um Ressourcen, Platz und Nahrung. Das Familienleben ist von Reibungen, Streitigkeiten und Sticheleien geprägt – und von Galgenhumor. Die Maheus werden vom Erzähler in ihrem Schlafzimmer heimgesucht: „Des ténèbres épaisses noyaient l'unique chambre du premier étage, comme écrasant de leur poids le sommeil des êtres que l'on sentait là, en tas, la bouche ouverte, assommés de fatigue" (1142). Es handelt sich nicht um Individuen, sondern um einen Haufen, um „cet étouffement chaud des chambrées les mieux tenues, qui sentent le bétail humain." Wie Nutztiere hat sich die Familie in ihr Zimmer gepfercht, in jedem Bett schlafen mehrere Familienmitglieder, eines von ihnen „si chétive pour ses neuf ans, qu'elle [Catherine] ne l'aurait même pas senti près d'elle, sans la bosse de la petite infirme qui lui enfonçait les côtes" (1143).

An Familienzuwachs mangelt es nicht. Zwei „mioches" (1143) und ein Säugling halten sich in dem Zimmer auf. Je mehr Arbeitskräfte vorhanden sind, desto mehr Lohn kann sich die Familie herausschlagen. Die Kehrseite dieser Überlebensstrategie offenbart sich bald: Aus einem Stück Brot und ein bisschen Käse müssen vier Pausenbrote gezaubert werden. Die Dialektik zwischen dem Kinderreichtum und dem Essensmangel schmerzt beim Lesen.

Reibungen bleiben in einem solchen Mikrokosmos auch nicht aus. Sobald die Familie wach ist, fangen kleine Sticheleien an: „Une autre querelle éclata autour de la terrine, les garçons bousculèrent la jeune fille, parce qu'elle se lavait trop longtemps." Die Zeit drängt, die Mine ruft, und jede verplemperte Minute erhöht die Gefahr, entlassen zu werden und den undankbaren Dienst bei der ‚industriellen Reservearmee' (Marx) der Arbeitslosen antreten zu müssen. Auch die Schwester muss untertage. Sie kleidet sich wie ein Junge und hat dann „l'air d'un petit homme, rien ne lui restait de son sexe, que le dandinement léger des hanches" (1145).

Man kennt diesen Kinderreichtum armer Familien, kennt den auf ihnen lastenden Zeitdruck, kennt derartige Reibungen und Querelen, die auf Mangel an Geld zurückzuführen sind, das, wenn es vorhanden ist, als soziales

Schmieröl Reibungen verringern soll, man kennt das letzte Stück Brot, all dies gehört nunmehr – Zola und anderen sei Dank – zum Klischee einer Arbeiterschaft, die als ersetzbares Menschenfleisch gilt, das sich selbst auffrisst, um dann seinerseits vom industriellen Apparat verschluckt zu werden.

Zola gewinnt dieser Lage eine morbide Dimension ab: Der Vater der Familie stellt einen jener kranken Leiber dar, die am Jahrmarkt Aufsehen erregen würden. Er hat mehr als die Hälfte seines Lebens untertage verbracht und trägt den scherzhaften Spitznamen „Bonnemort", da man ihn laut eigener Aussage dreimal halbtot aus der Mine herausgezogen hat („une fois avec tout le poil roussi, une autre avec de la terre jusque dans le gésier, la troisième avec le ventre gonflé comme une grenouille..." [1138]); wenn er spuckt, ist sein Auswurf schwärzer als die Nacht. „C'est du charbon... J'en ai dans la carcasse de quoi me chauffer jusqu'à la fin de mes jours" (1139).

Trotz dieser monströsen körperlichen Aufopferung will keiner der Arbeiterinnen und Arbeiter die Anstellung verlieren. Als die Maheus bei ihrer Ankunft in der Mine am frierenden Étienne vorbeikommen, sagt einer von ihnen zynisch: „Hein ! On pourrait être comme ça... Faut pas se plaindre, tous n'ont pas du travail à crever" (1154). Dies deutet darauf hin, dass Étienne als Warnung fungiert, er ist das Bild des verhungernden Menschen, das den Arbeiterinnen und Arbeitern vorschwebt, wenn sie in Erwägung ziehen, ihr elendes Leben aufzugeben.

Étienne ist, wie jeder Proletarier, überflüssig. Erst als sich die Kunde verbreitet, dass eine Arbeiterin an einer Alkoholvergiftung gestorben ist, kann er diese tote Arbeitskraft ersetzen. Kurz zuvor wäre er fast von einer Leiter erschlagen worden. Zolas Text suggeriert, dass entweder der lebende Tod aufrechterhalten wird oder dass, über kurz oder lang, das Leben erlischt. Und damit stellt er das äußerste Extrem einer Realität dar, die von den meisten realistischen Romanen im 19. Jahrhundert reproduziert wird.

Zolas Roman über Arbeiterinnen und Arbeiter untertage ist, wie gesagt, das Negativ der Texte, die in der vorliegenden Arbeit zentral waren. In ihnen ging es vornehmlich um die Oberschicht, selten kamen Proletarierinnen und Proletarier vor. Das mag damit zu tun haben, dass die meisten Schrifstellerinnen und Schriftsteller, die kanonisch geworden sind, dem Bürgertum entstammten. In dieser Hinsicht bietet das Schaffen von Zola, aber auch das von George Sand oder von Charles Dickens einen globaleren Einblick in die Gesellschaft ihrer Zeit, trotzdem weicht auch ihre Auffassung der Realität nicht von einer materialistischen Definition der Wirklichkeit ab, deren Darstellung zumeist mit tradierten Motiven angereichert wird, um sie entweder wie eine zweite Natur wirken zu lassen oder ihr den Anstrich des Widernatürlichen zu geben. Unwillkürlich schildern Autorinnen und Autoren wie Blazac, Flaubert oder Eliot Verwerfungen der neuen ökonomischen Ordnung, und einige von ihnen wagen es sogar, die Frage zu stellen, ob diese vom Kredit zusammengehaltene Welt die einzige mögliche Welt wäre. Wie ankommen gegen eine Ökonomie, die tatsächlich eingreift in die Wirklichkeit und diese nach ihrer Fasson umbildet? Realistische Romane des 19. Jahrhunderts sagen nicht, dass man das könne, aber sie bieten der heutigen Leserschaft einen Einblick in die Konstitution eines ökonomischen Begriffs der Wirklichkeit. Sein Kredit steht heute noch auf dem Spiel.

Bibliographie

Quellentexte

Aristoteles: *Rhetorik.* A. d. Altgr. übers. v. Franz G. Sieveke. München: Fink 1980 [1515 posthum].

D'Aurevilly, Barbey: *Œuvre critique.* (6 Bde.) Paris: Les Belles Lettres 2005ff.

Balzac, Honoré de: *La Comédie humaine.* Hg. v. Georges Castex. (12 Bde.) Paris: Gallimard (Bibliothèque de la Pléiade) 1976ff.

– *Correspondance.* (5 Bde.) Paris: Garnier Frères 1966ff.

– *Traité de la vie élégante.* Paris: Delmas 1952 [1830].

Baudelaire, Charles: *Œuvres complètes.* Hg. v. Claude Pichois. (2 Bde.) Paris: Gallimard (Bibliothèque de la Pléiade) 1975f.

Bouilhet, Louis: *Œuvres.* Paris: Lemerre 1880.

Brecht, Bertolt: „Der Dreigroschenprozeß. Ein soziologisches Experiment. In: Ders.: *Gesammelte Werke.* Frankfurt/M.: Suhrkamp 1967, Bd. 18.I, S. 139-209.

Carrière, Moritz: „Idealistische und realistische Phantasie". In: Gerhard Plumpe: *Theorie des bürgerlichen Realismus.* Stuttgart: Reclam 1985 [1859]. S. 83-87.

Dumas fils, Alexandre: *La Dame aux Camélias.* Paris: Gallimard 1975 [1848].

Eliot, George: *Daniel Deronda.* New York; London; Toronto: Everyman's Library 2000 [1876].

Flaubert, Gustave: *Correspondance.* Hg. v. Jean Bruno et al (5 Bde.) Paris: Gallimard (Bibliothèque de la Pléiade) 1973ff.

– *Œuvres.* (2 Bde.) Hg. v. Albert Thibaudet u. René Dumesnil. Paris: Gallimard (Bibliothèque de la Pléiade) 1951f.

Fontane, Theodor: „Realismus". In: Gerhard Plumpe (Hg.): *Theorie des bürgerlichen Realismus.* Stuttgart: Reclam 1985 [1853], S. 140-148.

Freytag, Gustav: *Soll und Haben.* München: DTV 1978.

Furtière, Antoine: *Dictionnaire universel, contenant généralement tous les mots françois tant vieux que modernes, et les termes de toutes les sciences et des arts.* Hg. v. Pierre Bayle. (3 Bde.) Den Haag: A. et R. Leers 1690. Verfügbar unter: https://gallica.bnf.fr/ark:/12148/bpt6k3413126b.r=furti%C3%A8re%20dictionnaire?rk=42918;4 (letzter Zugriff am 18. März 2020).

Gogol, Nikolaj: *Das Porträt. Erzählung.* A. d. Russ. übers. v. Ilse Krämer. Zürich: Werner Classen 1946.

Grimm, Jacob; Grimm, Wilhelm: *Deutsches Wörterbuch.* (16 Bde.) Leipzig: Hirzel 1854ff.

Hegel, Georg Wilhelm Friedrich: *Grundlinien der Philosophie des Rechts.* Hg. v. Johannes Hoffmeister. Hamburg: Felix Meiner 1955 [1820].

Keller, Gottfried: *Sämtliche Werke. Historisch-Kritische Ausgabe.* (32 Bde.) Hg. v. Walter Morgenthaler. Zürich: Stroemfeld 1996ff.

Marx, Karl; Friedrich Engels: *Über Kunst und Literatur.* Hg. v. Manfred Kliem. (2 Bde.) Berlin: Dietz 1967.

– *Werke.* (43 Bde.) Berlin: Dietz 1956ff.

de Maupassant, Guy: „Gustave Flaubert“. In: *Œuvres complètes illustrées.* Paris: Libraire de France 1938 [1884], Bd. 15, S. 104-139.

Melville, Herman: *Billy Budd, Bartelby, and Other Stories.* New York: Penguin 2016.

– *The Confidence-Man and Billy Budd, Sailor.* London: Penguin 2012.

Nietzsche, Friedrich: *Jenseits von Gut und Böse. Zur Genealogie der Moral.* Hg. v. Giorgio Colli u. Mazzino Montinari. München: DTV 1999.

Parent-Duchâtelet, Alexandre: *La Prostitution dans la ville de Paris considérée sous le rapport de l'hygiène publique, de la morale et de l'administration.* Bruxelles: Hauman, Cattoir et Ce 1836.

Plumpe, Gerhard: *Theorie des bürgerlichen Realismus.* Stuttgart: Reclam 1985.

Proust, Marcel: *Contre Sainte-Beuve.* Hg. v. Pierre Clarac. Paris: Gallimard (Bibliothèque de la Pléiade) 1971 [1954].

Raabe, Wilhelm: *Die Akten des Vogelsangs.* Berlin: Insel 2010.

Sainte-Beuve: „Gustave Flaubert“. In: Ders.: *Les Grands Écrivans Françaś. Études des Lundis et des portraits classées selon un ordre nouveau. XIX Siècle. Les Romanciers.* Hg. v. Maurice Allem. Paris: Librairie Garnier Frères 1927 [1857], Bd. 16,2, S. 164-250.

Saint-Hilaire, Marco de: *L'Art de payer ses dettes et de satisfaire ses créanciers, sans débourser un sou ; enseigné en dix leçons. Ou Manuel du Droit Commercial, à l'usage des gens ruinés, des solliciteurs, des surnuméraires, des employés réformés et de tous les consommateurs sans argent. Par Feu Mon Oncle, Professeur Emérite. Précédé d'une notice biographique sur l'auteur et orné de son portrait.* Paris: La Librairie Universelle 1827.

– *L'Art de mettre sa cravatte de toutes les manières connues et usitées enseigné et démontré en seize leçons, précédé de l'histoire complète de la cravate, depuis son origine jusqu'à ce jour ; de considérations sur l'usage des cols, de la cravate noire et l'emploie des foulards. Par Le Bon Émile de l'Empésé.* Paris: La Librairie Universelle 1827a.

Smith, Adam: *An Inquiry into the Nature and Causes of the Wealth of Nations.* Edinburgh: Thomas Nelson and Peter Brown 1827 [1776]. Verfügbar unter: https://books.google.de/books?id=rpMuAAAAYAAJ&hl=de&pg=PP9#v=onepage&q&f=false (letzter Zugriff am 18. März 2020).

– Smith, Adam: *Theory of Moral Sentiments.* Strand & Edinburgh: A. Millar; A. Kincaid & J. Bell 1761 [1759].

Stifter, Adalbert: „Der Nachsommer“. In: Ders.: *Werke und Briefe. Historisch-Kritische Gesamtausgabe.* Hg. v. Alfred Doppler u. Wolfgang Frühwald. Stuttgart; Berlin; Köln: W. Kohlhammer 1978ff., Bd. 4.1-4.3.

Thoreau, Henry David: *Walden.* Hg. v. J. Lyndon Shanley. Princeton; Oxford: Princeton UP 2016.

Valéry, Paul: „La Tentation de (saint) Flaubert". In: Ders.: *Œuvres.* (2 Bde.) Hg. v. Jean Hytier. Paris: Gallimard (Bibliothèque de la Pléiade) 1957ff. [1942], Bd. I, S. 613-619.

Zola, Émile: „Le Roman expérimental". In: Ders.: *Œuvres complètes.* Hg. v. Henri Mitterand. Paris: Cercle du Livre Précieux 1968 [1880], Bd. 10, S. 1146-1415.

– *Les Rougon-Macquart. Historie naturelle et sociale d'une famille sous le Second Empire.* (5 Bde.) Paris: Gallimard (Bibliothèque de la Pléiade) 1960ff.

Referenztexte

Abraham, Pierre: *Créatures chez Balzac.* Paris: Gallimard 1931.

Adorno, Theodor W; Horkheimer, Max: *Dialektik der Aufklärung. Philosophische Fragmente.* Frankfurt/M.: S. Fischer 1988 [1944].

Adorno, Theodor W.: *Noten zur Literatur.* Frankfurt am Main: Suhrkamp 2003 [1958].

Agamben, Giorgio: *Bartleby oder die Kontingenz, gefolgt von Die Absolute Immanenz.* A. d. Ital. übers. v. Maria Zinfert u. Andreas Hiepko. Berlin: Merve 1998.

Aglietta, Michel; Orléan, André: *La violence de la monnaie.* Paris: Presses Universitaires (PU) de France 1982.

Ahearn, Edward: *„Using Marx to read Flaubert: the case of Madame Bovary".* In: Will L. Mc Lendon (Hg.): *L'hénaurme Siècle: A Miscellany of Essays on Nineteenth-Century French Literature.* Heidelberg: Carl Winter-Universitätsverlag 1984, S. 73-91.

Annecke, Ute; Mies, Maria; Sauer-Burkhardt, Brunhilde: „Noch tanzt Rumpelstilzchen". In: *beiträge zur feministischen theorie und praxis. Geld oder Leben.* 1985 (15/16), S. 7-18.

Assoun, Paul-Laurent et al: *Analyses & réflexions sur... Gustave Flaubert Bouvard et Péchuchet.* Paris: ellipses 1999.

Auerbach, Erich: *Mimesis. Dargestellte Wirklichkeit in der abendländischen Literatur.* Bern: Francke 1946.

Augart, Julia: *„Die missbrauchten Liebesbriefe:* Zur Austauschbarkeit von Identität, Geschlecht und Gefühl im Medium Brief". In: Hans-Joachim Hahn; Uwe Seja (Hgg.): *Gottfried Keller,* Die Leute von Seldwyla. *Kritische Studien – Critical Essays.* Oxford et al: Peter Lang 2007, S. 193-212.

Bachtin, Michail M.: *Formen der Zeit im Roman. Untersuchungen zur historischen Poetik.* Hg. v. Edward Kowalski u. Michael Wegner. A. d. Russ. übers. v. Michal Dewey. Fankfurt/M.: Fischer 1989.

– *Die Ästhetik des Wortes.* Hg. v. Rainer Grübel. A. d. Russ. übers. v. Rainer Grübel u. Sabine Reese. Frankfurt/M.: Suhrkamp 1979.

– *Probleme der Poetik Dostoevskijs.* A. d. Russ. übers. v. Adelheid Schramm. München: Hanser 1971.

Baecker, Dirk: „Die Beobachtung der Paradoxie des Geldes“. In: Hans-Ulrich Gumbrecht; K. Ludwig Pfeiffer (Hgg.): *Paradoxien, Dissonanzen, Zusammenbrüche. Situationen offener Epistemologie.* Frankfurt/M.: Suhrkamp 1991, S. 174-186.

Baker, Deborah Lesko: „*L'Éducation sentimentale*: Figural Dimensions of Madame Arnoux. In: *Symposium* Frühling 1990 (44/1), S. 3-14.

Barnes, Julian: „Flaubert, C'est Moi“. In: *The New York Review of Books.* 2006 (53/9).

Barnett, Louise K.: „Bartleby as Alienated Worker“. In: *Studies in Short Fiction* Herbst 1974 (11/4), S. 379-385.

Baron, Anne-Marie: „La Double lignée du Père Goriot“. In: *L'Année Balzacienne* 1985 (6), S. 299-311.

Barthes, Roland: *Œuvres complètes.*(5 Bde.) Paris: Seuil 1993ff.

– „Brecht et le discours“. In: *L'Autre Scène* 1975 (8-9).

Bataille, Georges: *Œuvres complètes.* (12 Bde.) Paris: Gallimard 1970ff.

Baubeau, Patrice: „Un modèle économique chez Balzac ? Une relecture de *La Fille aux Yeux d'Or*“. In: Alexandre Péraud: *La Comédie (in)humaine de l'argent.* Lormont: Le Bord de l'Eau 2013, S. 95-128.

Begemann, Christian (Hg.): *Realismus. Epoche – Autoren – Werke.* Darmstadt: Wissenschaftliche Buchgesellschaft 2007.

Benjamin, Walter: *Gesammelte Schriften.* (7 Bde.) Frankfurt/M: Suhrkamp 2013.

Benveniste, Émile: *Le Vocabulaire des institutions indo-européens. 1. Économie, parenté, société.* Paris: Minuit 1969.

Bérard, Marie-Odile: „Savoir et ignorer. ‚Le bout de la terre'“. In: Assoun, Paul-Laurent et al: *Analyses & réflexions sur... Gustave Flaubert* Bouvard et Péchuchet. Paris: ellipses 1999, S. 76-81.

Berman, Carolyn Vellenga: „Undomesticating the Domestic Novel: Slavery and the Creole Woman in British, French and American Fiction“. In: *Dissertation Abstracts International, Section A: The Humanities and Social Sciences,* März 2001 (61/9), S. 3548-3549.

Bernheimer, Charles: „Linguistic Realism in Flaubert's ‚Bouvard et Pécuchet'“. In: *NOVEL: A Forum on Fiction* Winter 1974 (7/2), S. 143-158.

de Biasi, Pierre-Marc: *Gustave Flaubert. Une manière spéciale de vivre.* Paris: Grasset 2009.

– „Gustave Flaubert: L'Éducation sentimentale: Histoire d'un titre“. In: *Magazine Littéraire* April 1995 (331), S. 45-48.

Birch, Thomas D.; Metting, Fred: „The Economic Design of *Walden*“. In: *New England Quarterly: A Historical Review of New England Life and Letters* Dez. 1992 (65/4), S. 587-602.

Blaschke, Bernd: *Der homo oeconomicus und sein Kredit bei Musil, Joyce, Svevo, Unamuno und Céline.* München: Fink 2004.

Blasing, Mutlu: „The Economies of Walden". In: *Texas Studies in Literature and Language: A Journal of the Humanities* 1976 (17), S. 759-775.

Block, Fred: „Introduction". In: Karl Polanyi: *The Great Transoformation: The Political and Economic Origins of our Time.* Boston: Beacon Press 2001 [1957], S. xviii-xxxviii.

Blumenberg, Hans: „Anthropologische Annäherung an die Aktualität der Rhetorik". In: Ders.: *Wirklichkeiten, in denen wir leben. Aufsätze und eine Rede.* Stuttgart: Reclam 1981, S. 104-136.

– „Wirklichkeitsbegriff und Möglichkeit des Romans". In: Hans Robert Jauß (Hg.): *Nachahmung und Illusion. Kolloquium Gießen Juni 1963. Vorlagen und Verhandlungen.* München: Fink 1969, S. 9-27.

Boies, Jack J.: „Existential Nihilism and Herman Melville". In: *Transactions of the Wisconsin Academy of Science, Arts and Letters* 1961 (50), S. 307-320.

Borges, Jorge Luis: „Verteidigung des Romans *Bouvard et Pécuchet*". In: Gustave Flaubert: *Bouvard und Pécuchet.* Zürich: Diogenes 1979, S. 424-29.

Bourdieu, Pierre: *Langage et pouvoir symbolique.* Paris: Seuil 2001 [1982].

– *Les règles de l'art. Genèse et structure du champ littéraire.* Paris: Fayard 1998 [1992].

– „Ökonomisches Kapital, kulturelles Kapital, soziales Kapital". A. d. Frz. übers. v. Reinhard Kreckel. In: Ders. (Hg.): *Soziale Ungleichheiten. Soziale Welt, Sonderheft 2.* Göttingen: Otto Schwartz & Co. 1983, S. 183-198.

– „L'invention de la vie d'artiste". In: *Actes de la recherche en sciences sociales.* März 1975 (1/2), S. 67-93.

Bouvier, René: *Balzac. Homme d'affaires.* Paris: Librairie Ancienne Honoré Champion 1930.

Bouvier, René; Maynial, Édouard: *De quoi vivait Balzac ?* Paris: Deux Rives 1949.

Brantlinger, Patrick: *Fictions of State: Culture and Credit in Britain 1694-1994.* Ithaca: Cornell University Press (UP) 1996.

Braudel, Fernand: *La dynamique du capitalisme.* Paris: Arthaud 1985.

von Braun, Christina: „Können Schulden von der Schuld erlösen?" In: Thomas Macho (Hg.): *Bonds. Schuld, Schulden und andere Verbindlichkeiten.* München: Fink 2014, S. 115-136.

– *Der Preis de Geldes. Eine Kulturgeschichte.* Berlin: Aufbau 2012.

Breithaupt, Fritz: „Homo Oeconomicus. (Junges Deutschland, Psychologie, Keller und Freytag)". In: Jürgen Fohrmann; Helmut J. Schneider (Hgg.): *1848 und das Versprechen der Moderne.* Würzburg: Königshausen & Neumann 2003, S. 85-112.

Breyer, Till: *Chiffren des Sozialen. Politische Ökonomie und die Literatur des Realismus.* Göttingen: Wallstein 2019.

– „Unsichtbare Hand". In: *Merkur. Deutsche Zeitschrift für europäisches Denken.* 2016 (70/804), S. 70-77.

Brunel, Pierre: „Le sublime et le grotesque chez Balzac". In: *L'Année Balzacienne* 2001 (3. F. 2), S. 31-56.

Bürge, Alfons: *Das französische Privatrecht im 19. Jahrhundert – zwischen Tradition und Pandektenwissenschaft, Liberalismus und Etatismus.* Frankfurt/M.: Klostermann 1995.

Campe, Rüdiger: „Die Schreibszene. Schreiben". In: Hans Ulrich Gumbrecht; K. Ludwig Preiffer: *Paradoxien, Dissonanzen, Zusammenbrüche. Situationen offener Epistemologie.* Frankfurt/M.: Suhrkamp 1991, S. 759-772.

Caron, François: *Histoire économique de la France. XIXe – XXe siècles.* Paris: Colin 1981.

Cashill, Jack: *Popes and Bankers: A Cultural History of Credit and Debit from Aristotle to AIG.* Nashville: Thomas Nelson 2010.

Cavell, Stanley: *The Senses of Walden.* New York: The Viking Press 1972.

Cawelti, John G.: *„Some Notes on the Structure of The Confidence-Man"*. In: *American Literature: A Journal of Literary History, Criticism, and Bibliography.* März 1957-Januar 1958 (29), S. 278-88.

Citron, Pierre: „Introduction" (zu *La Maison Nucingen*). In: Honoré de Balzac: *La Comédie humaine.* Hg. v. Georges Castex. Paris: Gallimard (Bibliothèque de la Pléiade) 1977, Bd. VI, S. 315-328.

– „Introduction" (zu *Splendeurs et misères de courtisanes*). In: Honoré de Balzac: *La Comédie humaine.* Hg. v. Georges Castex. Paris: Gallimard (Bibliothèque de la Pléiade) 1977a, Bd. VI, S. 395-424.

– „Introduction" (zu *Gobseck*). In: Honoré de Balzac: *La Comédie humaine.* Hg. v. Georges Castex. Paris: Gallimard (Bibliothèque de la Pléiade) 1976, Bd. II, S. 945-960.

Clemens, Gabriele B. (Hg.): *Schuldenlast und Schuldenwert. Kreditnetzwerke in der europäischen Geschichte 1300-1900.* Trier: Kliomedia 2008.

Cogeval, Guy: „Splendeurs et misères". In: Richard Thomson (Hg.): *Splendeurs et misères. Images de la prostitution 1850-1910.* (Ausstellungskatalog) Paris: Flammarion; Musée d'Orsay 2015, S. 8-11.

Cogny, Pierre: „Flaubert et la qualification de la femme dans *L'Éducation sentimentale*". In: M. Agulhon et al: *Histoire et langage dans „L'Éducation sentimentale".* Paris: Société d'Édition d'Enseignement Supérieur 1981, S. 25-33.

Cogny, Pierre et al: *Flaubert et le comble de l'art. Nouvelles recherches sur* Bouvard et Pécuchet. *Actes du colloque tenu au Collège de France les 22 et 23 Mars 1980.* Paris: CDU et SEDES réunis 1981a.

Cole, Rachel: „At the Limits of Identity: Realism and American Personhood in Melvielle's *Confidence-Man*". In: *NOVEL: A Forum on Fiction.* Sommer 2006 (39/3), S. 384-401.

Corbin, Alain: *Les Filles de noce. Misère sexuelle et prostitution (XIXe siècle).* Paris: Aubier Montaigne 1978.

Cosset, Évelyne: „La quête du savoir comme répresentation du vide des personnages". In: Assoun, Paul-Laurent et al: *Analyses & réflexions sur... Gustave Flaubert* Bouvard et Péchuchet. Paris: ellipses 1999, S. 71-75.

Coste, Didier: „L'Affranchie Par Amour Ou Le Corps Émergent Du Roman Moderne". In: Monique Moser-Verrey et al (Hgg.): *Le Corps romanesque. Images et usages topiques sous L'Ancien Régime*. Québec: PU Laval 2009, S. 619-629.

Culler, Jonathan: *Flaubert. The Uses of Uncertainty*. London: Elek Books 1974.

Czyba, Lucette: *La Femme dans les romans de Flaubert. Mythes et Idéologie*. Lyon: PU Lyon 1983.

Därmann, Iris: *Theorien der Gabe zur Einführung*. Hamburg: Junius 2010.

Debray-Genette, Raymonde et al: *Travail de Flaubert*. Paris: Seuil 1983.

Deleuze, Gilles: *Critique et clinique*. Paris: Minuit 1993.

Deleuze, Gilles; Guattari, Félix: *Capitalisme et schizophrénie. Mille plateaux*. Paris: Minuit 1980.

– *Capitalisme et schizophrénie. L'Anti-Œdipe*. Paris: Minuit 1972f.

Derrida, Jacques: *Donner le temps 1. La fausse monnaie*. Paris: Galilée 1991.

– *De la grammatologie*. Paris: Minuit 1976.

Descharmes, René: *Autour de Bouvard et Pécuchet. Études documentaires et critiques*. Paris: Libr. de France 1921.

Dethloff, Uwe (Hg.): *Europäische Realismen. Facetten – Konvergenzen – Differenzen. Diversités des réalismes européens : convergences et différences. Internationales Symposium der Fachrichtung Romanistik an der Universität des Saarlandes 21.-23. Oktober 1999*. St. Ingbert: Röhrig Universitätsverlag 2001.

Dillman, Richard H. „Thoerau's Humane Economics: A Reflection of Jean-Baptiste Say's Economic Philosophy". In: *ESQ: A Journal of the American Renaissance* 2. Quartal 1979 (25), S. 20-25.

Dölemeyer, Barbara: „Nachwort". In: Karl D. Wolff (Hg.): *Napoleons Gesetzbuch/Code Napoléon. Faksimile Nachdruck der Original-Ausgabe, Straßburg, Levraut, 1808*. Franfkfurt/M.: Stroemfeld 2001.

Donato, Eugenio: „The Museum's Furnace: Notes toward a Contextual reading of *Bouvard et Pécuceht*". In: Josué V. Harari (Hg.): *Textual Strategies: Perspectives in Post-Structuralist Criticism*. Ithaca; New York: Cornell UP 1979, S. 213-238.

Donnard, Jean-Hervé: *Balzac. Les réalités économiques et sociales dans La Comédie humaine*. Paris: Armand Colin 1961.

Dottin-Orsini, Mireille; Grojnowski, Daniel: „Ces femmes qu'on appelle des ‚filles'". In: Richard Thomson (Hg.): *Splendeurs et misères. Images de la prostitution 1850-1910*. (Ausstellungskatalog). Paris: Flammarion; Musée d'Orsay 2015, S. 46-67.

Dove-Rumé, Janine: „Body, Text and Currency in Henry David Thoreau's *Walden*". In: Maurice Slawinski; Galin Tihanov (Hgg.): *New Comparison. A Journal of Comparative and General Literary Studies. „Money"*. Frühlung/Herbst 2003 (35-36), S. 121-130.

Dumesnil, René: „Introduction" (zu *L'Éducation sentimentale*). In: Gustave Flaubert: *Œuvres*. Paris: Gallimard (Bibliothèque de la Pléaide) 1952, Bd. II, S. 11-30.

– „Introduction“ (zu *Trois Contes*). In: Gustave Flaubert: *Œuvres.* Paris: Gallimard (Bibliothèque de la Pléaide) 1952a, Bd. II, S. 575-587.

– „Introduction“ (zu *Bouvard et Pécuchet*). In: Gustave Flaubert: *Œuvres.* Paris: Gallimard (Bibliothèque de la Pléaide) 1952b, Bd. II, S.695-710.

Dupont-Ferrier, Pierre: *Le Marché financier de Paris sous le Sécond Émpire.* Paris: Alcan 1925.

Eisele, Ulf: *Realismus und Ideologie.* Stuttgart: Metzler 1976.

Elias, Norbert: *Über den Prozeß der Zivilisation. Soziogenetische und psychogenetische Untersuchungen.* (2 Bde.) Frankfurt/M.: Suhrkamp 1976 [1939].

Euchner, Walter: *Egoismus und Gemeinwohl. Studien zur Geschichte der bürgerlichen Philosophie.* Frankfurt/M.: Suhrkamp 1973.

Federici, Silvia: *Caliban and the Witch: Women, the Body and Primitive Accumulation.* Brooklyn/NY: Autonomedia 2014 [2004].

– *Revolution at Point Zero: Housework, Reproduction, and Feminist Struggle.* Oakland/CA: PM Press 2012.

Felten, Hans: „Ungeliebte Kameliendame: Zu Alexandre Dumas Fils: La Dame aux Camélias“. In: Hans-Joachim Lope (Hg.): *Aufsätze Zur Literaturgeschichte in Frankreich, Belgien Und Spanien.* New York; Berlin et al: Peter Lang 1985, S. 13-27.

Filatre, Annabel: „Maladies du corps, reflets des maladies de l'âme“. In: Andrée Mansau (Hg.): *Des Femmes. Images et écritures.* Toulouse: PU Mirail 2004, S. 69-80.

Fine, Ben: „Die untote Welt der Mainstream-Ökonomik“. A. d. Engl. übers. v. Philippe Roepstorff-Robiano. In: Till Breyer; Rasmus Overthun; Philippe Roepstorff-Robiano; Alexandra Vasa (Hgg.): *Zeitschrift für Kulturwissenschaften. Monster und Kapitalismus.* 2017 (2), S. 85-99.

– „Development as Zombieconomics in the Age of Neoliberalism“. In: *Third World Quarterly* 2009 (30/5), S. 885-904.

Fisher, Mark: *Ghosts of My Life: Writings on Depression, Hauntology and Lost Futures.* Ropley: O Books 2014.

– *Capitalist Realism: Is There No Alternative?* Ropley: O Books 2009.

Fontaine, Laurence: „Félix Grandet ou l'impossible rencontre de l'avare et du spéculateur“. In: Alexandre Péraud (Hg.): *La Comédie (in)humaine de l'argent.* Lormont: Le Bord de l'Eau 2013, S. 29-51.

– *L'Économie morale. Pauvreté, crédit et confiance dans l'Europe préindustrielle.* Paris: Gallimard 2008.

Fortassier, Rose: „Introduction“ (zu *Le Père Goriot*). In: Honoré de Balzac: *La Comédie humaine.* Hg. v. Georges Castex. Paris: Gallimard (Bibliothèque de la Pléiade) 1976, Bd. III, S. 3-36.

Foucault, Michel: *Naissance de la biopolitique. Cours au Collège de France. 1978-1979.* Paris: Seuil; Gallimard 2004a.

– *Sécurité, territoire, population. Cours au Collège de France. 1977-1978.* Paris: Seuil; Gallimard 2004b.

– „La bibliothèque fantastique". In: Raymonde Debray-Genette et al: *Travail de Flaubert.* Paris: Seuil 1983, S. 103-122.

– *Les mots et les choses. Une archéologie des sciences humaines.* Paris: Gallimard 1966.

Francis, Richard: *Transcendental Utopias. Individual and Community at Brook Farm, Fruitlands, and Walden.* Ithaca; London: Cornell UP 1997.

Friedman, Milton: *There's No Such Thing as a Free Lunch.* Chicago: Open Court Publishing Company 1975.

Fritz, Horst: „Heinrich Drendorf und Frederic Moreau. Aspekte gefährdeter Individualität bei Stifter und Flaubert". In: *Literaturwissenschaftliches Jahrbuch.* 1980 (N.F. 21), S. 229-52.

Fröhlicher, Peter; Vinken, Barbara (Hgg.): *Le Flaubert réel.* Tübingen: Niemeyer 2009.

Fröhlich, Gerhard; Rehbein, Boike: *Bourdieu-Handbuch. Leben – Werk – Wirkung.* Stuttgart; Weimar: J.B. Metzler 2009.

Gadamer, Hans-Georg: *Wahrheit und Methode. Grundzüge einer philosophischen Hermeneutik.* (2 Bde.) Tübingen 1990: Mohr.

Gaillard, Françoise: „L'effet peau de chagrin". In: Roland Le Huenen; Paul Perron (Hgg.): *Le Roman de Balzac.* Montréal: Didier 1980, S. 213-230.

Gallagher, Catherine: *The Body Economic: Life, Death, and Sensation in Political Economy and the Victorian Novel.* Princeton; Oxford: Princeton UP 2006.

Gallais-Hamonno, Georges (Hg.): *Le marché financier français au XIXe siècle. Bd. 2. Aspects quantitatifs des acteurs et des instruments à la Bourse de Paris.* Paris: Publ. de la Sorbonne 2007, S. 87-115.

Gauthier, Henri: „Introduction" (zu *Le contrat de mariage*). In: Honoré de Balzac: *La Comédie humaine.* Hg. v. Georges Castex. Paris: Gallimard (Bibliothèque de la Pléiade) 1976, Bd. III, S. 497-526.

Gayon, Jean: „Agriculture et agronomie dans *Bouvard et Pécuchet* de Gustave Flaubert". In: *Littérature* 1998 (109), S. 59-73.

Genette, Gérard: *Figures. Essais.* (5 Bde.) Paris: Seuil 1966ff.

Geras, Norman: „Essence and Appearance: Aspects of Fetishism in Marx's *Capital*". In: Bob Jessop; Charlie Malcom-Brown (Hgg.): *Karl Marx's Social and Political Thought. Critical Assessments. Vol. IV Civil Society, Ideology, Morals and Ethics.* London; New York: Routledge 1990, S. 455-484.

Gerigk, Horst-Jürgen: „Kann Kunst ‚realistisch' sein? Überlegungen zum Verhältnis von Kunst und Wirklichkeit mit poetologischen Anmerkungen zu Dostojewskij, Tolstoj und Tschechow". In: Uwe Dethloff (Hg.): *Europäische Realismen. Facetten – Konvergenzen – Differenzen. Diversités des réalismes européens : convergences et différences. Internationales Symposium der Fachrichtung Romanistik an der*

Universität des Saarlandes 21.-23. Oktober 1999. St. Ingbert: Röhrig Universitätsverlag 2001, S. 19-48.

Girard, René: *Mensonge romantique et vérité romanesque.* Paris: Grasset 1961.

Goldfarb, Nancy D.: „Charity as Purchase: Buying Self-Approval in Melville's ‚Bartleby, the Scrivener'". In: *Nineteenth-Century Literature* 2014 (69/2), S. 233-261.

Gomart, Hélène: *Les Opérations financières dans le roman réaliste. Lectures de Balzac et de Zolà.* Paris: Honoré Champion 2004.

Goux, Jean-Joseph: „L'or, l'argent et le papier, dans l'économie balzacienne". In: Alexandre Péraud (Hg.): *La Comédie (in)humaine de l'argent.* Lormont: Le Bord de l'Eau 2013, S. 77-93.

– *Frivolité de la valeur. Essais ur l'imaginaire du capitalisme.* Paris: Blusson 2000.

– *Freud, Marx. Économie et symbolique.* Paris: Seuil 1973.

Graeber, David: *Debt: the first 5,000 years.* New York: Melville House Publishing 2011.

Grubitzsch, Helga: „Konumarbeiterinnen und Lockvögel: Frauen in der kapitalistischen Konsumtion". In: *beiträge zur feministischen theorie und praxis. Geld oder Leben.* 1985 (15/16), S. 35-52.

Grunert, Mark: „Leonore oder die Versuchung des Bürgers: Romantischer ‚Zauber' und realistische Ideologie in Gustav Freytags *Soll und Haben*". In: *Monatshefte für deutschen Unterricht, deutsche Sprache und Literatur.* 1993 (LXXXV/2), S. 134-152.

Gwozdz, Patricia A.: „Monströse Mutterschaft. Theoretische Überlegungen zur Figuration eines Konzepts". In: Till Breyer; Rasmus Overthun; Philippe Roepstorff-Robiano; Alexandra Vasa (Hgg.): *Zeitschrift für Kulturwissenschaften. Monster und Kapitalismus.* 2017 (2), S. 37-57.

Haas, Rosemarie: „Einige Überlegungen zur Intertextualität in Raabes Spätwerk. Am Beispiel der Romane ‚Das Odfeld' und ‚Die Akten des Vogelsangs'". In: *Jahrbuch der Raabe Gesellschaft* 1997, S. 103-122.

Habermas, Jürgen: *Zur Rekonstruktion des historischen Materialismus.* Frankfurt/M.: Suhrkamp 1976.

Hahn, Hans-Joachim; Seja, Uwe (Hgg.): *Gottfried Keller,* Die Leute von Seldwyla. *Kritische Studien – Critical Essays.* Bern; Frankfurt/M.; New York et al: Peter Lang 2007.

Hahn, Walther L.: „Zum Erzählvorgang in Raabes Akten des Vogelsangs". In: *Jahrbuch der Raabe Gesellschaft* 1972, S. 61-71.

Haig, Stirling: „Madame Arnoux's *Coffret*: A Monumental Case". In: *Romanic Review* 1984 (75/4), S. 469-482.

Harding, Walter (Hg.): *The Variorum Walden.* New York: Twayne 1962.

Hardwick, Elizabeth: „Bartleby and Manhatten". In: *New York Review of Books* 16. Juli 1981, S. 27-31.

Hautcœur, Pierre-Cyrille (Hg.): *Le marché financier franças au XIX*e *siècle. Vol. 1: Récit.* Paris: Publ. de la Sorbonne 2007.

Hellenbrand, Harold: „‚A True Integritiy Day by Day‘: Thoreau's Organic Economy in *Walden*. In: *ESQ: A Journal of the American Renaissance* 2. Quartal 1979 (25), S. 71-78.

Heller, Arno: „Herman Melvilles ‚Bartleby the Scrivener‘. Eine kritische Rezeptionsanalyse“. In: *Sprachkunst. Beiträge zur Literaturwissenschaft.* 1978 (Jg. IX), S. 316-327.

Helm, Anna H.: *The Intersection of Material and Poetic Economy: Gustav Freytag's* Soll und Haben *and Adalbert Stifter's* Der Nachsommer. Oxford; Berlin; New York et al: Peter Lang 2009.

Helmstetter, Rudolf: *Die Geburt des Realismus aus dem Dunst des Familienblattes. Fontane und die öffentlichkeitsgeschichtlichen Rahmenbedingungen des Poetischen Realismus.* München: Fink 1998.

Hénaff, Marcel: „Kosmische Schuld, symbolische Schuld, finanzielle Schuld. Paradigmen des Gleichgewichts und der Zeit“. A. d. Frz. übers. v. Lilian-Astrid Geese. In: Thomas Macho (Hg.): *Bonds. Schuld, Schulden und andere Verbindlichkeiten.* München: Fink 2014, S. 33-53.

– „Menschen und Schulden“. A. d. Frz. übers. v. Markus Sedlaczek. In: *Lettre International.* Frühjahr 2012 (96), S. 7-13.

Hirschman, Albert O.: *The Passions and the Interests. Political Arguments for Capitalism before Ist Triumph.* Princeton/NJ: Princeton UP 1978 [1977].

Hoffman, Philip T.; Postel-Vinay, Gilles; Rosenthal, Jean-Laurent: *Des Marchés sans prix. Une économie politique du crédit à Paris 1680-1870.* Paris: Éditions de l'École des hautes études en Sciences sociales 2001.

Hohendahl, Peter Uwe; Vedder, Ulrike: „Herausforderungen des Realismus. Theodor Fontanes Gesellschaftsromane. Zur Einleitung“. In: Dies. (Hgg.): *Herausforderungen des Realismus. Theodor Fontanes Gesellschaftsromane.* Freiburg/Br. et al: Rombach 2018, S. 7-22.

Hörisch, Jochen: *Gott, Geld, Medien. Studien zu den Medien, die die Welt im Innersten zusammenhalten.* Frankfurt/M.: Suhrkamp 2004.

– *Kopf oder Zahl. Die Poesie des Geldes.* Frankfurt/M.: Suhrkamp 1996.

Houbre, Gabrielle: „Âpres vertiges. Arrangements et débordements prostitutionnels dans le second XIXe siècle. In: Richard Thomson (Hg.): *Splendeurs et misères. Images de la prostitution 1850-1910.* (Ausstellungskatalog). Paris: Flammarion; Musée d'Orsay 2015, S. 30-45.

Howard, Leon: *Herman Melville: A Biography.* Berkeley; Los Angeles: Univ. of Calif. Pr. 1951.

Hutchins, Jessica: „‚Ce(alle)-ci est à moi‘: Hutchins, Jessica: „‚Ce(alle)-ci est à moi“: Self Making Through Women and Property in *Le Père Goriot, Wuthering Heights*, and *La Migration des coeurs*“. In: Roesmary A. Peters (Hg.): *Criminal Papers. Reading Crime in the French Nineteenth Century.* Newcastle Upon Tyne: Cambridge Scholars Publishing 2012, S. 97-115.

Imbert, Michel: „Cash, Cant and Confidence: Of paper-money and Scriptures in *The Confidence-Man*". In: Viola Sachs (Hg.): *L'Imaginaire-Melville: A French Point of View.* Saint-Denis: PU de Vincennes 1992, S. 77-93.

Ingressa, Catherine: *Authorship, Commerce, and Gender in Early Eighteenth-Century England: A Culture of Paper Credit.* Cambridge; New York: Cambridge UP 1998.

Jakob, Hans-Joachim: „‚Aber das ist ja ein entsetzlicher Brief!' Beschriftetes und bedrucktes Papier in Wilhelm Raabes Erzählung ‚Die Akten des Vogelsangs'". In: *Text + Kritik* 2006 (172), S. 51-60.

Jauß, Hans Robert: „Die beiden Fassungen von Flauberts Education Sentimentale". In: *Heidelberger Jahrbücher* 1958, S. 96-116.

Jaworski, Philippe: *Melville, le désert et l'empire.* Paris: Pr. de l'École normale 1986.

Jessop, Bob; Malcom-Brown, Charlie (Hgg.): *Karl Marx's Social and Political Thought. Critical Assessments. Vol. IV Civil Society, Ideology, Morals and Ethics.* London: Routledge 1990ff.

Jolles, André: *Einfache Formen. Legende, Sage, Mythe, Rätsel, Spruch, Kasus, Memorabilie, Märchen, Witz.* Tübingen: Max Niemeyer 1968.

Kaiser, Nancy, A.: „Reading Raabe's Realism: Die Akten des Vogelsangs". In: *The Germanic Review* 1984 (59/1), S. 2-9.

Kamuf, Peggy: *The Division of Literature. Or the University in Deconstruction.* Chicago; London: The Univ. of. Chicago Pr. 1997.

Kauffman, Judith; Koren, Roselyn: „The Impossible Conclusion: Irony in Gustave Flaubert's *Bouvard et Pécuchet*". In: Ellen Spolsky (Hg.): *The Uses of Adversity. Faliure and Accomodation in Reader Response.* Lewisburg: Bucknell UP 1990, S. 197-214.

Keller, Thomas: „Mathilde und Madame Arnoux. Der unmögliche Vollzug der Liebe bei Stifter und Flaubert". In: Ingrid Haag; Karl Heinz Götze: *À Propos d'amour. Le discours amoureux et le discours sur l'amour de* Werther *à* Effi Briest. *Cahiers d'Études Germaniques* 2003 (2/45), S. 253-83.

Kluge, Alexander: *Das Labyrinth der zärtlichen Kraft. 166 Liebesgeschichten.* Frankfurt/M.: Suhrkamp 2009.

Knighton, Andrew: „The Bartleby Industry and Bartleby's Idleness". In: *ESQ: A Journal of the American Renaissance* 2007 (53/2), S. 184-215.

Kojève, Alexandre: *Introduction à la lecture de Hegel. Leçons sur la* Phénoménologie de l'Esprit *professées de 1933 à 1939 à l'École des Hautes Études réunies et publiées par Raymond Queneau.* Paris: Gallimard 1968 [1947].

Koppenfels, Martin von: *Immune Erzähler. Flaubert und die Affektpolitik des modernen Realismus.* München: Fink 2007.

Krobb, Florian: „‚Kurios anders'. Dekadenzmotive in Wilhelm Raabes ‚Die Akten des Vogelsangs'". In: *Jahrbuch der Raabe Gesellschaft* 2010, S. 107-123.

Kurnitzky, Horst: *Triebstruktur des Geldes.* Berlin: Wagenbach 1974.

Kwon, Son-Hyoung: „Wilhelm Raabe als Schriftsteller des Grotesken. Zum Hochzeitsfest in ‚Christoph Pechlin' und dem Plünderungsfest in ‚Die Akten des Vogelsangs'". In: *Jahrbuch der Raabe Gesellschaft* 1999, S. 71-94.

Lacan, Jacques: *Écrits*. Paris: Seuil 1966.

Laemmle, Peter (Hg.): *Realismus – welcher? Sechzehn Autoren auf der Suche nach einem Literarischen Begriff.* München: edition text + kritik 1976.

Lalande, Bernard: „Les États successifs d'une nouvelle de Balzac : *Gobseck*". In: *Revue d'Histoire littéraire de la France* 1939 (46), S. 180-200.

Lanskin, Jean-Michel: „Cocottes à la ville et colombes aux champs. Dichotomie spatiale dans La Dame aux Camélias et Nana ou l'écologie de deux demi-mondaines". In: *French Literature Series* 1995 (2), S. 105-118.

Latour, Bruno; Lépinay, Vincent Antonin: *L'Économie, sciences des intérêts passionnés. Introduction à l'anthropologie économique de Gabriel Tarde.* Paris: La Découverte 2008.

Lazzarato, Maurizio: *La Fabrique de l'homme endetté. Essai sur la condition néolibérale.* Paris: Éditions Amsterdam 2011.

Le Goff, Jacques: *La Bourse et la vie. Économie et religion au Moyen Âge.* Paris: Hachette 1986.

Levinovitz, Alan Jay: *The New Astrology.* In: *Aeon* 2016. Verfügbar unter: https://aeon.co/essays/how-economists-rode-maths-to-become-our-era-s-astrologers (letzter Zugriff am 18. März 2020).

Lévi-Strauss, Claude: „Introduction à l'œuvre de Marcel Mauss". In: Marcel Mauss: *Sociologie et anthropologie.* Paris: Les PU de France 1950, S. IX-XXII.

– *Tristes tropiques.* Paris: Plon 1955.

Lietz, Jutta: „‚Les Madeleines Au Désert'. Bermerkungen Zu La Dame aux Camélias und ihren Vorgängerinnen". In: Andreas Kablitz; Ulrich Schulz-Buschhaus (Hgg.): *Literarhistorische Begegnungen. Festschrift für Bernhard König.* Tübingen: Narr Francke Attempto 1993, S. 225-240.

Lichtlé, Michel: *Balzac, le texte et la loi. Études réunies par Sophie Vanden Abeele.* Paris: Pr. de l'université Paris-Sorbonne 2012.

LiPuma, Edward; Lee, Benjamin: *Financial Derivatives and the Globalization of Risk.* Durham; London: Duke University Press 2004.

Long DeMaria, Joanne: „The Wonderous Marriages of *Daniel Deronda*: Gender, Work, and Love". In: *Studies in the Novel* Winter 1990 (22/4), S. 403-417.

Logé, Tanguy; Renard, Marie-France (Hgg.): *Flaubert et la théorie littéraire.* Bruxelles: Facultés Univ. Saint-Louis 2005.

Lotte, Fernand: „Le ‚retour des personnages' dans ‚La Comédie humaine.' Avantages et invonvénients du procédé". In: *L'Année balzacienne* 1961, S. 227-281.

Luhmann, Niklas: *Die Wirtschaft der Gesellschaft.* Frankfurt/M.: Suhrkamp 1994 [1988].

– *Vertrauen. Ein Mechanismus der Reduktion sozialer Komplexität.* Stuttgart: Lucius & Lucius 1968.

Lukács, Georg: *Der historische Roman.* Berlin: Aufbau, 1955.

– *Balzac und der französische Realismus.* Berlin: Aufbau 1952.

Lumet, Louis: „Les origines d'Honoré de Balzac". In: *La Revue de Paris,* 15 février 1923 S. 818-837.

Luxemburg, Rosa: *Die Akkumulation des Kapitals. Ein Beitrag zur ökonomischen Erklärung des Imperialismus.* Berlin: Vorwärts 1913.

Lyotard, Jean-François: *La condition postmoderne. Rapport sur le savoir.* Paris: Minuit 1985 [1979].

– *Économie libidinale.* Paris: Minuit 1974.

di Maio, Irene S.: „Nochmals zu den ‚Akten'. Sphinx, Indianerprinzessin, Nilschlange". In: *Jahrbuch der Raabe Gesellschaft* 1987, S. 228-242.

Mandelbrot, Benoît B.: *Fractals and Scaling in Finance: Discontinuity, Concentration, Risk.* New York: Springer 1997.

Marceau, Félicien: *Les personnages de la Comédie humaine.* Paris: Gallimard 1977.

Mason, Ronald: *The Spirit Above the Dust: A Study of Herman Melville.* London: Lehmann 1951.

Mauss, Marcel: *Die Gabe. Form und Funktion des Austauschs in archaischen Gesellschaften.* A. d. Frz. übers. v. Eva Moldenhauer. Frankruft/M.: Suhrkamp 1990.

– „Les techniques du corps". In: *Sociologie et Anthropologie.* Paris: PU France 1950 [1934], S. 365-386.

- „Essai sur le don. Forme et raison de l'échange dans les sociétés primitives". In: *L'Anée Sociologique* 1923f. (N.F. 1).

McCall, Dan: *The Silence of Bartleby.* Cornell: Cornell UP 1989.

McCloskey, Deirdre N.: *The Rhetoric of Economics.* Madison: University of Wisconsin Press 1985.

McInnes, Edward; Grimminger, Rolf (Hgg.): *Bürgerlicher Realismus und Gründerzeit.* München: Hanser (Hansers Sozialgeschichte der deutschen Literatur vom 16. Jahrhundert bis zur Gegenwart) 1996.

McKenna, Andrew: „Writing in the Novel: Remarks on *Bouvard et Pécuchet*". In: *Language and Style* 1981 (14/2), S. 83-91.

McNally, David: *Monsters of the Market: Zombies, Vampires, and Global Capitalism.* Chicago: Haymarket Books 2012.

Mepham, John: „The Theory of Ideology in *Capital*". In: Bob Jessop; Charlie Malcom-Brown: *Karl Marx's Social and Political Thought: Critical Assessments. Vol. IV Civil Society, Ideology, Morals and Ethics.* London; New York: Routledge 1990, S. 180-206.

Merton, Robert K.: „The Self-Fulfilling Prophecy". *The Antioch Review.* Sommer 1948 (8/2), S. 193-210.

Mey, Dorothea: *Die Liebe und das Geld. Zum Mythos und zur Lebenswirklichkeit von Hausfrauen und Kurtisanen in der Mitte des 19. Jahrhunderts in Frankreich.* Weinheim; Basel: Beltz 1987.

– „‚Geld beruhigt echt...'. Über die Ruhe und Unruhe, die der ‚Lohn für Liebe' mit sich bringt (gezeigt am Beispiel der Kurtisane Cora Peral aus dem Paris des zweiten Kaiserreichs)". In: *beiträge zur feministischen theorie und praxis. Geld oder Leben.* 1985 (15/16), S. 19-34.

Meyer, Sven: „Narreteien ins Nichts. Intertextualität und Rollenmuster in Wilhelm Raabes ‚Die Akten des Vogelsangs'". In: *Jahrbuch der Raabe Gesellschaft* 1999, S. 95-111.

Mikuláš, Roman; Wozonig, Karin S. (Hgg.): *Chaosforschung in der Literaturwissenschaft.* Wien: Lit 2009.

Miller, Jr., James E.: „*The Confidence-Man:* His Guises". In: *PMLA* März 1959 (74/1), S. 102-111.

Milner, Max: „La Poésie du mal chez Balzac". In: *L'Année balzacienne* 1963, S. 321-335.

Miraux, Jean-Philippe: „La place de *Bouvard et Pécuchet* dans la *Correspondance* de Flaubert". In: Paul-Laurent Assoun et al: *Analyses & réflexions sur... Gustave Flaubert* Bouvard et Péchuchet. Paris: ellipses 1999, S. 20-26.

Mitterand, Henri: „L'Argent. Étude". Émile Zola: *Les Rougon-Maquart. Histoire naturelle et sociale d'une famille sous le second empire.* Paris: Gallimard 1967, Band V, S. 1225-1289.

Mollier, Jean-Yves: *L'argent et les lettres.* Prais: Fayard 1988.

Morini-Comby, Jean: *Les Assignats. Révolution et inflation.* Paris: Nouv. Libr. nat. 1925.

Moussaron, Jean-Pierre: „Une étrange greffe". In: Pierre Cogny et al: *Flaubert et le comble de l'art. Nouvelles recherches sur* Bouvard et Pécuchet. *Actes du colloque tenu au Collège de France les 22 et 23 Mars 1980.* Paris: CDU et SEDES réunis 1981, S. 89-109.

Müller, Lothar: *Weisse Magie. Die Epoche des Papiers.* München: Hanser 2012.

Münnich, Sascha: „Netzwerke, Felder und die wirtschaftssoziologische ‚Neoklassik'". In: Andrea Maurer (Hg.): *Handbuch der Wirtschaftssoziologie. Wirtschaft + Gesellschaft.* Wiesbaden: Springer 2017, S. 107-125.

Mukařovsky, Jan: „Dialog und Monolog". In: Ders.: *Kapitel aus der Poetik.* A. d. Tschech. übers. v. Walter Schamschula. Frankfurt/M.: Suhrkamp 1967, S. 115-118.

Neefs, Jacques: „Couper, copier, coller : les dossiers de *Bouvard et Pécuchet*". In: Sonya Stephens (Hg.): *Esquisses/ébauches. Projects and Pre-Texts in Nineteenth-Century French Culture.* New York et al: Peter Lang 2007, S. 112-120.

– „Lire, imiter, copier. De l'usage des livres dans *Bouvard et Pécuchet*". In: Gennaro Barbarisi (Hg.): *Le Letture di Flaubert. La Lettura di Flaubert.* Milan: Cisalpino 2000, S. 47-59.

Nehr, Harald: *Das sentimentalische Objekt. Die Kritik der Romantik in Flauberts Éducation sentimentale.* Heidelberg: Universitätsverlag Winter 2007.

Oliver, Egbert: „A Second Look at ‚Bartleby'". In: *College English* Mai 1945 (6), S. 431-439.

Orléan, André: „Le modèle balzacien de la monnaie". In: Alexandre Péraud (Hg.): *La Comédie (in)humaine de l'argent.* Lormont: Le Bord de l'Eau 2013, S. 129-145.

Ort, Claus-Michael: „Was ist Realismus?" In: Christian Begemann (Hg.): *Realismus. Epoche – Autoren – Werke.* Darmstadt: Wissenschaftliche Buchgesellschaft 2007, S. 11-26.

Painter, Susan: „La Dame Aux Camélias: The Myth Revisited". In: James Redmond (Hg.): *Melodrama.* Cambridge: Cambridge UP 1992, S. 121-142.

Parnes, Ohad; Vedder, Ulrike; Willer, Stefan: *Das Konzept der Generation. Eine Wissenschafts- und Kulturgeschichte.* Frankfurt/M.: Suhrkamp 2008.

Picard, Michel: „La prodigalité d'Emma". In: *Littérature* Mai 1973 (3), S. 77-97.

Péraud, Alexandre (Hg.): *La Comédie (in)humaine de l'argent.* Lormont: Le Bord de l'Eau 2013.

Péraud, Alexandre: *Le Crédit dans la poétique balzacienne.* Paris: Classiques Garnier 2012.

– „‚La panacée universelle, le crédit !' (*César Birotteau*). Quelques exemples d'inscription narrative du crédit dans la littérature du premier XIXe siècle". In: *Romantisme. Revue du dix-neuvième siècle* 2011 (151/1), S. 39-52.

Perret, Maxime: „Entre morale(s) et passions. L'initiation d'Eugène de Rastignac". In: *Les Lettres Romanes* 2007 (61/3-4), S. 239-260.

Pethes, Nicolas: *Fallgeschichten.* Würzburg: Königshausen & Neumann 2015.

Polanyi, Karl: *The Great Transoformation: The Political and Economic Origins of our Time.* Boston: Beacon Press 2001 [1944].

Pollin, Paul-Regis: „La coulisse au XIXe siècle : de l'illégalité à la reconnaissance". In: Georges Gallais-Hamonno (Hg.): *Le marché financier français au XIXe siècle. Bd. 2. Aspects quantitatifs des acteurs et des instruments à la Bourse de Paris.* Paris: Publ. de la Sorbonne 2007, S. 87-115.

Poovey, Mary: *Genres of the Credit Economy. Mediating Value in Eighteenth- and Nineteenth-Century Britain.* Chicago; London: The University of Chicago Press 2008.

Preisendanz, Wolfgang: „Die Erzählstruktur als Bedeutungskomplex der ‚Akten des Vogelsangs'". In: *Jahrbuch der Raabe Gesellschaft* 1987, S. 210-224.

– *Wege des Realismus. Zur Poetik und Erzählkunst im 19. Jahrhundert.* München: Fink 1977.

Preston, Ethel: *Recherches sur la technique de Balzac. Le retour systématique des personnages dans la Comédie Humaine.* Genf; Paris: Slatkine Reprints 1984 [1926].

Queneau, Raymond: „Introduction à *Bouvard et Pécuchet*". In: *Fontaine* 1943 (31).

Rancière, Jacques: „Der Wirklichkeitseffekt und die Politik der Fiktion". A. d. Engl. übers. v. Mario Horta. In: Dirck Linck; Michael Lüthy; Brigitte Obermayr; Martin Vöhler (Hgg.): *Realismus in den Künsten der Gegenwart.* Zürich: diaphanes 2010, S. 141-157.

Reed, Naomi C.: „The Specter of Wall Street: ‚Bartleby, the Scrivener' and the Language of Commodities". In: *American Literature* Juni 2004 (76/2), S. 247-273.

Reffait, Christophe: „Présentation". Émile Zola: *L'Argent.* Paris: Flammarion 2009, S. I-XLII.

Revel-Mouroz, Marianne: „Espoirs et déchéance de deux antihéros en quête de savoir". In: Assoun, Paul-Laurent et al: *Analyses & réflexions sur... Gustave Flaubert* Bouvard et Péchuchet. Paris: ellipses 1999, S. 64-70.

Reynaud, Patricia: *Fiction et Faillite. Économie et métaphores dans Madame Bovary.* Fraunkfurt/M; Paris; Wien: Lang 1994.

Richard, Jacques: „Comment la comptabilité modèle le capitalisme. Entretien avec Jacques Richard". In: *Le Débat*, 2010 (161/4), S. 53-64.

Richard, Jean-Pierre: „Variation d'un paysage". In: Raymonde Debray-Genette et al: *Travail de Flaubert.* Paris: Seuil 1983, S. 179-197.

– *Littérature et sensation.* Paris: Seuil 1954.

Rist, Charles: *Histoire des doctrines relatives au crédit et à la monnaie. Depuis John Law jusqu'à nos jours.* Paris: Sirey 1938. (Reprint verfügbar unter: https://cdn.mises.org/History%20of%20Monetary%20and%20Credit%20Theory_3.pdf (letzter Zugriff am 18. März 2020).

Ritzer, Monika: „Realismus$_2$". In: Klaus Weimar (Hg.): *Reallexikon der deutschen Literaturwissenschaft.* (3 Bde.) Berlin; New York: De Gruyter 1997ff., III, S. 217-221.

Roebling, Irmgard: *Wilhelm Raabes doppelte Buchführung. Paradigma einer Spaltung.* Tübingen: Max Niemeyer 1988.

Roepstorff-Robiano, Philippe: „Adalbert Stifters Mensch-Tier Symbiosen. Vögel, Wolken und das ‚braune Mädchen'". In: Aurélie Choné; Catherine Repussard (Hgg.): *Des animaux et des hommes. Von Tieren und Menschen. Recherches Germaniques* 2015 (H.S. 10), S. 195-216.

Rosnow, Ralph, L.; Fine, Gary Alan: *Rumor and Gossip. The Social Psychology of Hearsay.* New York; Oxford; Amsterdam: Elsevier 1976.

Saussure, Ferdinand de: *Cours de linguistique générale.* Hg. v. Charles Bally u. Albert Sechehaye. Paris: Payot 1971.

Scarry, Elaine: *The Body in Pain: The Making and Unmaking of the World.* New York et al: Oxford UP 1985.

Schickedanz, Hans-Joachim: *Ästhetische Rebellion und rebellische Ästheten.* Frankfurt/M: Lang 2000.

– (Hg.): *Der Dandy. Texte und Bilder aus dem 19. Jahrhundert.* Dortmund: Harenberg 1980.

Schlumbohm, Jürgen (Hg.): *Soziale Praxis des Kredits. 16.-20. Jahrhundert.* Hannover: Hahnsche Buchhandlung 2007.

Scholler, Dietrich: „Flauberts *Bouvard et Pécuchet* im Spiegel der Forschung. Teil II (2000 bis 2004)". In: *Zeitschrift für französische Sprache und Literatur* 2007 (117/2), S. 133-158.

– „Flauberts *Bouvard et Pécuchet* im Spiegel der Forschung. Teil I (1881 bis 1999)". In: *Zeitschrift für französische Sprache und Literatur* 2006 (116/2), S. 133-173.

Schößler, Franziska: *Börsenfieber und Kaufrausch. Ökonomie, Judentum und Weiblichkeit bei Theodor Fontane, Heinrich Mann, Thomas Mann, Arthur Schnitzler und Émile Zola.* Bielefeld: Aisthesis 2009.

Schubert, Werner (Hg.): *200 Jahre Code civil. Die napoleonische Kodifikation in Deutschland und Europa.* Köln: Böhlau 2005.

Schultz, Irmgard: „Über den Zusammenhang von Zeit – Geld und Geschlecht". In: *beiträge zur feministischen theorie und praxis. Geld oder Leben.* 1985 (15/16), S. 65-76.

Schumpeter, Joseph Alois: *Capitalism, Socialism, and Democracy.* London: Routledge 1994 [1942].

– *Geschichte der ökonomischen Analyse.* A. d. Engl. übers. v. Gottfried Frenzel. Göttingen: Vandenhoeck & Ruprecht 1965 [1950].

Schüttpelz, Erhard: *Die Moderne im Spiegel des Primitiven. Weltliteratur und Ethnologie (1870-1960).* München: Fink 2005.

Serres, Michel: „Le don de Don Juan ou la naissance de la comédie". In: *Critique* 1968 (XXIV/250), S. 251-263.

Shell, Marc: *The Economy of Literature.* Baltimore: The Johns Hopkins UP 1993 [1978f].

– *Money, Language, and Thought. Literarary and Philosophical Economies from the Medieval to the Modern Era. Literary and Philosophical Economies from the Medieval to the Modern Era.* Baltimore: The Johns Hopkins UP 1982.

Sheehan, Jonathan; Wahrman, Dror: *Invisible Hands. Self-Organization and the Eighteenth Century.* Chicago: University of Chicago Press 2015.

Simmel, Georg: *Philosophie des Geldes.* Frankfurt/M.: Suhrkamp 1989 [1900].

Simon, Herbert A.: „The Potlatch between Economics and Political Science". In: James Alt; Margaret Levi; Elinor Ostrom (Hgg.): *Competition and Cooperation: Conversations with Nobelists about Economics and Political Sciences.* New York: Russel Sage Foundation 1999, S. 112-119.

Smith, Peter: *Explaining Chaos.* Cambridge: Cambridge UP 1998.

Sombart, Werner: *Liebe, Luxus und Kapitalismus. Über die Entstehung der modernen Welt aus dem Geist der Verschwendung.* Berlin: Wagenbach 1984 [1922].

Sprengel, Peter: „Herr German Fell und seine Brüder. Darwinismus-Phantasien von Raabe bis Canetti". In: *Jahrbuch der Raabe Gesellschaft* 1998, S. 11-31.

– „Interieur und Eigentum. Zur Soziologie bürgerlicher Subjektivität bei Wilhelm Raabe". In: *Jahrbuch der Jean-Paul Gesellschaft* 1974 (9), S. 127-167.

Sprenger, Ulrike: „Die Früchte des Wissens – Agronomie und Imagination in *Bouvard et Pécuchet*". In: *Romanistisches Jahrbuch* 1997 (48), S. 84-119.

Spunt, Nicola Ivy: „Figuring Consumption: Reading Economies of Disease, Desire, and Consumerism in Nineteenth- and Early Twentieth-Century Literature". In: *Dissertation Abstracts International* Januar 2014 (74/7).

Spyer, Patricia (Hg.): *Border Fetishisms: Material Objects in Unstable Spaces.* New York; London: Routledge 1995.

Stäheli, Urs: *Spektakuläre Spekulation. Das Populäre der Ökonomie.* Frankfurt/M.: Suhrkamp 2007.

Stallybrass, Peter: „Marx's Coat". In: Patricia Spyer (Hg.): *Border Fetishisms: Material Objects in Unstable Spaces.* New York; London: Routledge 1995, S. 183-207.

Stein, Gerd (Hg.): *Dandy, Snob, Flaneur. Dekadenz und Exzentrik.* Frankfurt/M: Fischer Taschenbuch, 1985.

Stoller, Leo: *After Walden. Thoreau's Changing Views on Economic Man.* Stanford/CA: Stanford UP 1957.

Suck, Titus T.: „The Paternal Signifier: The Monetary Metaphor in Balzac's *Le Père Goriot*". In: *Romanic Review* 1990 (81/1), S. 25-44.

Sullivan, Courtney A.: „‚Pour nous, rien que la raillerie et l'insulte': The Courtesan Writes Back in the Autobiography of Céleste Mogador". In: *Women in French Studies* 2005, S. 194-204.

Suter, Mischa: *Rechtstrieb. Schulden und Vollstreckung im liberalen Kapitalismus 1800–1900.* Konstanz: Konstanz UP 2016.

– „Schuld und Schulden. Zürich, 1842". In: *L'Homme. Z. F. G.* 2011 (22/2), S. 113-120.

– „Jenseits des ‚cash nexus'. Sozialgeschichte des Kredits zwischen kulturanthropologischen und informationsökonomischen Zugängen". In: *Werkstatt Geschichte* 2009 (53). Essen: Klartext, S. 89-99.

Taketani, Etsuko: „Thoreau's Domestic Economy: Double Accounts in ‚Walden'". In: *The Concord Saunterer* Herbst 1994 (N. F. 2/1), S. 64-76.

Tarde, Gabriel: *Psychologie économique.* (2 Bde.) Paris: Félix Alcan 1902.

Thibaudet, Albert: *Gustave Flaubert.* Paris: Gallimard 1935.

Thielking, Sigrid: „Akteneinsamkeit. Archiv und Aufzeichnungsfiktion bei Wilhelm Raabe". In: *Text + Kritik* 2006 (172), S. 39-50.

– „Sonderbare Aktenstücke. Inszenierte Veschriftlichung bei Wilhelm Raabe". In: *Zeitschrift für Germaistik* 2002 (N. F. XII/1), S. 25-35.

Thompson, Edward Palmer: *The Making of the English Working Class.* Harmondsworth et al: Penguin Books 1968.

Thomson, Richard (Hg.): *Splendeurs et misères. Images de la prostitution 1850-1910.* (Ausstellungskatalog). Paris: Flammarion; Musée d'Orsay 2015.

Thums, Barbara: „Vom Umgang mit Abfällen, Resten und lebendingen Dingen in Erzählungen Raabes". In: *Jahrbuch der Raabe Gesellschaft* 2007, S. 66-84.

Thornton, Henry: *An Enquiry into the Nature and Effects of the Paper Credit of Great Britain.* London: Hatchard 1802. Reprint verfügbar unter: https://cdn.mises.org/An%20Enquiry%20into%20the%20Nature%20and%20Effects%20of%20the%20Paper%20Credit%20of%20Great%20Britain_3.pdf (letzter Zugriff am 18. März 2020).

Toussaint, Patrick: *Marie Duplessis, la vraie Dame aux Camélias*. Paris: Gallimard 1958.

Updike, John: „Introduction". In: Henry David Thoreau: *Walden*. Hg. v. Lyndon Shanley. Princeton; Oxford: Princeton UP 2016, S. ix-xxiv.

Varoufakis, Yanis: *The Global Minotaur: America, the True Origins of the Financial Crisis and the Future of the World Economy*. London: Zed Books 2011.

Vedder, Ulrike: *Das Testament als literarisches Dispositiv. Kulturelle Praktiken des Erbes in der Literatur des 19. Jahrhunderts*. München: Fink 2011.

– „Aktien und Akten. Zolas Übertragungen im Feld von Wissenschaft und Roman". In: Caroline Welsch; Stefan Willer: *„Interesse für bedingtes Wissen". Wechselbeziehungen zwischen den Wissenskulturen*. München: Fink 2008, S. 207-224.

Verley, Patrick: „Les opérateurs du marché financier". In: Georges Gallais-Hamonno (Hg.): *Le marché financier français au XIXe siècle. Bd. 2. Aspects quantitatifs des acteurs et des instruments à la Bourse de Paris*. Paris: Publ. de la Sorbonne 2007, S. 21-86.

Vismann, Cornelia: *Akten. Medientechnik und Recht*. Frankfurt/M.: Fischer 2000.

Vogl, Joseph: *Kalkül und Leidenschaft. Poetik des ökonomischen Menschen*. Zürich: diaphanes 2011.

– *Das Gespenst des Kapitals*. Zürich: diaphanes 2010.

Volkov, Evgenij M.: „Das Urgestein des Märchenhaften. Märchenmotive und folkloristische Erzählkonstellationen in Raabes Werk". In: *Jahrbuch der Raabe-Gesellschaft*. 1995, S. 129-139.

Weber, Max: *Die Börse*. Göttingen: Vandenhoeck und Ruprecht 1894.

Weigel, Sigrid: *Topographien der Geschlechter. Kulturgeschichtliche Studien zur Literatur*. Reinbek bei Hamburg: Rowohlt 1990.

Wennerlind, Carl: *Causalities of Credit: The English Financial Revolution, 1620-1720*. Cambridge/Mass.: Harvard UP 2011.

Wesel, Uwe: *Geschichte des Rechts. Von den Frühformen bis zum Vertrag von Masstricht*. München: Beck 1997.

West, Cornel; Burnett, D. Graham: „Metaphysics, money & the Messiah: a conversation about Melville's ‚The Confidence-Man'". In: *Daedalus* Fall 2007 (136/4), S. 101-114.

Wiener, Norbert: *Cybernetics: Or Control and Communication in the Animal and the Machine*. New York: John Wiles & Sons; Paris: Hermann et Cie (The Technology Press) 1948.

Wischermann, Clemens; Nieberding, Anne: *Die institutionelle Revolution: eine Einführung in die deutsche Wirtschaftsgeschichte des 19. und frühen 20. Jahrhunderts*. Stuttgart: Steiner 2004.

Woestelandt, Evelyne: „Un Corps Parlant: Madame Arnoux Dans *L'Education sentimentale*". In: *Modern Language Studies* Herbst 1989 (19/4), S. 66-74.

Wolff, Karl D. (Hg.): *Napoleons Gesetzbuch/Code Napoléon. Faksimile Nachdruck der Original-Ausgabe, Straßburg, Levraut, 1808*. Franfkfurt/M.: Stroemfeld 2001.

Wrona, Adeline: „Mots à crédit : *L'Argent* de Zola ou la presse au cœur du marché de la confiance“. In: *Romantisme. Revue du dix-neuvième siècle. Le Crédit.* 2011 (151/1), S. 67-80.

Wurmser, André: *La Comédie inhumaine.* Paris: Gallimard 1970.

Wynne, Deborah: „Equivocal Objects: The Problem of Women's Property in *Daniel Deronda*“. In: *19: Interdisciplinary Studies in the Long Nineteenth Century.* 2008 (9), S. 2-21. Verfügbar unter: http://doi.org/10.16995/ntn.473 (letzter Zugriff am 18. März 2020).

Zeller, Christoph: „Veltens Erbe. Geld und Geist in Wilhelm Raabes ‚Die Akten des Vogelsangs'“. In: *Jahrbuch der Raabe-Gesellschaft.* 2013, S. 95-125.

Žižek, Slavoj: *The Sublime Object of Ideology*. London; New York: Verso 1989.

Bilderverzeichnis

Kürzelverzeichnis

Quellentexte, die ich häufig zitiere, werden im Fließtext in Klammern mit Kürzel der Titel, ggf. Band und Seitenzahlen zitiert. Es folgt eine Liste dieser Kürzel:

APD	Marco de Saint-Hilaire: *L'Art de payer ses dettes*
AV	Wilhelm Raabe: *Die Akten des Vogelsangs*
B	Herman Melville: *Bartelby*
BOC	Charles Baudelaire: *Œuvres complètes*
CH	Honoré de Balzac: *La Comédie humaine*
CM	Herman Melville: *The Confidence-Man*
DC	Alexandre Dumas fils: *La Dame aux Camélias*
DD	George Eliot: *Daniel Deronda*
FC	Gustave Flaubert: *Correspondance*
FO	Gustave Flaubert: *Œuvres*
KSW	Gottfried Keller: *Sämtliche Werke*
MEW	Karl Marx; Friedrich Engels: *Werke*
N	Adalbert Stifter: *Der Nachsommer*
RM	Émile Zola: *Les Rougon-Macquart*
SH	Gustav Freytag: *Soll und Haben*
W	Henry D. Thoreau: *Walden*

Alle anderen Texte werden im Fließtext gemäß der Harvard-Zitierweise in Klammern mit dem Nachnamen der Autorin oder des Autors, dem Erscheinungsjahr des Textes oder des ersten Bands einer Serie gefolgt von der Nummer des Bands und ggf. des Teilbands und Absatzes oder der Seitenzahl angegeben. Verweise auf andere Abschnitte in der Arbeit werden mit ‚Abs.' und der Seitenzahl angegeben; Verweise auf andere Kapitel mit ‚Kap.' und der Seitenzahl; Verweise auf die Einleitung mit ‚Einl.' und der Seitenzahl; Verweise auf den Schluss mit ‚Schluss' und der Seitenzahl Verweise auf Fußnoten mit ‚FN'.

Ausführliches Inhaltsverzeichnis und Zusammenfassungen der Abschnitte

Anhand von Marco de Saint-Hilaires L'Art de payer ses dettes *wird das gesamte Feld der vorliegenden Arbeit gesichtet. Der in Saint-Hilaires Text beschriebene Dandy-Debitor ist eine Übergangsfigur von der Zeit der ‚moralischen Ökonomie', in der Kredit noch nicht ausschließlich nach finanziellen Kriterien verliehen wurde, zum modernen Kapitalismus. Diese Epoche ist die Epoche des Realismus.*

Im ersten Abschnitt wird anhand von Texten und Briefen von Balzac und Flaubert untersucht, welche Rolle der Kredit in der Herstellung, Handlung und Rezeption der Romane des Realismus spielt. Die These ist, dass realistischen Romanen auf mehreren Ebenen ein ‚Kreditrahmen' gesetzt ist: Erstens entsteht der Realismus bei Balzac aufgrund seiner Schulden, und von dieser Poetik der Schulden kann sich auch ein dem L'Art pour l'art *verschriebener Flaubert nicht unabhängig machen (Kap. 1); zweitens wirkt sich dies auf Flauberts Texte aus, deren Wirklichkeit jederzeit durch Schulden entzogen werden kann, was anhand von Verpfändungsszenen in* Madame Bovary *und* L'Éducation sentimentale *gezeigt wird (Kap. 2); Balzac entwirft schließlich in* Le Père Goriot *eine physiokratische Welt, in der ein Vater das verliert, was seine Töchter gewinnen (Kap. 3).*

Der Kreditrahmen des Realismus wird in diesem Kapitel weiter ausgefüllt. Balzacs Comédie humaine *ist ein Kreditnetzwerk, das über Wechselbriefe zusammengehalten wird und zu dem die Figur des Wucherers Zugang verleiht (Kap. 4). Balzac stellt seine Zeit aber nicht einfach dar, er halluziniert eine Welt, die sich ausschließlich durch Finanzbeziehungen konstituiert; und diese Welt wird infiltriert von einem subversiven Dreigespann, das aus einer Hure, einem jungen Aristokraten und einem Hochstapler besteht und sich daran macht, den Bankier der* Comédie *auszurauben (Kap. 5). In all diesen Romanen ist eine Entpersönlichung und Entsubjektivierung am Werk, die die Figuren nur noch zu Anhängseln von Finanzoperationen zu machen droht, und dieser Umstand lässt sich auch in Romanen von Keller, Flaubert und Melville beobachten (Kap. 6). In einer Börsennovelle von Balzac gibt es gar keine einzelnen Akteure mehr, und die Finanzoperationen entwickeln ein Eigenleben (Kap. 7).*

Bei Balzac ist die Obergrenze der Abstraktion erreicht, wenn die Finanzoperationen ein chaotisches Eigenleben entwickeln; es gibt aber auch eine untere Grenze der Abstraktion: die Naturalisierung des Kredits, also seine Darstellung als Naturereignis; beispielsweise wenn Schulden und Frauen in der Figur der Lady Debit *bei Balzac, Freytag, Flaubert, Dumas d. J. und Zola in einen assoziativen Zusammenhang gebracht werden (Kap. 8); oder wenn in Romanen von Balzac, Freytag, Zola oder George Eliot suggeriert wird, dass die Kreditwirtschaft und die Fruchtbarkeit der Erde und der Familie innig zusammenhängen (Kap. 9); oder schließlich wenn der Kredit zerstörerische Energien freisetzt, die es eigentlich nicht geben dürfte im* doux commerce *(Kap. 10).*

Kann aber ein Jenseits der Schuldbeziehungen, des Kreditnetzwerks, des Kredits als zweite Natur des Menschen realistisch beschrieben werden? Kann der Kreditrahmen des Realismus also gesprengt werden? Dieser Frage geht der letzte Abschnitt der Arbeit nach. Beispielsweise stellt sich Melvilles Figur Bartleby als passiver Widerstand gegen die Kreditwirtschaft dar (Kap 11). Thoreau möchte sich gar ganz aus der Kreditwirtschaft und damit aus der Gesellschaft seiner Zeit verabschieden und errichtet auch deshalb seine Hütte am Ufer des Walden (Kap. 12). Der Potlatsch, also das Aufopfern aller überschüssigen Ressourcen oder allen Kapitals, erweist sich gleich bei zwei Autoren als Ausweg aus der Kreditwirtschaft:

Bei Raabe verbrennt eine eigentumsüberdrüssige Figur ihren gesamten Hausrat und veranstaltet danach ein karnevaleskes Gabenfest (Kap. 13); und bei Flaubert führen zwei Dilettanten das Bücherwissen ihrer Zeit der genüsslichen Zerstörung zu, womit dieses Wissen nutzlos wird und nicht zur Produktion von Mehrwert beitragen kann (Kap. 14).

Danksagung

An der Entstehung dieser Studie sind zahlreiche Kolleginnen, Kollegen, Freunde und Institutionen beteiligt gewesen, ohne die es dieses Buch nicht gäbe.

Allen voran möchte ich meinem Betreuer Ernst Osterkamp und meiner Betreuerin Ulrike Vedder für ihre Lektüren, Anregungen und Unterstützung herzlich danken.

Mein Dank gilt auch dem PhD-Net „Das Wissen der Literatur" an der Humboldt-Universität zu Berlin für die finanzielle Unterstützung und insbesondere Joseph Vogl für dessen inhaltliche Anregungen. Ich danke auch allen Doktorandinnen und Doktoranden dieses deutsch-amerikanischen Austauschprogramms sowie dessen Koordinatorinnen und Koordinatoren Klaus Wiehl, Veronika Thanner und Karin Krauthausen. Dem Deutschen Akademischen Austauschdienst danke ich für die Ermöglichung meines Auslandsaufenthalts an der University of California in Berkeley.

Last, but certainly not least möchte ich Mathilde Le Masson, Till Breyer, Johannes V. Knecht, Roman Widder und Eva Schwedes für ihre genauen Lektüren und für die zahllosen Gespräche danken, die im Dunstkreis der Arbeit immer wieder manisch geführt wurden.